4판 놀이지도

신유림 · 문혁준 · 나종혜 · 박진옥 · 서소정 · 신혜영
신혜원 · 이미란 · 이성복 · 이윤선 · 한찬희

창지사

❖❖ 머리말

놀이는 종합적이고 응용적인 특성을 지닌 분야이다. 따라서 놀이는 발달심리학, 유아교육학, 보육학, 문화인류학, 상담심리학, 뇌과학 등 다양한 분야에서 이루어진 학문적 성과를 바탕으로 심도 있게 이해될 수 있다. 유아의 놀이는 일상적이고 평범한 활동으로 보이지만 유아의 건강한 발달을 위한 다양한 경험이 포함된 가치 있는 활동이므로, 유아교육 현장에서 가장 적합한 학습 방법으로 적용되고 있다. 따라서 본서는 다양한 분야에서 이루어진 학문적 성과를 기초로 영유아기 놀이의 발달적 및 교육적 가치를 소개하고, 유아교육 현장에서 놀이의 교육적 효과를 반영할 수 있는 실제 활동들을 제시하고자 하였다.

본서는 다양한 경험을 지닌 저자들에 의해서 공동 집필되었다. 집필에 참여한 저자들은 각 대학에서 놀이 관련 과목을 강의할 뿐만 아니라 놀이에 대한 연구를 지속적으로 수행해 오고 있다. 또한 유아교육기관에서 영유아들을 대상으로 놀이 프로그램을 개발하고 지도해 본 현장 경험을 지닌 저자들도 있다. 이러한 저자들의 다양한 배경 지식과 경험이 각 장의 내용을 심도 있게 집필하는 데 도움이 되었을 것이다.

본서는 2019년에 출판된 3판 『놀이지도』의 개정판으로 놀이와 관련된 최근 저서와 연구 결과들을 반영하였으며, 특히 최근 개정된 누리과정을 토대로 실제편을 새롭게 구성하였다.

제1부는 이론편으로 놀이에 대한 이론적 견해와 놀이가 영유아의 발달에 미치는 영향을 소개하였다. 또한 놀이와 교육의 접목과 놀이에 영향을 미치는 환경에 대한 내용을 제시하였다. 마지막으로 영유아의 심리치료로 놀이의 치료적인 접근 방법을 소개하였다. 제2부 실제편에서는 영아 및 유아를 위한 놀이 유형별 실제 활동의 예를 제시하였다. 따라서 본서는 대학에서 놀이와 관련된 강의 교재뿐만 아니라 놀이를 이해하기 위한 입문서로 활용될 수 있으며, 영유아를 양육하는 부모와 보육 및 유아교육에 종사하는 관계자들에게도 도움이 될 수 있을 것이다.

개정판이 나올 수 있도록 도움을 주신 창지사 관계자분들께 감사드리며, 본서에 수록된 사진의 촬영에 도움을 준 유아교육기관에도 감사를 드린다. 유아의 삶에서 놀이의 가치가 점차 퇴색되어 가는 시기에 본서를 통해 영유아기는 마음껏 노는 시기라는 상식과 기본을 다시 한번 되새겨 보는 기회가 되길 바란다.

2020년 8월

저자 일동

차_례_

제2부 실 제 편

제 1 부

이 론 편

놀 / 이 / 지 / 도

제 1 장

놀이의 이론 및 관찰

본 장은 다음과 같은 세 가지 내용으로 구성되었다. 첫째, 놀이를 하나의 행동 범주로 개념화할 때 당면하게 되는 문제는 놀이가 다른 행동과 어떻게 구분되는가 하는 점이므로, 놀이 학자들에 의해 제시된 놀이의 본질적인 특성을 살펴보았다. 둘째, 영유아들이 왜 놀이에 참여하며 놀이의 목적이 무엇인가를 설명하는 다양한 이론과 견해들이 존재해 왔다. 19세기 말에서 20세기 초의 학자들에 의해 제안된 고전적인 놀이이론과 20세기 현대 심리학의 이론을 기초로 놀이를 설명하는 현대적 놀이이론을 제시하였다. 셋째, 관찰은 영유아의 놀이를 이해하는 가장 좋은 방법이다. 놀이는 역동적인 과정이므로 놀이를 체계적으로 이해하기 위해 관찰하고 관찰된 정보를 기록하는 대표적인 척도를 제시하였다.

1. 놀이의 정의

1) 놀이의 특성

놀이 연구자들이 공통적으로 제시하는 놀이의 본질적인 특성은 다음과 같다. 첫째, 놀이는 참여하는 영유아의 기쁨 및 즐거움과 같은 긍정적인 정서가 표현되는 즐거운 활동이다. 영유아의 놀이 행동에서 정서 표현을 관찰한 김희연(2001)의 연구에 의하면, 분노와 슬픔과 같은 정서는 놀이보다 비놀이 행동에서 빈번하게 표현되었으며, 기쁨이나 즐거움과 같은 정서는 비놀이 행동에서보다 놀이에서 빈번하게 표현되었다. 자유선택시간 동안 교실에서 관찰되는 유아들의 웃음에 대한 연구에 의하면 유아들은 놀이를 하면서 다양한 웃음거리를 찾아내고 그것을 통해 풍부한 웃음 문화를 만들어 내었다(임부연, 오정희, 최남정, 2008).

둘째, 놀이는 영유아의 내적 동기에 의해 수행된다. 놀이는 경쟁이나 보상과 같은 외적인 동기보다 영유아의 호기심과 자발적인 동기에 의해 추구되는 활동으로 놀이 그 자체가 목적이며 놀이에 참여하는 영유아에게 만족감을 준다. 놀이는 외부 세계와 상호작용할 뿐 아니라 결부되어 있지만 근본적으로 놀이하는 사람의 욕구와 욕망을 표현한다(Browon & Bonn, 2009, p. 55).

셋째, 놀이는 참여하는 과정이 중심이다. 영유아는 놀이에 참여하여 얻는 결과보다는 활동하는 과정에 초점을 두게 되므로 목표를 달성해야 한다는 부담이 없다. 따라서 영유아들은 놀이에 참여하며 다양한 활동을 자유롭게 시도해 볼 수 있다.

넷째, 놀이는 놀이에 참여하는 영유아가 자유롭게 선택한다. 영유아들이 블록 쌓기와 같은 활동을 스스로 자유롭게 선택하였다면 그것을 놀이라고 간주하는 반면에, 같은 활동일지라도 교사에 의해 지시를 받고 이 활동을 수행한다면 일로 간주한다(Wing, 1995).

다섯째, 놀이는 비사실적(nonliteral) 요소를 포함한다. 놀이에 참여하는 영유아가 주체가 되어 가작화(make-believe) 요소를 포함하며 현실 그대로의 것이 아닌 현실을 상징적으로 변환한다. 특히, 유아기에 나타나는 상상놀이에서 이러한 특성이 발견될 수 있다. 비사실성은 내적 현실이 외적 현실에 대해 우선권을 갖는다는 것으로 사물, 행동 및 상황 등이 일상적인 의미가 아닌 새로운 의미로 대체되는 것이다(Johnson, Christie, & Yawkey, 1999, p. 12).

2) 놀이와 탐색

탐색은 놀이와 유사한 행동이나 다음과 같은 점에서 구분된다. 울일(Wohlwill, 1984)은 전형성(stereotype), 주의 집중(attention), 정서(affect)와 같은 세 가지 기준으로 놀이와 탐색을 구분하였다. 첫째, 전형성 기준에서 보면 탐색은 상황에 관련 없이 시각 및 촉각적 탐색과 같은 전형적인 행동으로 표현된다. 반면에 놀이는 새로운 방법을 사용한 다양한 행동으로 나타난다. 둘째, 주의 집중 기준에서 볼 때 탐색은 진지하고 신중한 반면에 놀이는 심각하지 않다. 셋째, 정서 기준에서 놀이는 긍정적인 정서가 수반되는 데 비해 탐색에서는 중립적이거나 약한 정도의 부정적인 정서가 표현된다.

이러한 탐색과 놀이의 차이는 두 가지 개념이 서로 관련이 없음을 의미하는 것은 아니다. 탐색은 보통 놀이에 선행되는 행동으로 볼 수 있다. 예를 들어, 영유아들에게 새로운 자극물이 제시되면 영유아는 먼저 이 사물을 탐색하고 이 사물을 이용하여 놀이를 시작하게 된다. 발달 단계에 따라 두 가지 행동을 비교해 보면, 영아기 동안에는 놀이에 비해 탐색이 우세하게 나타나며 걸음마기 동안에는 놀이와 탐색의 빈도는 유사하고 학령전기 동안에는 탐색보다 놀이 행동이 더욱 우세하게 나타난다(Pellegrini & Boyd, 1993).

| 표 1-1 | 탐색과 놀이의 비교

기준	탐색	놀이
전형성	전형적 행동	다양한 행동
주의 정도	심각함	심각하지 않음
정서	중립적 또는 약간 부정적 정서	긍정적 정서

출처: Pellegrini & Boyd(1993).

3) 놀이와 일

윙(Wing, 1995)은 유치원 및 초등학교 1, 2학년 아동을 대상으로 심층 면접과 참여 관찰을 통하여 아동들이 놀이와 일의 의미를 어떻게 구분하는지 살펴보았다. 그 결과, 아동들은 참여하는 활동의 자발성 여부를 기준으로 놀이와 일을 구분하였다. 즉, 비자발적이고 교사의 요구에 의해 하는 활동들은 일로 보았으나 자신이 자유롭게 선택하는 자기 주도적 활동은 놀이로 구분하였다(예: 선생님이 우리에게 무엇인가를 하라고 말할 때 일하는 것이고, 우리가 놀이를 할 때에는 그냥 한다). 더불어 아동들은 활동을 끝까지 완수해야 하는 기준을 두고 일과 놀이를 구분하였다. 예를 들어, 아동들은 교사의 지시에 의해 시작된 읽기와 쓰기와 같이 끝까지 마쳐야 한다는 기대가 있는 활동은 일로 보았다. 반면에 놀이는 자신의 의지대로 그만두고 싶을 때 중단할 수 있는 활동으로 생각하였다. 또한 아동들은 일은 먼저 해야 하는 것이고 놀이는 일 다음에 하는 활동으로 보았다(예: 우리는 일을 다 한 다음에 놀 수 있다. 왜냐하면 우리는 일을 먼저 해야 하고 그 다음에 놀이를 할 수 있기 때문이다).

유아 스스로 선택하지 않고 성인에 의해 주어졌을 때 스스로 탐색하고자 하는 동기가 존중받지 못하며 자발성보다 순서대로 하는 수동성이 강조되면 놀이가 아닌 일이 되는 상황이 발생한다(손영석, 2001). 양옥승, 이정란, 나은숙(2002)은 윙(Wing, 1995)이 제시한 놀이 개념을 기초로 유아의 자유놀이를 관찰하여 다음과 같이 유아들이 인식하고 있는 자유놀이에 대한 기준을 제시하였다.

첫째, 유아들은 자기 의지에 의해 선택할 수 있고 자유가 부여될 때 자유놀이로 인식하였으나 교사에 의해 활동을 강요당하고 의무감이 느껴질 때에는 일로 인식하였다.

둘째, 유아들은 재미있는 것은 자유놀이로, 재미가 없는 것은 일로 구분하였다.

셋째, 유아들은 활동이 신체적으로 힘들지 않고 자유로울 때 자유놀이로, 인지적인 노력이 많이 요구되면서 신체적으로 힘들 때는 놀이가 아닌 것으로 구분하였다.

넷째, 유아들은 교실에 있는 교재교구를 자신들의 의지에 따라 구성하고 극놀이로 연결하면서 능동적으로 활동을 하였을 때 자유놀이로 인식하였고, 같은 재료라도 수동적으로 활동에 참여하면 일로 인식하였다.

다섯째, 유아들은 교사의 지시와 감독과 같은 사회적 맥락의 요소에 의해 구분하였는데, 교사의 개입을 간섭으로 여기면서 간섭이 있는 활동들은 자유놀이가 아닌 일로 보았다.

2. 놀이이론

고전적 놀이이론은 19세기 말에서 20세기 초에 등장한 놀이에 대한 견해로 일명 안락의자이론(armchair theory)이라고 하는데 이는 놀이에 대한 경험적 연구에 바탕을 두기보다는 철학적인 사고에 기초한 이론이기 때문이다(Johnson et al., 1999, p. 4). 그러나 고전적 놀이이론은 이후에 등장하는 현대적 놀이이론이 발달하는데 기초를 제시해 준다는 점에서 의의가 있다. 예를 들어, 반복이론에서 제시된 인간의 진화 과정의 순서가 유아의 놀이 발달 단계에 재연된다는 견해는 유아의 발달에 따른 놀이의 변화를 설명하는 현대적 놀이이론과 접목될 수 있다.

1) 고전적 놀이이론

(1) 잉여에너지이론

스펜서(Spencer)와 쉴러(Shiller)가 제안한 잉여에너지이론에 의하면 놀이란 잉여에너지를 소모시키는 방법이다. 인간은 생존을 위해 일정량의 에너지를 소모하며 생존을 위해 남은 에너지인 잉여에너지를 놀이와 같은 활동을 통하여 소모한다는 것이다(Johnson et al., 1999, p. 4).

이 이론은 성인의 경우 유아보다 생존을 위해 소모해야 하는 에너지가 더 많으므로 유아들이 성인에 비해 놀이에 더 많이 참여하는 이유를 설명할 수 있다. 또한 진화 과정에서 고등 동물이 생존을 위해 효율적인 방법으로 욕구를 충족시키게 되므로 남은 잉여에너지를 소모시키기 위해 놀이에 더 많이 참여할 수 있게 된다. 그러나 잉여에너지 이론은 유아들의 경우 에너지가 남은 상태뿐만 아니라 에너지가 고갈된 피로한 상태에서도 놀이에 참여한다는 점에서 유아기 놀이 행동의 특성을 설명하는 데 한계점이 있다.

(2) 휴식이론

라자러스(Lazarus)가 제안한 휴식이론에 의하면 놀이란 일과 상반된 개념으로서 일을 통해 소모한 에너지를 다시 재생산하여 저장하는 것이 놀이의 목적이다(Johnson et al., 1999, p. 5). 휴식이론은 유아교육기관의 하루 일과에 적용하여, 하루 일과를 정적인 활동과 동적인 활동을 균형 있게 구성하는 데 반영할 수 있다(Johnson et al., 1999, p. 5).

그러나 휴식이론처럼 일을 해서 소모된 에너지를 재생산하기 위해 놀이를 한다면 성인과 비교해서 일에 참여하지 않는 유아가 놀이에 더 많이 참여하는 현상을 설명하기 어렵다는 한계점이 있다.

(3) 반복이론

홀(Hall)은 개체 발생은 계통 발생을 반복하거나 재연한다는 반복이론을 적용하여 놀이를 설명하였다(Frost, Wortham, & Refel, 2005, p. 14). 즉, 인간의 진화 과정에서 발생되는 같은 순서가 놀이에서 재연되는 것이다. 또한 놀이는 현대 생활에서 불필요한 원시적인 본능을 제거하기 위한 목적이 있다(Frost et al., 2005, p. 14). 예를 들어, 기어 다니면서 노는 영아는 인간이 네 발로 걸었던 진화 시기를 반영하며, 경찰과 도둑 놀이에 참여하고 있는 유아는 사냥과 채집 생활을 했던 원시 시대의 경험을 재연하고 있다(Hughes, 2010, p. 84). 그러나 놀이를 관찰해 보면, 홀이 제안한 진화 과정에 따른 순서대로 놀이가 발달하지는 않는다는 점이 반복이론의 한계점이다. 이 이론은 20세기 파튼(Parten), 피아제(Piaget) 및 루빈(Rubin)의 현대 놀이이론의 기초를 제시해 준다는 점에서 의의가 있다(Frost et al., 2005).

(4) 연습이론

그루스(Groos)에 의해 제안된 연습이론에 의하면, 인간은 동물과 다르게 미성숙한 존재로 태어나고 독립적인 성인 역할을 수행하기까지 많은 훈련 기간이 필요하므로 놀이는 성인이 되었을 때 필수적인 기술을 연습하고 이를 정교화시키는 목적이 있다(Frost et al., 2005, p. 15). 예를 들어, 어린 새끼 사자의 경우 싸움놀이를 통해 생존에 필요한 기술을 연습할 수 있으며 줄이 달린 공을 쫓는 놀이를 하는 새끼

고양이는 성장 후 먹잇감을 쫓는 데 필요한 기술을 연습하는 것이다(Hughes, 2010, p. 24). 고양이와 쥐와 같은 사회적 포유동물의 생활에 놀이가 결핍되면 친구와 적을 정확하게 구분하지 못하고 사회적 신호를 잘못 알아차리게 되며 싸움놀이를 통해 상대의 감정 상태를 알아차리고 적절하게 반응하는 능력을 배울 수 있다(Brown & Bonn, 2009, pp. 71-72).

그루스(Groos)는 인간의 경우 연습 기능이 있는 두 가지의 놀이를 제안하였다. 첫째, 실험놀이(experimental play)로 감각 및 운동적 연습을 포함하는 사물의 조작, 구성놀이 및 규칙이 있는 게임과 같은 놀이이며 성인기에 필요한 자기조절을 연습할 수 있다(Frost et al., 2005, pp. 15-16). 둘째, 극적 놀이(dramatic play)로 성인이 되었을 때 수행해야 하는 다양한 역할을 놀이를 통해서 미리 연습해 보는 것이다(Frost et al., 2005, p. 16).

| 표 1-2 | 고전적 놀이이론의 비교

접근 방법	놀이이론	대표 학자	놀이의 목적
에너지 조절 수단	잉여에너지이론	스펜서, 쉴러	잉여에너지의 소모
	휴식이론	라자러스	소모된 에너지의 재생산
진화론적 입장	반복이론	홀	현대에 불필요한 원시적 본능의 소거
	연습이론	그루스	성인기에 필수적인 기술 연습

2) 현대적 놀이이론

(1) 정신분석이론

프로이트(Freud, 1856~1939)는 정신분석이론의 창시자로서 정서 발달 측면에서 놀이의 기능을 강조하였다. 프로이트는 놀이가 지닌 정화 효과를 강조하고 있는데, 특히 놀이를 반복적으로 수행하는 것은 유아가 경험한 부정적인 정서를 정화하는 기제로 보았다(Hughes, 2010, p. 25). 즉, 유아들은 반복적인 놀이를 통하여 자신이 지닌 정서적인 관심이나 문제를 상징적인 형태로 전환하여 해소할 수 있다는 것이다.

또한 놀이는 유아기에 경험하는 객관적 및 본능적 불안감을 감소시키는 정서적인 기능이 있다고 본다. 객관적 불안감은 외부 세계에 대한 불안을 의미하는데 유아들은 독립적이지 못한 존재로서 자신의 기본적인 욕구를 충족시키려면 타인에게 의존해야 한다(Hughes, 2010, p. 25). 그러나 유아들은 놀잇감을 가지고 놀면서 놀이 세계 안에서 자신이 조절할 수 있다는 점에서 놀이는 유아가 객관적 불안감을 극복하는 데 도움을 줄 수 있다. 본능적 불안감은 유아들이 보이는 분노, 불합리한 공포, 공격성으로 표현되는데, 이러한 행동들은 현실 세계에서는 수용되지 않으며 표현되었을 때 제한을 받게 된다(Hughes, 2010, p. 26). 그러나 유아들은 상상놀이를 수행하면서 놀이 안에서는 이러한 부정적인 정서를 자유롭게 표현할 수 있다.

상상놀이의 정서적 특성과 기능을 강조한 파인(Fein, 1985)에 의하면, 유아들은 상상놀이를 통해 두려움, 불안, 사랑 또는 무기력, 분노와 같은 정서적인 경험을 상징적으로 전환하여 유아 자신과 주변 세계에 대한 정보를 재조직한다. 특히, 또래들이 함께 참여하는 사회적 상상놀이에서는 유아들이 공통적으로 경험하는 두려움이 놀이 주제로 표현된다(Goncu, 1993).

에릭슨(Erikson, 1902~1994)은 놀이가 유아의 자아 기능을 강화시킬 수 있으며 유아들은 놀이를 통해 신체 및 사회적 기술을 발달시키고 주변 세계를 숙달(mastery)하게 된다고 보았다(Hughes, 2010, p. 26). 에릭슨에 의하면 놀이는 다음과 같은 3단계를 거쳐서 발달한다(Hughes, 2010, p. 26).

첫째, 출생 후 첫 일 년 동안은 자기 세계 놀이(auto-cosmic play)로 자신의 신체를 가지고 탐색하는 단계이다. 둘째, 2세 동안의 미시 영역 놀이(micro-sphere play)로 자신의 신체에서 벗어나 주변의 사물이나 놀잇감을 조작하며 노는 단계이다. 셋째, 3세 이후 유아기는 거시 영역 놀이(macro-sphere play)로 자신의 신체와 사물에서 벗어나 주변의 또래와 사회적인 상호작용을 하는 단계이다.

(2) 인지발달이론

① 피아제 이론

피아제(Piaget, 1896~1890)는 유아의 인지 발달이 동화(assimilation)와 조절(accommodation) 간의 평형(equilibrium)을 통해 이루어진다고 보았다. 동화란 주변의 대상물을 유아 자신의 인지 체계에 맞추어서 수용하는 과정을 의미한다. 반면에 조절이란 외부 세계의 대상이 유아의 인지 체계에 맞지 않을 때 자신의 인지 구조를 변화시켜서 적응하는 것을 의미한다. 피아제에 의하면, 놀이는 조절보다 동화가 우세하게 일어나는 상태이다. 예를 들어, 한 유아가 빈 상자를 가지고 상상놀이에 참여하는데 이 빈 상자를 달까지 가는 로켓이라고 상상할 때 유아는 현실에서 자신의 사고에 맞추어 적응하기보다 자신의 생각에 현실을 일치시키는 것이다(Hughes, 2010, p. 28). 따라서 놀이 활동 시 유아는 새로운 지식이나 기술을 직접적으로 획득하기보다 새롭게 획득한 지식과 기술을 연습하게 된다.

피아제는 놀이가 인지 발달과 병행하여 발달한다고 보고, 인지 발달 단계에 따라 나타나는 놀이 유형을 다음과 같이 제안하였다(Frost et al., 2005, p. 128).

첫째, 2세 미만 감각 운동기에는 연습놀이(practice play)로 신체의 움직임을 반복적으로 하는 단순한 행동을 의미한다. 영아는 자신의 신체와 사물을 움직이며 탐색하다가 재미있는 반응이 나타났을 때 이를 반복하는 기능놀이를 한다(예: 매달려 있는 모빌을 반복적으로 흔들기). 둘째, 2세에서 7세 전조작기 단계에는 상징적인 전환(symbolic transformation)이 수반되는 상징놀이(symbolic play)가 나타난다. 셋째, 7세 이후 구체적 조작기 단계에서는 규칙이 있는 게임(games with rules)이 나타나며, 이는 유아들이 일정한 규칙을 준수하여 이미 정해진 방법으로 행동해야 하는 놀이이다.

② 비고츠키 이론

비고츠키(Vygotsky, 1986~1931)는 발달을 두 가지 수준으로 구분하였는데 독립적인 수행을 의미하는 실제적 발달과 도움을 받아서 수행하는 잠재적 발달로 구분하였다. 유아에게 혼자 과제를 독립적으로 수행하도록 하면 어느 정도의 수행 수준을 보여 주지만 이러한 수행이 진정한 잠재력을 반영하지는 못한다(Frost et al.,

2005, p. 39). 동일한 과제를 다른 아동이나 성인이 같이 하게 된다면 혼자할 때보다 유아는 더 높은 수준의 수행을 보인다.

근접발달지대(ZPD; Zone of Proximal Development)란 유아가 혼자 하는 어떤 과제에 대한 수행 정도와 사회적 상황에서의 잠재적 능력 사이의 간격을 의미한다(Frost et al., 2005, p. 40). 비고츠키는 놀이를 통하여 유아의 잠재적인 능력이 드러날 수 있다고 보았다. 즉, 놀이는 유아가 더 높은 수준의 기능을 획득하도록 유아의 근접발달지대 내에서 비계를 제공함으로써 발달을 촉진시키게 된다. 예를 들어, 4세인 지연이가 퍼즐 조각을 맞출 때 혼자 수행하기에는 벅차 보이지만 교사의 도움을 받아서 완성할 수 있을 것이다. 3세인 준하가 쌓기놀이 영역에서 혼자 블록놀이를 하면 단순히 쌓고 허무는 놀이에만 참여하지만, 준하보다 블록놀이에 더 유능한 손위 형제나 다른 유아와 함께 놀면 더 복잡하고 높은 수준의 블록놀이에 참여하거나 블록을 이용하여 사회적 상상놀이에 참여할 수 있게 된다.

비고츠키는 놀이가 유아에게 단순한 즐거움을 주는 활동이라는 정의에 반대하였다. 왜냐하면, 놀이가 제공하는 것보다 더 큰 즐거움을 주는 많은 활동들이 있을 수 있고 구조화된 게임이나 승부 결과가 강조되는 스포츠 게임은 즐거움을 제공하지 못할 수 있기 때문이다. 대신에 비고츠키는 놀이를 유아의 욕구, 의도 및 동기 측면에서 정의하였다. 즉, 유아들은 즉각적인 만족을 원하지만 현실에서 많은 욕구들이 즉시 실현될 수 없으므로 상상놀이를 통해 현실의 욕구를 대신 실현하게 된다(Frost et al., 2005, p. 40). 예를 들어, 유아들은 자신의 생일 파티를 위해 생일까지 기다려야 하는 현실과는 달리 생일 파티를 주제로 한 상상놀이는 언제든지 할 수 있다.

또한 비고츠키는 상상놀이가 유아의 추상적 사고의 발달에 영향을 미친다고 보았는데, 유아들이 상상놀이를 수행하면서 사물(예: 말)을 나타내기 위해 다른 사물(예: 막대기)을 사용할 때 의미는 대상과 분리되기 시작한다(Johnson et al., 1999, p. 39). 막대기라는 대체물은 '말' 그 자체로부터 의미를 분리시키는 역할을 하게 된다.

| 사진 1-1 | **유아는 손위 형제와 함께 놀며 더 높은 수준의 놀이에 참여할 수 있다.**

(3) 각성조절이론

각성조절이론의 기본 전제는 인간이 유지하려고 하는 중추 신경계의 각성에 적정 수준이 있다는 것이다. 인간이 추구하는 이상적인 환경은 자극이 지나치게 많거나 또는 너무 적지 않은 최적 상태의 각성을 유지하는 것이다. 벌린(Berlyn)과 엘리스(Ellis)에 의하면, 유아들은 적정 수준으로 각성 상태를 유지시키기 위하여 놀이를 하는데 놀이는 유아에게 자극이 결핍되었을 때, 다양한 자극을 제공해 줌으로써 최적의 각성 수준으로 끌어올리는 자극 추구 활동이다(Johnson et al., 1999, p. 8). 이 이론의 관점에서 본다면 유아들이 위험한 놀이 활동을 시도하고 즐기는 이유는 이러한 활동을 통해 자극을 얻을 수 있기 때문이다.

(4) 상위의사소통이론

상위의사소통(meta-communication)이란 유아들이 사회적 놀이에 참여할 때 놀이의 여러 상황, 행동, 사물 등을 함께 놀이하는 상대방에게 이해시키고 설명해 줌으로써 놀이가 원활하게 진행될 수 있도록 해 주는 의사소통을 의미한다(Garvey, 1993). 유아들은 놀이에 참여할 때 자신의 의도를 상대방에게 전달하기 위해 언어 및 비언어적인 신호를 발달시키게 된다. 즉, 놀이는 참가자들이 '이것은 놀이이다(This is play).' 라는 메시지를 전달하는 상위의사소통을 할 수 있을 때 발생하게 된다(Frost et al., 2005, p. 36). 예를 들어, 유아의 거친 신체놀이(rough & tumble play)는 공격적인 행동과 유사해 보이지만 다른 의미를 갖는다. 거친 신체놀이에 참여하기 위해 유아들은 이 놀이가 실제 공격적인 상황이 아니라 '이것은 놀이이다(This is play).' 라는 신호를 효과적으로 전달해야 한다. 따라서 거친 신체놀이는 공격적인 행동과 구분되는 미소 짓기, 웃기와 같은 긍정적인 정서가 반영되며, 재미가 목적이므로 힘을 최대한 사용하지 않는 특성이 나타나게 된다(Pellegrini & Boyd, 1993).

상위의사소통을 기초로 유아들이 상상놀이 과정에서 나누는 대화를 분석한 결과, 유아들은 가상 세계에서의 역할과 현실에서 자신의 실제를 구분하여 두 가지 역할을 원활하게 수행한다(Garvey, 1993). 즉, 상상놀이에서 갈등이나 문제 발생 시 놀이의 틀(frame)을 벗어나 현실에서 이를 조절하고 다시 상상의 세계에 참여하는 등 현실과 상상의 세계를 넘나들면서 두 역할을 수행한다. 사회적 상상놀이가 확장되고 지속되기 위해서는 놀이에 참여하는 유아들이 서로가 공유하는 의미를 협력적으로 구성해 나가는 것이 필요하다(Howe et al., 2005). 역할을 지정하거나 어떤 대상물이 무엇을 표상하는지에 대한 의미를 부여하는 과정에서 놀이 행동과 대화에 바탕이 되는 일종의 놀이 대본을 유아들이 공동으로 구성하고 이해하기 위해 이러한 능력이 요구된다(박소연, 2006).

상상놀이가 진행되기 위해 유아는 역할을 선택하고 놀이를 계획하고 수행하며 이러한 과정을 함께 놀이하는 상대방에게 알려 주기 위한 특별한 언어 기제를 사용하는데(Garvey, 1993), 〈표 1-3〉은 이러한 의사소통의 예들을 제시한 것이다. 그러나 상위의사소통이론은 비언어적(nonverbal) 놀이나 게임과 같은 유형의 놀이를 설명하는 데 제한적이다. 또한 남아들이 즐겨 참여하는 영웅놀이(hero play)에서 남아들은 언어적 상호작용 대신 몸짓 언어와 신호를 빈번하게 사용하지만 이에 대해서는 많이 알려져 있지 않다(Frost et al., 2005, p. 38).

| 표 1-3 | 가비(Garvey)가 제안한 사회적 놀이에서 유아가 사용하는 언어 기제

분류	예
준비 대화	"인형놀이하자."
가작화에 대한 직접적 지시 a. 자아의 전환 b. 타인의 전환 c. 공동의 역할 전환 d. 자신의 행동에 대한 전환 e. 타인의 행동에 대한 전환 f. 공동 행동에 대한 전환 g. 사물의 전환 h. 환경의 전환 i. 존재하지 않는 사물의 전환	 "내가 이제 의사라고 하자." "너는 환자라고 하자." "우리가 간호사라고 하자." "내가 약을 만들고 있어." "네가 다리가 부러졌다고 하자." "우리가 목숨을 구했다고 하자." "이 찰흙이 약이라고 하자." "책상 밑이 우리 병원이다." (빈손으로 다른 유아에게 다가오며) "이게 너한테 줄 주사야."
가작화 내에서의 대화	"약을 다 먹어야지." "간호사가 너한테 주사를 놓는다."
가작화의 부인	"나는 주사 맞기 싫어. 나 이제 간다."
놀이의 신호	목소리의 변화(예: 고음을 사용해서 아기처럼 이야기하기) 행동하거나 말할 때 웃기

출처: Garvey(1993).

(5) 각본이론

각본(script)이란 어떤 사건에 대한 일반화된 표상을 의미하며(Nelson, 1986), 이를 놀이에 적용하게 되면 놀이 대본이 된다(박소연, 2006). 유아는 발달함에 따라 자신의 경험에 근거해서 사건을 구성할 수 있게 되며 자신의 경험을 해석하여 놀이의 각본으로 표현한다. 일상생활에서 반복적으로 하는 경험은 일련의 순서가 있는 연속적 행동으로 구성된다. 예를 들어, 식당에 가는 경우 식당에 들어가 자리에 앉고, 메뉴를 보고 음식을 주문하고, 식사를 마친 후에 계산을 하고 나오는 일련의 순서가 있다. 유아들은 식당에 가 보는 경험을 하며 지식을 얻게 되고 이를 놀이 각본으로 활용하게 된다. 이러한 각본에 기반을 둔 사회적 상상놀이는 유아들 사이에서 쉽게 일어나며 일상적 경험뿐 아니라 TV나 영화, 동화의 줄거리를 매개체로 가상놀이를 할 때도 각본 지식을 활용하게 된다(박소연, 2006).

| 표 1-4 | 현대적 놀이이론의 비교

놀이이론	대표 학자	놀이의 목적
정신분석이론	프로이트 에릭슨	정화적 효과 불안감 감소 자아 강화의 기능
인지발달이론	피아제 비고츠키	새롭게 습득한 지식의 연습 놀이에서 현실의 욕구 실현 추상적 사고의 발달
각성조절이론	엘리스	최적의 각성 상태 유지
상위의사소통이론	베트슨 가비	'이것은 놀이이다(This is play).' 라는 메시지 전달 가상과 실제 세계의 역동적 관계
각본이론	울프 그롤만	개인 경험을 의미 있게 하려는 시도

3. 놀이 관찰

다음에서는 놀이를 관찰하기 위해 사용하는 대표적인 놀이 행동 관찰 척도를 소개하였다. 이러한 관찰 척도를 활용하여 영유아의 놀이에 대한 더욱 체계적이고 조직적인 정보를 얻을 수 있으며 이러한 정보는 영유아의 놀이 발달을 이해하고 효과적인 놀이 지도를 위한 기초 자료로 활용될 수 있다.

1) 놀이 관찰의 의의

영유아의 놀이를 이해하는 가장 좋은 방법은 자유놀이 상황에서 영유아의 놀이를 관찰하는 것이다. 다른 맥락과 비교하여 놀이에 참여할 때 영유아들은 더 높은 수준의 능력을 보이기 때문에 놀이 관찰을 통하여 영유아의 인지, 정서 및 사회적 능력에 대한 상세한 정보를 얻을 수 있다.

영유아의 놀이 관찰 시 다음과 같은 주의점이 요구된다(Pellegrini, 1998).

첫째, 놀이가 관찰되고 있는 맥락적 변인을 고려해야 한다. 예를 들어, 유아가 가지고 노는 놀잇감이나 놀이 환경 및 상호작용하는 또래는 유아의 놀이 행동에 직접적인 영향을 미치는 요인들이다. 둘째, 영유아의 놀이는 유아교육기관과 가정과 같은 다양한 놀이 환경에서 놀이 행동을 관찰하고 그 결과를 종합하고 영유아의 놀이에 대한 전반적인 평가를 내리는 것이 바람직하다.

2) 놀이 관찰 척도

(1) 사회 · 인지적 놀이 척도

파튼(Parten)의 사회적 놀이 수준과 피아제(Piaget)의 인지 발달 단계에 따른 놀이 범주 및 스밀란스키(Smilansky)의 견해를 종합하여 사회 · 인지적 놀이 척도가 개발되었다(Rubin, Maioni & Hornung, 1976). 이 척도는 놀이 범주와 비놀이 행동으로 구성되어 있다.

이 척도의 가장 큰 장점은 인지 및 사회적 차원을 동시에 고려한 점이다. 예를 들어, 파튼은 유아의 혼자놀이에 대하여 사회적 놀이가 발달하기 이전에 나타나는 미성숙한 놀이 유형으로 간주하였다. 그러나 유아들의 발달에 따라 혼자 기능놀이에서 혼자 구성놀이나 혼자 극화놀이로 발달하는 것을 알 수 있다. 따라서 혼자놀이의 여러 유형 중 혼자 기능놀이만이 발달적으로 미성숙한 놀이이며 혼자 하는 구성놀이나 극화놀이는 미성숙한 놀이로 간주되지 않는다.

이 척도는 다음과 같은 두 가지 제한점이 지적되고 있다(Pellegrini & Boyd, 1993).

첫째, 피아제는 조절적인 특성(accommodative nature)으로 인하여 구성 활동(constructive activity)을 놀이로 간주하지 않았으나, 이 척도에서는 구성놀이가 놀이의 한 유형으로 포함되어 있다. 둘째, 척도가 포괄적이지 못하다는 점으로, 예를 들어 거친 신체놀이와 같은 놀이 유형은 척도의 어떤 범주에도 포함시키기 어렵다.

사회 · 인지적 척도의 놀이 범주와 비놀이 행동에 대한 정의는 다음과 같다.

① 인지적 수준의 놀이

- 기능놀이: 사물을 가지고 또는 사물 없이 단순한 움직임을 반복하는 놀이
- 구성놀이: 블록, 모래, 점토와 같은 사물을 이용하여 무엇을 만드는 놀이
- 역할놀이: 역할의 상징적인 전환이 수반되는 놀이
- 규칙이 있는 게임: 미리 정해진 규칙을 인식하고 수용하여 이 규칙에 따라 진행하는 놀이

② 사회적 수준의 놀이

- 혼자놀이: 주변 유아와 대화할 수 있는 거리 안에서 혼자하는 놀이
- 병행놀이: 다른 유아와 가까운 거리 내에서 유사한 활동에 참여하는 놀이
- 집단놀이: 다른 유아들과 함께 사회적 상호작용을 이행하면서 참여하는 놀이

③ 비놀이 활동

- 비몰입 · 방관자적 행동 · 전이 행동
- 활동: 학업 관련 활동 또는 교사가 내 준 과제 등(예: 색칠하기, 학습지, 컴퓨터 활동)

| 사진 1-2 | 유아기가 되면 또래들과 활발한 사회적 상호작용을 하는 집단놀이에 참여할 수 있다.

〈표 1-5〉는 사회 · 인지적 놀이 척도의 기록 용지이다. 놀이를 관찰하기 위해 시간 표집법을 사용하는데, 자유놀이 시간 동안 관찰 대상 유아들을 한 명씩 각각 15초 동안 관찰 기록하고 모든 유아들을 한 번씩 관찰한다. 각 유아당 총 20~30회 정도의 관찰을 한 후 빈도를 합산하면 유아들이 빈번하게 참여하는 놀이 유형과 특성에 대한 정보를 얻을 수 있다. 놀이 관찰 시 놀이가 일어나는 맥락적 조건과 놀이에 참여하는 유아의 수를 기록하여야 하는데, 이러한 변인들이 유아가 나타내는 놀이 행동에 영향을 주기 때문이다.

| 표 1-5 | **사회 · 인지적 놀이 척도**

유아 이름 ______________ 날짜 ______________ 장소 ______________

인지적 수준 / 사회적 수준	기능놀이	구성놀이	극화놀이	규칙 있는 게임
혼자놀이 병행놀이 사회놀이				

비몰입 · 방관자적 행동 · 전이 행동 활동

비놀이				

출처: Pellegrini & Boyd(1993).

| 표 1-6 | 사회/인지 척도 놀이의 예

유형	놀이의 예
혼자/기능놀이	한 유아가 장난감 자동차의 바퀴를 반복해서 굴리며 놀고 있으나 주변의 다른 유아들과 상호작용하지 않는다.
병행/기능놀이	두 명의 유아가 각각의 공을 바닥에 굴리며 놀고 있으나 상호작용에 참여하지는 않는다.
사회/기능놀이	4명의 유아들이 실외 놀이터에서 서로를 쫓아다니며 놀고 있다.
혼자/구성놀이	한 유아가 레고를 가지고 집을 만들고 있으며 주변의 다른 유아들과 상호작용하지 않는다.
병행/구성놀이	두 명의 유아가 레고를 가지고 각자의 로봇을 만들고 있으나 상호작용을 하지는 않는다.
사회/구성놀이	4명의 유아들이 모여서 단위 블록으로 함께 길을 만들고 있다.
혼자/극화놀이	한 유아가 인형에게 우유를 먹이는 척하고 있다. 주변에 다른 유아들이 있으나 상호작용하지 않는다.
병행/극화놀이	2명의 유아들이 소꿉놀이 영역에서 놀이 찰흙으로 음식을 만들고 있다. 서로의 행동을 인식하고는 있으나 상호작용하지는 않는다.
사회/극화놀이	소꿉놀이 영역에서 3명의 유아가 손님과 주인 역할을 맡아서 식당놀이를 하고 있다.
사회/규칙이 있는 게임	5명의 유아들이 얼음땡놀이를 하고 있다.

| 사진 1-3 | 사회 · 인지적 놀이 척도에 의하면, 유아기의 혼자 기능놀이는 발달적으로 미성숙한 놀이로 볼 수 있다.

(2) 하위스의 또래놀이 척도

하위스(Howes)에 의해 개발된 또래놀이 척도(Peer Play Scale)는 사회·인지적 척도와 비교해 볼 때 사회놀이와 병행놀이의 수준을 세분화하였다. 이 척도는 병행놀이와 사회놀이의 수준에 대한 평가뿐만 아니라 교사의 참여 정도와 유아가 어떤 놀이 영역에 참여하고 어떤 놀이 자료를 가지고 놀 때 더욱 수준 높은 놀이에 참여하는가에 대한 정보를 제공해 준다. 이 척도의 놀이 수준별 정의는 다음과 같다(Howes & Matheson, 1992).

① 수준별 놀이의 정의

- 1수준: 단순 병행놀이(simple parallel play)
  유아가 0.9m 이내에서 서로 비슷한 놀이 활동에 참여하지만 서로 눈을 마주치거나 상호작용을 하지 않는다
- 2수준: 상호 인식 병행놀이(parallel aware play)
  유아들이 비슷한 활동에 참여하고 눈을 마주치며 옆에 있는 유아를 인식하지만 유아들 사이의 상호작용은 일어나지 않는다. 다른 유아들의 놀이를 모방하기도 한다.
- 3수준: 단순 사회놀이(simple social play)
  유아들이 유사한 놀이에 함께 참여하며 이야기 나누기, 웃기, 놀잇감 제공하기 등과 같은 사회적 상호작용에 참여한다.
- 4수준: 상호 보완적 놀이(complementary and reciprocal play)
  놀잇감 주고받기, 숨바꼭질 및 잡기놀이와 같은 보완적인 상호작용에 참여한다.
- 5수준: 협동적 사회 가작화 놀이(cooperative social pretend play)
  상호 보완적인 역할을 수행하며 사회적 가작화 놀이에 참여한다.
- 6수준: 복합적 사회 가작화 놀이(complex social pretend play)
  역할 정하기(예: 너는 아기고 나는 엄마다), 놀이 각본 제안하기(예: 우리가 식당에 간다고 하자) 등과 같은 상위의사소통을 사용하여 사회 가작화 놀이를 실시한다.

〈표 1-7〉에 제시된 관찰 용지를 사용하여 한 유아당 15초 동안 관찰하고 관찰한 놀이 행동을 행동 목록에 따라 평가하여 기록한다. 놀이 행동을 관찰 기록한 다음 각 놀이 유형별로 관찰된 빈도의 합계를 낸다.

| 표 1-7 | 하위스(Howes)의 또래놀이 척도

날짜	0수준 혼자놀이	1수준 단순 병행놀이	2수준 상호 인식 병행놀이	3수준 단순 사회놀이	4수준 상호 보완적 놀이	5수준 협동적 사회 가작화 놀이	6수준 복합적 사회 가작화 놀이	성인 개입	환경과 자료

출처: Howes & Matheson(1992).

하위스(Howes)의 또래놀이 척도의 수준별 놀이 행동의 예를 제시하면 다음과 같다.

| 표 1-8 | 하위스(Howes)의 또래놀이 척도에 따른 놀이의 예

수준	놀이의 예
1수준: 단순 병행놀이	2명의 유아가 놀잇감 자동차를 밀면서 놀고 있다. 유아들끼리 대화를 나누거나 상호작용이 없으며 서로에 대하여 인식하지 않고 있다.
2수준 : 상호 인식 병행놀이	2명의 유아가 놀잇감 자동차를 밀면서 놀고 있고 한 유아가 다른 곳으로 이동하자 다른 유아도 따라서 움직인다.
3수준 : 단순 사회놀이	미술 영역에서 2명의 유아가 서로 이야기하며 그림을 그리고 있다.
4수준 : 상호 보완적 놀이	5명의 유아들이 술래를 정하고 얼음땡놀이를 하고 있다.
5수준 : 협동적 사회 가작화 놀이	3명의 유아들이 손님과 주인 역할을 맡아서 미장원놀이를 하고 있다.
6수준 : 복합적 사회 가작화 놀이	3명의 유아들이 상위의사소통을 사용하여 역할을 정하고(예: 너는 엄마고 나는 아빠야), 놀이 각본을 제안하며(예: 우리가 백화점에 간다고 하자) 사회 가작화 놀이를 실시한다.

(3) Penn 또래놀이 상호작용 척도
(Penn Interactive Peer Play Scale: PIPPS)

연구자들이 Head Start 프로그램에 참여하고 있는 유아들을 대상으로 Penn 또래놀이 상호작용 척도를 개발하였다(Fantuzzo et al., 1995). 이 척도는 상호작용 놀이 수준의 가장 높은 집단 유아들 25명과 반대로 가장 낮은 유아 25명을 선정하고 두 집단 유아들을 구분하는 놀이 행동으로 목록을 구성하였다. 연구자들은 이 척도의 타당도 검증을 위해 요인 분석을 실시한 결과 놀이 상호작용(play interaction), 놀이 방해(play disruption), 놀이 단절(play disconnection)과 같은 세 가지 요인을 추출하였다. 각 요인을 구성하는 행동 목록은 〈표 1-9〉에 제시되어 있다.

기존의 놀이 척도에서 측정하는 사회적 상호작용의 수준이나 놀이의 발달적인 순서를 측정하는 것과 달리, 이 도구는 유아들 사이에서 놀이 상호작용을 유지하기 위한 효율성 차원을 측정한다. 교사가 놀이 척도를 작성하는 시점에서 과거 2개월 동안 유아들이 보여 왔던 행동의 빈도를 체크하면 된다.

이 척도를 이용하여 학급 유아들의 놀이를 관찰한 결과, 놀이 상호작용에서의 정도가 낮은 반면 놀이 방해 및 단절의 정도가 높은 경우에 교사는 유아들 사이에서 긍정적인 상호작용을 촉진시킬 수 있는 활동을 계획할 수 있다. 또한 유아들이 놀이 상호작용의 수준이 높다면 또래들 사이의 상호작용을 교수 방법으로 활용할 수 있다(Fantuzzo et al., 1995).

최혜영과 신혜영(2011)은 국내 아동을 대상으로 또래놀이 척도를 타당화하는 연구를 실시하였으며, 이 척도가 3~5세 유아의 사회성 발달을 평가하는 도구로 활용될 수 있음을 입증하였다. 이 척도를 적용한 연구에 의하면, 유아의 연령이 증가함에 따라 또래놀이 상호작용이 증가하였으며 어머니의 온정적인 양육 태도와 유아교사의 효능감이 또래놀이 상호작용에 긍정적인 영향을 주었다(백승희, 정혜원, 2017). 또한 교사와 유아가 긍정적인 관계를 형성할수록 유아는 놀이를 방해하거나 놀이로부터 단절되는 부정적인 상호작용의 정도가 감소되었다(최소영, 신혜영, 2015).

| 표 1-9 | Penn 또래놀이 상호작용 척도

놀이 행동 목록	관찰되지 않음 1	가끔 관찰됨 2	자주 관찰됨 3	매우 자주 관찰됨 4
1. 놀이 방해				
싸움이나 논쟁을 시작한다.				
다른 유아들에게 거부된다.				
차례를 지키지 않는다.				
놀잇감을 나누지 않는다.				
일러바친다.				
다른 유아의 사물을 파괴한다.				
언어적으로 공격한다.				
울거나 불평하거나 화를 낸다.				
다른 유아의 물건을 빼앗는다.				
신체적으로 공격적이다.				
2. 놀이 단절				
놀이 집단 주변을 배회한다.				
위축되어 있다.				
목적 없이 방황한다.				
다른 유아들이 무시한다.				
놀이 집단에 초대되지 못한다.				
놀이에 초대되었을 때 거절한다.				
놀이할 때 혼란스럽다.				
교사의 지시가 필요하다.				
불행해 보인다.				
한 활동에서 다른 활동으로 전이하는 데 어려움이 있다.				
3. 놀이 상호작용				
생각을 공유한다.				
다른 유아들을 돕는다.				
다른 유아들을 리드한다.				
갈등을 해결하도록 돕는다.				
다른 아동의 행동을 예의 바르게 지시한다.				
다른 유아들이 놀이에 참여하도록 격려한다.				
놀이 내용이나 활동을 구성하는 데 창의성을 보인다.				

출처: Fantuzzo, Sutton-Smith, Coolahan, Canning, & Debnam(1995).

(4) 놀이성 척도

버네트(Barnett, 1991)는 놀이성을 다양한 환경에서 질적인 놀이 상호작용을 하는 내적 성향으로 보고 놀이성을 측정하는 척도를 개발하였다. 이 척도는 신체적 자발성(예: 활동적인 것을 선호한다), 사회적 자발성(예: 다른 유아와 협동적으로 논다), 인지적 자발성(예: 스스로 게임을 만든다), 즐거움의 표현(예: 놀이하는 동안 즐거움을 표현한다) 및 유머감각(예: 재미있는 이야기를 말한다)의 다섯 개 하위 요인으로 구성된 총 스물세 개 문항의 5점 척도이다. 이 척도는 교사들이 학급의 유아들을 대상으로 사용할 수 있으며, 놀이성 척도의 수준이 낮은 유아들의 경우에는 교사의 놀이에 대한 적극적인 개입이 필요함을 의미한다.

놀이성 척도를 사용한 많은 연구들이 보고되고 있는데, 고윤지와 김명순(2013)은 놀이성 수준에 따른 사회놀이 양상을 분석한 결과, 놀이성 수준이 높은 유아들은 집단놀이에 빈번히 참여하는 반면에 놀이성이 낮은 유아들은 혼자놀이에 빈번하게 참여하였다. 놀이성 수준에 따른 인지놀이 양상을 비교해 보면, 놀이성 수준이 높은 유아들은 상징놀이에 참여하는 빈도가 높은 반면에 놀이성 수준이 낮은 유아들은 기능놀이에 참여하는 경향을 보였다. 유아의 놀이성이 유아교육기관 적응에 미치는 영향을 분석한 문영경(2016)의 연구에 의하면, 유아의 놀이성은 친사회적 행동, 긍정적 정서, 또래 간 적응, 자아 강도 및 일과 적응 등 적응 전반에 긍정적인 영향을 주는 것으로 나타나 놀이성의 수준이 높은 유아는 또래들과 긍정적인 관계를 맺고 기관에 만족감을 느끼며 수월하게 적응하는 것을 알 수 있다. 우수경(2013)은 유아의 놀이성과 사회적 능력 간의 관련성을 분석한 결과, 놀이성의 수준이 높은 유아는 주도적이고 협조적이며 사교성이 높아 또래들과 관계를 맺고 유지하는 능력이 뛰어났다.

| 표 1-10 | 놀이성 척도

	문항	1 전혀 그렇지 않다	2 약간 그렇지 않다	3 약간 그렇다	4 대체로 그렇다	5 항상 그렇다
신체적 자발성	1. 동작이 잘 협응된다.					
	2. 놀이하는 동안 능동적이다.					
	3. 능동적인 것을 선호한다.					
	4. 달리기, 한발뛰기, 껑충뛰기를 많이 한다.					
사회적 자발성	5. 타인이 접근하면 쉽게 반응한다.					
	6. 타인과의 놀이를 제안한다.					
	7. 다른 유아와 협동적으로 놀이한다.					
	8. 놀이감을 공유한다.					
	9. 놀이 시 지도자 역할을 한다.					
인지적 자발성	10. 게임을 스스로 만든다.					
	11. 놀이에서 비전형적인 놀잇감을 사용한다.					
	12. 여러 역할을 가작화한다.					
	13. 놀이 동안 활동을 변화시킨다.					
즐거움의 표현	14. 놀이 동안 즐거움을 표현한다.					
	15. 놀이 동안 충만함을 나타낸다.					
	16. 놀이 동안 열정을 보인다.					
	17. 놀이 동안 감정을 표현한다.					
	18. 놀이하면서 노래를 부르고 말한다.					
유머 감각	19. 다른 유아들과 농담을 즐긴다.					
	20. 다른 사람을 조용하게 놀린다.					
	21. 재미있는 이야기를 말한다.					
	22. 재미있는 이야기에 웃는다.					
	23. 익살부리는 것을 좋아한다.					

출처: Johnson, Christie, & Yawkey(1999).

제 2 장

놀이와 발달

영유아는 깨어 있는 대부분의 시간을 놀이를 하며 지낸다. 영유아의 놀이는 영유아의 현재 발달 상태를 반영한 활동이면서 동시에 학습의 기회를 제공하는 수단으로 영유아의 발달을 강화하기도 한다(Johnson, Christie, & Wardle, 2005). 그러므로 부모와 교사는 영유아의 전인적 발달과 놀이와의 밀접한 관계, 그리고 영유아의 연령에 따른 놀이의 특성을 이해하고 그에 따라 적절한 놀이 환경을 제공하고 효과적으로 지도해야 한다. 이에 본 장에서는 놀이가 영유아의 각 발달 영역과 어떠한 관계가 있는지 살펴보고 영유아의 연령에 따른 놀이의 특징을 살펴보고자 한다.

1. 놀이와 영유아기 발달

영유아기에 있어서 놀이는 영유아의 신체, 언어, 인지, 사회성, 정서 및 창의성 발달에 영향을 미치므로 영유아의 전인 발달을 위해서 놀이는 매우 중요하고 필요한 경험이다. 놀이가 각 발달 영역과 어떠한 관계가 있는지 살펴보고자 한다.

1) 놀이와 신체 발달

놀이는 신체 영역 중 두뇌 발달에 중요한 영향을 미친다. 서튼-스미스(Sutton-Smith, 1998)는 인생 초기 단계에서 놀이는 두뇌가 잠재력을 실현하도록 지원한다고 하였다. 긍정적인 정서와 신체적 움직임을 수반하는 놀이는 대뇌 피질의 기능을 자극하고 촉진시킨다. 즉, 영유아가 놀고 탐구하는 과정에서 시냅스의 연결이 풍부하게 일어나고 이후의 두뇌 발달의 기초를 형성하게 된다. 또한 놀잇감을 보고, 만지고, 두드리는 등 놀이의 탐색 활동은 감각 및 지각 능력의 발달을 도와준다.

대부분의 놀이는 신체적 움직임을 동반한다. 온몸을 움직이기도 하고 손이나 입 등 신체의 일부분을 약간 움직이기도 한다. 이러한 신체적 동작을 포함한 놀이를 통해 신체가 성장하고 생리 기능도 발달한다. 즉, 달리기, 매달리기, 미끄럼타기, 소근육 조작 운동 등의 다양한 신체를 이용한 놀이를 통해 신장, 체중, 근육과 지방 조직 등의 양적 성장뿐만 아니라 심장, 혈압, 배설, 수면 등의 생리 기능 발달도 일어난다.

한편, 놀이 과정에 포함된 많은 신체 동작을 통하여 기본 운동 능력도 증진된다. 영아는 놀잇감을 가지고 신체적 행위를 하려고 한다. 놀잇감을 밀고, 당기고, 두들기기도 하고 구멍에 손가락을 넣거나 다른 물체를 넣으려고도 한다. 이러한 동작을 통해 대·소근육의 운동 능력이 발달하고 눈과 손의 협응력도 길러진다(이영자 외, 2001). 유아는 신체가 유연하고 새로운 기술을 잘 받아들이고 모험심이 많아 새로운 동작을 반복해서 시도하고자 하는 열의가 대단하여 유아기가 기본적인 운동 기술을 학습하기에 가장 이상적인 시기이다(Hurlock, 1978). 특히, 실외놀이에서 뛰고, 점프하고, 매달리고, 기어오르고, 던지고, 받는 등의 운동놀이나 술래잡기 놀이, 자전거놀이 등을 통해서 대근육 운동 기술이 증진된다. 반복되는 놀이 활동에서 영유아는 각 놀이에 포함된 기술이 숙달될 때까지 그 놀이를 계속하는 경향이 있다. 블록 쌓기놀이, 조각 맞추기, 가위질하기, 그림 그리기, 구슬 끼우기, 종이접기 등의 놀이 활동을 반복하면서 소근육 발달과 눈과 손의 협응력이 길러진다. 이러한 운동 능력의 발달은 영유아의 놀이 세계를 더욱 확대시키기도 한다.

영유아는 몸의 근육을 많이 사용하면 할수록 신체적 긴장을 해소할 수 있으며 신체를 움직이는 놀이를 통해 다양한 동작을 반복함으로써 운동 기술을 연습할 뿐만 아니라 바른 자세를 형성할 수 있게 된다.

2) 놀이와 인지 발달

놀이는 인지 발달과 학습에 필수적인 활동이다(Ellis, 1973). 놀이 활동은 사고 과정을 포함하고 있고 사회적 상호작용을 반복하기 때문에 지적 학습의 기초가 된다.

인지발달이론에 있어 주요한 공헌자인 피아제(Piaget)와 비고츠키(Vygotsky)는 놀이와 인지 발달과의 관계를 설명하고 있다. 피아제(Piaget, 1962)는 놀이는 발달에 영향을 미칠 뿐만 아니라 놀이 그 자체가 발달수준을 나타낸다고 주장하며 인지 발달 단계에 따라 연습놀이, 상징놀이, 규칙을 갖는 게임을 한다고 하였다. 그리고 놀이는 동화와 조절 작용을 지배하는 활동이며 새롭게 알게 된 지식은 놀이를 통해 견고하게 된다고 주장하고 있다(지성애, 2011).

비고츠키(Vygotsky, 1978)는 놀이를 통한 또래들의 비계 설정(scaffolding)은 근접발달지대(ZPD)의 최대치를 끌어올릴 수 있다고 하였다. 특히, 가장놀이는 추리를 위한 인지 활동으로서 중요한 발달적 기능을 한다고 하였다. 영유아는 가장놀이에서 구체적 사물 없이도 자신이 나타내고자 하는 사물의 의미를 부여할 수 있다. 즉, 실제적인 컵 대신 상자를, 총 대신 나무 막대기를 이용하면서 사물로부터 의미를 분리시킬 수 있게 되고, 이때 놀이는 물체로부터 사고를 분리시키는 전환적 단계로서 역할하게 된다. 이렇듯 가장놀이는 영유아의 추상적 사고 발달에 중요한 역할을 한다.

영아는 자신의 신체나 주변의 물건, 놀잇감을 가지고 놀면서 탐색의 기회를 갖게 되는데 이러한 경험을 통해 지적 발달이 이루어진다. 성장함에 따라 또래 집단과 함께 다양한 놀이에 능동적으로 참여하면서 인지 발달이 더욱 촉진된다. 즉, 여러 가지 놀잇감, 사물, 자연물을 가지고 놀면서 색깔, 크기, 무게, 모양 등의 물리적 지식을 습득할 뿐만 아니라 여러 가지 논리적 · 수학적 지식도 학습한다. 다양한 놀잇감 및 타인과 상호작용하는 기회를 제공하는 놀이는 외부 정보에 접근하는 통로로서 기능하게 되고 이러한 놀이를 통해 인지적 기술과 개념을 견고하게 숙달하게 된다. 다양한 사람 및 사물과 상호작용하는 놀이 과정을 통해 영유아는 수 개념, 분류 개념, 서열화 개념, 공간 개념, 시간 개념, 보존 개념 등을 자연스럽게 학습할 수 있다.

스밀란스키(Smilansky, 1968)는 특히 사회극놀이(sociodramatic play)가 개념 발달을 촉진시킨다고 하였다. 사회극놀이는 처음에는 관계가 없었던 영유아의 경험을 통합(예: 식당놀이에서 메뉴 선택하는 행동, 돈을 지불하는 행동의 통합)하는 등 서로 분리된 사건들을 연결시키도록 돕기도 한다. 그리고 놀이 과정이 대집단의 영유아를 대상으로 교사가 주도적으로 진행될 때보다 소그룹을 대상으로 영유아 중심으로 진행될 때 영유아가 더 높은 개념 발달 수준에 도달하였다고 한다(Gmitrova & Gmitrova, 2003). 즉, 교사는 소집단을 대상으로 한 놀이 과정에서 영유아를 더욱 부드럽고 자연스럽게 놀이 활동으로 이끌었으며, 전체 집단의 영유아를 교사가 이끄는 놀이는 인지적 행동을 자극하는 데 덜 효과적이었다. 이와 같이 대집단을 교사가 이끄는 놀이는 개인차에 대한 고려와 동료 관계가 최소화되었기 때문에 인지적 행동을 활발하게 자극하지 못한다(Johnson et al., 2005).

영유아의 놀이는 사고와 문제해결 능력 발달에도 도움을 준다. 가상놀이(make-believe play)는 탈중심화(실제 자신의 정체감을 유지하면서 놀이 과정에서 다른 역할을 수행하는 것을 실현하게 하는)와 가역성(가상적 역할에서 실제 정체감으로 언제든지 돌아올 수 있다는 것을 인식하는)의 두 인지적 조작을 포함하고 있기 때문에 영유아의 사고와 문제해결 능력을 발달시킨다(Rubin, Fein, & Vandenberg, 1983). 놀이를 통하여 사고의 융통성이 발달된다고 주장하는 부르너(Bruner, 1972)는 놀이가 '미성숙한' 활등이라는 점에서 더욱 가치가 있다고 하였다. 놀이 상황에서는 실제 생활에서 절대로 일어나지 않는 방식으로 행동하는 것을 허락하면서 새롭고 독특한 행동을 시도해 볼 수 있다. 그러므로 놀이 과정에서 영유아는 차후의 실제 생활에 적용할지 모르는 다양한 새로운 방법으로 행동함으로써 사고의 융통성을 증진시키고, 결국 문제해결력에 긍정적 결과를 보이게 된다.

자신과 타인의 정신 작용에 대한 기본적 인식 즉, 자신과 타인의 생각, 의도, 믿음, 바람, 정서 등의 정신적 상태를 이해하는 사회 인지 능력을 마음이론(theory of mind)(Leslie, 1987)이라고 하는데 가작화 요소가 포함된 극놀이, 주제 환상극 놀이가 마음이론의 발달을 돕는다(박소연, 2006; 송영주, 2012; Leslie, 1987). 마음이론이 발달함에 따라 영유아는 타인도 각자의 마음과 관점을 가지며 이는 자신의 것과 다를 수 있다는 사실에 더욱 민감하게 반응하게 된다.

3) 놀이와 언어 발달

놀이는 여러 측면에서 언어 발달과 관계가 있다. 첫째, 영유아는 소리, 음성의 다양한 측면을 가지고 놀이를 한다. 즉, 영유아는 소리의 특징에 집중하고 그 소리의 특징을 재미있는 방식으로 흉내 내거나 모방한다. 이렇듯 재미를 목적으로 하는 언어놀이를 통해 언어 기술을 습득하고 언어 규칙에 대한 인식을 증가시킨다. 둘째, 가장놀이와 언어는 모두 상징적 표상을 포함한다. 언어는 사물, 사건, 상황 등을 표상하며 놀이에서는 무엇인가를 표상하기 위해 사물이나 언어를 사용하므로 영유아의 상징놀이와 언어는 밀접한 관련이 있다. 셋째, 영유아의 놀이는 많은 언어적 요소를 포함하고 있다. 놀이 계획이나 진행 과정은 언어적 요소인 영유아 간의 의사소통 없이 일어나기 어렵다. 이와 같이 놀이와 언어는 서로 관련되어 일어나는 현상이므로 놀이는 영유아의 언어 발달에 영향을 미친다.

영유아는 점차 언어 능력이 향상되면서 말 연습놀이를 많이 한다. 동일한 문장 구조에 한두 어휘만 수정하여 반복하는 놀이(예: 꽃은 어디 있어? 개는 어디 있어?)를 많이 한다. 이는 특별한 의미는 없지만 이러한 언어놀이를 통해 다양한 어휘를 습득하고 정확한 발음을 연습하고 문장 구성력도 증진된다.

영유아는 놀이할 때 다양한 방식으로 의사소통을 한다. 비록 의사소통에서의 신호들이 분명하지 않더라도 놀이 과정에서 의사소통은 매우 중요한 역할을 한다. 특히, 사회적 사건을 다루는 놀이 활동에서 언어적 의사소통이 자주 일어난다. 언어는 가장놀이, 극놀이 등의 놀이 형태에서 놀이 진행의 도구로서 사용된다(Davidson, 1998). 그리고, 언어적 의사소통은 놀이 상황을 계획할 때, 특정 역할을 수행할 때, 그리고 진행되는 놀이의 구체적 상황에 대해 이야기할 때 나타난다. 놀이를 계획할 때에는 놀이에 포함된 다른 또래들과 서로를 이해시킬 수 있는 언어를 사용하여야 한다. 극놀이를 하는 동안에는 각자의 역할을 잘 나타낼 수 있는 언어적 표현과 목소리 톤을 사용해야 한다. 가비(Garvey, 1993)도 가장놀이에서 말하기는 놀이의 틀(frame)과 그것의 의미를 전달하는 수단으로 작용한다고 하였다. 놀이에서 말하기의 경험을 통해 언어를 구사하고 연습할 수 있는 기회를 갖게 되며 다양한 단어와 개념을 학습한다. 또한 또래들과 이야기하는 경험을 통해 남의 말을 잘 듣고 이해하며 자신의 의견을 교환하는 의사소통 능력을 기른다. 즉, 또래들과 놀이 과정에서 사회적 관계를 유지하면서 점차 자기 중심적 언어에서 벗어나 타인의 말을 귀 기울여 듣고 이해하며 자신의 의견을 표현하는 의사소통 능력을 기른다(오문자, 2011).

더불어 가장놀이, 극놀이에서 자신들이 사용해야 할 언어적 요소(예: 대사)에 대해 이야기할 때에는 상위의사소통적 요소를 포함한다. 가비(Garvey, 1993)는 극놀이에서의 상위의사소통을 놀이의 여러 가지 상황, 행동, 사물 등을 놀이 친구에게 이해시키고 설명해 주는 것이라고 하였다. 즉, 놀이 과정에서 그들이 나눌 대화의 내용, 의사소통의 일부분을 어떻게 표현해야 할지, 무엇을 이야기해야 하는지에 관해 서로 의견을 나눌 수 있다. 화난 것을 표현하기 위해 크게 말할 필요가 있음을 서로 이야기한다든가, 아기 역할을 수행하는 친구에게 더욱 아기다운 말투나 대사 내용을 요구하는 것 등이 여기에 속한다. 이와 같은 놀이 과정을 통해 상위의사소통 인식이 발달한다(Whitebread & O'Sullivan, 2012).

놀이는 영유아의 문해 발달(literacy development)에도 중요한 역할을 한다. 극놀이 상황에서 영유아는 장보기할 때 구입할 물건의 목록을 작성하기 위해, 전화통화 중 메모를 하기 위해, 편지를 쓰기 위해, 약 처방을 하기 위해서 쓰기 활동을 하게 되고, 놀이 중 편지나 신문을 읽고, 처방전을 읽기 위해 읽기 활동을 하게 된다. 이러한 극놀이 활동들은 실제 쓰기와 읽기에 대한 이해 발달을 돕는다. 또한 역할놀이, 극놀이에서 사용하는 명백하고 정교화된 언어는 이후의 문해 발달과 관계가 있다(Ihmeideh, 2015; Roskos & Christie, 2007; Roskos & Neuman, 1998). 이것은 이러한 놀이 상황이 명백하고 정교화된 언어를 생산하도록 동기 유발을 하기 때문이다.

이와 같이 언어 발달에 따라 언어를 사용하는 놀이가 가능해지는 한편, 놀이는 영유아의 언어 연습장 역할을 한다. 영유아는 놀이를 통해 끊임없이 언어 기술을 획득하고 연습한다.

4) 놀이와 사회성 발달

유아는 또래 및 성인과 함께 놀이를 하면서 타인과의 사회적 관계를 형성하고 사회적 관계 안에서 여러 가지 문제해결 능력을 기를 뿐만 아니라, 협동적인 게임을 통하여 타인과 협력하는 것을 학습하게 된다. 이처럼 사회적 관계를 포함한 놀이를 통해 영유아는 다른 사람의 생각과 정서를 이해하는 능력을 기르게 되며, 차례를 지키고, 다른 사람과 나누어 갖고, 협력하는 등의 사회적 기술을 획득하게 된다.

사회적 놀이는 영아가 양육자 존재에 대한 반응으로 사회적 미소를 사용할 수 있을 때부터 시작된다. 영아에게 매우 중요한 놀이 파트너는 양육자이다. 영아는 양육자와 사회적 게임(예: 까꿍놀이)을 하면서 사회적 규칙을 연습하고 획득한다. 즉, 영아는 사회적 게임 안에서 순서 지키기(turn-taking), 역할 행동의 반복, 상대방 고려 등을 배운다(Bruner & Sherwood, 1976). 양육자와 사회적 게임을 진행해 나가려면 상대방의 행동을 주의 깊게 지켜보아야 하기 때문에 다른 사람을 인식하는 능력이 강화된다. 이러한 양육자-영아 간의 놀이는 양육자와 영아 모두에게 즐거운 경험이므로 양육자와 영아 사이의 애착 형성을 용이하게 한다.

성장함에 따라 영유아는 차츰 또래들과 놀이할 기회가 많아지고 놀이의 유형도 다양해지면서 또래와의 놀이를 통해 풍부한 사회적 경험을 하게 된다. 또래와의 놀이 과정에서 또래들과 협동하고 사이좋게 놀거나 또는 경쟁하고 다투면서 다른 사람과 함께 한다는 것을 배우고 집단에서 수용되는 기준 또는 도덕적 기준을 배우기도 한다. 놀이 상황에서 영유아 자신이 놀이 파트너가 되기도 하고 다른 파트너와 함께 놀이를 하는 경험은 또래와의 상호작용 및 또래 관계 형성에 매우 중요하다(Gardner, 1998).

다른 사람과 함께 하는 놀이는 영유아에게 사회적 기술(예: 타인의 사고, 지각, 정서 등을 이해하는 능력 외에 순서 지키는 것, 공유하기, 협동하기 등)을 획득할 수 있는 맥락을 제공함으로써 사회성 발달에 중요한 역할을 한다. 특히, 영유아는 놀이를 하면서 조망수용 능력이 발달한다. 조망수용이란 타인은 자신과 다른 관점을 가질 수 있다는 이해를 기초로 하여 다른 사람이 무엇을 보고, 생각하고, 느끼는지에 관해 이해하는 능력을 의미하는 것으로 이 능력은 사회성과 도덕성 발달에 중요한 역할을 한다. 이에 관해 피아제(Piaget, 1952)는 자기 중심적인 영유아가 놀이를 통해 또래들과 사회적 상호작용을 하면서 다른 놀이 참여자가 자신과 다른 관점 또는 조망을 가지고 있다는 것을 이해해 나가게 된다고 하였다. 특히, 사회극놀이에서는 여러 가지 상황에서 다양한 역할을 맡아 연기하는 과정을 통해 영유아는 자기 중심성에서 벗어나 맡고 있는 역할의 입장이 되어 그 역할을 묘사하여야 하는데 이러한 경험이 사회성 발달에 중요한 조망수용 능력을 촉진한다. 존슨 등(Johnson et al., 2005)도 유아가 자발적으로 놀이 활동에 참여함으로써 자신을 인정하고 받아들일 줄 아는 자기수용의 경험을 통해 점차 타인의 관점을 수용하게 되면서 사회적 행동이 발달한다고 하였다. 그러므로 놀이는 사회적 상호작용을 통하여 영유아의 사회적 능력을 발달시키는 기회를 제공한다.

에릭슨(Erikson, 1950)은 가상놀이를 통하여 영유아가 사회적 세계에 대해서 배울 수 있고, 새로운 사회적 기술을 숙달하는 기회를 갖게 되며 더불어, 그들이 속한 문화에 대해 이해할 수 있고 사회에서 수용되는 사회적 규범을 내면화하게 된다고 하였다. 이것은 가상놀이가 영유아에게 상상적 상황을 이끌어 내도록 하고 그 안에서의 규칙을 따르도록 하기 때문이다(Creasey, Jarvis, & Berk, 1998). 즉, 가상놀이는 영유아가 충동을 억제, 조절하도록 하고 그들 자신을 놀이의 규칙에 종속시키도록 하며, 사회적 규범에 대한 이해를 발달시키고 그들의 사회적 기대를 갖도록 한다. 특히, 또래들과 함께하는 극놀이의 빈도는 유아의 인기도, 사회적 기술과 상관이 있다고 한다(Connolly & Doyle, 1984; Johnson et al., 2005; Uren & Stagnitti, 2009). 이것은 또래와 함께하는 극놀이 자체가 높은 사회적 요구를 갖고 있기 때문일 것이다.

가비(Garvey, 1974)는 집단으로 하는 극놀이가 포함하고 있는 사회적 능력의 세부적인 요인을 언급하면서 놀이 규칙의 이해를 중요하게 다루고 있다. 위에서 언급했듯이 영아기의 까꿍놀이 등의 사회적 게임에도 규칙이 있으며 영아가 그 규칙에 따를 때 그 놀이가 계속된다. 이러한 놀이는 차례 지키기와 같은 특정의 규칙을 학습할 뿐만 아니라 일반적인 규칙의 의미에 대해서도 학습할 수 있는 사회적 맥락을 제공한다. 그리고 영유아는 극놀이를 하면서 놀이 활동의 주제를 함께 구성하고 또는 변경할 수 있다. 놀이의 공동 계획 능력은 사회극놀이에서 중요한 요소이다. 극놀이를 성공적으로 수행하기 위해서 영유아가 어떤 역할을 맡을 것인지에 대해 서로 동의를 해야 하고 사물과 행위의 가상적 요소에도 합의를 해야 한다. 또한 이야기 전개에 대해 협동적 의사 결정을 해야 한다. 극 전개에 대한 합의는 놀이 도중 변경될 수 있는데 이 또한 함께 동의하여야 극이 계속 진행될 수 있다. 놀이 과정에서 놀이 참여자들이 함께 결정한 사항이나 규칙대로 행하지 않는 영유아는 놀이에서 제외되기도 한다. 그러므로 사회극놀이에는 협동과 중재를 위한 강한 사회적 자극이 있다. 이는 사회극놀이의 훈련이 사회성 발달을 향상시키고 동시에 사회극놀이의 참여가 사회적 기술 획득을 촉진한다는 것을 시사하고 있다. 사회극놀이 자체가 높은 사회적 요구를 갖고 있다면, 이 놀이 형태와 사회적 능력 간의 관계가 있다는 것은 놀라운 사실이 아닐 것이다. 높은 수준의 사회적 기술은 영유아의 더욱 진보된 놀이 형태 참여에 필수적인 것이며 사회극놀이는 영유아의 이러한 사회적 능력 획득에 도움이 된다.

결론적으로 놀이와 사회성 발달과의 관계를 다음과 같이 종합할 수 있다(이숙재, 2009). 첫째, 부모와 놀이를 하면서 부모에게 친밀감을 갖게 되고 애착을 형성한다. 둘째, 또래와 놀이를 하면서 다른 사람과 더불어 살아가는 데 필요한 사회적 능력, 즉 질서 지키기, 협동하기, 놀잇감 공유하기 등을 배운다. 셋째, 놀이 경험을 통해 주변 사회에 대한 관심, 이해, 지식이 증진된다.

5) 놀이와 정서 발달

성인과 달리 영유아는 느끼는 것을 언어로 표현하는 능력이 제한되어 있기 때문에 자신의 생각과 감정을 놀이를 통해 표현하는 경우가 많다. 그리고 영유아는 놀이 상황에서 안전감을 느끼기 때문에 놀이를 즐기며 놀이 활동에서 모든 감정을 나타낸다(Landreth & Hohmeyer, 1998).

정신분석이론은 놀이를 통해 영유아들이 경험한 부정적 감정을 정화할 수 있다고 하였다. 불쾌한 경험을 놀이에서 반복하여 재생산하면서 부정적 감정의 강도를 감소시킬 수 있다고 하였다. 영유아는 공격적 감정뿐만 아니라 긍정적 감정,

즉 즐거움, 만족 등을 표현하는 데도 놀이를 사용한다. 놀이를 통해 그들의 감정을 바깥으로 나타내면서 숙달감과 통제감을 발달시키며 공포와 공격성 같은 부정적 감정을 표현한 후, 그들은 더욱 긍정적 감정을 표현할 수 있다. 특히, 부정적 감정이 해결되었을 때 영유아는 그들의 놀이에서 다른 감정으로 이동할 수 있다(Landreth & Hohmeyer, 1998). 영유아는 놀이를 하면서 긴장과 불안을 완화시키고 수동적인 태도에서 벗어나기 때문에 이때 놀이는 치료적 역할을 한다. 예를 들면, 모래놀이를 하는 동안 유아는 충족하지 못한 욕구 때문에 스트레스를 공상놀이로 자연스럽게 표현(이정자, 2007)하고, 모래를 가지고 다양한 경험을 하면서 즐거움을 느끼고 욕구 불만의 감정을 해소하기도 한다. 모래놀이를 통해 유아는 자신과 타인의 감정을 인식하고 감정을 조절하는 등의 정서 지능을 발달시킨다고 한다(강나리, 2013; 천은영, 박화윤, 김오순, 2005).

놀이는 영유아에게 자신이 원하는 것을 얻을 수 있는 심리적으로 안전한 맥락을 제공한다. 어머니가 식사 시간 바로 직전이어서 과자 먹는 것을 허락하지 않는다면 영유아는 파티놀이를 하면서 과자를 먹는 척을 할 수 있다. 영유아는 현실 세계에서 자신이 통제할 수 없는 것을 놀이를 통해 환상의 형태로서 다루려고 한다. 놀이 상황에서는 현실 세계에서 피할 수 없는 모든 것을 피할 수 있으며, 많은 사람을 이끄는 대장 역할도 할 수 있으며, 원하는 것을 모두 구입할 수도 있고, 현실에서 성인이 통제하는 그 모든 것을 영유아 스스로가 통제할 수 있다(예: 자고 일어나는 시간 등). 환상놀이는 영유아가 그들의 관점에서 현실을 다루는 것을 허용하므로 자신에게 가장 중요한 현실의 측면을 놀이 과정에서 다룬다(Singer & Singer, 1977). 서튼-스미스(Sutton-Smith, 1980)는 영유아가 놀이 상황에서 자신이 통제하고 숙달하는 과정을 거치면서 통제감과 자율성이 발달한다고 하였다. 즉, 영유아는 놀이 활동에서 자신의 힘에 의한 성취 경험으로 자기 신뢰감과 행복감을 갖게 되고, 동시에 독립감을 경험하게 된다. 또한 놀이 상황에서 신체적 및 심리적 안정감을 경험하면서 건전한 자아 개념을 획득하게 된다.

사회극놀이는 정서 표현을 포함하고 있는 놀이로서 영유아의 정서 발달에 중요한 기능을 한다. 영유아가 극놀이에서 역할을 수행하고 있을 때 역할에 해당하는 사람의 감정 경험을 연기할 수 있다. 또 맡은 역할에 대한 정서적 반응을 표현하면서 자신에 대한 긍정적 감정을 갖게 되고 다양한 감정의 차이를 이해할 수 있게 되면서 문제해결 기술을 발달시킨다(Cohen & Stern, 1983). 그러한 놀이 과정에서 차례를 기다리는 경험을 하고 다른 사람의 느낌에 반응하게 되며 자료를 함께 나누기도 하면서 타인의 관점을 이해하고 감정 이입할 수 있게 된다.

놀이는 기본적으로 기쁨의 정서와 관련된 경험이다. 놀이(예: 퍼즐 맞추기)를 완성하였을 때 성취감 등을 맛볼 수 있고 술래잡기놀이를 하면서 어느 정도의 스릴도 맛볼 수 있다. 그러므로 영유아는 놀이를 통해 긍정적 감정을 경험하고 표현하기도 하며 상황이나 역할에 따른 정서 반응을 이해하고 놀이 과정에서 공격성과 적대심을 조절함으로써 정서를 조절할 수 있는 방법도 배운다. 놀이를 통한 만족감, 자신감의 경험은 자기-보상의 기초가 되어 놀이 활동이 더욱 의미 있고 역동적인 활동이 되도록 하는 원동력이 된다(지성애, 2011).

6) 놀이와 창의성 발달

영유아의 놀이는 창의적 요소를 많이 포함하고 있다. 놀이 자체가 자발적이고 자유롭게 선택되는 것이기 때문에 놀이는 기본적으로 창의적인 과정이며 놀이의 주제, 놀이에서 사용하는 재료, 놀이 중에 나누는 대화 등 여러 요소에서 놀이는 창의적 활동이라고 할 수 있다.

놀이와 창의성 간의 관계는 다음 두 가지 관점으로 이해된다(Pepler, 1986). 하나는 놀이 행동에는 실험적 요소가 많이 포함되어 있기 때문에 탐색과 융통적 사고를 하게 되고, 결과적으로 창의성이 발달한다는 주장이다. 다른 관점은 놀이가 구체적 사고력을 추상적 사고력으로 전환시키는 역할을 하기 때문에 창의성 발달과 관계가 있다는 것이다. 이는 상징적 표상화를 추상적 사고로 간주하며 놀이 과정에서 구체적 사물에 새로운 연상을 하는 등의 경험으로 창의성이 증진된다는 것이다. 이러한 관점에서 볼 때, 가상놀이는 환상과 상징을 사용하는 놀이로서 창의적 표현과 창의적 과정을 촉진하는 기회를 제공한다(Hoffman & Russ, 2012; Russ, 2003).

놀이와 창의성 간의 관계는 놀이와 확산적 사고와의 관계에서 찾아볼 수 있다. 특히, 가장놀이 과정에서 영유아는 사물 변형과 역할놀이를 하면서 확산적 사고

기술을 연습하고 놀이에 수반되는 정서를 활용하면서 확산적 사고를 촉진한다(Russ, Robins, & Christiano, 1999). 가장놀이를 즐기는 영유아는 상상력 검사에서 높은 점수를 보이고 발명적 사고 능력이 증진되었다고 한다(Freyberg, 1973; Pepler & Ross, 1981).

리버만(Lieberman, 1977)은 영유아의 놀이와 확산적 사고 간의 관계에서 결정적 요소는 영유아의 놀이성(playfulness)이라고 하였다. 놀이성이란 놀이에서 신체적, 사회적, 인지적 자발성을 가지고 행동하면서 즐거움을 명확하게 표현하며 즐거운 상황을 인식하는 유머 감각을 포함하는 놀이의 질적 특성을 가리키는 것(유애열, 1994; Barnett, 1991)으로서 놀이를 좋아하는 특성이라고 할 수 있다. 리버만은 놀이를 많이 하는 영유아는 놀이성이 높으며 창의성도 높다고 하였다. 즉, 놀이를 즐기는 영유아가 더욱 확산적 사고를 한다는 것이다. 댄스키와 실버만(Dansky & Silverman, 1973)은 특정 놀이 자료를 가지고 놀이를 한 집단의 영유아, 그들을 모방하는 놀이를 하도록 한 집단, 그리고 놀이 자료와 전혀 상호작용하지 않은 집단 등 세 집단의 영유아에게 전혀 익숙하지 않은 놀이 자료를 제공하고 그들의 반응을 비교하였다. 연구 결과, 놀이 자료를 가지고 자유롭게 놀이를 한 영유아가 다른 두 집단의 영유아보다 익숙하지 않은 놀이 자료에 대해 더 다양하고 독창적 방법으로 반응하였다고 보고하면서 놀이의 경험은 익숙하지 않은 자료와 접하였을 때 그에 대한 창의적 사용을 유도한다고 하였다. 이와 같이 놀이와 창의성과의 관계에 주목한 댄스키(Dansky, 1980)는 자유놀이에서 정규적으로 가장놀이에 참여한 영유아가 확산적 사고가 더 높았다는 것을 발견하면서 이것은 가장놀이에서 일어나는 상징적 변형이 창의성 발달에 공헌한 결과일 것이라고 하였다.

그 밖에도 놀이의 상징적 요소가 확산적 사고와 관계(Clark, Griffing, & Johnson, 1989)가 있으며, 구조화된 재료보다 비구조화된 재료와의 놀이가 더욱 창의성을 이끈다고 한다(Pepler & Ross, 1981). 그리고 비사회적 극놀이보다 사회극놀이, 성인의 개입이 적은 풍부하고 융통적인 놀이 환경에서 진행되는 놀이가 창의성을 더 촉진한다고 밝혀졌다(Johnson, 1976).

이와 같은 상상놀이와 창의성 간의 관계는 탈중심화 개념에서 그 원인을 찾을 수 있다(Rubin, Fein, & Vandenberg, 1983). 탈중심화란 환경의 여러 특성에 대하여 동시적 주의를 기울이는 능력과 물체와 상황 본래의 정체(identity)와 상태를 이해하면서 동시에 그것을 변형시키는 능력, 한 시점에서 현재와 과거의 상태를 상상할 수 있는 능력 등을 포함한다. 예를 들면, 가장놀이에서 평소에 물건을 담을 때 사용하던 둥근 바구니를 자동차 핸들인 척하면서 사용할 수 있다. 바구니이면서 핸들이고 이전에는 아기의 목욕탕이었을 수도 있다. 그러므로 가장놀이에서는 영유아의 지적 융통성의 증거를 자주 발견할 수 있으며 융통성은 창의적 과정의 핵심적 요소이다. 즉, 영유아의 세계는 놀이에서 경험하는 창의적 과정을 통해 더욱 풍부해진다.

2. 연령별 놀이의 특징

영유아 시기에는 중요한 발달 변화가 일어난다. 놀이는 영유아의 연령이 더해감에 따라 나타나는 신체적, 언어적, 인지적, 사회적, 또는 정서적 발달 변화에 따라 다르게 나타나고 또한 놀이도 발달해 나간다. 그러므로 연령에 따라 나타나는 놀이의 특징을 이해하는 것은 영유아의 현재 발달 수준, 욕구 상태를 이해하는데 기준이 되며 영유아에게 적절한 놀이 활동 및 놀이 환경을 제공해 주는 데 도움이 된다.

본 절에서는 출생에서부터 5세까지 각 연령에서 나타나는 보편적 놀이의 특징을 살펴보고자 한다. 그러나 어느 연령에서든지 상당한 개인차가 있다는 것을 고려해야 한다.

1) 생후 12개월까지의 놀이

이 시기 영아의 신체적 능력은 놀이의 외형적인 형태를 결정짓는다. 물체를 잡을 수 있게 되면서 첫 놀이 형태로 자신의 신체를 가지고 노는 놀이 형태가 나타난다. 자신의 손가락, 발가락을 가지고 놀다가 점점 물체를 가지고 놀이하는 것을 시도한다. 물건을 잡기, 굴리기, 던지기 등을 시도하면서 영아는 물체를 탐색하고 가지고 논다. 입으로 가져가 보기도 하고 쳐다보기도 하고 흔들어 보기도 하고 던져 보기도 한다. 성장함에 따라 앉을 수 있게 되면서 영아는 물체 탐색에서 시각적 세계가 더욱 넓어지게 되고 이것이 탐색에 영향을 준다. 이 시기에는 물건을 두드리고 조작하기를 좋아하며 특히 집어넣었다 뺐다 하는 것을 좋아한다.

언어적 측면에서 보았을 때, 영아는 말을 할 수 있기 전부터 자신의 옹알거리는 소리를 가지고 논다. 특히, 생후 6개월부터 10개월 사이의 영아가 꽤 다양한 소리를 낸다(Garvey, 1977). 생후 10개월경에는 책을 단순히 가지고 노는 데 사용하기도 하고 책을 보기보다는 책 속에 있는 그림을 볼 수 있게 된다. 조금 더 성장하면 책장을 넘기기도 한다.

또한 이 시기에는 사회적 놀이가 나타난다. 사회적 놀이의 형태는 양육자와의 사회적 게임(예: 까꿍놀이, 공 주고받기)으로 나타난다. 이러한 사회적 게임을 통해 영아는 사회적 규칙(예: 차례 지키기)을 연습하고 획득한다.

2) 1세아의 놀이

영아의 운동 기술이 발달되면서 놀이의 세계는 더욱 확대된다. 이 시기의 영아는 기기, 서기, 걷기 등의 새로운 운동 기술이 숙달될 때까지 반복하여 연습한다. 소근육과 다리 근육이 발달되면서 운동 기능이 발달되고 그에 따라 다양한 탐색을 한다. 특히 기기, 걷기로 이동성이 가능해지면서 영아의 놀이 영역이 확장되어 놀이 활동이 더욱 다양해지고 인지적인 특성이 많이 나타난다. 이 시기에도 놀잇감을 가지고 놀이를 하며 여러 가지 감각 운동적 놀이를 반복하며 즐거워한다. 한편 이전 시기보다 놀잇감을 적절하게 갖고 노는 경향이 있으며 놀잇감의 기능에 따라 놀이를 하고 놀잇감은 더욱 흥미로운 것이 된다(Fenson, 1986). 영아는 공을 던지며 놀 수 있고, 줄을 당겨 움직일 수 있게 하고, 나무 못 판에 나무 못을 박을 수 있고, 블록을 늘어놓거나 조립할 수 있고, 큰 조각의 퍼즐을 맞출 수 있고, 인형을 가지고 극놀이도 하고, 그림책을 넘기며 그림을 보기도 한다.

이 시기에 새로운 형태의 놀이가 나타나는데 그것은 바로 상징놀이이다. 상징을 사용하여 어떤 것을 다른 것으로 대체할 수 있다는 것을 보여 주고 때로는 스스로가 그것을 대체하기도 한다. 컵에 물을 따르는 척할 수 있고 종이 상자를 자동차로 이용하기도 한다. 이 시기의 가장놀이는 주로 혼자놀이 형태로 진행된다. 생후 18개월에서 24개월 사이의 영아는 물체 등을 정신적으로 표상할 수 있고 행위를 가장할 수 있다. 행위의 가장을 위해 음성 등의 소리를 사용하기도 한다. 상징놀이, 극놀이에서 언어를 사용하여 사물과 사람을 나타내고 짧은 내용의 이야기를 할 수 있다.

이 시기의 영아는 아직 자기 주도적인 놀이보다는 부모나 형제들이 먼저 시도하는 놀이에 참여하는 경우가 대부분이다. 생후 18개월이 되면, 성인이 전혀 구조화해 주지 않아도 게임을 할 수 있고 또래와의 단순한 협동 게임을 시작하기도 한다.

3) 2세아의 놀이

2세의 영아는 이전 시기보다 대 · 소근육 운동 능력이 증진되어서 계단 오르내리기, 공 던지고 받기를 좋아하고 끌고 돌아다니는 놀잇감을 좋아한다. 눈과 손의 협응력도 발달하여 이전 시기에 이어 계속 블록 쌓기놀이를 좋아하고 크레파스 등으로 끄적거리는 놀이도 자주 한다. 소근육 운동 기술이 아직 부족하기는 하지만 자르거나 붙이거나 하면서 놀거나 연필 또는 붓을 사용하여 놀이하는 것을 좋아한다. 특히, 대근육 운동 기술을 사용하는 놀이 활동이 현저하게 많이 나타난다. 즉, 그네놀이, 바퀴 달린 타는 놀잇감과 밀고 끄는 놀잇감을 가지고 대근육 운동을 포함한 놀이를 즐긴다.

아직도 이 시기의 영아는 감각 운동놀이를 많이 한다. 물감이나 점토, 물, 모래와 같은 놀이 재료를 갖고 무엇인가 만들고 그리고 하는데 이때, 무엇인가를 만들어 내는 것에 집중하기보다 놀이 과정에서 재료들을 가지고 감각적으로 탐색하는 것에 더 흥미를 갖는다.

감각 운동기 후기에 지연모방이 나타나므로 이 시기에 지연모방에 의한 모방놀이, 상징놀이가 자주 나타난다. 일상생활에서 경험하고 관찰한 적이 있는 것을 단순히 재연하게 되는데 예를 들면, 마루 닦기, 인형 목욕시키기, 빨래하기 등의 놀이를 좋아한다. 이러한 놀이를 할 때 형태가 유사한 사물을 상징적으로 활용하는

데 두루마리 휴지 속심을 전화기로 사용하기도 한다.

언어를 효과적으로 사용하기 시작하면서 책 읽어 주는 것을 무척 좋아한다. 그리고 언어가 발달함에 따라 의사소통이 가능해지면서 또래와 협동적으로 놀려고 한다. 그러나 아직 상호작용 기술이나 협력하는 능력이 부족하여 시도하는 사회적 접촉은 대단히 짧고 순간적이다. 또한 독립적이고 고집이 세고 반항적이며 타협하기 어렵기 때문에 혼자놀이를 많이 하고 또래들과 가까이 있기를 좋아하지만 함께 나누고 협동하면서 놀지는 못한다.

영아는 우연히 어떤 사물이나 행동에 대해 호기심이나 재미를 갖게 되면서 의도적인 행동을 한다. 영아는 자신의 흥미, 재미를 지속시키기 위해 동일한 결과를 얻는 단순한 놀이 활동을 반복한다. 즉, 단순히 흥미를 느끼고 그 흥미를 지속하기 위해 반복적인 행동을 한다. 단순한 놀이는 점차 목적과 의도성이 포함되고 이러한 반복적인 행동을 통하여 목적과 의도가 달성되며 놀이는 재구성되고 더욱 흥미롭게 진행된다.

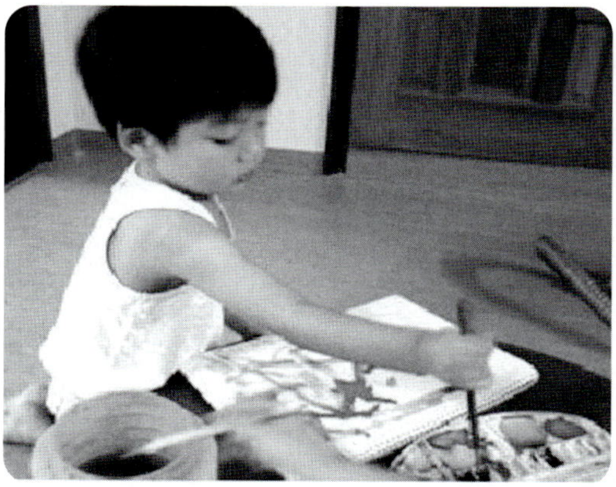

| 사진 2-1 | **그림물감 등을 가지고 무엇인가 그리는 것을 좋아하고 미술용품에 대해 흥미를 갖는다.**

4) 3세아의 놀이

기초적인 신체 운동 능력이 발달되면서 신체적 움직임이 더욱 왕성해지지만 균형이나 조절 능력은 아직 불완전하여 놀이 활동 과정에서 성인의 보호가 많이 요구된다. 대근육을 이용한 놀이로 세발자전거 타기, 달리기 등을 좋아한다. 소근육 발달과 눈과 손의 협응력 발달로 더욱 세련된 형태의 놀이인 가위질하기, 퍼즐 맞추기, 그림 그리기, 블록 쌓기 등을 즐긴다.

이 시기의 유아는 아직까지 목표를 사전에 계획하여 놀지는 않고 단지 놀이 과정을 즐기는 경향이 있다. 즉, 2세아와 같이 과정 지향적이며 감각적으로 즐기는 것을 좋아하지만 3세아의 경우에는 의도적이지는 않지만 놀이 행동의 결과에 관심을 갖기 시작한다. 자신이 자유롭게 그리거나 만들고 꾸민 것을 다른 사람에게 보여 주고 자랑하며, 혹은 선물로 주면서 만족감을 느낀다. 그러므로 자신의 기술을 표현하고 우연이라도 무엇인가를 만들 수 있고 타인에게 보여 줄 수 있도록 해주는 미술용품에 대해 흥미를 갖는다.

그리고 상상력과 언어가 풍부해지면서 환경에 대해 끊임없는 호기심을 가지고 호기심의 대상을 자율적으로 탐색한다. 그러므로 놀이 과정에서 알고 싶은 것에 대해 질문하기를 좋아하고 새로운 사실을 알기 위해 다른 사람들과 대화 나누기를 즐긴다.

3세아는 상상력이 상당히 풍부해지면서 상상놀이에서 큰 진보를 보이는 반면, 비현실적 공포심을 갖기도 한다. 3세아는 2세아와 달리 자신을 성인과 동일시하는 것에 흥미를 갖고 극놀이에서 성인 역할을 스스로 해 보는 기회를 갖는다. 즉, 엄마, 아빠 역할과 같이 일상생활에서 많이 경험해 왔던 가정생활에 관련된 역할놀이를 많이 한다.

또한 상상력이 풍부해지면서 익숙해진 놀잇감을 사용하는 방법이 달라진다. 블록을 단지 쌓기놀이로 사용하기보다 상상놀이에 사용하면서 블록으로 성인 세계에 대한 흥미를 다룬다. 블록으로 건물, 터널과 같은 구조물을 만들고 그 구조물을 이용해 상상하면서 가장놀이를 한다. 이 시기에는 놀이 환경에서 블록놀이 영역이 역할놀이 영역과 근접하도록 하여 두 놀이가 복합적 형태로 일어나는 것을 배려하기도 한다.

이러한 상상놀이나 극놀이가 3세아에게 있어서는 집단으로 일어나는 경향이 있다. 3세아는 아직 고집이 세고 자기 중심적이어서 또래와의 관계를 증진시키는 능력이나 기술이 서툴고 부족하다. 그래서 혼자 노는 것을 즐기지만 또래에게 관심을 보이고 친구 곁에서 나란히 병행놀이를 하는 경우도 많다. 이렇듯 이 시기에는 유아가 타인에 대한 관심을 보이고 성인이나 또래들과 협동을 시도하는 등 놀이 과정에서 사회적 상호작용이 증가하지만, 아직 3세아는 자신의 감정을 솔직하고 강하게 표현하며 감정의 변화도 많아 변덕이 심한 편이다. 분노를 폭발적으로 표현하고 충동적인 행동을 많이 보인다. 그러므로 놀이에 대한 흥미도 감정에 따라 많이 달라지고 놀이의 선택도 급작스럽게 변하기도 한다. 아울러 놀이 집단에도 지속적으로 참여하기보다 짧은 시간 동안 참여하다가 금방 빠져나오기 때문에 놀이 집단이 일정하지 않고 놀이의 지속 시간도 짧으며 놀이 과정에서 일어나는 문제 상황에 대해 대처하거나 상호작용하는 기술이 부족하여 싸우는 경우가 많다. 이와 같이 3세아는 혼자놀이와 병행놀이를 주로 하면서 놀이 집단에도 점차적으로 적응해 나간다.

| 사진 2-2 | **또래에 대해 관심을 갖고 같이 놀면서 사회적 상호작용이 증가한다.**

5) 4세아의 놀이

4세아는 신체 운동 기술이 더욱 발달하여 한 발로 서서 균형을 유지할 수 있고 놀이 시설물을 오르내릴 수 있다. 소근육 발달이 점차로 정교화되고 눈과 손의 협응력이 발달하여 작은 조각들을 조립하여 구성하는 놀이를 즐기며 그리기, 색칠하기, 가위질하기와 같은 활동을 더욱 성공적으로 수행한다.

4세 유아는 여전히 상상력을 동원하여 상징놀이하는 것을 즐기며, 자신이 알고 있는 것을 단순히 재연하는 것에 그치는 것이 아니라 구체적 상황, 즉 병원, 가게 등의 상황에서 일어나는 감정과 느낌, 생각을 표현하며 3세아보다 성인을 동일시하는 과정에 몰두한다.

놀이를 시작하기 전에 계획을 세운다고는 하지만, 실제로 계획대로 놀이를 하지 않는 경우가 많다. 재료들을 이용하여 만드는 놀이에서도 3세아보다는 결과물을 지향하지만 의도하지 않았던 결과물이 나오게 되는 경우가 많다.

인지적으로 성숙함에 따라 이 시기에는 지적 자극에 대해 민감하게 반응하면서 학습과 관련된 놀이, 즉 분류놀이, 수놀이, 문자놀이 등을 즐긴다. 동식물이나 자연 현상을 관찰하는 것을 좋아하여 동물을 키운다거나 식물 성장을 관찰하는 것을 적극적으로 해 보려고 한다. 변화하는 자연 현상에 대해 관심을 가지고 이에 대한 호기심을 충족시키기 위한 과학적 탐구놀이를 전개하여 문제를 더욱 즐겁고 능동적으로 해결하고자 한다. 놀잇감을 단순하게 이용하기보다 더욱 새롭고 다양한 방법으로 활용할 줄 알게 된다. 즉, 물과 모래로도 감각적 활동뿐만 아니라 과학적 탐색을 하거나 터널, 수로 등을 만드는 놀이도 하며 미술 활동도 다양한 재료를 활용하여 한다.

4세아는 어휘력이 상당하게 증가하면서 타인과 이야기 나누는 것을 좋아하며 과장과 유머를 좋아하고 수수께끼놀이를 즐긴다. 언어로 자기의 주장을 말할 수 있고 놀이 규칙도 어느 정도 이해할 수 있다. 그러나 아직 자신의 감정을 조절하거나 언어적으로 잘 표현하지 못하여 역할을 분담하여 조직적으로 상호작용하는 협동놀이는 잘 하지 못하고 행동을 동반하는 놀이 활동이 더 많이 나타난다. 한편 놀이가 확장되고 다양해지면서 의사소통 능력이 발달되고 또래와 함께 노는 연합놀이가 나타난다. 그러므로 집단을 구성하여 놀이하면서 집단에 대한 의식과 놀이의 지속 시간을 늘려 나갈 수 있다.

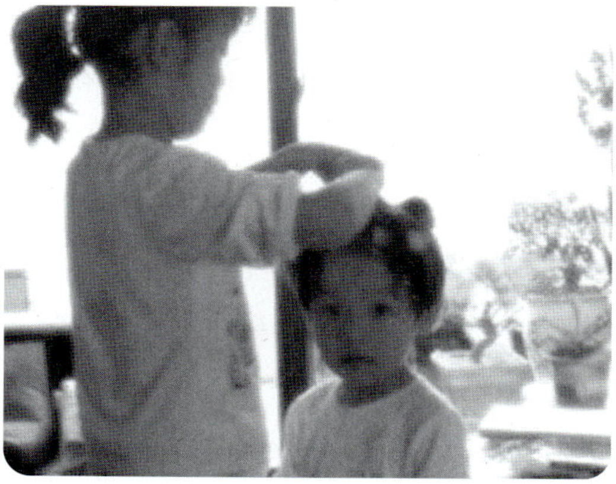

| 사진 2-3 | 유아는 구체적 상황에 대한 극놀이를 즐긴다.

6) 5세아의 놀이

이 시기는 신체적 발달이 활발하게 일어나는 시기로서 신체적 균형의 유지가 가능해지고 대근육 발달에 의해 뛰기, 달리기를 할 수 있고 두발자전거를 탈 수 있으며 자신의 운동 기술을 다양하게 시험해 보는 놀이를 한다. 언덕에서 미끄럼을 탄다거나 계단에서 뛰어내리거나 한 발로 뛰거나 또는 서 있는 행동도 한다. 이때부터 여러 가지 운동 경기도 즐기기 시작한다. 신체의 협응 능력과 소근육 발달이 더욱 정교해지면서 모양을 따라 가위질하기, 찰흙 빚기, 종이접기를 할 수 있으며 그 결과가 4세 때보다 훨씬 정교하고 사실적이다. 이 시기에는 목공 연장을 사용하여 작품을 만들 수도 있다. 그리고 여러 종류의 블록을 이용하여 복잡한 형태의 구조물을 만들 수 있으며 고속도로, 공항, 성 등을 블록으로 만들어 역할놀이에 이용하기도 한다.

이 시기의 영유아는 주변 세계에 대한 호기심이 많아서 주변을 탐색하는 놀이를 많이 하며 돋보기, 저울, 온도계, 자석 등으로 관찰하고 실험하는 놀이를 즐긴다.

동식물에 대한 관심도 계속되어 개구리, 금붕어, 거북이를 길러 보기도 하고, 곤충이나 벌레를 잡아 적극적인 탐색 활동을 하고, 질문도 반복하면서 과학적 기본 개념을 익히게 된다. 또한 동화책 보는 것을 좋아하며 동화를 들으면서 질문하는 것도 즐긴다. 때로는 그림을 보고 이야기를 꾸미거나 자신이 동화, 동요를 만들어 직접 들려주기도 한다.

여전히 이 시기에도 상징놀이를 즐기는데 단순히 인형을 가지고 노는 것이 아니라 인형에게 역할을 배정하여 극놀이를 하고 몇 개의 소품에 만족하지 않고 더 다양한 도구를 이용하여 자신의 모습과 생각을 실감나게 재현하는 더 높은 수준의 상징놀이를 한다. 극의 내용도 매우 다양해져서 일상적인 경험에 의한 가장놀이뿐만 아니라 책이나 TV 등을 통해 접하였던 이야기나 인물, 사건을 표현하기도 하고 스스로 이야기를 꾸며서 연출하기도 한다. 이 시기에는 극놀이를 사전에 계획하고 역할을 분담하여 진행하기도 한다.

이전 연령보다 덜 자기 중심적이고 관대하며 또래와도 잘 어울려 놀 수 있고 놀이 지속 시간도 길어진다. 집단의 형태로 진행되는 놀이에서 유아는 동일한 목표를 정하기 위해 서로 의사소통하고 목표 달성을 위하여 서로 협력한다. 또래와의 이러한 상호작용이 증가하면서 협동놀이가 나타난다. 유아는 이런 놀이 상황에서 소속감을 느끼고 놀이의 규칙을 이해하고 지키며 집단을 위해 최선의 노력을 기울이기도 한다.

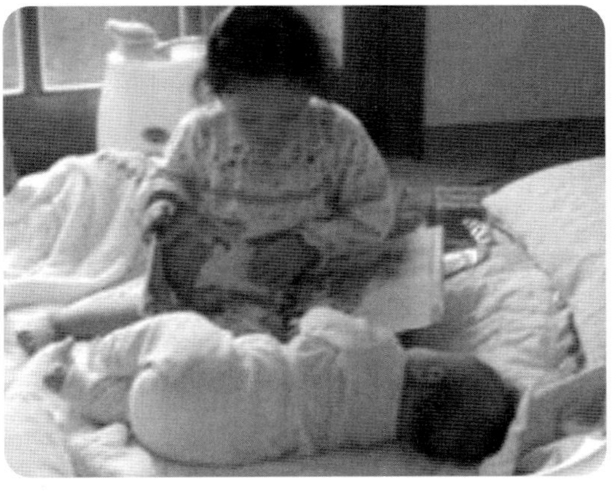

| 사진 2-4 | **유아는 자신이 동화 내용을 만들어 누군가에게 들려주길 좋아한다.**

제 3 장

놀이와 교육

1. 영유아의 놀이와 교육의 관계

일반적으로 '논다' 는 의미와 '교육' 혹은 '학습' 의 의미는 별개로 이해되는 경우가 많다. 흔히 "이제 그만 놀고 공부해야지."라고 말하는 경우와 같이, 일상적으로 학령기 이후의 연령에서는 이 두 가지를 반대의 개념으로 사용하는 것이 대부분이다. 그러나 영유아 시기에서만큼은 "아동들은 놀면서 배운다." 혹은 "우리 기관에서는 놀이를 통해 학습합니다." 혹은 "놀이 중심 교육"이라는 표현이 자주 쓰이고 있다. 이 말속에서 보듯, 놀이는 영유아 시기에 교육 또는 학습을 위해 적절한 방법으로 인식되고 있다.

2장에서 살펴본 바와 같이, 이미 많은 학자들의 연구를 통해 영유아들이 놀이 과정에서 발달, 성장한다는 사실이 널리 밝혀져 왔다. 본 장에서는 '교육' 의 측면에 중점을 두어 놀이의 가치와 효용을 논하고자 한다.

국어사전에 의하면 교육이란 '지식과 기술 따위를 가르치며 인격을 길러 줌' 으로 정의하고 있으며, 학습이란 '배워서 익힘' 으로 정의된다(국립국어원, 2018). 즉, 이 단어들을 풀어 본다면 교육을 실시하는 교사가 학습자인 영유아에게 바람직하고 필요하다고 판단되는 지식 혹은 기술을 미리 선정하고 이것을 의도적으로 계획하여 실행하는 과정이라는 의미가 들어 있다. 이러한 교육이 잘 이루어졌을 때, 대상이 된 영유아는 자신의 수준에 적절하고 이후의 삶에 도움이 되는 내용을 학습하게 될 것이다.

교사와 영유아가 일상적으로 실행하는 무수한 놀이들이 교육적 효과를 거두기 위해서는 가장 먼저 교육의 내용을 무엇으로 볼 것인가에 대하여 먼저 살펴볼 필요가 있을 것이다. 다만, 본 장에서는 교육의 내용보다는 이를 영유아의 일과 속에서 실행하는 방법으로서의 놀이에 중점을 둘 것이므로, 내용에 관하여는 간단히 다루고자 한다. 다음으로는 영유아 시기에 왜 놀이를 가장 바람직한 교육의 수단으로 보는가에 대하여 알아봄과 동시에 놀이를 통해 학습을 하는 과정에 대한 이론과 관련된 개념들을 살펴볼 것이다.

1) 영유아를 위한 교육의 내용

앞서 교육이란 '지식과 기술 따위를 가르치며 인격을 길러주는 것' 이라고 하였다. 영유아에게 길러 주어야 할 지식 혹은 기술에는 무엇이 포함될 것인가를 두고 그간 수많은 학자들과 교육 실행가들이 연구를 실시하였다. 그 결과, 영유아의 발달에 적합하며 길러 주기에 바람직하다고 여겨지는 보편적인 교육 내용이 도출되었고 특히 이것을 해당 국가의 교육 철학, 사회적 상황 등에 맞게 선정하고 조직한 것이 바로 국가수준에서의 교육 및 보육 과정이다. 예를 들어, 유아기에 교육을 통해 길러 주어야 할 지식과 기술로서 '몸과 주변을 깨끗이 하기' 를 들 수 있는데 아래 〈표 3-1〉은 3-5세 누리과정의 5개 영역 중 신체운동 · 건강 영역에서 유아의 연령과 수준에 따라 어떤 내용을 다룰 것인지 자세히 제시하고 있다.

| 표 3-1 | 유아 연령 수준에 따른 신체운동·건강 영역의 내용과 예시

내용 범주	내용
신체 인식하기	• 감각 능력 기르고 활용하기 • 신체를 인식하고 움직이기
신체 조절과 기본 운동하기	• 신체 조절하기 • 기본 운동하기
신체 활동에 참여하기	• 자발적으로 신체 활동 참여하기 • 바깥에서 신체 활동하기 • 기구를 이용하여 신체 활동하기
건강하게 생활하기	• 몸 주변 깨끗이 하기 • 바른 식생활 하기 • 건강한 일상생활하기 • 질병 예방하기
안전하게 생활하기	• 안전하게 놀이하기 • 교통안전 규칙 지키기 • 비상 시 적절히 대처하기

→

3세	4세	5세
손과 이를 깨끗이 하는 방법을 알고 실천한다.		스스로 몸을 깨끗이 하는 습관을 기른다.
주변을 깨끗이 한다.	주변을 깨끗이 하는 습관을 기른다.	

출처: 3-5세 연령별 누리과정 해설서(2013).

영유아기에 무엇을 가르칠 것인가에 대한 논의는 전공 분야의 학자 및 교육자들뿐 아니라 일반인들에게도 매우 관심이 높은 주제이다. 특히 최근 들어 학부모를 중심으로 자녀로 하여금 더 어린 시기에 높은 수준의 지식과 기술을 경험하고 익히기를 바라는 현상이 두드러지며 그 요구 역시 커지고 있는 것이 사실이다. 그러나 분명히 해 둘 것은 영유아기의 발달과 그 이후의 원만한 성장을 위하여 가장 보편타당하다고 전문가들이 검증한 교육의 내용은 표준보육과정과 누리과정이라는 점이다.

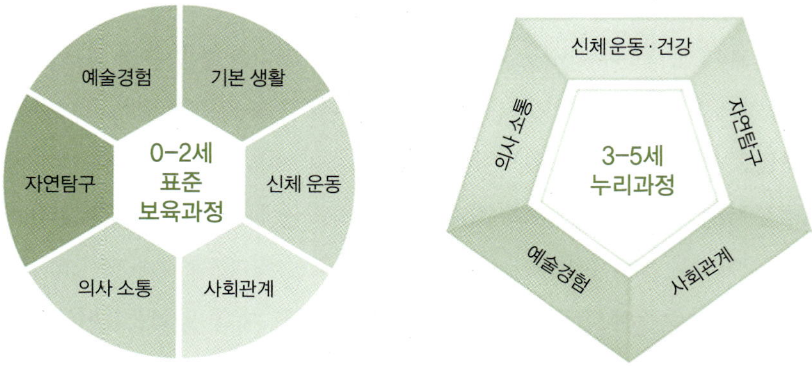

| 그림 3-1 | **0-2세 표준보육과정 영역과 3-5세 누리과정 영역**

출처: 구글.

위의 그림에서 볼 수 있듯이 영아기에는 6개 영역, 유아기에는 5개 영역에 걸쳐 고른 성장과 발달(전인 발달)을 이룰 수 있도록 교육의 범주와 내용이 제시되어 있다. 인지 위주의 수 · 과학, 언어 발달 등에 있어 특별한 강조점을 두지 않는 것은 물론, 오히려 일부 학부모 및 일반인들에게 '교육' 의 영역에서 다소 중요하지 않다고 여겨지는 신체 및 건강, 바람직한 습관 형성, 예술적 소양의 증진, 정서와 사회적 능력을 배양하는 능력이 큰 비중으로 다루어진다. 그럼에도 불구하고 현실에서는 이와 전혀 무관하게 무분별한 영유아 대상의 교육이 이루어지고 있는 것을 종종 볼 수 있다. 다음의 기사는 언어와 인지 몰입식 교육의 폐해를 보도하는 예이다.

만 1살부터 사교육, 아이들이 병들고 있다

어린이집서 기저귀 찬 채 영어 플래시 카드 공부
초등 입학 전 선행 학습… 창의력 꺾고 좌절감 안겨

유아교육 전문가 ㄱ씨는 지난달 서울의 한 어린이집을 방문했다가 깜짝 놀랐다. 제대로 앉아 있는 것도 버거운 아이들이 기저귀를 찬 채 영어 플래시 카드를 공부하고 있는 광경을 본 것이다. 특별 활동 강사는 "엄마들이 영어 단어를 곧잘 따라하는 아이들을 보면서 좋아한다."고 말했다.
백화점 문화센터도 집 밖의 장소에서 영아들이 처음 접하는 사교육 시장이다. 빠르면 생후 5~6개월부터 문화센터 프로그램에 참여하기 시작해 놀이 수업, 영어 수업, 영재 수업까지 이어가는 아이들이 많다. 서울 갤러리아 문화센터의 오감 발달 활동 프로그램에 2세 자녀를 보내고 있는 주부 ㄴ씨(31)는 "주변 엄마들을 보니 아기가 앉기 시작하면 외부 프로그램을 보낸다."며 "이렇게까지 사교육을 시켜야 할까 싶었지만 주변에서 하는 걸 보면서 뭐라도 해야겠다는 불안감을 느꼈다."고 말했다.
과도한 사교육으로 영유아들이 병들고 있다. 사교육의 출발선은 이미 출생 시점으로 내려왔다. 만 한 살도 안된 영아를 위한 영어 플래시 카드와 놀이 학습, 국어 · 수학 학습까지 남보다 반걸음이라도 먼저 대학 입학 경주에 뛰어들려는 사교육이 시작된 것이다. 자유롭게 쉬고 놀 시간을 빼앗긴 아이들은 초등학교 1학년 입학 무렵, 이미 배움에 대한 의욕을 잃고 무기력증에 시달린다. 인성이 최고라고 하면서 아이들의 행복을 빼앗고, 창의 인재를 키운다고 하면서 창의력이 뻗어 갈 공간을 허용하지 않는 어른들의 과욕과 허영이 아이들을 옥죄고 있는 것이다.(중략)

출처: 경향신문(2013. 05. 02.). 만 1살부터 사교육, 아이들이 병들고 있다.

2) 영유아 교육의 바람직한 방법으로서의 놀이

영유아의 교육을 담당하는 기관, 즉 어린이집과 유치원에서는 국가에서 제시하는 교육 내용을 다루면서 이것을 실행하고 영유아에게 적용하는 방법의 측면에서 놀이를 택하고 있다. 그 이유는 영유아 시기가 학령기 이후와는 달리 발달적으로 매우 특수한 측면이 있고, 이러한 연령의 특성을 고려하여 교육을 실시하는 것이 매우 중요하기 때문이다.

(1) 영유아의 인지적 특성에 대한 고려

● 표상 능력 발달에 따른 상상놀이의 증가

피아제(Piaget, 1962)에 의하면, 감각 운동기의 마지막 단계에 영아는 정신적 표상, 지연모방, 상징놀이 등이 가능해진다. 이러한 능력에 기반하여 영아기 후반부터 매우 일상적으로 가상놀이(상상놀이 또는 역할놀이)를 즐겨하게 되는데, 가상적 사물이나 상황, 인물을 설정하여 상징화하는 놀이를 의미한다. 이러한 가작화와 역할놀이의 발달로 인해 얻는 교육적 가치는 수많은 연구들을 통해 보고되었다. 대표적으로 마음이론(Talor & Carlson, 1997), 조망수용 능력(Kontos, Hsu & Dunn, 1993), 뇌 발달(Bergen & Coscia, 2001), 언어 전략(Pelligrini, 1984) 등에서 볼 수 있듯이 인지와 언어 발달의 측면에서 얻는 이점이 매우 크다는 것을 알 수 있다. 이러한 결과는 일반적으로 흔히 '소꿉놀이'로 불리는 영유아의 일상적 놀이의 이면에 엄청난 교육적 활용 가능성이 있음을 시사한다. 상상놀이는 학령기에 가까워질수록 급격히 감소하며 영유아기에 집중적으로 일어나는 놀이인 만큼, 주변의 성인들 및 영유아 교육을 담당하는 기관에서 적극 권장되어야 한다.

● 탐색과 숙달을 가능케 하는 놀이

연령이 어린 영아일수록 감각을 활용하여 주변의 사물을 탐색하려는 강한 호기심을 보인다. 아직 사물의 속성에 대한 정보가 부족하기 때문에 이는 자연스러운 현상이며, 따라서 영아기에는 오감을 충분히 활용하여 탐색 활동을 할 수 있는 기회를 많이 제공해 주는 것이 필요하다. 점차 더 어린 연령의 영아들이 기관에서 생활하게 되면서, 영아를 담당하는 보육 현장에서는 다양한 놀이들을 고안하여 적용하고 있다. 이 과정에서 영아들의 발달 특성 및 탐색 욕구에 대한 이해에 근거하지 않고, 유아기에 적합한 수준의 놀이를 계획하여 실행함으로써 영아들이 풍부한 탐색의 기회를 놓치지 않도록 주의할 필요가 있다.

탐색과 더불어 영유아들은 숙달의 욕구를 가지고 있다. 즉, 자신이 습득한 지식 및 기술을 반복하여 활용함으로써 유능감과 즐거움을 느끼는 것이다. 그렇기 때문에 영유아의 놀이를 관찰하면 꽤 긴 기간에 걸쳐 동일한 주제의 놀이를 반복하기도 하며, 성인이 새로운 놀잇감 혹은 주제를 제안하여도 자신의 것을 고집하여 계속하는 경향을 보이기도 한다.

- 개인차를 고려한 개별화 교육

학령기로 접어들면 아동들은 같은 시간에 한 장소에서 정해진 시간 동안 교과 학습이 가능하다. 그 이유는 이 연령의 학생들은 영유아기를 거치며 이미 많은 발달적 성취를 이루었고, 특히 동시에 같은 내용을 교육하더라도 대부분 학습이 이루어질 수 있다는 가정에 근거하기 때문이다. 즉, 아동들 간에 개인차가 존재하나 그것이 집단 교육이 불가한 정도의 심각성을 띠지는 않는다. 반면 영유아기에는 인지, 언어를 비롯한 모든 발달 영역에서의 개인차가 가장 크다. 따라서 영유아들이 비록 어린이집이나 유치원에서 집단생활을 하고 있지만, 교육이 이루어지는 과정에서는 개별화된 방법으로 접근하는 것이 필요하다. 자유놀이는 개별화 교육이 일어날 수 있는 최적의 조건을 가지는데, 영유아가 스스로 놀이를 선택할 때 이미 자신의 수준과 흥미에 부합되는 소재로부터 시작하기 때문이다. 교사는 해당 연령에 적합한 교육 활동을 계획하되 그것을 다양한 방식과 각기 다른 수준으로 펼치고 있는 영유아들의 개인차를 고려하여 상호작용함으로써 각 영유아가 놀이 속에서 교육적 효과를 최대한 거둘 수 있도록 하여야 한다.

(2) 영유아의 사회 · 정서적 특성에 대한 고려

- 자율성 및 주도성 발달의 시기에 적합한 교육

에릭슨(Erikson, 1968)의 심리사회적 이론은 영유아기 놀이를 이해하는 데 있어 중요한 틀을 제공하여 준다. 그에 따르면 만 1~3세경의 영유아가 스스로 걷게 되면서 신체 능력이 비약적으로 발달하고, 특히 배변 훈련을 하는 과정에서 자신의 신체를 통제할 수 있다는 자신감을 얻게 되면서 자율성이 발달된다고 보았다. 마침 이 시기에 언어 능력 역시 급격히 발달하기 때문에 영유아는 본인의 탐색 욕구와 의사를 마음껏 표현할 수 있게 되고, 따라서 더욱 수월하게 자기 의지대로 주변의 다양한 사물과 현상을 조작하고 실험하려는 행동적 특징을 보인다. 3세 이후로 접어들면서 유아는 자신의 관심사를 정하고 그것에 집중하여 놀이를 계획하고 주도적으로 이끌어 가면서 성취감을 느끼게 된다. 이러한 영유아기만의 발달 특징을 고려할 때, 교육을 위한 방법으로서 놀이의 필요성은 더욱 정당화되며, 성인이 계획하고 주도하는 학습이 발달적으로 적합하지 않음을 알 수 있다.

● 정서 표현과 조절을 위한 연습 기제로서의 놀이

프로이트(Freud)로 대표되는 정신분석이론과 함께 영유아의 정서 이해와 표현, 조절과 관련된 이론들(Eisenberg & Fabes, 1992; Kopp, 1989; Sroufe et al., 1984; Rothbart, Ziaie, & O'Boyle, 1992)은 영유아기 놀이의 교육적 가치를 이해하는 또 다른 한 측면이 된다. 영유아는 타인의 정서는 물론, 자신의 정서를 이해하고 표현하는 능력을 발달시켜 가는 과정에 있다. 또한 이 연령은 초보적 수준이라 하더라도 스스로 정서를 조절하는 기술 역시 습득해 가는 중요한 시기에 해당한다. 놀이야말로 영유아가 자신의 정서적 갈등을 해소하고 욕구를 충족하며 타인(의미 있는 성인 혹은 또래)과의 자연스럽고 이상적인 정서 교류의 기회를 제공한다. 놀이가 아닌 성인 주도의 학습 환경에서는 이러한 정서적 해방감과 자유로움이 제한되며, 오히려 정반대로 영유아는 긴장과 스트레스 상황에 놓이기 때문에 적절한 교육의 방법이 될 수 없다.

"과도한 조기 사교육, 문제행동 키운다"

급부상한 특성화 교육기관들은 조기의 교육이 추후 아이의 학습 능력과 미래에 대비할 수 있다고 부모들을 유혹하지만, 전문가들은 과도한 조기 사교육이 병폐를 낳을 수 있다고 우려감을 표한다.

김은영 육아정책연구소 연구위원은 "아이 발달 단계에 맞지 않은 과도한 교육은 아이에게 스트레스를 일으키고 공격적 행동, 우울감으로 이어질 수 있다"며 "교육 경쟁에 너무 노출되면 비행, 주의 집중 문제, 위축, 불안 등 다양한 사회적·정서적 문제 행동이 커진다"고 꼬집었다.

실제로 육아정책연구소의 '한국아동패널 2008~2014 자료 심층분석 연구'에 실린 '영유아기 사교육 경험이 만 5세의 문제행동에 미치는 영향' 보고서에 따르면 영아기, 유아기 모두 사교육을 이용한 적 있는 아이는 문제 행동(정서적 반응성, 불안·우울, 신체 증상, 위축, 주의 집중 문제, 공격 행동 등) 점수가 15.26점으로 영아기, 유아기 모두 사교육을 이용한 적 없는 아이(10.21)보다 1.5배가량 높았다.

김 연구위원은 "아이들이 원하지 않는데도 확실하지 않는 미래를 위해 지금 아이들이 누려야 할 여유, 놀이, 행복을 희생하도록 하는 것은 '정서학대'라고 볼 수도 있다"며 "학습 효과도 그리 크지 못하다. 유아기에 100시간을 투자해 이룬 학업 성취는 초등학교 3학년이 되면 10시간 만에 이룰 수 있는데, 굳이 유아기에 많은 시간을 들여 미리 해야 할 이유가 있을 지 의문"이라고 말했다.

출처: 베이비뉴스(2017. 01. 31.). [0세부터 사교육行] 중국어부터 코딩까지 영유아 사교육 신풍속도. 일부 발췌.

(3) 영유아의 권리 보장의 측면에서의 놀이

영유아를 대상으로 한 조기교육의 실태는 낯선 주제가 아니며, 최근으로 올수록 사회 환경의 변화와 맞물리면서 영유아의 인지적 학습에 대한 가정의 요구와 사교육 범람 현상이 심해지고 있다. 영유아 자녀를 둔 많은 가정이 핵가족과 맞벌이의 구조를 띄고 있고, 인터넷과 스마트폰 등을 활용하여 육아에 대한 정보를 쉽게 즉시적으로 얻는 경우가 많아지고 있다. 그러나 이러한 사회 환경은 도리어 자녀와 충분한 시간을 갖지 못하는 부모로 하여금 교육에 대한 불안감을 키우고 무분별한 정보를 받아들이게 하는 결과를 낳기도 한다. 그리하여 영유아의 연령과 발달에 적합한 놀이가 아닌, 사교육에 의한 인지 몰입식 교육, 외국어 중심 교육(예: 영유아 대상의 영어 학원), 특기교육 등이 마치 영유아에게 바람직한 교육이며, 학부모가 좇아야 할 교육의 방향인 것처럼 잘못 인식되는 사례가 늘고 있다.

이와 관련하여 최근에는 많은 학자와 교육자들이 영유아의 권리 측면에서 놀이를 접근해야 한다고 보며, 사회적 전반의 인식을 변화시키기 위해 노력하고 있다. 일찍이 유엔아동권리협약(1989)에서는 아동의 발달권을 명시하였으며, 이는 영유아가 잠재 능력을 최대한 발휘할 수 있도록 필요한 교육의 기회를 제공하고 적절한 휴식을 취하며 문화예술 활동에 참여하도록 보장하는 권리이다. 따라서 발달에 적합하지 않은 성인 주도의 교육은 지양되어야 함은 물론, 충분히 놀 수 있는 시간과 기회를 제공하여야 하며 영유아를 위한 바람직한 교육의 방법은 발달에 적합한 놀이 그 자체가 되어야 한다.

3) 놀이를 통해 학습이 이루어지는 과정

영유아에게 적합한 교육 내용은 전문가들에게 의해 검증된 국가수준의 교육 및 보육 과정에 근거해야한다는 점, 영유아의 다양한 특성으로 인하여 놀이가 가장 바람직한 교육 방법이라는 점 역시 살펴보았다. 그렇다면, 실제로 놀이 속에서 영유아들의 학습이 어떻게 이루어지는가에 대한 분석이 필요할 것이다.

놀이와 교육의 관계를 이해하는 데 있어서 가장 많이 인용되며, 현대의 영유아 교육에 큰 영향을 미친 이론을 꼽자면 구성주의를 들 수 있다. 여기에서는 대표 학자인 비고츠키(Vygotsky)가 제시한 개념과 이론을 중심으로 구성주의적 관점에 근거하여 놀이를 통해 교육 및 학습이 이루어지는 과정에 대하여 알아보고자 한다.

(1) 영유아의 놀이와 근접발달지대

비고츠키(Vygotsky, 1962)는 영유아의 새로운 능력은 성인 또는 자신보다 조금 더 능력 있는 또래와 함께 놀이하는 과정에서 발달된다고 보았다. 그의 표현을 인용하자면, 근접발달지대란 "독자적인 문제해결에 의해 결정되는 실제적 발달 수준과 성인의 지도 아래에 또는 보다 능력 있는 또래들과의 협동을 통한 문제해결에 의해 결정되는 잠재적 발달 수준과의 차이"라고 하였다. 이러한 근접발달지대는 학습과 인지 발달이 역동적으로 일어나는 민감한 지역이다. 영유아는 독자적으로 할 수 없는, 그러나 다른 이들의 도움을 받아 수행할 수 있는 과제들은 이미 성숙된 기능들보다는 현재 발달 과정에 있는 정신적 기능들을 자극한다(홍용희, 2000).

영유아들은 놀이하는 과정에서 자신에게 친숙한 수준의 과제를 반복하여 수행하며 숙달감을 경험하면서도 순간순간 자신에게 도전적인 과제를 맞닥뜨리게 된다. 예를 들어, 미술 활동을 통해 가위를 다루면서 시지각과 인지 및 소근육 발달이 원활하게 이루어지고 있는 유아가 있다고 할 때, 이 유아는 가위를 반복하여 사용하면서 자신의 기술이 발달되는 것에 대해 성취감을 경험할 것이다. 그러던 중 어느 순간 자신의 능력으로는 해결하기 어려운 부분, 즉 굴곡이 심한 윤곽을 오려야 하는 과제에 부딪히게 된다. 이때 옆에서 관찰하던 또래나 교사가 종이가 움직이지 않도록 잡아 주거나 필요 없는 여분의 종이를 잘라 내는 등의 간단한 방법을 알려 준다면 이 유아는 종이나 도구의 특성에 대한 지식 및 기술에 있어 한층 높은 수준의 발달을 이루게 될 것이다.

비록 단순한 예시를 들어 설명하였으나, 이러한 근접발달지대는 소근육뿐 아니라 영유아의 모든 발달 내에서 찾아볼 수 있으며 교육의 내용과 놀이의 주제 및 방법을 결정하는 데 있어 필수적으로 고려되어야 한다.

(2) 교사의 비계 설정과 놀이 지도

비고츠키(Vygotsky)는 영유아를 '스스로 자신을 구성해 나가는 하나의 건물'에 비유하면서 '비계(scaffold)'의 개념을 제시하였다. 이는 영유아가 발달을 지속하여 나가면서 새로운 능력을 구축하도록 돕는 사회적 지원 체계를 의미하며, 위에서 살펴본 또래 혹은 성인의 적절한 도움이 여기에 해당된다. 이러한 비계는 교육의 상황에서 '가르치고자 하는' 의도를 가진 교사 혹은 성인이 설정하게 되며, 그에 따라 영유아는 자신의 놀이 과정에 도움과 지원을 제공받게 된다.

같은 연령의 영유아라 할지라도, 각 발달 영역에서의 근접발달지대는 개인마다 다르다. 특히 매순간 역동적으로 일어나는 영유아의 놀이 속에서 개별적이고도 미세한 차이를 파악하는 것은 쉽지 않다. 바로 이런 이유에서 교사 혹은 영유아와 함께 생활하는 성인의 면밀한 관찰이 필요하다. 앞의 예에서, 유아가 가위를 사용하여 미술 작품을 만들며 놀이할 때, 이 유아가 아직 소근육의 활용이 원활하지 않은 상태에서 또래나 교사가 접근하여 도움을 준다면 그것은 적절한 비계의 설정이라 볼 수 없다.

따라서 수준과 흥미에 적합한 교육적 놀이가 되기 위해서는 바로 이와 같은 개별 영유아의 근접발달지대에 대한 이해, 적절한 비계의 설정과 지도가 핵심이 되어야 한다.

2. 영유아 교육 및 보육 과정 내에서의 놀이

영유아 교육을 담당하는 어린이집과 유치원에서는 국가에서 제시한 표준보육과정과 누리과정의 내용을 근거로 다양한 계획안과 교육 활동을 준비하며, 영유아의 흥미를 반영하여 매일의 놀이로써 실행하고 있다. 이들의 관계를 그림으로 요약하면 다음과 같다.

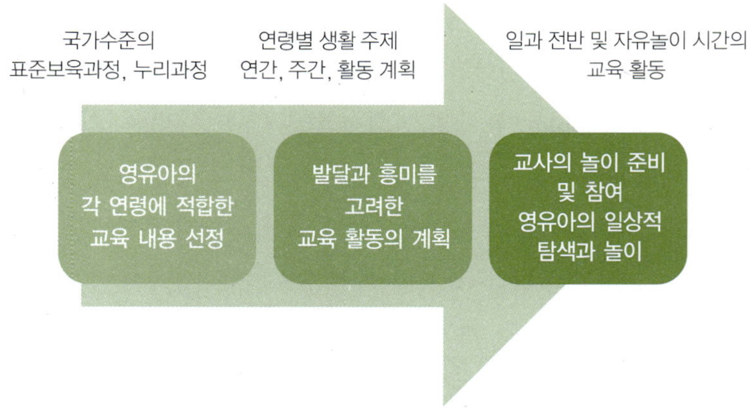

| 그림 3-2 | **교육 목표와 내용, 영유아의 발달과 흥미, 교사의 계획이 반영된 놀이와의 관계**

1) 교육적 의도와 놀이의 본성과의 관계

교육이 특정한 목표를 가지며 영유아의 성장에 필요한 '바람직성' 을 띠고 있다면, 단순히 놀이를 실행하는 것에 그치지 않고 목표가 달성되었는가에 대한 평가가 이루어져야 한다. 물론 이것은 쉽지 않은 과정이고, 해당 놀이가 갖고 있는 본연의 교육적 가치와 영유아의 놀이에 대한 흥미 정도, 적절한 학습이 이루어졌는가를 분석할 수 있는 전문가적 식견이 필요하다. 이 부분에 대하여 이종희(2004)는 다음과 같이 제시한 바 있다. 영유아 교육을 직접 담당하는 교사들은 해결하기 어려운 하나의 난제에 부딪힐 가능성이 많은데, 그것은 놀이와 교육이 함께 어우러지기 힘든 나름대로의 특징을 갖고 있다는 점이다. 교육은 무엇보다도 목표를 갖고 있어야 하고, 목표 달성의 가능성을 어느 정도는 예측할 수 있어야 하며, 평가를 통해서 목표 달성의 정도를 입증할 수 있어야 한다. 반면에 놀이는 제삼자의 통제나 평가로부터 독립적인 특징을 갖고 있으며, 통제나 평가를 할 경우 놀이는 놀이가 아닌 것으로 변질되기 쉽다. 사실상 이것은 상당한 딜레마이다. 그러나 여기에서 분명히 인식되어야 할 것은 놀이와 교육이 갖는 이러한 부조화가 놀이와 학습의 부조화를 의미하는 것은 아니라는 점이다.

이러한 논의는 놀이 중심 교육을 지향하는 모든 영유아 전공자들로 하여금 놓쳐서는 안 되는 핵심적인 시사점을 던져 준다. 놀이 내에서 학습이 일어나는 것은 분명한 사실이고 영유아가 놀이를 통해 배우는 것은 명확하게 밝혀진 바이다. 다만, 놀이를 '교육'으로서 계획하고 실행하고자 할 때 이를 제공하는 성인의 입장에서는 영유아의 놀이가 가진 본연의 순수함과 속성을 잃지 않도록 각별히 유의해야 한다는 것이다.

2) 생활 주제와 관련된 이슈

대부분의 영유아 기관에서는 1년간의 교육 과정을 계획하고 운영하는 데 있어 '생활 주제'를 활용한다. 아래는 3세 누리과정에 근거하여 계획된 한 주간의 오전 실내 자유선택활동 예시이다. 해당 주에는 총 4주간 진행되는 '교통기관'이라는 주제 아래, '해상/항공 교통기관'의 소주제에 적합한 흥미 영역별 활동이 제시되어 있다.

| 표 3-2 | **놀이 활동(자유선택활동)**

<table>
<tr><th colspan="2">구분</th><th>월</th><th>화</th><th>수</th><th>목</th><th>금</th></tr>
<tr><td rowspan="6">오전 자유선택활동</td><td>쌓기놀이 영역</td><td colspan="3">뚝딱! 뚝딱! 배, 비행기 만들기</td><td colspan="2">활주로 만들기</td></tr>
<tr><td>역할놀이 영역</td><td></td><td colspan="3">배를 타고 여행을 떠나요</td><td></td></tr>
<tr><td>미술 영역</td><td colspan="2">두둥실 종이배</td><td>알록달록
열기구</td><td colspan="2"></td></tr>
<tr><td>언어 영역</td><td></td><td colspan="2">어디에 숨었지?</td><td colspan="2">나를 찾아 주세요!</td></tr>
<tr><td>수·과학
조작 영역</td><td colspan="3">조작: 해상 교통기관 퍼즐 맞추기
과학: 하늘과 바다로 다녀요!</td><td colspan="2">수: 모양 나라~ 요술배
과학: 둥둥배, 퐁당배</td></tr>
<tr><td>음률 영역</td><td colspan="2"></td><td colspan="3">교통기관 소리 듣고 악기로 표현하기</td></tr>
</table>

출처: 중앙육아종합지원센터(2018).

보편적으로 1년간의 생활 주제가 정해져 있고, 거의 모든 기관에서 이를 받아들여 사용하기 때문에 교사는 관습적으로 이러한 주제 및 활동들을 실행하는 경우가 생길 수 있다. 물론 해당 주제에 대한 영유아의 관심이 높고 수준에도 적절하다면 그 놀이는 교육적 효과를 거둘 수 있겠지만, 자칫 영유아들이 지금 현재 가진 흥미와 발달 수준에 맞지 않는다면 반대의 결과를 낳게 된다. 즉, 주제에 따른 놀이를 계획하고 준비하기 위해 교사가 들인 노력에도 불구하고, 그저 형식적으로 실행될 뿐 교육적 효과를 거둘 수 없는 활동이 될 수 있다. 예를 들어, 위의 계획안에서 교사는 쌓기놀이로 비행기 및 활주로 만드는 놀이를 계획하였지만, 영유아들이 이에 대한 직접적 사전 경험이나 혹은 간접 경험을 통해서라도 흥미가 충분히 모아지지 않는다면 쌓기 구성은 제대로 일어나지 않을 것이다.

따라서, 영유아 기관에서는 연간 실시될 교육의 목표와 내용, 그에 따른 생활 주제를 선정하되 매 주제가 진행되기 전 영유아의 '지금 여기(here & now)' 에 해당되는 흥미와 사전 경험을 파악할 필요가 있다. 이를 해당 주제 내 활동에 반영하고 상황에 따라서는 융통성을 가지고 주제를 변경하기도 함으로써 교육적 효과를 거둘 수 있는 놀이로 진행하여야 한다.

3. 교육적 놀이가 되기 위한 요건

영유아의 일상은 곧 놀이라 해도 과언이 아니다. 놀이는 그 자체로 목적이 되며, 동시에 교육의 수단으로 적절히 활용할 때 영유아의 바람직한 발달과 성장에 기여할 수 있다. 그간 놀이를 연구한 많은 학자들은 영유아가 혼자서 놀이를 진행할 때에 비해 유능한 성인이 적절하게 상호작용 해줄 때 더욱 증진되고 발달에 긍정적임을 밝혀 왔다(Baumer, Ferholt, & Lecusay, 2005; Gmitrova & Gmitrova, 2003; Howes & Smith, 1995). 그렇지만 혹여 함께 놀이하는 성인이 인지적 개념을 가르치려는 목적을 우선시하거나 과도하게 놀이에 참여하는 등 개입이 적절하게 이루어지지 않은 경우, 오히려 놀이의 본질인 영유아의 주도와 참여를 잃게 만들 수 있음을 동시에 지적한다. 영유아 놀이 및 교사의 상호작용에 관한 대표 연구자인 존슨, 크리스티와 요키(Johnson, Christie, & Yawkey, 1999)는 이와 관련하여 교사의 효과적 놀이 개입이란 '반응적 상호작용과 훼방적 상호작용 사이에서 적절한 선을 걸어야 하는 도전적 기술이 요구되는 것' 이라고 표현하였다.

영유아의 놀이가 교육적 목적을 달성함과 동시에 본연의 가치를 잃지 않기 위해서는 다음과 같은 요건이 충족되어야 한다.

1) 자유선택놀이의 보장

자유선택의 중요성은 비단 영유아뿐 아니라, 성인에 이르기까지 누구에게나 적용된다. 특히 놀이의 경우는 더욱 그러한데, 이미 다 성장한 청년기 이후의 성인들이 스스로 즐거움을 찾아 여가를 즐기는 경우를 빗대어 생각해 볼 수 있다. 자신이 즐기고 놀 수 있는 시간을 보장받으면서, 그 내용 역시 자유롭게 선택할 수 있어야 진정한 여가이고 의미 있는 놀이가 된다. 만약 자신의 여가 시간과 놀이의 내용에 대하여 누군가 제약을 둔다면 우리는 온전히 즐거운 마음으로 집중할 수 없을 것이다. 영유아의 발달적 특성을 고려할 때, 이러한 자유로운 선택과 시간의 제공은 더욱 중요해질 수밖에 없다.

최근에 와서 영유아 교육의 분야에서 활발하게 인용되고 있는 '몰입이론' 은 자유선택놀이의 교육적 의미와 중요성을 이해하는 데 도움을 준다. 대표 학자는 칙센트미하이(Csikszentmihalyi)로, 그는 어떤 일에 몰두하여 빠져들어 가는 현상을 'flow' 라는 용어로 명명하였다. 즉, 몰입이란 물 흐르듯 자연스럽게 자신의 행위에 빠져들게 되어 자신이 속한 시공간뿐 아니라 본인에 대한 생각까지도 잊게 되는 심리적 상태를 의미한다. 그의 이론에 따르면 몰입의 상태를 자주 경험할수록 자의식에 대한 조절 능력이 향상되며, 삶의 질이 현저히 향상되는데, 그 이유는 몰입의 경험 속에서 개인은 심리적 에너지를 자신의 목표 완수를 위해 사용하면서 더욱 강하고 확신에 찬 자아를 형성하기 때문이라고 보았다. 이때 주목할 것은 개인이 자신의 목표에 집중할 수 있는 자유 속에서 진정한 몰입이 가능하다는 점이다. 칙센트미하이(Csikszentmihalyi, 1990)는 이러한 때를 '최적의 경험(optimal experience)' 이라고 칭하였고, 자신이 설정한 목표 및 과제에 온전히 집중하게 만든다고 보았다. 몰입이 주는 깊은 만족감과 행복은 외적인 동기나 보상 때문이 아니라 오로지 자신만의 내적 동기와 자발적 이끌림에 의해 경험되는 것이기 때문에 가능한 것이라고 본다.

〈그림 3-3〉은 과제의 난이도와 개인의 능력 사이에서 몰입이 일어날 수 있는 범위를 설명하고 있다. 이를 참고한다면 영유아의 자유놀이를 위해 제공되는 교육 활동의 수준은 현재 영유아의 능력을 감안하여 걱정이나 지루함 없이, 즉 친숙하면서도 도전의 요소가 포함되는 것이 바람직함을 알 수 있다.

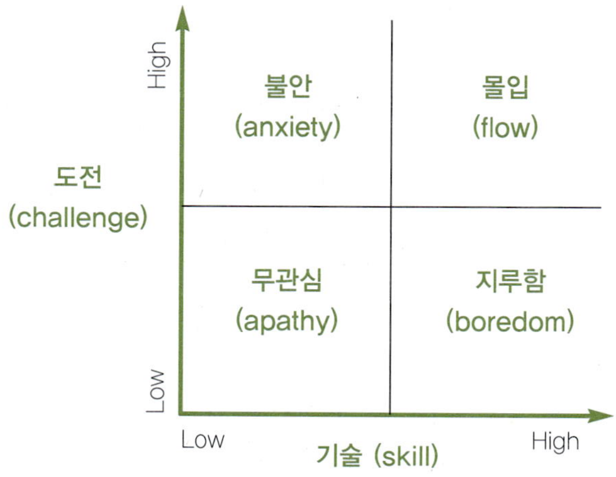

| 그림 3-3 | **칙센트미하이(Csikszentmihalyi)의 몰입이론 모형**

영유아가 놀이에 온전히 몰입하기 위해서는 가장 우선적으로 자신이 흥미 있게 느끼는 놀이의 소재를 찾고, 이를 경험할 수 있는 충분한 시간이 제공되어야 한다. 이와 함께 자신이 선택한 놀이를 최대한 방해받지 않으면서 놀잇감 등을 활용하여 자신의 의도대로 펼칠 수 있는 공간 및 자료가 풍부하게 제시되어야 한다.

2) 교사의 관찰에 근거한 준비

영유아 교육 및 보육의 현장에서는 자유선택놀이 시간을 가장 중점적인 교육 시간으로 설정하고, 그야말로 '자유롭게' 개별 영유아가 '선택'한 놀이를 펼침으로써 그 과정에서 교육이 자연스럽게 이루어진다고 가정한다. 이를 다르게 표현한다면, 자유선택놀이 시간은 영유아를 위한 가장 중요한 교육 시간이며 이때 기관에서 제공하는, 매일의 준비된 활동이 영유아의 자발적 선택을 받아 충분히 이루어져야만 교육적 효과를 거둘 수 있다는 의미가 된다.

교사의 놀이 소개나 제안, 주도에 의해서가 아니라 자유로운 상황에서 영유아가 본인의 흥미에 따라 그 활동을 선택하기 위해서는 활동을 계획하고 선정하는 과정에서 영유아의 발달 상태, 관심과 흥미에 대한 분석이 충분히 이루어져야 한다. 영유아 스스로가 그 놀이가 즐겁고 재미있다고 느껴야 참여할 것이기 때문이다.

앞서 영유아 교육의 내용으로 국가수준의 교육 및 보육 과정에 대하여 언급하였으며, 이를 토대로 일선의 영유아 교육 현장에서는 대표적으로 연령별 활동 지도 자료집(예: 누리과정에 기초한 3-5세 보육프로그램)을 활용하여 해당 연령의 연간 생활 주제를 비롯한 각종 계획안 및 활동을 선정하는 것이 일반적이다. 물론 이는 우리나라의 교육 및 보육 현실, 연중 계절의 변화, 우리나라 영유아의 보편적 발달을 반영하여 선정된 예시들에 해당하지만, 모든 영유아들은 각자 현재 자신이 가진 흥미에 따라 놀이를 선택하고 몰입한다는 점을 항상 고려해야 한다. 따라서 영유아에게 교육적으로 의미 있는 놀이를 선정하기 위해서는 일반적으로 해당 연령의 영유아에게 적절한 놀이의 주제(예: 연령별 지도 자료집에 제시된 생활 주제)를 참고하되, 현재 해당 영유아가 가진 흥미의 요소를 반드시 파악하여 반영할 필요가 있다.

3) 영유아-교사 간의 적절한 상호작용

- 내부 개입과 외부 개입

이 개념은 사회극놀이 연구의 대표자인 스밀란스키(Smilansky, 1968)가 유아에게 극놀이를 지도할 때 적용하는 유용한 두 가지의 상반된 개입 방법이다. 외부 개입이란 말 그대로 교사가 놀이에 직접 들어가 참여하기보다는 관찰자 혹은 청중의 자세를 유지하며 영유아의 놀이에 대하여 간단한 질문 또는 조언 등을 제공하는 것이다. 반대로 내부 개입은 교사가 직접 놀이에 참여자로 들어가 역할을 맡거나 모델을 보여 주는 등의 말과 행동을 보이는 것에 해당한다. 다음은 이 두 가지 개입 방법의 예를 제시한 것이다.

| 표 3-3 | 개입 방법의 예

외부 개입	교사: 이 가게의 주인인가 보구나. (작은 블록들을 가리키면서) 여기엔 정말 신발이 많은데, 좀 팔았니? 유아: 아뇨. 교사: 더 큰 블록들로 선반을 만들어서 손님이 이 산발들을 잘 볼 수 있게 하면 어떨까? 네가 그것을 하는 동안 나는 이 가게에 올 손님들을 찾아볼게. (교사는 소꿉 영역으로 가서 그곳에 있는 다른 유아들에게 신발 가게에 들러 볼 것을 권할 수도 있다)
내부 개입	교사: (작은 블록들을 가리키면서) 신발 한 켤레를 사고 싶은데요. 유아: 어떤 거요? (블록 두 개를 들어서 신는 것처럼 하면서) 이 멋진 밤색은 어떨까요? 마음에 드시나요? 교사: 그런데 너무 꼭 끼네요. 유아: (다른 블록 두 개를 내밀면서) 여기요. 이것을 신어 보세요. (교사는 판매원이 되어 유아가 다른 친구들에게 신발을 파는 것을 도울 수도 있다)

출처: 신은수 외(2004).

- 다양한 놀이 상호작용의 유형

앞에서 제시한 내부 개입과 외부 개입은 영유아의 놀이를 확장시키고 교육적 효과를 거두기 위해 교사가 취할 수 있는 놀이 지도의 방법을 간략하면서도 효과적으로 제시해 주었다는 점에서 의미가 있다. 이 개념들이 제시된 이후에도 영유아를 위한 놀이 상호작용에 대한 연구는 학자들의 관심 주제로 이어져 왔다. 특히 1980년대 이후 관련 연구들이 활발하게 진행되었으며, 놀이 개입의 '적절성'에 대한 논의가 커지게 되었다.

영유아 놀이 학자들이 제시한 상호작용의 유형을 종합하여 그 성격에 따라 재분류하여 보면 대체로 소극적인 놀이 지원의 형태로부터 적극적인 교사의 주도나 지시하기에 이르는 일련의 순서성을 따르고 있음을 발견할 수 있는데, 이는 다음과 같이 범주화하여 제시할 수 있다.

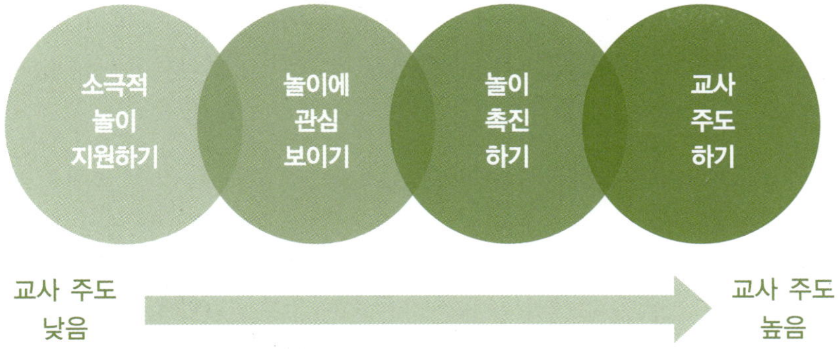

| 그림 3-4 | **교사의 주도 정도에 따른 놀이 개입**

첫째, '소극적 놀이 지원하기' 에 속하는 상호작용으로는 놀이의 내용과는 상관없이 영유아 간의 갈등을 해결하기 위해 개입하는 '갈등 중재하기', 놀이에 직접 참여하지 않으면서 교사가 준비한 놀이감을 놓아주는 형태의 '환경 또는 놀이감 제공하기', 마지막으로 유아가 놀이 전개에서 어려움을 겪거나 도움을 요청할 때 힌트나 도움을 주는 '도움 제공하기' 가 포함된다(Bredekamp & Rosegrant, 1992; Rokos & Neuman, 1993).

둘째, '놀이에 관심 보이기' 상호작용의 유형으로는 먼저 유아의 놀이를 지켜보고 비언어적으로 반응하여 주는 '관찰하기', 유아의 놀이 내용에 초점을 두어 칭찬하는 '격려하기', 유아의 놀이에 대해 물음을 던지는 '질문하기', 유아가 전개하는 놀이의 내용을 언어로써 표현해 주는 '묘사하기' 등이 속한다(Howes & Smith, 1995; Kontos & Dunn, 1993; Trawick-Smith, 1994).

셋째, '놀이 촉진하기' 의 유형으로 교사가 놀이에 직접 들어가 보다 능동적으로 상호작용하는 형태들이 포함된다(Berk & Winsler, 1995). 이에 해당하는 유형으로는 놀이에 참여하지 않거나 배회하는 유아에게 참여를 권유함으로써 또래 간의 놀이가 연결될 수 있도록 하는 '참여 유도하기', 유아의 가까이에서 직접적 상호작용 없이 유사한 놀이를 실시하는 '병행놀이하기', 유아에게 놀이의 시범을 보이는 '모델링하기', 놀이 내에서 하나의 역할을 맡아 유아들과 동등하게 놀이에 참여하는 '역할 맡기', 진행되는 놀이에 대한 유아의 흥미가 다소 떨어지는 경우 새로운 아이디어를 제시하는 '제안하기', 놀이에 대한 유아의 흥미를 유지하고 확장하기 위해 공간이나 자료를 첨가하는 '환경 조정하기'가 있다(Kontos & Wilcox-Herzog, 1997).

마지막으로 '교사 주도하기'에 속하는 상호작용으로는 두 가지 형태를 들 수 있는데, 유아의 놀이에 적극 개입하여 놀이의 주제나 내용을 직접 결정하거나 방향을 제시하는 '주도하기'와 유아의 놀이를 통제하여 교사의 계획에 의해 놀이가 좌우되는 '지시/교수하기'의 유형이 여기에 속한다(신은수, 2000; Miller, Fernie, & Kontor, 1992; Pelligrini & Galda, 1993).

소극적 놀이 지원하기	놀이에 관심 보이기	놀이 촉진하기	교사 주도하기
• 갈등 중재하기 • 환경 또는 놀잇감 제공하기 • 도움 제공하기	• 관찰하기 • 격려하기 • 질문하기 • 묘사하기	• 참여 유도하기 • 병행놀이하기 • 모델링하기 • 역할 맡기 • 제안하기 • 환경 조정하기	• 주도하기 • 지시/교수하기

| 그림 3-5 | **영유아-교사 놀이 상호작용의 종류와 범주화**

앞서 언급한 바와 같이 영유아의 놀이 개입에 있어 관건은 '얼마나' 놀이에 개입하느냐 보다는 성인이 '어떻게' 놀이에 개입하느냐의 방법에 있다고 볼 때, 민감하고 반응적이며 지지적인 상호작용이 이루어진다면 놀이의 질이 높아질 수 있는 반면, 교사가 놀이의 주도권을 빼앗고 지나친 관여를 하거나 인지적 성취만을 위한 목적으로 사용한다면 유아의 놀이는 상처를 입게 된다(Johnson et al., 1999). 이는 유아의 놀이가 교육적 가치를 갖도록 하기 위해서 교사는 놀이의 중요성과 가치에 대해 정확하게 인식하고, 적절한 놀이 개입의 중요성과 방법을 알고 이를 적용하는 일이 핵심적임을 시사하는 것이다.

제 4 장

놀이 환경과 놀잇감

영유아의 놀이 행태는 실제로 놀이가 일어나는 주변 환경에 크게 영향을 받는다. 본 장에서는 실내와 실외놀이 환경이 영유아 놀이에 미치는 영향을 중심으로 놀이 환경을 구성할 때 고려하여야 할 조건과 놀이 영역의 배치 등을 살펴보고 영유아의 발달에 적합하면서 안전한 놀잇감을 소개한다.

1. 실내놀이 환경

1) 실내놀이 공간의 환경 구성

영유아들은 하루 중 대부분의 시간을 실내에서 보낸다. 영유아의 놀이는 영유아가 갖는 개인차나 발달 단계 등 개별적인 특성뿐만 아니라 놀이를 위해 주어진 시간이나 구조화된 프로그램 등 환경의 영향을 받는다. 특히, 영유아의 놀이가 일어나는 물리적 공간은 영유아의 균형 있는 성장 발달에 중요한 역할을 한다. 영유아가 놀이할 수 있는 공간이 얼마나 큰지, 놀이 공간이 어떻게 구성되었는지, 놀잇감과 놀이 기구가 어떻게 갖추어져 있는지는 영유아의 놀이 행동에 지대한 영향을 미친다(Johnson, Christie, & Yawkey, 1999).

영유아가 안정감을 가지고 놀이하면서 스스로의 잠재력을 키울 수 있도록 놀이 환경을 구성해 주는 것은 매우 중요하다. 영유아의 실내놀이에 대한 선행 연구에 따르면 놀이 공간의 크기, 흥미 영역의 구성 및 배치 등이 영유아의 놀이 행동에 영향을 미치는 것으로 나타났다. 놀이를 통해 최상의 영유아 발달을 이끌어 내기 위하여 실내놀이 공간을 구성할 때 고려해야 할 점을 살펴보면 다음과 같다.

(1) 놀이 공간의 크기와 밀도

영유아의 놀이는 놀이 공간의 크기와 같은 공간에 있는 영유아의 수에 따라 영향을 받는다. 놀이 공간의 밀도란 놀이 공간 안에서 한 아동이 차지할 수 있는 공간을 말한다(Johnson, Christie, & Yawkey, 1999). 놀이 공간의 밀도가 높다는 것은 놀이 공간에 영유아가 많아 붐비고 있다는 것이고, 밀도가 낮다는 것은 영유아가 많지 않아서 한산함을 뜻한다. 체계적으로 놀이 공간의 밀도를 통제하여 영유아의 놀이를 살펴 본 스미스와 커널리(Smith & Connolly, 1980)는 놀이 공간의 밀도가 높아질수록 즉, 영유아 1인이 차지할 수 있는 공간이 적어질수록 대근육 활동(예: 뛰기, 잡기, 레슬링하기 등)은 적어지나 사회적 활동에 미치는 영향은 별로 없다고 하였다. 단 영유아 한명 당 공간이 15스퀘어피트(약 0.5평) 이하가 되면 공격적 행동이 증가하고 영유아 간 집단 활동이 적어지는 경향이 있다. 이 연구 결과는 놀이 지도를 하는 교사에게 시사하는 바가 있는데 영유아들이 교실에서 너무 많이 뛰거나 동적인 활동을 한다면 놀이 공간의 밀도를 높일 수 있는 구성을 생각해 보아야 한다.

(2) 영유아의 연령 및 특성

영아의 경우 유아에 비하여 안정되고 아늑한 놀이 환경을 조성해 주며 흥미 영역의 종류도 영아의 수준에 맞게 적은 수로 배치하는 것이 적합하다. 영아의 경우 혼자 탐색하며 노는 경우가 많으므로 한 종류의 놀잇감을 여러 개 배치하여 영아 간 놀잇감으로 인해 야기될 수 있는 갈등 요소를 없애는 것이 좋다. 한편 유아의 경우에는 놀이가 정교해지고 복잡해짐을 감안하여 가능한 한 놀이 공간이 복합적으로 이용될 수 있도록 하는 것이 좋다. 놀이 공간을 사용하는 영유아 중 장애를 가진 영유아가 있는 경우 그 영유아의 특수한 욕구에 맞게 공간을 구성하도록 하여야 한다.

(3) 교육 프로그램의 특성

영유아를 위한 놀이 환경은 그 자체로 광의의 교육 과정에 포함되기 때문에 기관과 교사의 교육 철학에 따라 영유아를 위한 놀이 환경의 구성은 달라질 것이다. 예를 들어, 대그룹 활동을 많이 요하는 구조화된 프로그램의 경우, 가능한 여러 가지 대그룹 활동을 할 수 있는 공간을 확보하는 것을 가장 먼저 생각하여야 한다. 반대로 대그룹보다는 개별 지도를 주로 하는 프로그램의 경우, 소그룹 지도가 가능한 놀이 영역을 많이 확보하도록 해야 한다.

(4) 안전과 위생

영유아를 위한 놀이 환경 구성에서 무엇보다도 중요시되는 부분은 안전과 위생 문제이다. 영유아의 발달 특성상 성인보다 사고를 당하거나 부상을 당할 가능성이 높고 특히 집단생활을 하는 경우 여러 가지 질환에 전염될 가능성이 높기 때문에 안전하고 위생적인 환경에서 놀이할 수 있도록 배려하는 것이 중요하다.

안전한 환경을 구성하기 위하여 놀잇감, 책상이나 교구장, 놀이실 바닥 등에 영유아가 사용하기에 유해하거나 위험한 요소가 없는지를 지속적으로 점검할 뿐만 아니라 놀이실 배치에서부터 영유아의 동선 및 여러 가지 상황을 고려하여야 한다. 즉, 놀이실은 동적 활동이 빈번히 일어나는 영유아를 고려하여 환기, 통풍 문제에 세심한 배려를 해야 하고 적절한 조명과 햇빛을 조절할 수 있는 커튼이나 블라인드도 필요하다. 또한 교사가 영유아를 한눈에 볼 수 있도록 시야가 확보되어 있는지, 교구와 놀잇감의 종류 및 수량이 영유아 간 갈등이나 공격적 상황이 없도록 충분히 준비되어 있는지 등을 살펴보아야 한다. 그 밖에 놀잇감의 지속적인 세척도 필요한데 특히 놀잇감을 입 안에 무는 영아반의 경우 유아반보다 더 잦은 세척이 요구된다.

(5) 융통성과 변화

앞서 설명한 바람직한 영유아 놀이 환경 구성을 위한 기본 원리는 어디까지나 융통성과 변화의 차원에서 생각되어야 한다. 영유아의 놀이는 끊임없이 발전하고 확장되어 나가는 특징이 있기 때문에 변하지 않는 놀이 공간은 영유아의 관심을 지속적으로 끌 수 없다. 영유아의 흥미를 유지하고 자발적인 놀이가 일어나도록 놀이 환경을 변화하는 것이 바람직하다. 일반적으로 1년에 한 번이나 한 학기에 한 번 놀이 환경을 재구성하는 것으로 생각할 수 있으나 실제로 놀이 공간은 영유아들의 흥미에 따라 혹은 교사가 강조하고 싶은 생활 주제나 계절 등에 따라 재구성할 수 있다. 그러나 놀이실 공간을 너무 자주 바꾸는 것은 영유아의 정서 안정을 해칠 수 있으므로 이에 유의하여 변화를 주는 것이 필요하다.

또한 놀이 공간은 영유아의 놀이 확장에 따라 융통성 있게 이용할 수 있다. 예를 들어, 쌓기놀이가 역할놀이까지 확장되어 더 많은 영유아가 참여하는 놀이가 될 수도 있고 역할놀이 영역의 놀잇감을 쌓기놀이 영역으로 가져와 놀이가 확장될 수도 있다. 교사는 놀이 영역의 구분이 되는 교구장 등을 유동성 있는 가구로 생각하고, 영역별 영유아의 인원, 분쟁의 정도, 놀이의 확장 등을 고려하여 놀이 중이라도 한 영역이 너무 협소하거나, 영역 간 통합이 필요하다고 판단할 경우에는 교구장과 카펫 등을 이용하여 영역의 공간을 넓히거나 좁힐 수도 있다. 따라서 교구장은 이동이 편리한 바퀴가 있는 것을 사용하는 것이 좋다.

2) 흥미 영역의 구성 및 배치

놀이 공간은 많은 영유아가 함께 생활하며 같은 시간대에 다양한 놀이가 이루어지는 장소로서 놀이가 서로 방해받지 않고 진행될 수 있도록 영유아의 연령과 발달 특성을 고려하여 흥미 영역별로 구성하는 것이 좋다. 흥미 영역이란 '그 영역 고유의 기능을 할 수 있도록 교구와 교재를 갖추어 놓은 특정한 공간' 이다(최목화 외, 2009). 흥미 영역의 좋은 예는 예술가의 작업실, 사진 작가의 암실과 같이 이름만 들어도 그 장소의 기능을 생각해 낼 수 있는 곳이다(나종혜 외, 2018). 영유아들이 공간을 마음껏 이용할 수 있도록 효율적으로 흥미 영역을 구성하면 공간이 분리되고 정리 정돈이 되어 영유아의 능동적 놀이 참여가 일어난다. 특히 실내놀이실은 다양한 욕구와 관심을 가진 영유아들이 여러 수준의 놀이를 할 수 있도록 구성되어야 한다. 따라서 전체 놀이실 공간은 몇 가지 놀이 영역으로 구분해서 각 영역에 일정한 공간과 놀이에 필요한 시설물이나 놀잇감을 제공하는 것이 바람직하다.

흥미 영역은 교구장이나 분리대, 카펫 등의 물리적 기구를 이용하여 경계를 구분 짓는다. 흥미 영역으로 구분된 공간은 영유아가 각 영역에 어떠한 놀잇감이 비치되어 있고 어떤 놀이가 일어날 수 있는지 탐색해 볼 수 있는 기회를 제공한다. 궁극적으로 영유아들은 이 공간을 점점 알아 가면서 자신이 원하는 놀이 활동을 어느 영역에서 할 수 있으며, 자신이 원하는 자료는 어느 영역에서 얻을 수 있는가를 인식하면서 안정감을 얻고 더 나아가 스스로 놀이를 할 수 있는 자신감을 키우게 된다.

이렇듯 흥미 영역으로 분리된 공간은 영유아가 자신의 흥미에 따라 놀이를 선택할 수 있도록 유도하고 한 영역에 머물면서 방해받지 않고 몰두하여 놀이를 확장시키게 할 뿐만 아니라 한 가지 놀이를 마치고 다른 놀이를 시작하는 것을 쉽게 한다.

| 사진 4-1 | **만 1세 반의 영역 배치**

| 사진 4-2 | **유아반의 영역 배치**

흥미 영역의 구분은 대상 아동의 연령에 따라 조금 차이가 있다. 개별적인 놀이가 많이 이루어지는 영아의 경우 신체 영역, 언어 영역, 감각 · 탐색 영역, 역할 · 쌓기 영역 등을 주로 포함한다. 한편 발달된 형태의 놀이가 나타나는 유아의 경우 좀 더 세분화되어 언어 영역, 수 · 조작 영역, 역할 · 쌓기 영역, 미술 영역, 음률 영역, 과학 및 컴퓨터 영역 등을 포함한다. 흥미 영역은 영유아들의 흥미와 놀이 수준, 교과 과정에 따라 새롭게 첨가되거나 조정될 수 있다.

흥미 영역의 배치는 물리적 공간의 크기와 출입문의 위치 등 놀이실의 구조에 직접적인 영향을 받는다. 많은 학자들이 영유아의 놀이를 촉진하는 바람직한 실내놀이 환경 구성에 대한 지침을 제시하였다. 램부쉬(Rambusch, 1998)는 여러 학자들의 지침을 종합하여 놀이 활동의 연장선(continuum of activities) 모델을 〈그림 4-1〉과 같이 제시하였다. 실내놀이 영역을 배치할 때 습하거나 건조한 물기 차원과 시끄럽거나 조용한 소음의 차원으로 구분하여 기본적으로 비슷한 영역끼리 한 곳에 모아 배치할 것을 다음과 같이 제안하였다.

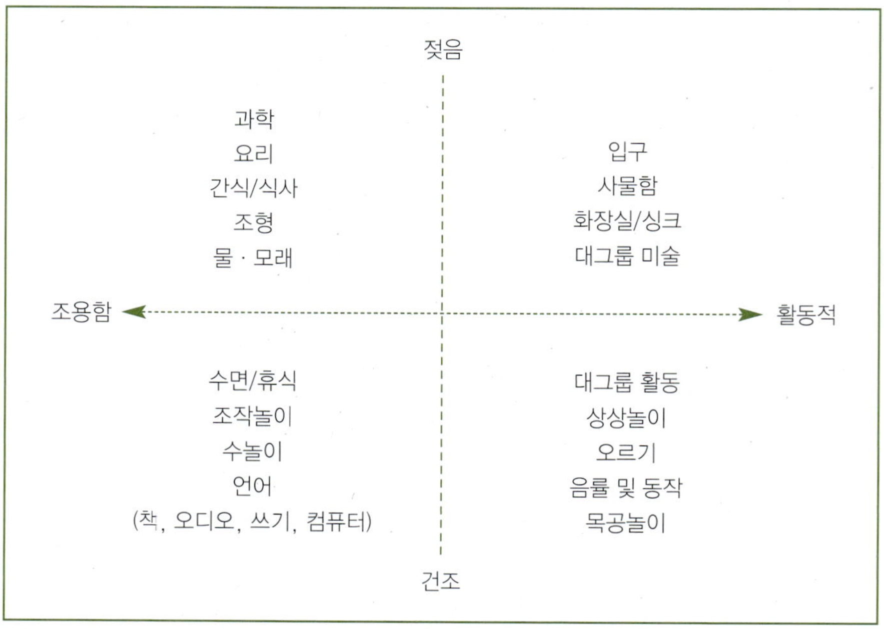

| 그림 4-1 | **활동의 연장선**

출처: Bergen(1988).

실내놀이 영역은 크게 (1) 활동적이고 젖을 수 있는 공간, (2) 활동적이고 건조한 공간, (3) 조용하고 건조한 공간, (4) 조용하지만 젖을 수 있는 공간 이렇게 4가지 공간으로 분리될 수 있다. 이러한 네 --가지 공간을 기본으로 실내놀이 영역을 배치할 때는 가능한 한 서로 상반되는 속성의 놀이 영역들은 멀리, 그리고 비슷한 속성을 가진 놀이 영역은 가깝게 배치하는 것이 좋다.

이 밖에 실내놀이 영역을 배치할 때 고려할 점은 다음과 같다.

① 현재 우리나라의 관련 법에 제시되어 있는 한 아동당 최소 공간은 영유아의 안전을 위한 최소의 공간인 만큼 여건이 허락하는 한도에서 가능한 한 이보다 좀 더 넓은 공간을 확보하여야 한다. 한 놀이 영역에 영유아가 많이 있으면 갈등이 생길 수밖에 없다.

② 영유아들이 교실 안에서 어떻게 움직여야 할지 그 이동 경로를 알 수 있도록 해야 한다. 교구장, 가구, 선반, 칸막이 등을 이용하여 영유아들이 걸어다녀야 하는 길을 뚜렷이 보여 주어 한 영역에서 다른 영역으로 이동을 쉽게 한다(〈그림 4-2〉 참고). 또한 교구장, 칸막이 등은 움직이기 쉬운 것으로 준비하여 상황에 따라 영역에 변화를 줄 수 있도록 한다. 한편으로 영유아들이 놀이실 안에서 뛸 수 있는 개방된 공간이 없도록 놀이 영역을 배치한다.

③ 어떠한 경우라도 교사가 전체 놀이실을 한눈에 볼 수 있도록 놀이 영역을 배치한다. 놀이 영역을 구분하는 교구장이나 칸막이는 영유아의 키 정도로 낮아서 교사가 일어서면 전체 놀이 영역들을 볼 수 있어야 한다. 공간의 구조상 놀이 영역이 보이지 않는다면 거울을 사용하여 시야를 확보하도록 한다.

④ 영유아들도 개인 공간과 혼자 있는 시간이 필요함을 고려하여 가능한 한 혼자 조용히 쉴 수 있는 공간을 만들어 주도록 한다.

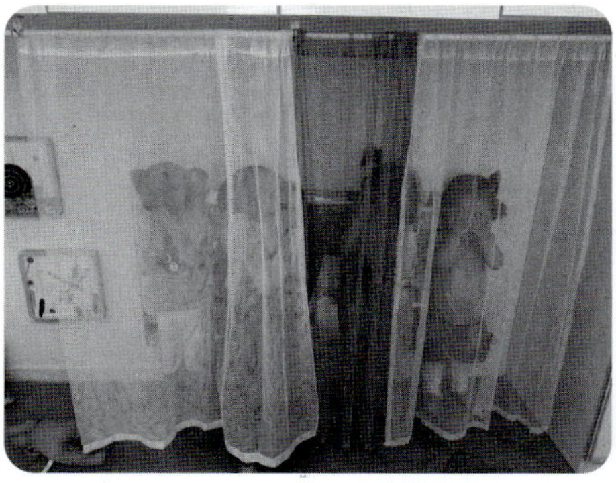

| 사진 4-3 | **만 1세 반의 사적 공간**

| 사진 4-4 | **다락방**

실내놀이실이 협소하여 흥미 영역별 구분이 어려운 경우에는 비슷한 놀이를 할 수 있는 영역끼리 통합하고 중앙 공간을 이야기 시간이나 게임 활동을 위한 융통성 있는 영역으로 비워 놓고 놀이실 둘레에 흥미 영역을 배치하는 것이 효과적이다.

3) 실내놀이 공간 구성의 예

(1) 유아를 위한 실내놀이 공간

유아를 위한 흥미 영역을 구성할 때는 실내 공간의 기능과 위치와 크기를 고려하여 다양한 활동이 가능하도록 한다. 유아가 활동에 몰입할 수 있도록 동선과 소음을 고려하여 영역을 배치할 때 유아와 함께 의논하여 계획하면 더 효과적이다.

유아를 위한 실내 공간 구성의 예를 〈그림 4-2〉에 제시하였다. 각 영역은 고유한 공간으로 확실히 구별되어야 하나 실제 놀이 상황에서는 서로 겹치는 부분이 있을 수 있다. 예를 들어, 쌓기 영역에서 집을 만드는 놀이가 확장되어 가게놀이로 확장될 수 있다. 또한 이미 배치된 흥미 영역 안에서도 놀잇감을 충분히 주고 자주 바꾸어 줌으로써 유아의 놀이가 활발하고 확장되도록 유도할 수 있다.

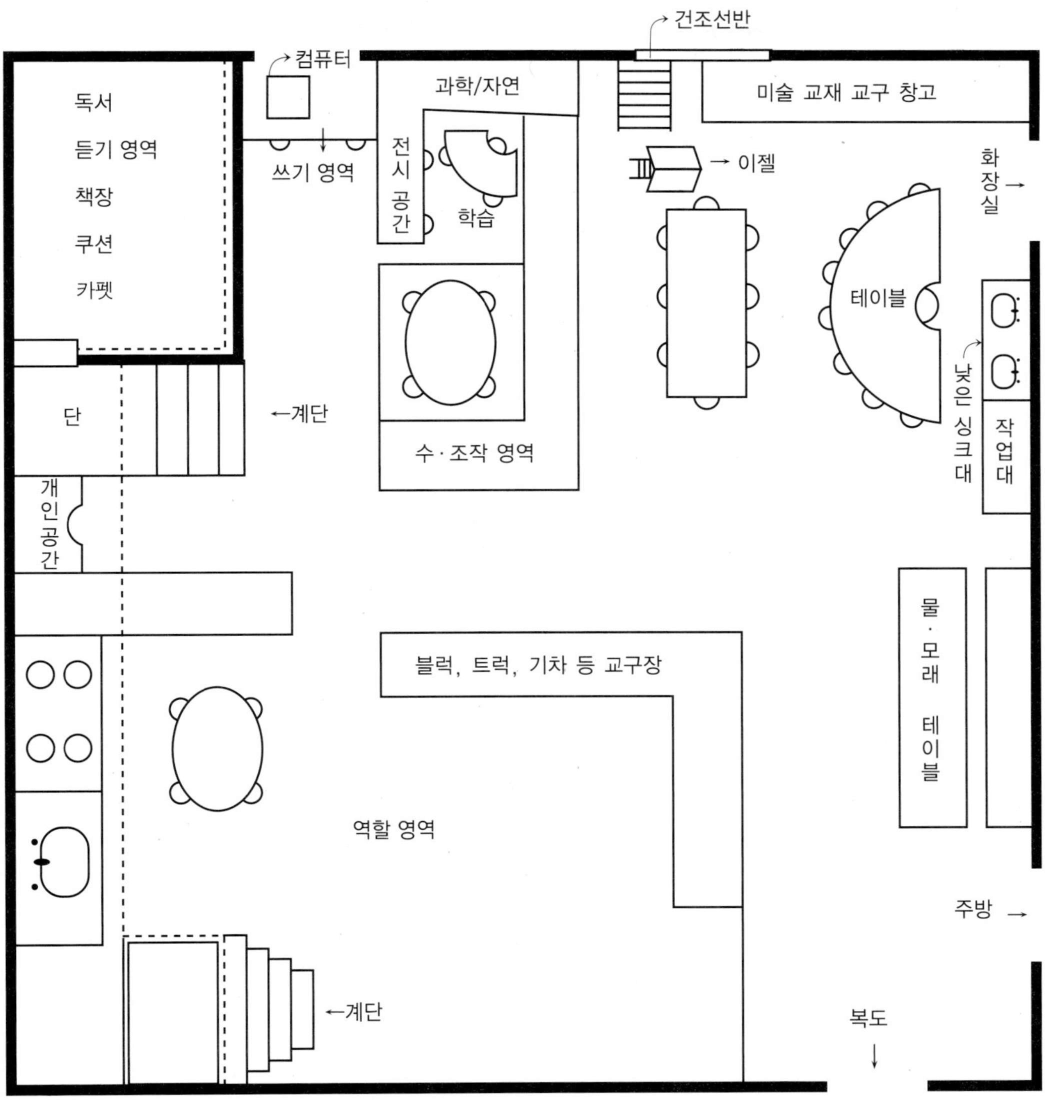

| 그림 4-2 | **유아를 위한 놀이실 구성의 예**

(2) 영아를 위한 실내놀이 공간

영아는 유아와 비교하여 신체의 크기와 놀이 능력에 큰 차이가 있기 때문에 영아를 위한 공간은 유아를 위한 공간과 차별화해 구성하여야 한다. 영아를 위한 실내놀이 환경 중 유아와 다른 점은 일상생활 영역과 놀이 영역을 함께 구성하여야 한다는 점이다. 특히, 0~1세 반은 수유, 낮잠, 기저귀 갈이 등 일상생활이 편안하게 이루어지도록 일상생활 영역이 놀이 공간 중 한 부분으로 구성되어야 한다.

탐색 활동과 신체 활동이 활발하게 일어나는 영아기의 특성을 고려함은 물론이고 신체를 조절하는 능력이 부족하여 안전사고가 일어날 위험이 크기 때문에, 날카로운 모서리가 없도록 하며, 직경 3.5cm 이하의 놀잇감은 제공하지 않도록 한다. 이 시기는 낮잠 시간이 불규칙하거나 개별적으로 차이가 있을 수 있기 때문에 공간이 여유가 있을 경우에는 놀이 공간과 낮잠 공간을 분리하여 구성하는 것도 바람직하다.

〈그림 4-3〉에 소개된 영아반에서는 안전하게 통제된 공간 안에서 영아가 자율성을 기를 수 있도록 모든 공간에 영아가 쉽게 접근하도록 배려하고, 매트 등을 이용하여 바닥 높이를 조정함으로써 영아들이 기어가고 올라가 볼 수 있는 공간을 조성하였다. 특히, 대근육 활동을 강조하여 오르고 내리는 시설, 블록, 트럭 및 끄는 놀잇감을 위한 영역, 이동할 수 있는 깔개 등을 사용할 수 있는 다목적 영역에 많은 공간을 할애하였다. 또한 영아들이 놀잇감을 중앙으로 끌고 와서 노는 것을 좋아하는 속성과 아주 어린 영아인 경우 스스로 정리하지 못하는 점을 고려하여 놀이실의 중앙을 가능한 한 비워 융통성 있게 이용하도록 배치하였다. 언제라도 성인이 영아를 볼 수 있도록, 영역을 구분하는 교구장과 칸막이는 낮으면서도 영아가 개인적으로 아늑하게 느낄 수 있는 공간을 만들고자 하였다. 간식 영역은 싱크대 가까이 배치하여 청소하기 쉽게 하였다.

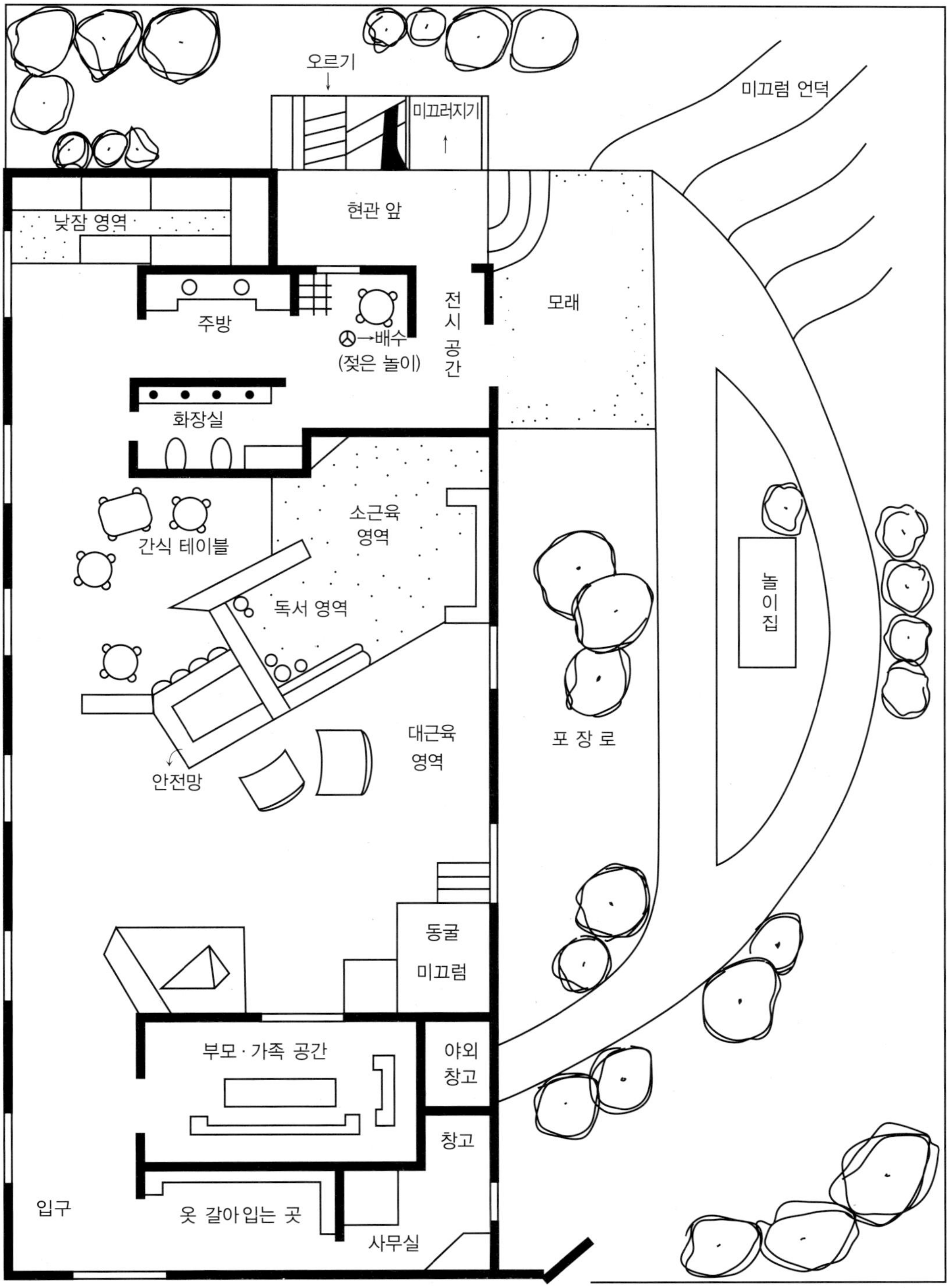

| 그림 4-3 | **영아를 위한 놀이실 구성의 예**

2. 실외놀이 환경

영유아의 실외놀이는 아동학자 리브킨(Rivkin, 2006)이 멸종되어 가는 활동(endangered activity)이라고 명명할 정도로 현대 사회에서 찾아보기 힘든 놀이 형태가 되어 가고 있다. 요즘에는 길거리에 나와서 노는 아이들을 찾아보기 힘들다. 자동차 증가, 인구 밀집 현상, 황사, 미세 먼지 등과 같은 공해와 오염 요인 등에 의하여 아이들이 놀 수 있는 실외 환경이 사라졌고, 또 한편으로 영유아들이 유치원이나 어린이집에 가는 연령이 낮아졌으며, 사회적 불신이 높아지고, 컴퓨터나 게임기 등의 등장 등으로 아이들이 실외놀이를 할 기회가 사라졌기 때문이다(Frost & Woods, 2006).

그러나 영유아기 실외놀이는 실내놀이만큼이나 중요하다. 실외놀이가 줄어듦에 따라 최근 자라나는 아동들이 자연에 대한 지식이 현저하게 떨어지고 직접적인 경험에 의해 얻어진 것보다 텔레비전이나 교과서를 통하여 배운다는 연구 결과가 있다(Nabhan & St. Antoine, 1993). 그러면 이렇듯 실외놀이를 하지 못하고 자라나는 영유아들이 '정상' 적으로 발달할 수 있을까? 영유아의 실외놀이는 영유아의 공간 지각 능력에 영향을 미친다(Hart, 1979; Moore, 1990). 진짜 공간에서 신체를 이용하여 뛰어다니며 놀아 보지 않은 아이들은 공간에 대한 현실 감각이 떨어진다는 것이다.

| 그림 4-4 | 영유아들은 실제 공간에서 놀이를 통하여 위, 아래, 옆, 뒤 등의 공간 개념을 배운다.

실외놀이를 거의 못하는 초등학생은, 45분 실내 활동 후에 15분 실외놀이를 하는 아이들보다 집중력과 학업적인 성취가 떨어지는 것으로 나타났다(Anderson, 2004). 많은 학자들이 실외 놀이터에서 자율적으로 놀면서 자신의 능력을 시험하고 도전해 본 유아들이 운동, 인지, 언어 능력과 사회성까지 발달한다고 하였다(Berk, 1994; Frost, 1992; Frost, Wortham, & Reifel, 2005). 다음은 영유아의 건전한 발달을 위한 실외 놀이터의 환경 구성과 배치에 대하여 알아보겠다.

1) 실외놀이 공간의 환경 구성

실외 놀이터는 도전감과 감각·운동적 자극을 많이 줄 수 있는 환경으로 구성해야 한다. 영아는 유아와 활동량과 대근육 발달 상태에서 다르기 때문에, 안전을 고려하여 공간을 분리해 주는 것이 바람직하다. 영아의 경우는 대근육 활동과 탐색 활동을 많이 할 수 있도록, 유아는 구조화된 놀이 기구뿐 아니라, 도전적이고 창의적인 활동을 할 수 있는 모험 공간을 구성해 주는 것이 필요하다.

실외놀이 환경 구성의 원칙은 기본적으로 실내놀이 환경 구성 원칙과 같으나 실외 놀이터를 조성할 때는 쉽게 움직일 수 없는 고정물을 사용해야 하기 때문에 신중을 기해야 한다.

실외놀이 환경에는 영유아가 뛰기, 오르기, 자전거 타기, 게임 등을 할 수 있는 대근육 발달을 위한 운동 공간, 물·모래놀이, 그림 그리기, 독서 등 소근육 놀이를 할 수 있는 조용한 공간, 자연의 순리를 관찰하고 느껴 볼 수 있는 정원, 동물 영역 등의 자연 공간, 친구들과 사회극이나 상상놀이를 할 수 있는 사회 공간 등 4가지 공간이 포함되어야 한다(Osmon, 1971).

실외놀이 환경의 가치는 그 공간에서 얼마나 다양한 놀이를 할 수 있느냐는 다양성의 측면과 그 놀이 시설이 얼마나 많은 아동을 수용하며 얼마나 오랫동안 아동의 관심을 끌 수 있느냐 하는 복합성의 두 가지 측면에서 살펴볼 수 있다(Kritchevsky, Prescott, & Walling, 1977). 이 두 가지 측면에 따라서 실외놀이 기구는 단순기구(simple unit), 복합 놀이 기구(complex unit), 다목적 놀이 기구(super unit)로 나누어진다. 단순 기구는 미끄럼틀, 세발자전거, 장난감 말 등 놀이 기구를 단 한 가지 용도로만 이용할 수 있는 기구를 뜻한다. 복합 놀이 기구는 두 가지 이상의 조작이 가능한 놀이 기구를 뜻하며 물놀이 책상과 물놀이 도구들, 모형 오븐과 냄비들, 미끄럼틀에 붙어 있는 사다리 등이 복합 놀이 기구이다. 명확한 도구는 아니지만 한 가지 이상의 놀이가 일어날 수 있는 밀가루 반죽, 물감, 애완동물 등도 복합 놀이 교재라고 볼 수 있다. 다목적 놀이 기구는 적어도 서너 가지 놀잇감이 붙어 있어 영유아들이 오랫동안 놀 수 있는 복합성과 다양성을 모두 만족하는 놀이 기구를 뜻한다. 사다리와 상자가 있는 오르기 도구, 모래놀이 영역에 삽뿐만 아니라 물까지 갖추어져서 물놀이와 모래놀이 모두를 가능하게 하는 것 등이 다목적 놀이 기구라고 할 수 있다.

| 사진 4-5 | **자연 공간**

| 사진 4-6 | **상상놀이할 수 있는 공간**

실외놀이 환경을 구성할 때는 이러한 놀이 기구를 한정된 공간에 얼마나 확보할 것인가를 고려하여야 한다. 예를 들어, 영유아의 인원수가 많은 경우에는 단순 기구보다는 다목적 놀이 기구를 많이 활용하는 것이 영유아의 놀이를 활성화할 수 있다. 그러나 단순 기구도 영유아들의 놀이 발달 수준에 따라 여러 가지로 활용될 수 있다. 다음 그림은 미끄럼틀을 타는 유아의 놀이 발달을 그린 것이다.

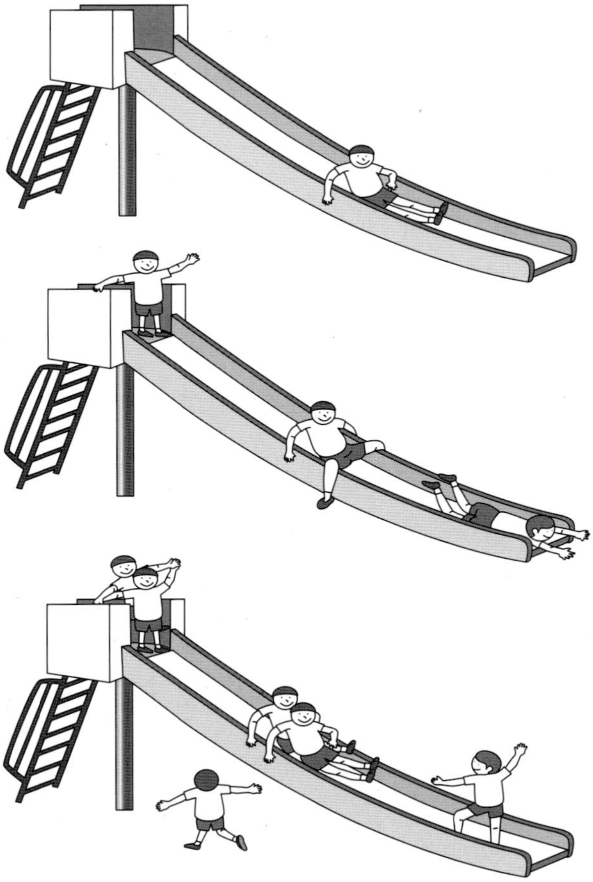

| 그림 4-5 | **미끄럼틀 이용의 확장**

첫 번째 그림에서 유아는 단순히 미끄럼틀을 타고 있다. 두 번째 그림에서 유아는 거꾸로 미끄럼틀을 타 보는 등 자신의 미끄럼틀 타는 기술을 발전시키고 미끄럼틀 타기 놀이를 확장시키고 있다. 마지막 그림에서 유아는 친구와 함께 동시에 미끄럼틀을 타는 연합놀이를 하고 더 나아가서 미끄럼틀을 이용한 게임으로 발전시키고 있다. 교사는 아동의 연령과 놀이 발달 수준을 고려하여 실외 놀이터의 놀이 기구를 적절히 활용하도록 지도하여야 한다.

2) 실외놀이 기구 및 시설물 배치

(1) 실외 놀이터에 있어야 할 것

놀이터 연구의 대가인 프로스트(Frost)는 영유아 놀이터에 있어야 하는 것들을 다음의 스무 가지로 정리하였다.

놀이터에 있어야 하는 20가지

1. 단단한 바닥: 게임을 할 수 있는 단단한 바닥
2. 모래와 모래놀잇감
3. 물놀이 영역
4. 극놀이 구조물(놀이집, 자동차 및 배 등)
5. 복합 놀이 구조물
6. 흙무덤
7. 나무, 수풀, 관목 등
8. 언덕과 계곡: 수평과 수직의 개념을 알아볼 수 있고 지속적인 도전이 가능한 곳
9. 타이어, 상자, 널빤지 등으로 구성된 건축 공간
10. 놀이용 교통 수단, 비행기, 보트 등
11. 활동적인 운동놀이를 위한 시설
12. 넓은 부드러운 공간
13. 작고 개별화된 공간
14. 울타리, 문, 담,
15. 식물 영역
16. 동물 영역
17. 바깥놀이와 실내놀이를 연결하는 연결 공간
18. 창고
19. 겉옷, 화장실, 식수
20. 장애아를 위한 시설

출처: Frost, Brow, Sutterby, & Thornton(2004).

위에 소개된 스무 가지는 기본적으로 실외 놀이터에 있어야 한다고 제시된 것이고 놀이터의 위치와 입지 조건에 따라 여러 가지 놀이 환경이 형성될 수 있다. 예를 들어, 〈그림 4-6〉에 제시된 것과 같이 놀이터에 있는 큰 나무를 이용하여 역할놀이 공간을 구성해 볼 수 있으며 놀이의 확장에 따라 이 공간은 모험놀이를 할 수 있게 구성할 수도 있다.

| 그림 4-6 | **큰 나무를 이용한 실외놀이 영역 구성**

유아를 위한 실외놀이 공간 구성의 예는 다음 〈그림 4-7〉과 같다.

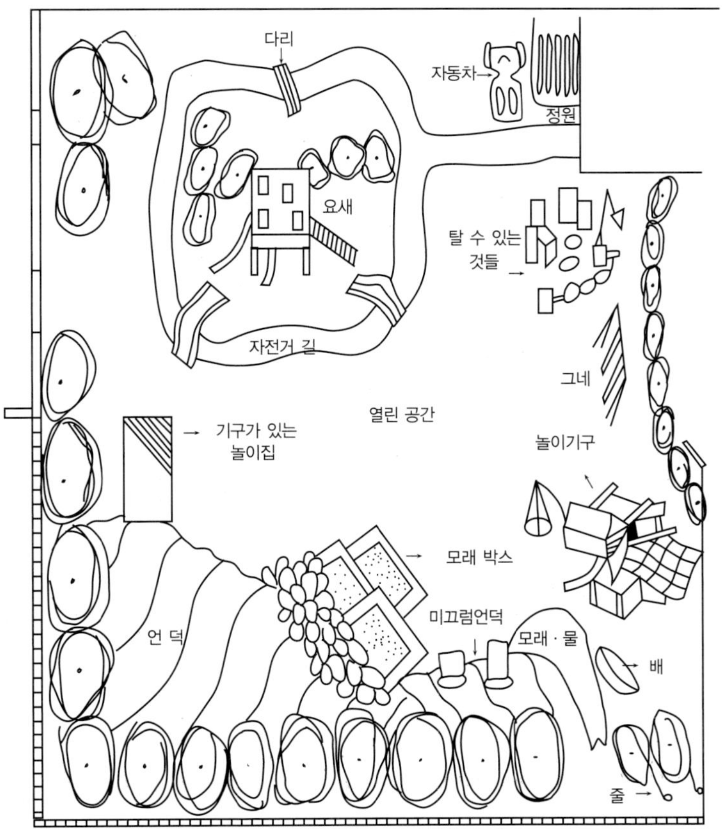

| 그림 4-7 | **유아를 위한 실외 놀이터**

유아들을 위한 놀이 공간을 구성할 때 고려해야 할 점은 〈그림 4-7〉에 제시된 대로 모든 공간을 놀이 기구로 채워 넣기보다 아무것도 없는 열린 공간으로 남겨 두는 것이다. 유아들은 마음대로 사용할 수 있는 열린 빈터에서 노는 것을 매우 좋아하며 독창적인 놀이를 스스로 개발해 낸다.

실외놀이 공간도 실내놀이 공간과 마찬가지로 몸집의 차이가 큰 영유아가 함께 사용하는 것은 바람직하지 않다. 영아들은 유아들만큼 활동적인 놀이를 하기보다 대근육 기술을 연마하는 놀이를 즐기는 정도이기 때문에 여건이 허락한다면 영아 놀이터는 유아 놀이터와 구분하는 것이 좋다. 영아 실외 놀이터의 예는 〈그림 4-3〉에 포함하였다. 영아를 위한 실외 놀이터는 실내에서 쉽게 나갈 수 있는 곳에 배치하는 것이 좋다. 영아들은 유아들보다 신발을 신고 벗는 데 훨씬 많은 시간이 걸리며 이 때문에 안전사고가 발생할 우려가 있으므로 영아와 유아는 출구가 서로 다른 것이 좋고 이것이 여의치 않다면 시간차를 두고 현관을 사용하는 것이 좋다. 영유아들은 날씨에 영향을 많이 받으며 자연의 변화를 직접 실외에서 경험하고 비 오는 날에 실외놀이를 하기 위해서는 놀이터에 지붕이 있는 공간이 마련되어 있으면 좋다.

(2) 안전한 놀이 시설

실외놀이 시설에서 일어나는 영유아 안전사고에는 주로 딱딱한 바닥에 떨어지거나 시설물의 튀어나온 부분에 부딪침, 시설물에 낌 등이 있다(Frost & Sweeny, 1996; Frost, Wortham, & Reifel, 2001). 이에 따라 최근 놀이터에서 영유아의 안전을 위하여 가장 신경을 쓰는 부분은 첫째, 영유아가 실외놀이를 할 때 적절한 성인의 지도 감독이 있는지, 둘째, 영유아의 연령에 맞는 놀이 기구에서 영유아가 노는지, 셋째, 놀이터 바닥이 어떤 재질로 되어 있는지, 넷째, 놀이 시설의 표면이 영유아에게 안전한 재질로 마무리가 잘 되어 있는지와 이의 유지 관리를 위한 적절한 조치와 감독이 이루어지고 있는지에 대한 것이다(Hudson, Thomson, & Olsen, 2004).

프로스트 등(Frost et al., 2004)은 안전한 놀이 시설을 위한 스무 가지의 구성 요소를 다음과 같이 제안한다.

안전한 놀이 시설을 위해 지켜야 할 20가지

1. 위험한 곳 주위에 보호 울타리를 칠 것
2. 유아가 떨어질 수 있는 모든 곳에는 적어도 25~30cm 정도의 모래나 톱밥 등 안전한 자재를 깔 것
3. 유아의 연령에 적합한 놀이 기구를 이용할 것
4. 쓰레기 및 위험 물질이 놀이터에 없게 할 것
5. 놀이 시설 중 움직이는 부분은 작동 불량이 없도록 할 것
6. 놀이 시설의 어떤 부분도 날카롭거나 부러져 있거나 헐겁지 않아야 할 것
7. 그네는 고무나 플라스틱과 같이 가벼운 자재로 되어 있을 것
8. 보호벽 등 안전을 위해 장치한 부분들에 고장이 없을 것
9. 놀이 기구의 어떤 부분도 유아의 머리가 낄 수 있는 공간이 없을 것
10. 바닥에 고정되어 있는 기구는 단단하게 고정되어 흔들림이 없을 것
11. 기구 간 공간이 충분히 확보되어 있을 것(적어도 6자 이상)
12. 땅 밑에서 놀이 기구가 썩지 않는지 찔러서 확인할 것
13. 금속 자재로 만들어진 놀이 기구가 햇볕에 방치되지 않도록 할 것
14. 유아가 떨어질 수 있는 가능성이 있는 곳에는 반드시 난간을 설치할 것
15. 유아가 노는 곳에 줄이 없도록 할 것
16. 평균대나 아동이 매달려 노는 시설은 유아의 연령에 맞추어 낮게 설치할 것
17. 놀이터 앞에 사용할 수 있는 유아의 연령과 성인의 지도 감독이 있어야 한다는 것을 표시할 것
18. 찔리거나 유아가 걸려 매달릴 수 있는 위험물이 없을 것
19. 고정 시설을 바닥에 붙이는 콘크리트가 있는 주변에 걸려 넘어지거나 떨어질 만한 위험물이 없을 것
20. 수영장이나 개울 등 유아가 빠질 위험이 있는 곳이나 교통사고를 당할 수 있는 곳으로부터 멀리 떨어져 있을 것

출처: Frost et al.(2004).

한편 바람직하지 않은 놀이 시설의 조건은 다음과 같다.

바람직하지 않은 놀이 시설

- 실외 놀이터의 공간을 대부분 차지하는 크고 높은 복잡한 놀이 시설
- 시멘트로 포장된 공간
- 인조 돌과 나무 밑둥만 있는 '죽은' 자연 공간
- 중고 자동차나 트럭 등 어른들의 세상에서 쓰다 버린 실제 운송 차량 및 보트
- 감옥을 연상시키는 높고 단단한 울타리
- 오염된 흙, 모래와 물
- 질 나쁜 중고 가구나 방치된 식물들

출처: Hendricks(2001).

3. 영유아를 위한 놀잇감

놀이 연구의 권위자인 가비(Garvey, 1993)는 놀잇감을 '영유아들이 사용하는 현찰'이라 하였다. 놀잇감은 존재 자체로 또래 간 놀이를 장려한다. 여러 가지로 다르게 갖고 놀 수 있는 놀잇감, 재미있는 소리가 나는 놀잇감, 주무르는 대로 모양을 바꿀 수 있는 놀잇감을 갖고 논 영아들은 그렇지 않았던 영아들보다 더 빠른 놀이 발달 양상을 보였다(Wachs, 1985). 놀잇감의 크기도 영아의 놀이 행태에 영향을 미치는데 놀잇감이 작은 경우에는 아이들이 더 싸우나 큰 놀잇감이 있을 경우 서로 덜 방해하고 긍정적인 상호작용을 하면서 노는 경우가 많았다(DeStefano & Mueller, 1982).

놀잇감을 어떻게 배치하느냐도 영유아의 놀이 행동에 영향을 미친다. 영아들은 가장 눈에 띄게 배치된 놀잇감에 주의 집중을 잘하고 일단 이 놀잇감으로 먼저 놀이를 시작하는 것으로 나타났다. 그러나 유아들의 경우에는 자기가 갖고 놀고 싶은 놀잇감에 대한 생각이 뚜렷해지면서 먼저 눈에 띄는 놀잇감보다는 자신이 선호하는 놀잇감을 선택하는 것으로 나타났다.

놀잇감이 영우아의 놀이 행동에 긍정적인 영향을 미칠 수 있듯이 영유아에게 맞지 않는 놀잇감이 제공된다면 부정적인 영향을 미칠 수도 있다. 영유아에게 놀잇

감을 제공할 때에는 놀잇감의 크기와 형태가 영유아의 발달 수준에 적합한지, 대상 영유아가 이 놀잇감에 흥미나 관심을 가질 만한지, 놀잇감을 통하여 영유아가 배울 수 있는 것이 있는지 혹은 놀잇감을 갖고 놀면서 영유아가 교육적인 자극을 받을 수 있을지, 여러 가지 용도로 가지고 놀 수 있는지를 고려해 보아야 하고 가능하면 대상 영유아가 혼자 스스로 조작법을 터득하고 가지고 놀 수 있는 놀잇감을 주는 것이 좋다.

반면 영유아에게 적합하지 않은 놀잇감은 영유아가 갖고 놀다가 부서지거나, 사고가 날 위험이 있거나, 영유아의 흥미를 끌기보다는 성인의 취향이거나, 혹은 성인이 어렸을 때 재미있게 갖고 놀았던 놀잇감으로 대상 영유아는 관심이 없는 것, 오직 한 가지 놀이 목적으로만 제작된 것, 영유아의 발달 수준과는 상관없이 놀잇감의 포장에 쓰인 연령만 보고 제공되어 영유아에게 너무 쉽고 단순하거나 복잡하고 어려워서 좌절을 느끼게 하는 것 등이다(Hurlock, 1978).

무엇보다도 영유아에게 바람직한 놀잇감은 각 영유아의 연령에 맞으며 발달에 적합하고 안전한 놀잇감이다.

1) 발달에 적합한 놀잇감

영유아가 성장하고 놀이가 발달함에 따라 놀이는 다양해지고 사용하는 놀잇감도 늘어나게 된다. 영유아기 특히 영아기는 발달의 개인차가 크기 때문에 연령을 굳이 따라가기보다 각 영유아별 발달 수준에 적합한 놀잇감을 제공해 주어야 놀이에 흥미를 느끼고 참여할 수 있다. 다음은 이숙재(2001)가 제시한 영유아 연령에 따른 발달에 적합한 놀잇감이다.

| 표 4-1 | 연령에 따른 발달에 적합한 놀잇감

놀잇감	1세	2세	3세	4세	5세
끌거나 밀고 다니는 놀잇감	작은 바퀴 달린 자동차	손수레, 끈을 잡고 끌고 다니는 동물 인형 등			
블록	헝겊이나 스펀지로 제작된 크기가 커다란 블록	종이벽돌, 단위 블록, 우레탄 블록, 플라스틱 끼우기 블록	단위 블록, 속이 빈 블록, 우레탄 블록, 레고 등의 플라스틱 끼우기 블록, 각종 자동차, 교통표지판, 사람이나 동물 모형 등의 소품	단위 블록, 속이 빈 블록, 각종 플라스틱 끼우기 블록, 다양한 교통기관, 사람이나 동물 모형, 경찰관 모자나 소방관 모자 등	다양한 종류와 풍부한 양의 블록, 플라스틱 끼우기 블록, 나무 · 집 모형
자동차류	실물과 유사한 형태의 자동차, 배, 비행기	덤프 트럭, 불도저, 유아가 탈 수 있는 플라스틱 대형 자동차			
수 · 조작 놀잇감		탑을 쌓거나 포개 넣는 놀잇감, 모양을 맞추어 끼우는 놀잇감, 옷 입기 틀, 커다란 구슬에 끈 끼우기, 2~5조각의 퍼즐 등	5~10조각의 퍼즐, 열쇠와 자물쇠, 일상생활 훈련 틀, 구슬 끼우기, 짝 짓기 놀잇감 등	10~20조각의 퍼즐, 글자카드, 비교 · 분류카드, 도미노, 직조판, 게임판과 주사위	15~30조각의 퍼즐, 숫자카드, 글자카드, 바느질 자료, 게임 자료
역할 놀잇감	봉제 동물 인형, 다양한 촉감을 제공하는 촉감 인형, 우유병, 담요, 전화기	인형, 유모차, 그릇, 전화기, 운전대 등	인형, 그릇, 모형 채소나 과일, 유모차 등의 가족놀이 용품	병원놀이, 가게놀이, 음식점놀이 놀잇감	우체국놀이, 우주선놀이, 군인놀이, 은행놀이 용품
악기	작은북, 실로폰	탬버린, 북, 리듬막대 등	탬버린, 트라이앵글, 마라카스, 북, 캐스터네츠 등	탬버린, 트라이앵글, 북, 소고, 장고, 실로폰	캐스터네츠, 실로폰, 그림 악보, 녹음기, 카세트와 테이프
그림책	헝겊 책이나 단순한 그림책	그림 위주의 책	그림책, 막대인형, 손인형, 손가락인형, 인형극 틀	다양한 그림책, 카세트 동화	그림책, 백과사전, 동요, 동시집, 유아가 만든 그림책
물 · 모래 놀잇감	스펀지, 플라스틱 및 고무로 만든 오리나 개구리, 플라스틱 그릇, 찍기틀, 플라스틱 그릇, 모래삽 등	물뿌리개, 깔때기, 삽, 다양한 형태의 플라스틱 통	크기와 형태가 다양한 그릇, 체, 모래삽, 분무기 등	비누와 빨래판, 인형 옷, 물총, 트럭, 포클레인	물레방아, 펌프, 호스, 게임 자료

놀잇감	1세	2세	3세	4세	5세
미술 자료		크레파스, 커다란 종이, 찰흙, 손가락 그림물감 등	크레파스, 종이, 손가락 그림물감, 화판과 물감, 붓, 가위, 찰흙 등	크레파스, 물감, 사인펜, 붓, 색종이, 종이, 가위, 풀, 마스킹 테이프, 찰흙, 다양한 폐품, 수수깡	크레파스, 종이, 물감, 연필, 접착제, 스테이플러, 찰흙, 칠판, 색분필
운동 놀잇감	비치볼, 큰 공, 소리가 나는 공 등	고무공, 간이 계단, 낮은 미끄럼틀, 흔들배, 흔들목마	그네, 미끄럼틀, 시소, 세발자전거, 공, 매트, 풍선과 풍선채	자전거, 이동 농구대, 매트, 팥주머니, 낙하산, 로프, 기어오름대	농구 골대, 축구 골대, 철봉, 구름다리, 흔들다리
관찰 및 탐색용 놀잇감	안전한 재질의 거울			자석, 프리즘, 확대경, 망원경, 자, 온도계	계량컵, 저울, 양팔저울, 모래시계, 해시계, 손전등
목공 놀잇감				나무 조각, 스티로폼 조각, 모래종이, 접착제, 망치, 못, 자석	망치, 톱, 램프, 못, 나사, 드라이버, 드릴, 대패

2) 안전한 놀잇감

놀잇감이 아무리 흥미 있고 발달에 적합한 것이라 해도 영유아가 갖고 놀기에 안전한가를 항상 고려해야 한다. 겉모습이 뾰족하거나 날카로운 부분이 없어야 하며 재료도 무해한 것인가 살펴보아야 한다. 특히 놀잇감을 입안에 무는 경우가 많은 영아를 위해서 무해한 도료를 사용하거나 화학적인 처리가 많이 되지 않았을 뿐만 아니라 청결하게 유지하기 쉬운 재료의 놀잇감을 선택하는 것이 좋다. 영아를 위한 놀잇감은 많은 부속으로 조립된 놀잇감보다 부속이 떨어질 수 없도록 통자로 만들어진 놀잇감이 바람직하다. 놀잇감의 특성상 여러 가지 부품이 있는 경우 영유아의 손가락이나 혀가 부품 사이에 끼일 수 있는 가능성이 있는지를 살펴보는 것이 좋다.

또한 영유아는 한 가지 놀잇감을 선호하면 한참 동안 그 놀잇감을 갖고 노는 경향이 있기 때문에 여러 번의 조작에도 부서지지 않도록 튼튼하게 만들어진 놀잇감이 바람직하다. 특히 많은 영유아가 함께 놀잇감을 사용하는 놀이실에서는 반드시 놀잇감의 내구성을 살펴보아야 한다. 또한 물·모래놀이 삽이나 바구니 등 실외놀이를 위한 놀잇감은 여러 가지 기상 조건에도 녹이 슬거나 녹지 않는 재료로 된 것을 선택하는 것이 좋다.

마지막으로, 영유아를 위한 놀잇감은 영유아가 심리적으로 만족할 수 있도록 아름다운 디자인으로 제작되어야 함은 물론이고 놀이를 하면서 좌절감을 느끼지 않도록 정확한 크기와 형태로 제작되어야 한다. 예를 들어, 잘 끼워지지 않는 블록은 영유아들을 화나게 하고 놀이에 대한 흥미를 떨어뜨린다.

제 5 장

영유아의 놀이에 영향을 미치는 요인

놀이는 단순한 시간 소비가 아닌 학습 과정이며 성장을 위한 발달의 단계로 놀이를 통하여 영유아들은 신체, 인지, 언어, 사회, 정서, 도덕 발달을 꾀하고 있다. 따라서 효율적인 놀이 지도를 위해서는 영유아의 놀이 행동에 영향을 미치는 다양한 요인에 대한 정확한 인식이 필요하다.

영유아 놀이 행동에 영향을 미치는 요인들은 크게 영유아 개인 요인, 부모 요인, 교육 환경 요인, 문화 요인으로 나눌 수 있다.

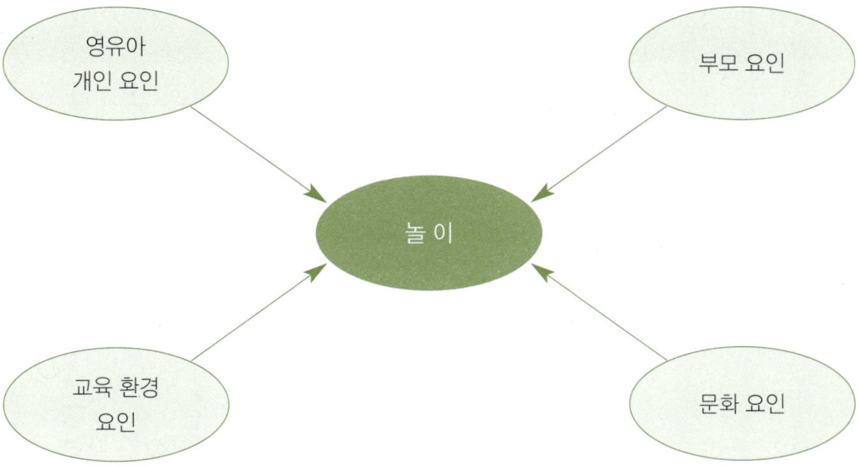

| 그림 5-1 | **영유아의 놀이에 영향을 미치는 요인**

1. 영유아 개인 요인

영유아의 놀이에 영향을 미치는 개인 요인에는 놀이성, 성(性), 연령, 성격, 건강 등이 포함될 수 있다.

1) 놀이성

영유아마다 놀이를 하는 태도가 다르다. 어떤 영유아들은 놀잇감에 자주 싫증 내고 어떤 영유아들은 자기의 방식대로 새롭게 고안해 내서 즐기기도 한다. 어떤 영유아는 어려워 보이는 놀이 과제나 환경을 대수롭지 않게 생각하는가 하면, 어떤 영유아는 움츠리며 그 어려움을 쉽게 극복하지 못한다. 이는 영유아마다 갖는 놀이성의 차이 때문이다. 놀이성(playfulness)이란 영유아가 다양한 놀이 행동을 일으키는 성향 내지 놀이적인 태도를 말한다(채종옥, 이경화, 김소양, 2004). 놀이성에 대하여 리베르만(Liberman)은 다음의 〈표 5-1〉과 같이 다섯 가지 변인으로 측정하였다.

| 표 5-1 | 놀이성 측정 변인

변인	표시(징후)
즐거움의 표현	웃음, 행복함과 즐거움의 표현
유머감각	우스운 사건 이해, 재미있는 상황의 인식, 호의적인 농담
신체적 자발성	몸 전체나 신체 부위를 통한 풍부하고 조화로운 움직임
인지적 자발성	상상력, 창의성, 사고의 유연성
사회적 자발성	다른 사람들과 함께 할 수 있는 능력과 다른 집단에 들어가고 나올 수 있는 능력

출처: Lieberman(1977). 재인용.

놀이성과 관련지어 싱어와 싱어(Singer & Singer, 1980)는 놀이성에서 높은 점수를 받은 유아들은 긍정적 정서성에서도 높은 점수를 얻는다고 보았고, 유애열(1994)은 놀이성이 높은 유아가 놀이에 더 적극적으로 참여한다고 하였다. 이재은(2006)의 연구에서도 놀이성이 높은 유아일수록 놀이 기술이 풍부하여 더 적극적으로 사회 구성놀이의 과정에 참여하고 또래들이 좋아하는 놀이 친구로서 유능한 또래관계를 맺는 것으로 보고되었다. 더 나아가 놀이성과 창의성 관계(고소영, 2003)와 놀이성과 또래유능성(김근희, 2005; 이재은, 2006) 등의 연구 결과를 통해 놀이성과 영유아의 발달은 밀접한 관련이 있음을 알 수 있다.

2) 성

어느 나라에서든지 남아와 여아 사이에는 분명 차이가 존재한다. 남아는 활동량이 많고 목소리가 크며 더 많은 사람과 어울리긴 하나 말수가 좀 적은 편이 특징이라고 할 수 있다. 하지만 여아의 경우는 말수가 더 많고 감정 표현이 풍부하며 언어 표현에 있어서도 다양하여 일반적인 남아와 여아와의 차이라고 여겨진다. 남아와 여아의 놀이 측면에서의 차이를 비교해 보면 〈표 5-2〉와 같다.

| 표 5-2 | 놀이에서 남아와 여아의 차이

성차	특징
남아	말수가 적다.
	움직임이 많다.
	공간 확보가 많다.
	신체적이고 공격적인 놀이를 즐긴다.
여아	움직임이 적다.
	앉아서 독서를 즐기며 그림 그리기와 같은 정적인 놀이를 좋아한다.

영유아가 놀이에서 어떤 놀이를 선택하고 어떤 놀이 방식과 놀이 친구를 선호하는지에 대한 논의는 그동안 많은 학자들의 주목을 끌어 왔다(Alexander & Hines, 1994; Carter & Levy, 1988). 영유아가 놀잇감을 선택하면서 자신의 생물학적 성에 따라 남아는 블록과 같은 남아용 놀잇감을, 여아는 소꿉놀이와 같은 여아용 놀잇감을 선택하는 등 성 유형화된 경향을 띤다. 이처럼 유아들이 자신의 성과 일치된 장난감이나 동성의 놀이 친구를 선호하는 현상을 보이고, 역으로 자신의 성과 반대되는 장난감을 강하게 회피하는 경향을 보면서 영유아의 성별에 따라 놀이 방식에 뚜렷한 차이가 있음을 알 수 있다. 이러한 성 유형화 현상을 두고 크게 세 가지 견해로 설명할 수 있다. 첫 번째 견해로서 남녀 생물학적 발달의 차이를 들 수 있으며(진명희, 서현순, 2004, 재인용), 둘째로 벰(Bem, 1981)은 영유아가 인지 발달을 하면서 자신의 성이 변하지 않는다는 '성 항상성'을 갖고 이를 기초로 하여 성에 대한 역할과 정보를 얻고 이것을 확장시키는 과정이 놀이에 반영되는 것으로 보는 견해이다(이순형, 김은정, 1996, 재인용). 반면 세 번째 견해로서 바우어(Bauer, 1993)는 영유아가 성 역할을 익힐 때 사회문화적 신념의 영향을 받으면서 사회관습에 순응한다고 보았다. 따라서 자신과 같은 동성의 집단행동에 일치함으로써 소속감을 느끼고 또래로부터 긍정적인 강화를 받게 되고, 다른 성에 대한 특징을 따라 하는 것에는 부정적 강화를 받게 된 결과라 보고 있다.

결국 유아가 놀이에 있어서 동성을 선호하는 이유는 유아가 성에 대한 도식(schema)이 발달하는 것과 아울러 놀이를 통해 또래와 사회적 관계를 맺고 또래로부터 동의를 받고자 하는 이 시기의 발달적 과업을 수행하고 있는 증거이다. 이것은 유아의 연령과 관련하여 살펴볼 때 더욱 명백해진다. 유아는 자신의 성에 대한 인식이 생후 3년을 전후로 형성되기 때문에 이 시기를 기준으로 하여 관찰해 보면 어린 연령의 남녀 유아들이 양성적 놀잇감에 모두 관심을 가지고 있는 것을 알 수 있다. 그러다가 연령이 증가하면서 성 유형성을 보이게 되어 5세 남아인 경우 여아에 비해 반대성의 놀이에 훨씬 보수적이며 강한 저항이 나타난다(신건호, 1992; 염명순, 조복희, 권희경, 한유미, 1999; Fein & Robertson, 1975).

한편 놀이성 유형을 근거로 하여 성차를 비교해 보자면 남아는 주로 적극적 놀이형에 속하는 신체적 자발성을, 여아는 주로 정적이고 소극적인 놀이형에 우세한 것으로 보고되었다(김영희, 1995; 박정옥, 김준희, 2000; 송민영, 1998). 또한 3-6세 유아를 대상으로 한 이중강(2004)의 연구와 만 4세 유아를 대상으로 한 김주혜(2008)의 연구에서 놀이성 중 남아는 신체적 자발성이, 여아는 인지적 자발성이 각각 높은 것으로 나타났다.

3) 연령

놀이에 있어서 연령은 놀이의 질적인 면에서 차이를 가져온다. 걸음마기 때의 영아들은 대부분의 시간을 혼자놀이에 소비하며 간혹 방관자적 놀이나 평행놀이를 하기도 한다. 특히, 유아교육기관에 들어가기 전에는 고립된 상태로 지내다가 유치원이나 어린이집에서 또래관계를 형성해 나가기도 한다. 이때 성인들의 지나친 간섭이 따르게 되는데, 예를 들면 놀이 방법, 놀이 도구 이용법, 놀이의 종류 그리고 또래놀이의 형성으로서 너무 지나친 성인의 간섭이나 방해는 영유아들의 호기심이나 정서 발달에 저해 요인이 되기도 한다.

결국 영유아들은 혼자 놀면서도 다양한 정보를 얻거나 보는 것을 통해 배워 나간다. 영유아의 나이가 3세 혹은 4세가 되면 유아교육기관에서 생활하게 되는데 이때 최초로 집단생활을 경험하게 되고 쉽게 놀이 행동에 익숙하게 되며 사회적인 상호작용과 협동놀이에 열중하게 된다. 즉, 나이가 어린 영유아는 나이가 많은 영유아들과 함께 놀이를 함으로써 서로에게 영향을 끼칠 수 있게 되며, 4세 정도가 되면 극놀이나 소꿉놀이 등 많은 시간을 놀이에 소비하게 된다. 5세가 되면 유아들의 놀이는 4세 때보다는 더 다양하고 많은 종류의 놀이에 열중하게 되고 더 어린 유아들을 고려하거나 다양한 놀이의 종류에 몰두하게 된다.

라이펠과 이트맨(Reifel & Yeatman, 1993)에 의하면, 유아의 연령은 유아가 하나의 주제 놀이를 얼마나 오랫동안 지속하는지(duration), 놀이의 내용을 얼마나 풍부하게 하는지, 얼마나 다양한 놀이 재료를 사용하며 놀이 행동들을 확장시켜 나가는지 등 한마디로 놀이의 질에 지대한 영향을 미칠 수 있다고 보았다. 유영의와 신은수(2005)는 연령에 따라 구성놀이가 질적 차이가 있음을 밝혔는데, 먼저 놀이 지속시간을 살펴보면 나이가 많은 유아들이 대체로 어린 유아들보다 길었다. 놀이 내용에 있어서는 5세 유아들이 4세 유아들보다 논리적이며 추론적 활동에 도전하는 것을 좋아하였다. 한편 놀이 자료의 다양성에서는 어린 연령일수록 간단한 개념 수준에 맞는 단순 비교, 대응하는 활동에 그쳤으나 연령이 많을수록 원인과 결과의 관계를 실험해 보는 자료를 많이 사용하는 것으로 나타났다. 놀이 활동의 풍부성에서는 연령이 높을수록 다양한 게임 방법을 창안하고 조망 능력이 발달하여 다른 또래들과의 협동놀이가 활발하게 이루어졌다. 끝으로, 놀이의 결속성에서는 연령이 높을수록 다른 여러 가지 사실들을 일관성 있게 조합, 구조화하는 능력이 뛰어남을 밝혔다.

곽금주 등(2005)의 연구를 보면, 대부분의 영아들이 17개월경에는 놀잇감 치우기와 같은 행동을 보이고, 2세가 지나면 칭찬받기 위해 노력하는 모습을 많이 보이며, 2세 말경이면 규칙 준수, 차례 지키기의 행동 특성이 발달하는 것으로 보고되었다. 이러한 발달 특성은 놀이에서도 확연히 드러난다.

4) 성격

영유아는 개개인의 성격 특성에 따라 놀이 행동이 다르게 나타난다. 예를 들면, 외향적인 영유아의 놀이 행동 특성과 내성적인 영유아의 놀이 행동 특성에는 확연한 차이가 있게 마련이다.

일반적인 성격유형검사(MBTI)를 유아에게 적용한 검사가 아동용 성격유형검사(MMTIC)이다. 이 검사로 나타난 연구 결과를 유아의 놀이성과 연관지어 볼 때,

성격의 기질적인 면에서 감정형 유아가 사고형 유아보다 놀이 성향이 높았고 특히 신체적 자발성, 사회적 자발성, 인지적 자발성, 또래와 함께 즐거움을 표현하는 측면에서 높게 나타났다(박화윤, 천은영, 2004). 또한 감각 인식형의 유아인 경우 주어진 일이 놀이에 가까울수록 더 잘 배우고 더 좋아하는 경향을 보이므로 놀이 중심 교육이 매우 효과적인 유형이다. 한편 유아의 기질에 따라 순한 기질의 유아들과 까다로운 기질의 유아들의 놀이성을 관찰해 보면, 사회적 자발성, 인지적 자발성, 즐거움의 표현, 유머감각 등에서 순한 기질의 유아가 까다로운 기질의 유아보다 놀이성이 높고 놀이 활동에 더 적극적으로 참여한 데 반해 까다로운 기질의 유아가 순한 기질의 유아보다 공격성과 불안이 높으며 친사회적 행동은 덜 표출되고 부정적인 행동이 많이 보였다(강민정, 1997; 김용희, 1991; 이은경, 2002). 아울러 기질과 실외놀이 형태를 살펴본 김형미(1998)의 연구에서 기질의 활동성과 놀이에서의 비참여 행동은 부적 상관을 나타내었고 반응 강도와 씨름놀이, 주의 전환성과 쫓기 게임은 유의한 상관을 나타내었다. 또한 순한 기질의 유아는 까다로운 기질의 유아보다 극화놀이를 더 많이 하는 것으로 나타났고 까다로운 기질의 유아가 방관자적 행동을 더 많이 하는 것으로 나타났다.

5) 건강

영유아의 신체는 생명 유지를 위한 에너지 공급뿐만 아니라 신체적인 활동과 직결되어 있기 때문에 적절한 식사를 통해 충분한 에너지 공급이 이뤄져야 하며, 그

에너지는 다시 휴식 대사, 활동 대사 그리고 에너지 소비로 연결되어야 한다. 활동 대사량은 휴식 대사량을 제외한 신체 활동, 즉 주로 교육 활동에 필요한 에너지를 말하며 휴식 대사량 다음으로 큰 비율을 차지하고 있다. 그러므로 영유아가 놀이를 통한 활동 대사가 원활하도록 하루에 필요한 영양소의 양이 충분해야 하며 질적으로 양호한 식단을 구성해서 신체적 성장이 균형 있게 이루어질 수 있도록 해야 한다.

특히, 영유아들의 적절한 건강은 신체적인 활동으로 나타나며 신체적인 활동은 결국 놀이와 연결되는 과정으로서 건강한 영유아일수록 미각, 시각, 촉각, 후각, 청각 등 오감에 기초한 감각적인 놀이에 열중하게 된다.

궁극적으로 영유아들의 놀이는 건강상태의 정도에 따라 다르게 나타나게 될 것이라는 건 분명한 이치라고 볼 수 있다. 구체적으로 살펴보면, 허약하거나 병약한 영유아의 일반적 특징은 쉽게 피로해지고 피곤이 회복되는 시간이 느리다. 발육이 저하되고 체질 이상이 뒤따르게 되어 아토피, 습진, 두드러기, 기관지 천식 등에 걸리기 쉬운 경향이 있다. 심리적으로는 소심하고 인내심이 부족하며 정서가 불안정하여 신경질적이거나 잘 울고 성인에 대한 의뢰심이 강한 편이다(정재권, 1986). 이처럼 병약한 영유아인 경우는 놀이 행동에 있어서도 건강한 유아와 차이가 난다. 예를 들어, 운동 기능이 약하거나 피곤하면 놀이에 몰두하지 못하거나 공격적이며 즐거움과 만족감을 느끼기가 어렵다(정연옥, 2002). 따라서 교사는 영유아의 개별적인 건강을 고려하여 운동 발달과 관련된 풍부한 놀이 환경을 제공하여야 한다. 영유아는 달리기, 오르기, 자전거 타기, 던지기, 발차기 등을 하면서 대근육을 사용하고 퍼즐, 인형 옷 입히기, 바느질 등을 통해 소근육을 발달시킬 수 있다(Trawick-Smith, 1994). 최근 '거친 신체놀이' 에 대한 논의가 새롭게 대두되고 있는데 레슬링, 씨름 등과 같은 놀이가 영유아로 하여금 크게 웃고 괴성을 지르게 하므로 신체적인 접촉을 유도하고 심리적인 긴장을 풀어 주며 또래와의 상호작용을 촉진하는 데 유익하다고 재평가되고 있다(Pellegrini & Perlmutter, 1988, 재인용).

2. 부모 변인

앞에서 설명한 바와 같이, 성별에 따른 영유아의 행동 차이는 놀이 활동을 통해서도 쉽게 관찰할 수 있다. 남아가 선호하는 놀잇감을 선택하는 데 있어 여아와는 분명한 차이를 보인다든지, 놀이의 유형이나 주제 등에 있어서도 분명 성별의 차이를 찾아볼 수 있다(최석란, 2005). 부모는 이러한 영유아의 성별에 따른 놀이 행동에 상당한 영향을 미치는 것으로 보고되고 있다. 즉, 남아가 일반적으로 여아에게 적합하다고 생각되는 놀잇감을 가지고 놀 때 부모가 긍정적인 반응을 보이지 않는 경우 남아는 금방 부모의 반응에 민감하게 반응하며, 놀잇감을 변경한다는 것이다.

일반적으로 가정에서 부모가 자녀의 성별을 어떻게 인식하는가에 따라, 영유아의 특성 및 행동에 대한 기대는 달라진다고 한다. 국외의 한 연구(Etaugh, 1983) 결과에서도 보여 주듯이, 아버지는 새로 태어난 아들은 활동적으로 묘사하는 반면에, 딸은 부드럽고, 작고, 예민하게 묘사한다. 자녀의 사회화에 영향을 미칠 수 있는 부모의 기대는 출생에서부터 시작되는데, 부모들은 아주 어린 영아기 때부터 아들, 딸에게 다른 옷을 입히고, 성차에 의한 상호작용을 통해 이러한 기대를 전달한다. 아들의 경우 더욱 적극적으로 과격한 신체를 이용한 놀이 습관을 장려하는 반면에 주로 어머니는 남아의 신체적인 탐색을 제한하며, 함께 놀이하는 것보다는 양육하는 것으로 나타났다. 이러한 부모들의 행동은 자신들의 성과 동일한 행동 유형으로 자녀들과 상호작용을 이끄는 것으로 볼 수 있다.

또한 영유아의 성별에 따라 부모들은 다른 놀잇감을 제공하는 것으로 밝혀지고 있다. 부모와 2세 미만의 자녀가 함께 놀잇감을 갖고 놀이하는 것을 관찰한 한 연구(Eisenberg, 1983)에서 밝히듯이, 부모는 남아에게는 남아에게 적합한 놀잇감을, 여아에게는 여아에게 적합한 놀잇감을 제공하는 것으로 나타났다. 이러한 경향은 자녀의 방 꾸미기와 같은 가정에서의 놀이 환경을 구성하는 데 있어서도 부모가 지니는 성에 따른 다른 기대와 인식이 반영됨을 알 수 있다. 라인골드와 쿡(Rheingold & Cook, 1975)의 연구에서는 12~72개월의 영유아를 대상으로 그들의 방의 모든 가구와 놀잇감을 조사하여 분류하였는데, 유아의 성에 따라 방에 있는 물품의 종류가 다른 것으로 나타났다. 여아의 방에는 남아의 방에 비해 꽃그림과 봉제 인형, 레이스 주름 장식, 소형 가전제품이 많았으며, 반면에 남아의 방에는 스포츠 관련 기구, 놀잇감 동물, 타는 기구 등 크기가 크고 놀잇감의 종류도 다양하였다. 여아들에 비해 남아의 놀잇감에는 탈것, 전쟁놀이에 관한 것, 기계, 교육과 학습에 관련된 놀잇감이 더 많은 것으로 나타났다. 이후 나쉬와 프라레이(Nash & Fraleigh, 1993)의 연구에서도 취학전 유아의 방을 조사하였으나 20년 이전의 연구 결과(Rheingold & Cook, 1975)와 유사하게 여전히 남아의 방에는 탈것, 군인 놀잇감, 스포츠 장비, 활동물 등이 많고, 여아의 방에는 인형, 인형 비품, 소꿉놀이 용품 등과 같은 놀잇감의 범위가 상대적으로 남아에 비해 제한적인 것으로 나타났다.

| 표 5-3 | 유아방 놀잇감 및 물품

범주	놀잇감 또는 물품의 예
동물 모양의 비품	동물 모양이 들어 있는 가구, 이불, 그림, 포스터, 모빌, 작은 카펫, 침구류
책	그림이야기 책, 그림책, 숫자놀이 책
인형/인물	아기 인형, 군인 놀잇감, 인디언 등
교육적/미술적 자료	숫자 차트, 문자 차트, 그리기 자료, 색칠하기, 조각하기 등에 필요한 자료
꽃 모양의 비품	식물/꽃무늬가 들어 있는 침구, 그림, 벽지, 시트, 베개, 러그
가구	영유아용 플라스틱 가구, 운동 장비
음악적 기구	모형 또는 실제 음악 도구, 라디오 등
주름 장식	레이스로 장식된 이불이나 커튼
시각적인 사물	자석, 시계, 지도: 공간, 시간 등과 관련된 놀잇감
운동장비	자동차 바퀴, 공놀이 기구, 목공놀이 기구
봉제인형	집에서 만든 작은 인형 또는 상품화된 다양한 인형
놀잇감 동물	외양간이나 동물원과 같은 주거 시설을 포함
탈것	플라스틱 말, 유아용 자전거
집놀이에 관한 비품	소꿉놀이 용품

출처: Rheingold & Cook(1997); 최석란(2005). 재인용.

자녀가 성에 적합한 놀잇감을 가지고 놀 때, 부모는 자녀의 놀이에 더욱 흥미를 나타내며 함께 놀이에 참여하는 것으로 나타났다(Caldera, Huston, & O' Brien, 1989). 부모는 여아와 남아에게 특정 놀잇감을 갖고 놀도록 제안하지는 않았지만, 여아가 여아용 놀잇감(인형과 소꿉놀이 용품)을 가지고 놀 때와 남아가 남아용 놀잇감을 가지고 놀 때 더 적극적/긍정적으로 반응하고 자녀와 함께 놀이에 참여하는 것으로 나타났다. 3~5세의 남아와 여아의 놀이 및 그들 부모의 반응을 조사한 또 다른 연구(Langlioios & Downs, 1980)에서는 여아는 여아 놀잇감, 남아는 남아 놀잇감을 갖고 노는 비율이 더 높았다. 이러한 남녀 유아의 놀이에 관한 부모의 반응을 살펴본 결과, 아버지들은 남아와 여아 모두 성에 적합한 놀잇감을 가지고 놀 때 긍정적인 반응을 보였으나, 어머니들은 여아가 남아용 놀잇감을 가지고 노는 것보다 남아가 여아용 놀잇감을 가지고 놀았을 때 더 부정적인 반응을 보인 것으로 나타났다.

이상과 같이 남녀 영유아의 성에 따라 다르게 나타나는 놀이 행동의 특성에 부모의 영향이 크다는 것을 알 수 있다. 또한 부모는 직접적으로 자녀의 놀이에 개입함으로써 놀이에 영향을 미칠 수 있다. 어머니의 놀이 개입에 관한 국내외 연구에 의하면, 특히 영유아의 연령 및 성별에 따라 개입 수준과 유형이 달라진다고 보고하고 있다. 영유아의 연령이 낮을수록 어머니는 놀이에서 주도적인 역할을 하며, 놀이에서 지시와 교수를 하며, 연령이 높을수록 영유아가 놀이에서 더 주도적인 역할을 할 수 있도록 직접적인 지시와 교수보다는 제안과 질문을 통해 놀이를 확장하는 것으로 나타났다(Howes, Unger, & Matheson, 1992). 박성연, 본스타인(Bornstein), 서소정(2006)은 어린 영아를 대상으로 어머니와의 놀이를 통한 상호작용 방식을 연구한 결과, 영아의 성별에 따라, 즉 남아에 비해 여아일수록 어머니는 놀잇감에 대한 직접적인 지시와 교수를 더 많이 하는 것으로 나타났다. 조순옥(2001)의 연구에서도 유아 극놀이에서 어머니의 참여가 유아의 연령, 성, 교육 수준에 따라 다른 차이를 보이는 것으로 나타났다. 유아의 연령이 낮을수록 놀이 시작 모델링, 놀잇감 제공, 직접 참여를 더 많이 하는 반면, 유아의 연령이 높을수록 지켜보기, 지시하기, 질문하기, 설명하기, 추론하기 등을 많이 하는 것으로 나타났다. 이러한 결과는 어머니의 놀이 활동 개입 수준 및 유형이 유아의 성별과 어머니의 학력 수준에 따라 달라짐을 보여 주는 것이다.

특히, 부모-자녀의 상호작용은 영유아의 놀이성과 관련이 있는 것으로 보고되었다. 예를 들면, 어머니의 양육 행동이 자녀의 행동과 습관에 대한 한계 설정을 많이 보이는 경우 유아의 놀이성이 낮았으며(김정숙, 2005), 어머니가 합리적인 지도를 할수록 유아의 놀이성이 높게 나타났다(신선희, 차윤희, 김영희, 2008). 또한 어머니가 유아의 행동에 대해 통제적일수록 인지 활동은 낮고(장영숙, 조혜정, 2006), 정신지체아동의 경우 어머니가 덜 통제적일수록 놀이성이 높다고 밝혀졌다(정지은, 2003).

3. 교육 환경

영유아들의 교육 환경을 어떻게 구축하느냐에 따라서 놀이의 질이 결정된다 해도 지나치지 않을 것이다. 그만큼 놀이는 환경과 밀접한 관계가 있기 때문에 교육 환경의 주기적인 정비는 필수불가결하다.

교육 환경은 유아교육기관에서 흔히 볼 수 있는 흥미 영역과도 연결이 되어 있는 것으로서 물리적인 환경으로 정의할 수 있으며, 인적 환경은 주로 유아교육기관의 교직원, 브조교사 등이 포함된다. 여기서는 교육 환경 중 영유아의 놀이에 직·간접적으로 작용할 수 있는 놀이 공간, 놀잇감, 교육 프로그램, 교사로 나누어 설명하고자 한다.

1) 놀이 공간

놀이 공간은 유아교육기관에서 분류하고 있는 흥미 영역에 기초하여 나눠지고 있는데 놀이 영역은 다음과 같이 제시할 수 있다.

놀이 영역

- 학습 영역
- 발견 영역
- 과학 영역
- 조형 활동 영역
- 컴퓨터 영역
- 수학 영역
- 조작놀이 영역
- 신체운동·건강 영역
- 물놀이 영역
- 모래놀이 영역
- 소꿉놀이 영역
- 블록 영역
- 음악 영역
- 동식물 영역
- 수놀이 영역
- 역할놀이 영역
- 개방된 영역
- 의사소통 영역
- 목공놀이 영역
- 극놀이 영역
- 조용한 영역
- 작업 영역
- 요리 활동 영역
- 자연탐구 영역
- 사회 영역

그 밖에도 실내 환경으로서의 놀이 공간은 유아교육기관에서 어떤 기구와 놀이 자료를 이용하며 어떻게 배열하느냐가 중요한 관건이 될 수 있다. 또한 바닥이나 표면은 영유아들에게 알맞은 재료와 재질을 선택해야 하며 거칠고 딱딱한 재질보다는 부드럽고 위생적인 재질로 구성해야 한다.

또한 유아교육기관의 전체적인 분위기와 색상은 창조적인 분위기를 연출할 수 있는 차분하고 밝은 색상으로 편안하면서도 안정된 놀이 공간과 조화를 이룰 수 있도록 해야 한다. 색깔의 톤을 통해서 유아교육기관의 분위기와 정서, 감각 및 행동 특성을 자아낼 수 있기 때문에 유의해서 설정해야 하며 특히 교실의 조명, 교실 배열 그리고 교재교구 진열 시에도 영유아의 놀이 행동에 미칠 수 있는 영향을 고려하여 주의를 기울여야 한다. 즉, 빨간색, 노란색 그리고 오렌지색은 주로 전체적인 분위기를 온화하게 만들어 주는 데 반해 푸른 계열의 색은 시원한 분위기를 연출할 수 있다.

뿐만 아니라 조명에 있어서도 너무 밝은 빛은 영유아들의 신경을 자극할 수 있기 때문에 영유아들의 활동, 즉 자르기, 쓰기, 반죽하기, 퍼즐놀이, 기타의 학습 활동에 방해가 되지 않는 간접 조명을 선택하는 편이 더 바람직하다.

더 나아가 놀이 공간의 면적과 구성 또한 영유아의 놀이에 다양한 영향을 미친다. 따라서 공간의 면적과 배치가 놀이 행동에 어떠한 영향을 주는지 인식함으로써 영유아의 발달과 학습에 기여하는 놀이의 유용성을 극대화할 수 있을 것이다.

공간 밀도는 놀이 공간에서 유아 1명당 차지할 수 있는 넓이를 의미하는 것으로 밀집도를 나타내는 지표이다. 일반적으로 유아 1명당 0.56평은 아주 조밀한 수준이며. 유아 1명당 1.96평은 조밀하지 않은 상태라고 할 수 있다(Johnson et al., 1999). 유아의 놀이에 영향을 주는 밀집도에 대한 초기 연구들은 좁은 놀이 공간이 제공될수록 놀이에 부정적인 효과를 주어 공격성이 증가한다고 보고하고 있다(Johnson et al., 1999, 재인용). 그러나 맥그루(McGrew, 1972)의 연구에서는 놀이실 공간을 고정시키고 유아의 수를 감소시켰을 때는 공격적 행동이 감소하고 단독 행동이 증가한 반면, 유아의 수를 고정시키고 공간을 축소시켰을 때는 유아들 간의 신체적 접촉이 증가하고 뛰어다니는 행동이 감소하는 것으로 나타났다(이숙재, 2004, 재인용).

이와 같이 일관되지 않은 연구 결과가 나타나는 것을 분석하기 위해 스미스와 코놀리(Smith & Connolly, 1980)는 공간, 유아의 수, 설비의 양을 체계적으로 다양화하여 분석하였다. 그 결과, 공간의 감소는 놀이하는 동안 대근육놀이나 거친 신체놀이의 양을 감소시켰다. 그리고 한 유아당 공간이 점차 좁아져 0.7평이 될 때까지 사회적 행동에는 영향을 주지 않고 집단 활동이 잘 이루어졌지만, 0.42평이 되면 공격성이 증가하고 집단 활동이 감소하였다(Johnson et al., 1999, 재인용). 즉, 유아당 사용할 수 있는 공간이 줄어들수록 유아의 대근육놀이만 줄어들었을 뿐 부정적인 영향은 나타나지 않았지만, 일정 수준 이하의 공간 감소는 공격적인 행동이 증가하는 등의 부정적인 영향을 줄 수 있다. 이러한 결과를 교육 현장에 적용해 보면, 거친 신체놀이가 너무 많이 이루어지거나, 공격적인 행동이 많아지는 경우에 놀이 공간의 면적을 조절하여 공간의 부정적인 영향을 완화시킬 수 있을 것이다.

놀이 공간과 관련한 연구들은 놀이의 전반적인 질을 향상시키기 위하여 공간을 영역별로 구분하여야 함을 주장한다(Johnson et al., 1999). 즉, 공간을 개방할지, 보다 작은 영역으로 분할할지, 영역을 정돈하는 방법 그리고 다른 영역과의 관계 등은 유아 놀이에 중요한 영향을 미치기 때문이다. 공간 구성에 대한 연구들을 보면, 흥미 영역별로 구성된 교실에서 유아는 언어적 상호작용, 협동, 가작화놀이, 교육적인 자료를 가지고 하는 활동을 더 많이 한다고 보고하고 있다(Filed, 1980; Neill, 1982). 또한 극놀이 영역과 블록 영역을 통합하여 제시하였을 때는 놀이가 더 활성화되었고(Kinsman & Berk, 1979), 조용한 놀이와 활동적인 놀이로 구분하여 배치하였을 때는 연합놀이가 증가하고 협동놀이는 감소하였다(최영애, 1984). 각 영역을 분리하여 경계를 명확히 했을 때 그렇지 않은 경우보다 놀이를 방해하는 유아의 행동이나 뛰어다니는 행동이 감소하고 놀이의 지속 시간이 더 길었다(이정미, 1996). 즉, 놀이 영역 사이에 경계가 거의 없으면 유아는 다른 놀이로 쉽게 이동할 수 있는 장점이 있다. 영역 사이에 칸막이나 가림대를 두어 영역 구분을 분명히 하면 소음과 시각적 분산을 감소시킬 수 있어서 유아들이 활동에 더 집중하여 사회적 상호작용이 더 많이 일어나며 거친 신체놀이가 감소되는 경향이 있다. 조화연(2007)의 연구에서는 상상놀이를 할 때 제한된 놀이 공간을 극복하기 위해 인접 놀이 영역의 놀잇감을 변형하거나 다른 놀이 공간으로 놀이 상황을 확장하는 경향이 있었다. 그러나 이러한 행동은 적절한 놀이 행동으로 인정받지 못하였으며, 유아들은 이를 극복하고 조절하려는 다양한 시도를 하는 것으로 나타났다.

이와 같이 공간 구성은 유아의 놀이에 중요한 영향을 미치기 때문에 '잘 정의된 행동을 위한 환경(well-defined behavior setting)'으로 구성되어야 한다. 즉, 환경 구성은 한 가지 활동의 제한된 영역이지만 다른 영역과 연계성을 갖고 순환적으로 이동할 수 있어야 하며, 동시에 다른 행동적 환경으로부터 명확한 경계가 있어서 최소한의 소리와 시각적인 분리가 있는 영역으로 구성되어야 유아 놀이에 최대한 긍정적인 영향을 미칠 것이다(Johnson et al., 1999, 재인용).

실외놀이 공간은 실내와 다른 공간 맥락에서 영유아의 잠재된 능력이 나타나는 장으로 놀이 행동에 중요한 영향을 미친다. 실외놀이 공간에 대한 많은 연구들은 실외놀이 환경의 질적인 측면과 구성, 기구의 복합성에 따라 영유아의 놀이 행동에 차이가 있다고 보고하고 있다.

먼저, 영유아의 연령에 따른 실외놀이 행동의 차이를 살펴보면, 걷기 시작한 1~3세 영유아들에게는 좁은 놀이 공간보다는 넓은 공간이 적합하고 실외놀이 기구의 복합성과 유연성이 영유아의 놀이 활동을 촉진하고, 모래놀이를 가장 선호하며 모방놀이와 연합놀이가 가장 많이 나타났다(Winter, 1985). 3~5세는 실외놀이에서 기능놀이와 상상놀이가 많이 나타났고 특히 5세는 게임이 현저하게 많이 나타났다(이봉선, 1998). 따라서 실외놀이 공간은 영유아 발달 특성에 적합하게 구성되어야 함을 알 수 있다.

실외놀이 공간의 형태도 영유아의 놀이 행동에 영향을 미친다. 프로스트와 켐펠(Frost & Campebll, 1978: 1985)의 연구를 살펴보면, 금속제의 개별적인 놀이 기구로 구성된 전통적인 실외놀이 공간(traditional playground)보다 창의적으로 구성할 수 있는 복합놀이 기구로 구성된 창의적 실외놀이 공간(creative playground)에서 복합적이고 수준 높은 사회극적인 놀이가 많이 나타났고(Frost & Campbell, 1978), 병행놀이와 협동놀이가 더 많이 이루어졌다(Frost & Campbell, 1985). 또한 실외놀이 공간의 질적인 수준에 따라 유아의 인지적 놀이 행동에서 차이가 나타났다. 질적 수준이 낮은 놀이 공간에서 3, 5세 유아는 기능놀이와 연합놀이를 많이 했고, 질적인 수준이 높은 실외놀이 공간에서 3세 유아는 기능놀이, 구성놀이, 극놀이 등을 많이 했고, 5세 유아는 규칙 있는 게임과 협동놀이에 많이 참여하였다(이봉선, 1998).

이상은(2010)의 연구에서 유아들은 실외놀이 시 신체 활동 외에도 주어진 환경과 자신들이 창조해 낸 환경을 기반으로 규칙 있는 게임, 역할놀이, 상상놀이, 구성놀이 등을 진행하였으며, 권미나, 엄정애(2011)의 연구에서 유아는 실외 자유놀이 시간에 또래집단에 참여하여 또래와 함께 놀이함으로써, 실외의 개방적인 공간 특성은 유아들의 신체놀이를 자극하여 축구, 잡기놀이 등 또래 간의 신체적 접촉을 많이 하는 놀이를 격려한다고 하였다.

이상의 연구 결과들을 통해 영유아의 놀이 행동은 실내나 실외 환경의 공간 밀도, 공간 구성, 공간의 형태와 질적 수준 등에 따라 영향을 받고 있음을 알 수 있다.

2) 놀잇감

영유아의 놀이에서 놀잇감은 중요한 요인 중의 하나이다. 대부분의 놀이 유형이 놀잇감의 수와 놀잇감의 유형과 밀접하게 연관되어 있기 때문이다.

놀잇감의 양은 영유아 놀이 형태에 영향을 줄 수 있는데, 놀잇감의 양이 많아질수록 영유아의 놀이 참여도는 높아지며 공격적 행동이 덜 나타나고, 놀잇감의 양이 줄어들면 영유아 간의 사회적 상호작용은 증가하지만 공격적 행동이나 스트레스 행동도 증가하였다(Smith & Connolly, 1976). 블록놀이에서는 블록의 수가 부족하면 혼자놀이나 병행놀이가 이루어지고 단순한 구조물을 만들며 또래 간의 언쟁도 잦았지만(김태연, 1984; 오은순, 1993), 블록의 수가 충분히 제공되면 다양한 형태의 구조물이 만들어지고 신체 활동과 역할놀이가 오랫동안 지속되었다(Bender, 1978). 이러한 결과는 놀잇감의 양과 영유아 놀이의 사회적 상호작용 수준은 반비례적인 관계가 있음을 보여 주는 것으로 영유아 발달과 놀이 수준에 맞추어 적절한 양의 놀잇감이 제시되어야 다양하고 복합적인 놀이 행동을 촉진할 수 있음을 보여 주는 것이다.

놀잇감의 유형이 발달에 직접적인 영향을 준다는 증거는 미약하지만(Sutton-Smith, 1985), 놀잇감은 영유아에게 학습의 기회를 제공하며 발달에 영향을 미칠 수도 있다. 예를 들면, 블록이나 레고 같은 놀잇감은 구성놀이를 하도록 하며, 손인형이나 그림책은 가작화놀이를 조장한다. 퍼즐과 같은 놀잇감은 주로 혼자놀이를 유도하지만, 게임놀이는 협동놀이를 하도록 한다. 로봇과 같은 '변신' 놀잇감은 기능놀이와 조작놀이를 격려하는 경향이 있고(Bagley & Chaille, 1996), 점토나 모래와 물도 기능놀이를 격려하며, 물감, 크레용과 같은 놀잇감은 구성놀이를 격려한다(Rubin, 1997).

놀잇감은 영유아의 반사회적 행동에도 영향을 미치는데, 공격적인 놀잇감이 제공되면 비공격적인 놀잇감이 제공되었을 때보다 반사회적인 행동(예: 모욕적인 언사, 협박, 때리기, 권총 쏘기 등)이 더 많이 나타났다(이숙재, 2004, 재인용). 또한 블록 같은 상호 교환이 가능한 놀잇감은 퍼즐과 같이 상호 교환이 불가능한 놀잇감보다 반사회적 행동을 많이 유발시켰다. 이는 상호 교환이 가능한 놀잇감은 다른 활동을 하는 영유아에게도 유용하며 서로 사용하고 싸움을 일으키는 반면에 상호 교환이 불가능한 놀잇감은 현재 그 놀잇감을 사용하는 영유아 외에는 원하지 않기 때문이다(Johnson et al., 1999, 재인용).

또한 놀잇감의 활용 능력은 유아의 지능과 상관이 있으며 유아가 다양한 놀이 자료와 상호작용을 하면서 시간을 보낸다면 어느 정도의 학습이 일어난다(Sutton-Smith, 1985). 이와 같이 놀잇감은 발달적으로 중요한 놀이 유형을 자극하여 긍정적인 유아의 발달을 유도할 수 있기 때문에 발달 단계에 따른 놀잇감을 제공해야 한다.

놀잇감의 사실성과 구조화 수준은 영유아 놀이 유형에 중요한 영향을 미친다. 사실성은 놀잇감이 실제물과 닮은 정도를 의미하고 구조화 수준은 놀잇감의 특정한 사용 방법의 정도를 의미한다. 사실성이 높은 놀잇감은 구조화 수준이 높은 것으로 보는데 그 이유는 매우 특정한 용도로만 사용하기 때문이다. 놀잇감의 구조화 수준에 따른 연구들을 살펴보면, 나이 어린 유아의 경우 구조화가 높고 사실적인 놀잇감이 주어졌을 때 상상놀이를 더 많이 하였다(신나리, 1994; Elder & Pederson, 1978). 5~8세 유아의 경우에는 구조화가 낮은 놀잇감이 주어졌을 때 상상놀이를 더 많이 하였다(Fein & Robertson, 1975; Pulaski, 1970). 구조화가 높은 놀잇감은 놀잇감의 기능대로 상상놀이를 하는(신나리, 1994) 반면, 구조화가 낮은 놀잇감은 상상놀이 주제의 다양성을 이끌어 내었다(Pulaski, 1970). 또한 사실성이 높은 놀잇감은 전반적으로 2~6세의 연령에서 사실성이 낮은 놀잇감보다 가작화놀이를 더 많이 하도록 하는 경향이 있고, 사실성이 낮은 놀잇감은 4~6세 유아들에게 더 많은 창의적인 가작화를 하도록 하는 경향이 있다(Johnson et al., 1999).

양옥승, 나은숙(2005)의 연구에서 유아교육기관에서 유아가 자유선택활동시간에 놀이를 선택했으나 놀잇감이 부족하여 활동을 할 수 없어 기다리는 시간이 길었으며, 다른 놀이를 선택할 시간을 빼앗기고 배회하는 시간이 많이 나타났다. 또한 놀잇감의 부족 때문에 힘이 있는 유아가 약한 유아의 것을 빼앗는 현상을 나타냈으며, 유아들은 부족한 놀잇감의 양으로 성인의 집단사회에서의 강자와 약자 간의 세계를 느끼게 된다고 하였다.

최근 발표된 연구(전영아, 전홍주, 2013)에서 쌓기놀이 영역과 역할놀이 영역 사이의 장애물을 제거한 물리적 환경이 놀이에서 이성과의 상호작용이 더욱 활발하게 이루어지고 이성의 선호 놀잇감을 더 많이 사용하며 성역할 고정관념을 완화시키는 물리적 환경이 될 수 있다고 하였다. 또한 김명순, 유정은, 이민주, 조항린(2010)의 연구에서는 유아의 자유선택놀이 시간에 미술 영역에서는 혼자놀이가 많이 일어나며, 쌓기 영역에서는 집단놀이를 많이 하였고 조작 영역에서는 병행놀이가 많이 관찰되었는데, 이는 각 영역에 제공된 놀잇감의 특성과 관련된다고 보고하였다.

이상에서 살펴본 바와 같이 연구자들은 놀잇감의 수와 유형, 놀잇감의 사실성과 구조화 수준이 놀이 행동에 상당한 영향력을 미친다는 것을 밝혀 내었다. 따라서 영유아 발달에 적합한 도전적 형태의 놀이를 자극할 수 있는 놀잇감을 선택하여야 한다.

3) 교육 프로그램

놀이는 유아교육에서 영유아의 교육 활동을 위한 도구이며 동시에 영유아 발달을 반영하여 발달에 적합한 학습 기회를 제공할 수 있는 최고의 매체이자 교수학습 방법이다(신은수 외, 2002). 놀이를 교육과정의 핵심으로 강조한 것은 역사적으로 볼 때 고대 그리스의 플라톤(Platon)으로부터 근대의 루소(Rousseau), 페스탈로치(Pestalozzi), 프뢰벨(Froebel) 등이 놀이 중심 교육을 강조하였다. 1920년대 들어서 활발하게 진행된 아동연구운동과 1930년대 진보주의 철학의 듀이(Dewey)도 유아가 직접 경험하는 놀이를 근간으로 하는 교육을 역설한 바 있다. 그러나 1960년대 학업 성취를 강조한 사회 분위기와 맞물려 유아교육에서 유아 놀이에 대한 비중은 점차 축소되었으며, 기초 학력 습득을 위한 준비교육에 관심을 쏟게 된다. 이에 깊은 우려를 보인 학자들은 유아기 놀이가 교육에 있어 중요한 요소이며 교육 매체로서 놀이를 강조하기 위해 미국 유아교육협회(NAEYC)가 표방하는 교육 프로그램의 발달적 적합성과 피아제(Piaget) 및 비고츠키(Vygotsky) 이론에 근거한 구성주의 프로그램에 대한 관심을 두기에 이른다. 이러한 유아교육계의 관심과 노력들은 놀이를 다시 교육의 중요한 위치로 올려놓게 된다.

이렇듯 시대에 따른 철학적 사상과 사회적 배경 그리고 아동발달이론의 경향은 놀이에 대한 가치 및 유용성에 대한 방향을 결정짓는 역할을 담당해 왔음을 알 수 있다. 실제로 이러한 흐름과 더불어 나타난 여러 유아교육 프로그램들은 각기 다른 철학적, 사회적, 심리적 배경을 바탕으로 하며 유아의 놀이를 보는 관점도 다르다. 따라서 유아교육기관에서 지향하는 교육 프로그램이 무엇인가에 따라 유아의 놀이는 영향을 받게 된다.

예컨대, 행동주의 철학에 근거하여 유아의 학습 준비를 강조한 버라이터-엥겔만(Bereiter-Engelmann) 프로그램이나 유아와 교구와의 상호작용을 중시하는 몬테소리(Montessori) 프로그램은 교사가 미리 계획한 방향으로 유아를 이끌어 가므로 유아의 수동적 역할이 특징이라 할 수 있다. 이러한 프로그램들은 구조화 정도가 비교적 높은 수준이라 볼 수 있는데, 프로그램의 구조화 정도가 유아 놀이에 미치는 영향력을 검증한 밀러와 다이어(Miller & Dyer, 1975)의 실험연구에서는 구조화 정도가 높은 프로그램의 유아가 구조화 정도가 낮은 프로그램(예: 전통적인 프로그램)의 유아보다 역할놀이에 덜 참여하는 것으로 보고되었다. 이와 유사하게 국내에서 수행된 이은해와 이기숙(1991)의 연구에서도 학습 준비를 강조하는 프로그램의 유아가 다른 프로그램의 유아에 비해 극화놀이에 덜 참여하는 것으로 나타났다.

1990년대 이후 유아교육과정에서 통합적 접근을 강조하는 학자들은 유아의 경험과 활동을 통합적으로 연결시켜 줄 수 있는 가장 효과적인 방법으로 놀이를 강조하고 있다(신은수 외, 2002). 이러한 관점에 근거한 프로그램들(예: 프로젝트 접근, 레지오 에밀리아 등)은 유아의 흥미와 관심사를 주제로 유아 주도의 활동을 근간으로 한 다양한 탐색 및 조사 활동을 격려하고 구성이나 표상 활동을 적극 활용하며 전시 등의 반성적 활동을 통해 교육의 효과를 극대화하고 있다(김은희, 1999; Katz & Chard, 1989).

예컨대, 유아의 흥미를 중심으로 주제를 선정하여 활동을 전개하는 프로젝트 접근에 근거한 프로그램의 유아는 교사가 미리 단원이나 학습 요소를 결정하여 진행하는 전통적 교수법을 취하고 있는 프로그램의 유아보다 놀이에 노출되고 참여하는 비율이 현저히 높은 것으로 나타났다(이소은, 양선희, 2004). 또한 유아 주도의 개방적 비구조적 교육과정에 근거한 상호작용이론의 프로그램에 다닌 유아가 다른 프로그램의 유아들보다 놀이에서 사회적, 구성적 수준이 높은 것으로 제시된 연구(신은수, 1997)도 있다. 즉, 서로 다른 교육철학이나 목표를 지향하는 프로그램 유형에 따라 유아의 놀이 양상이나 수준에 차이를 가져오게 됨을 알 수 있다.

문채련, 정영숙(2007)은 유아교육 프로그램이 구조적일수록 유아의 극적인 놀이의 빈도가 적으며 교사는 시범, 설명, 통제, 지시적인 단순한 역할을 하며 비구조적일수록 유아가 활동을 주도하는 빈도가 높아지며 교사는 도움을 주거나 칭찬하는 등 다양한 역할을 나타내었다.

한편 영유아의 놀이는 프로그램의 형태뿐만 아니라 프로그램의 질적 수준에 따라 달라질 수 있다. 학자들은 유아교육기관이 표방하는 프로그램의 질적 수준에 따라 영유아 놀이의 형태나 내용, 복잡성, 지속 시간 등이 달라질 수 있음을 제시하였다. 일반적으로 프로그램의 질은 여러 가지 다양한 지표들로 구성될 수 있는데 프로그램의 질은 기관의 전반적인 측면을 모두 포괄하는 지표로 질을 측정하여 나타내는 방법과 질과 관련된 특정 차원(예: 교사 대 아동 비율, 집단 크기, 교사-아동 상호작용 등)을 추출하여 측정하는 방법이 있다(송혜린, 2004).

구체적으로 프로그램의 질적 수준과 유아 놀이와의 관련성을 밝힌 국내외 연구들을 보면 홀로웨이, 라이츠할트, 에릭슨(Holloway, Reichhart, & Erickson, 1988)은 기관의 질적 수준과 유아의 자유놀이 상황의 관찰을 통해 프로그램의 질적 수준이 높은 기관의 유아에게서 놀이 집중도가 높았음을 보고하였다. 하위스(Howes, 1990)는 영아기부터 질적 수준이 높은 프로그램에 다닌 유아가 질적 수준이 낮은 기관에 다닌 유아에 비해 사회적 가장놀이에 더 많이 참여하였음을 제시하였다. 특히, 프로그램의 질이 우수한 기관의 유아는 놀이 상황에서 교사, 또래, 놀잇감과 더욱 높은 수준의 상호작용을 하는 것으로 나타났다.

이러한 결과는 국내의 연구에서도 유사한 양상을 보인다. 유아교육의 질적 환경과 유아의 놀이 형태와의 관계를 분석한 박화윤(1992)은 교육 환경의 질이 좋은 기관과 그렇지 못한 기관을 대비한 결과, 교육 환경의 질이 높은 기관에서 유아의 사회적 상호작용 놀이, 인지적 놀이, 사회 인지적 놀이 등 모든 놀이에서 수준이 높은 놀이를 더 많이 하는 것으로 나타났다. 유아교육기관의 질에 따른 유아의 놀이 활동을 밝힌 연구(김영옥, 김수영, 1999)에 따르면, 질적으로 우수한 기관의 유아가 그렇지 않은 기관의 유아보다 구성놀이와 역할놀이에 더 많이 참여하였으나 우수하지 않은 기관의 유아는 놀이가 아닌 행동에 더 많이 참여하는 것으로 나타났다. 한편 김점연(2004)의 연구에서는 유아교육 프로그램의 질과 유아의 사회적 놀이 간에 높지 않은 관계가 나타났는데 이러한 결과에 대해 유아의 놀이를 관찰하는 교사가 유아의 사회적 놀이를 어떻게 인식하고 있으며, 어느 정도 지지하는지에 따라 다를 것이라고 하였다.

한편 이러한 프로그램의 질이 유아의 놀이 수준이나 참여에 직접적 영향을 주기보다는 교사를 매개로 하여 간접적인 영향을 준다는 연구도 있다. 예컨대, 송혜린(2004)은 어린이집의 질적 수준이 높더라도 교사의 놀이 참여 수준이 통제되면 어린이집의 전반적인 질과 유아 놀이에 관련이 없음을 제시하였다. 즉, 교사의 놀이 참여 수준이 어린이집의 질적 수준과 유아의 놀이 행동 간의 관계를 중간에서 매개하는 것으로 나타났다. 이는 프로그램이나 기관의 질적 수준이 직접 유아의 놀이에 영향을 주기보다는 교사의 영향을 통해 유아 놀이에 영향을 준다는 사실을 밝힘으로써 프로그램의 질을 중간에서 매개하는 교사가 중요한 변수임을 지적하였다.

4) 교사

유아의 놀이는 교사의 여러 요인에 의해 영향을 받을 수 있다. 가령 교사가 가지고 있는 신념은 교사 개인의 행동, 태도, 판단에 영향을 주며 교사가 현장을 통해 갖게 되는 신념이나 사고 과정은 교사 행동의 중요한 변인이 된다(Spodek & Rucinski, 1985). 또한 놀이에 대한 교사의 효능감은 놀이에서의 교사 행동을 예측할 뿐만 아니라 교사 능력의 개인차를 설명하는 데 중요 변인이며 놀이와 관련된 질적 변화를 가져올 수 있는 중요한 동기로 작용할 수 있다(Fritz, Miller-Heyl, Kreutzer, & Macphee, 1995). 이에 영유아 놀이에 대해 갖는 교사의 신념과 놀이에 대한 효능감은 영유아의 놀이가 단순한 여가 활동이 될 것인지 아니면 학습을 위한 활동으로 전환될 것인지에 대한 방향을 결정하는 요인이 되기도 한다. 이에 근거해 볼 때, 교사가 놀이에 대해 어떠한 신념을 가지고 있는지 그리고 놀이에서 교사 자신이 효율적 역할을 담당할 수 있는지에 대한 효능감은 영유아 놀이 전반에 영향을 미칠 수 있다.

연구의 예로, 다비스(Davies, 1997)는 교사가 바깥놀이의 가치와 목적에 대해 뚜렷한 신념을 가지고 유아를 지도할 때 교사 행동은 유아 놀이를 더욱 풍부하게 한다는 결과를 보여 주고 있다(김영숙, 김성수, 2001, 재인용). 국내에서 진행된 일부 연구(신은수, 2000; 유영의, 신은수, 2005)에서도 놀이에 대한 교사의 효능감이 유아 놀이에 영향을 줄 수 있음을 제시하고 있다. 이들에 따르면, 놀이에 대한 교사의 효능감이 높을수록 교사는 유아와 효율적으로 놀이에 참여하였으며 구성놀이에서 유아의 놀이 지속시간, 놀이 내용의 풍부성, 놀이 내용의 결속력 등이 향상되는 것으로 나타났다.

이처럼 교사의 인지적 특성이 유아 놀이에 영향을 준다는 사실과 함께 교사의 놀이 개입에 따라 유아의 놀이 양상 및 발달이 달라질 수 있음을 제시한 학자들도 있다. 서현아, 권말순(2007)은 교사는 놀이 환경을 제공하며 놀이 활동을 계획하고 함께 놀이에 참여하며 놀이를 지원하고 관찰하며 평가하는 등 적절한 놀이 개입을 통해 질적으로 풍부한 시간으로 이끌어 준다고 보고하였다. 특히, 스밀란스키(Smilansky, 1968)의 연구는 교사 역할에 대한 중요성을 밝힌 신호탄으로 놀이에 교사가 유아 놀이에 신중히 개입함으로써 유아의 사회극놀이를 촉진시킨다는 점을 제시하였다. 스밀란스키(Smilansky)의 연구 이후 교사 개입의 중요성에 대한 연구들이 속속 등장하기에 이르며, 특히 NAEYC의 발달에 적합한 실제(Bredekamp, 1987)에서는 유아 놀이를 수용하고 지원하며 민감하게 반응하는 교사의 역할을 제안하고 있으며, 류진순(2007)은 교사가 유아의 놀이에 민감하고 반응적이고 지지적인 태도로 상호작용할 때 놀이는 확장되고, 통제와 비난, 지나친 구조화는 유아의 놀이를 방해하는 요인이 된다고 하였다.

구체적으로 유아 놀이에서 교사 개입의 효과를 검증한 연구들의 경향을 보면, 교사가 유아 놀이에 개입함으로써 유아의 놀이 참여도가 증진되고 놀이 내용이 다양하게 나타남을 제시하고 있다. 다수의 연구(유애열, 1994; 이윤경, 김여경, 2000; 이현순, 1990; Johnson et al., 1999; Ward, 1996)에서 유아 놀이는 교사의 효과적인 개입을 통해 극놀이 수준, 상상놀이 수준, 놀이 지속 시간 등이 향상되는 결과를 가져왔음이 나타났다. 또한 쌓기놀이에서 교사의 적절한 개입이 유아의 쌓기놀이의 지속 시간 증진, 다양한 주제 구성, 구조물의 정교화 및 다양화, 쌓기놀이에 대한 여아의 인식 및 선호도 변화 등에 영향을 주는 것으로 나타났다(윤은미, 1999; 이경순, 2007; Hirsch, 1996; Trawick-Smith, 1994). 이 밖에도 송혜린(2004)의 연구에서는 교사가 유아 놀이에 적절하게 반응하고 개입할수록 집단 기능, 집단 구성, 집단 극화 등과 같은 유아의 사회적 놀이 행동 수준이 향상됨을 밝히고 있다.

이상의 연구들을 통해 교사의 적절한 개입이 유아 놀이에 긍정적임을 알 수 있으나 교사의 개입이 항상 효율적인 것만은 아님을 입증하는 증거들도 있다. 특히, 존슨 등(Johnson et al., 1999)은 유아 놀이에서 교사 개입의 형태를 교사가 전혀 개입하지 않는 방관자 유형으로부터 학습 지도자 역할에 이르는 연속적 방법을 제시하면서, 방관 혹은 학습 지도와 같은 극단의 개입이 유아 놀이를 방해하거나 단절시킬 수 있음을 지적하였다. 일부 연구(신은수, 1991; 2000)에서도 지시자나 교수자로서의 교사 역할은 유아의 가작화놀이를 방해할 수 있으므로 필요 시 짧게만 사용해야 함을 제안하고 있다. 특히, 지나치게 인지적 놀이를 강조한 교사 개입은 유아의 사회극놀이에 부정적 영향을 줄 수 있으며(File & Kontos, 1993), 과도한 교사의 개입은 이미 진행되고 있는 유아의 놀이를 붕괴시키거나 방해한다는 연구(Jones & Reynolds, 1992)도 있다.

종합해 보면, 교사는 유아 놀이에 지나친 개입(예: 지시, 통제, 교수 등)을 자제해야 하며 신중한 관찰을 통해 놀이의 틀이나 내용을 방해하지 않는 범위 내에서 적절한 개입으로 효율적인 놀이가 되도록 노력해야 한다.

4. 문화

놀이를 더욱 심층적으로 이해하기 위해서는 문화적인 맥락에서 고찰해 보아야 한다. 놀이는 아동이 속해 있는 문화의 가치를 반영하고 이러한 가치를 전달하며 유지시키는 사회화의 중요한 기능을 한다. 연구자들은 특정 문화에서 발견되는 고유의 놀이 행동을 관찰하거나 서로 다른 문화에 속한 아동들의 놀이를 관찰하는 비교 문화 연구를 통하여 놀이의 사회화 기능을 입증하였다.

한지애, 김태경과 조희숙(2016)은 아프리카 말라위에서 전기가 없고 실내교구도 없는 농촌마을 어린이집을 다니며 대부분의 하루 일과를 바깥놀이로 보내는 아동들의 놀이 경험을 연구하였다. 관찰 결과에 따르면, 말라위 유아들은 바깥놀이를 하면서 무한한 자유와 즐거움을 느꼈으며, 주변의 자연물로 다양하고 새로운 놀이를 만들었다. 바깥놀이 공간은 어린이집을 둘러싸고 마을 이웃과 자연 그 자체의 어울림의 장을 의미했다. 또한 아프리카 문화에서 아동들은 일과 놀이가 혼합되어 있으며, 일종의 도제처럼 성인 대장장이의 직업하는 장면을 관찰하고 바위를 내리치는 놀이 행동을 보였다(박해미, 이아름, 2015).

한국과 일본 유아의 일상생활을 비교 분석한 김희정(2014)의 연구 결과에 의하면, 가장 많이 하는 놀이가 한국 유아는 동화책 읽기였으며 일본 유아는 소꿉놀이였다. 유아와 함께 노는 놀이 상대에서도 차이가 나타났는데 한국 유아들이 놀이 상대가 없이 혼자놀이를 하는 빈도가 가장 높은 반면에 일본 유아는 형제, 자매와 함께 놀이하는 빈도가 높았다. 가정에서 놀이를 못하는 이유로는 한국 유아는 놀이할 시간이 없다는 이유가 가장 많았고, 일본 유아는 함께 놀아줄 사람이 없다는 이유가 가장 많았으며, 실외놀이 시간을 비교해 보았을 때, 한국 유아에 비해 일본 유아의 실외놀이 시간이 더 많았다.

문화에 따라 성인들이 놀이에 대하여 갖고 있는 신념과 태도는 매우 다르며, 이러한 신념과 태도에 따라 특정 문화권 내에서 아동의 놀이가 억제 또는 격려될 수 있다. 미국과 한국 아동들의 놀이를 비교 분석한 결과를 보면, 상상놀이와 학업과 관련된 놀잇감을 제공하는 학업적 놀이(academic play)는 두 문화에서 공통적으로 관찰되었으나 한국 아동들의 경우 학업놀이에 참여하는 빈도가 더 높았으며, 이는 학업 위주적이고 성취 지향적인 한국 문화의 가치관을 반영한 것이다(Tudge, Lee, & Putnam, 1998).

미국 중산층 가정에서 일상적인 부모와 자녀의 놀이를 관찰한 연구를 보면, 미국 어머니들은 놀이의 발달적이고 교육적인 가치를 중요하게 여기며, 직·간접적인 방법으로 자녀의 놀이를 격려하고 개입하였다(Haight, 1998). 미국 어머니들은 자녀와 상상놀이에 직접 참여하여 놀이를 직접 지도하고 언어적으로 자극을 주며 적극적으로 격려하는 역할을 수행하였으며, 가정에 다양한 놀잇감을 구비하여 자녀의 놀이를 격려하는 환경을 만들어 주었다.

유아기에 일반적으로 관찰되는 상상놀이를 하지 않는 특정 문화권에 대한 연구도 보고되고 있다. 이집트 시골 지역에서 유아들의 놀이를 관찰한 연구를 보면, 이 문화에서 유아의 놀이는 성인들에 의해 적극적으로 억제되고 있었다(Feitelson, 1977). 성인들은 유아들에게 수동적이고 조용히 성인이 하는 것을 관찰하는 행동이 권장되는 방식으로 유아를 양육하고 있었으며, 이러한 문화적 특성이 유아들의 상상놀이가 결핍되는 주요 원인으로 작용하였다.

파버와 하위스(Farver & Howes, 1993)는 미국과 멕시코 가정을 방문하여 어머니와 유아의 놀이를 관찰하는 연구를 보면, 미국 어머니들은 놀이의 교육적인 가치를 중요시하며 자녀의 놀이에 놀이 상대로 참여하여 적극적으로 상호작용하였다. 이에 비해, 멕시코 어머니들은 놀이가 유아의 발달에 중요하다고 생각하지 않으며, 가정에서 자녀와 놀이에 참여하는 정도가 낮았다. 이러한 멕시코 문화에서는 어머니를 대신하여 손위 형제들이 동생들을 돌보는 양육자 역할과 적극적인 놀이 상대 역할을 수행하였다.

문화의 가치관은 부모와 자녀 놀이의 상호작용에도 반영되어 나타난다. 미국과 일본에서 어머니와 영아의 놀이 상호작용을 비교 분석한 연구를 보면, 일본 어머니들은 자녀에게 인형과 뽀뽀하기, 음식 먹이기와 같은 행동을 하도록 격려하는데, 이는 놀이를 통하여 타인과 의사소통하고 상호작용하는 일본 문화의 타인 지향적인 가치관을 반영하는 것이다(Tamis-LeMonda, Bornstein, Cyphers, Toda & Ogino, 1992). 반면에 미국 어머니들은 놀잇감 버스를 밀어 보게 하는 행동과 같이 놀잇감의 기능을 자녀에게 탐색하게 하고 놀잇감 자체의 특성에 대하여 많은 이야기를 나누며 영아 스스로 주변 세계를 탐색하게 하는 독립성을 격려하는 행동을 보였다(Tamis-LeMonda et al., 1992).

문화의 가치관과 특성은 또래들과의 놀이 행동과 상호작용에도 반영된다. 폴리네시안 유아들의 또래놀이를 관찰한 결과를 보면, 이 문화에서 성인들은 자녀의 양육 역할에 소극적인 태도를 보이는 반면, 유아들은 또래들과 활발한 놀이에 참여하였다. 유아들은 또래집단을 형성하고 자연 속에서 잎사귀 줍기, 돌 분류하기, 상상놀이, 싸우기, 화해하기, 뛰거나 달리는 신체놀이와 규칙이 있는 게임과 같은 다양한 놀이를 경험하였다(Martini, 1994).

파버와 신(Farver & Shin, 1997)은 동일한 놀잇감을 제공하고 한국계 미국 유아와 백인계 미국 유아의 상상놀이에서의 상호작용을 비교한 결과, 한국계 유아들은 상호 의존적인 의사소통 전략을 빈번하게 사용하는 반면에, 백인계 유아들은 자기주장적이고 독립적인 의사소통 전략의 사용 빈도가 높았다. 이는 집단주의적인 한국 문화와 개인주의적인 서구 문화의 가치관이 유아들의 놀이 상호작용에 반영되고 있음을 보여 준다. 대만 유치원에서 유아들의 놀이를 관찰한 연구를 보면, 문화의 독특한 의미가 놀이에 반영되어 나타나는데, 예를 들어 놀이 친구에게 두 손을 사용해서 공손하게 물건을 받는 방법을 지시하는 등 동양 문화에서 강조되는 예절 행동들이 관찰되었다(Lin & Reifel, 1999).

놀이 행동에 미치는 유아의 성격적인 특성인 놀이성(playfulness)에서도 문화적인 차이가 있음이 보고되고 있다. 미국과 일본 유아들을 대상으로 유머 감각, 즐거움 표현 및 신체적 · 사회적 · 인지적 자발성 같은 특성을 반영하는 놀이성 정도를 교사들에게 측정하도록 하고 두 집단을 비교한 결과, 일본 유아들에 비해서 미국 유아들의 놀이성 정도가 더 높게 평가되었다(Rogers, Impara, Frary, Harris, Meeks, Semanic-Lauth, & Reynolds, 1998).

놀이에 대한 문화의 영향은 사회 계층에 따른 놀이의 차이를 비교하는 연구에서도 보고되고 있다. 연구자들은 일관성 있는 결과를 제시하고 있는데, 중상류 계층의 유아들에 비해 하위 계층의 유아들은 상상놀이에 참여하는 빈도와 수준이 낮다는 것이다. 이와 관련된 대표적인 연구는 스밀란스키(Smilansky)의 문화실조아의 사회극적 놀이에 대한 연구이다. 스밀란스키는 이스라엘 유아들을 대상으로 유럽계 중류 계층과 아프리카계 하위 계층의 사회극적 놀이를 비교한 결과, 하위 계층의 유아들에게는 모방적인 역할놀이나 사물의 가상적인 전환 및 사회적 상호작용과 같은 사회극놀이의 요소가 부족함을 발견하였다(Johnson et al., 1999, pp. 237-239). 스밀란스키는 이들을 위하여 사회극놀이를 훈련시키고 이러한 놀이 경험을 통하여 학교생활에서의 성공을 위해 성인에 의한 중재 프로그램을 시행하였다.

국내에서도 저소득층 유아들을 대상으로 자유선택놀이 시간에 놀이 행동을 관찰한 김명순, 김창복과 이미화(2000)의 연구가 있다. 연구 결과에 의하면, 놀이 유형 중 집단-기능 놀이와 방관자적 행동 및 비놀이 행동의 비율이 매우 높게 나타났으며, 반면에 집단-게임은 낮은 비율로 나타나 사회인지적으로 미성숙한 놀이 수준을 보여 주었다.

한국과 미국 어린이집의 흥미 영역과 유아의 놀이 유형 및 놀이 집중 시간을 관찰한 장상옥과 맥스웰(2009)의 연구를 보면, 한국 유아는 구성놀이에 치중한 반면, 미국 유아는 기능놀이, 역할놀이, 교육적 놀이를 고르게 하는 것으로 나타났으며, 이러한 놀이 유형의 차이는 한국과 미국 어린이집 시설 내의 물리적 환경에 의한 것으로 볼 수 있다.

제 6 장

치료놀이 및 놀이치료

본 장에서는 놀이를 통한 치료가 아동의 전인적인 성장과 발달을 도모하는 데 좋은 매체라는 결과들에 기초하여 치료놀이와 놀이치료를 개괄적으로 살펴보고자 한다. 우선, 치료놀이는 건강한 부모-자녀 관계에 중점을 두면서 인간 발달을 대인 관계 이론에 기초하여 다루고 있다. 즉, 아동의 긍정적인 성장과 발달에 안정된 애착 관계를 필수 요소로 보고 성인과의 신체 접촉을 통해 부모-자녀의 관계 형성 및 회복을 하고자 하는 방법이라 할 수 있다. 그러므로 본교재에서는 영아를 위한 치료놀이를 주로 다루고자 한다. 다음으로, 놀이치료는 초기에는 정신분석적, 인본주의 이론의 입장에서 실시되었고 점차 행동주의나 인지행동주의적 관점으로 발전되었으며, 최근에는 치료의 효과를 극대화하기 위하여 한 이론에 국한시키지 않고 여러 기법들을 절충적으로 사용하는 추세에 있다.

1. 치료놀이

치료놀이는 부모와의 애착 관계 향상을 목표로, 놀잇감보다는 성인이 주도적으로 영아와 신체 접촉을 하여 건강한 부모-자녀 간의 양상을 재발견하는 놀이 방법이다. 이는 부모와 자녀가 갖는 관계의 힘에 초점을 두고 놀이를 통해 관계 경험의 기회를 제공하여 자녀의 안정된 애착 형성을 도울 뿐만 아니라 성장 과정에서 발생할 수 있는 발달상의 문제에 대한 예방과 치료에 효과적인 방법이다.

치료놀이의 목적

- 영아의 신체감각을 자극한다.
- 영아의 충족되지 못한 퇴행적 욕구를 만족시켜 준다.
- 영아에게 안정감과 행복한 흥분 및 신뢰감을 느끼게 한다.
- 영아에게 세상을 아름다운 곳으로 인식하게 한다.
- 영아의 충동적인 행동을 조절시킨다.

출처: 성영혜, 김현자(2005).

치료놀이의 기본 원리는 즐거움과 함께 구조, 도전, 개입, 양육이다(성영혜, 김현자, 2005).

① 구조(structure)

영아기의 일상생활은 규칙적인 수유와 수면, 배변으로 이루어진다. 이러한 반복성은 양육자에 의해 시간과 공간에 따라 구조화되고 반복이 갖는 규칙성을 통해 시간, 공간의 질서, 결과에 대한 예측, 안정감을 갖게 된다. 이러한 구조는 '나(양육자)와 함께 있으면 세상이 안전해' 라는 메시지를 전해 준다.

② 도전(challenge)

고개를 들고, 목을 가누고, 앉으려 하고, 사물을 잡으려 하고, 일어나서 걷기 시작하는 등의 행동은 새로운 것을 경험하고 탐색하려는 의지이다. 이를 통해 영아들은 성취감, 만족감, 유능감, 자신에 대한 신뢰를 경험하게 된다. 이러한 도전은 '넌 할 수 있어' 라는 메시지를 전해 준다.

③ 개입(engagement)

부모는 영아의 반응을 통해 즐거움을 느끼고 영아 역시 부모의 접촉을 기대한다. 영아기에는 성인들이 사소하게 여길 수 있는 접촉이나 행동들을 통해서도 즐거움과 세상에 대한 긍정적인 느낌을 갖게 된다. 뿐만 아니라 상대방과 함께 상호작용하면서 즐거움과 건강한 자아개념을 발달시킨다. 이러한 개입은 '다른 사람과 노는 것이 즐겁구나' 라는 메시지를 전해 준다.

④ 양육(nurture)

영아기에는 수유하기, 씻겨 주기, 재워 주기 등 성인의 돌봄과 사랑을 필요로 한다. 일상적인 성인의 보살핌은 영아 자신이 소중한 존재이며 사랑받고 있다는 것을 느끼게 한다. 건강한 양육은 영아의 기본적인 욕구 충족과 더불어 편안함, 세상에 대한 신뢰감, 정서적 안정감, 타인에 대한 긍정적인 태도, 높은 자아존중감을 발전시킨다. 이러한 양육은 '너는 너무도 사랑스럽고 소중한 아이야' 라는 메시지를 전해 준다.

치료놀이의 전체 과정은 6단계의 치료 과정과 3단계의 본 치료로 구성되어 있으며, 본 치료는 매 회 3단계의 과정이 반복된다.

| 표 6-1 | **6단계의 치료 과정**

단계	절차	내용
1단계	도입	치료자는 먼저 아이에게 접근하여 인사를 하고 자기소개를 한 다음 아이를 데리고 치료실로 들어간다.
2단계	탐색	아이와 치료자는 서로를 알아 간다.
3단계	불확실한 수용	아이는 놀이를 하고자 하나 그 밑에는 불확실함이나 불안이 깔려 있다.
4단계	부정적 반응	아이는 치료자의 친해지려는 어떤 노력에도 저항을 나타낸다.
5단계	성장과 신뢰	다른 사람과 정상적으로 상호작용하는 경험에서 즐거움을 맛보고 만족스러워한다.
6단계	종결	마지막 단계인 준비, 통보, 헤어짐의 3단계를 거치게 된다.

3단계의 본 치료는 인사, 점검을 포함한 시작 단계와 구조적 활동, 도전적 활동, 개입 활동, 양육 활동이 활용되는 공식적인 치료 단계, 그리고 헤어짐과 인계하기를 포함한 종결 단계로 구성된다.

치료놀이는 성인 치료자가 책임을 지고 주도권을 갖기 때문에 다른 치료법에 비해 결과에 대한 예측 가능성이 훨씬 높다. 또한 매트, 부드러운 방석 등과 벽에 거울만 있으면 기본적으로 충분하여 치료실의 준비물도 거의 필요 없다.

| 표 6-2 | 치료놀이의 특성

특성	내용
관계성을 발전시키기	영아의 건강한 발달과 행복에 지대한 영향을 미치는 부모와 영아 간 관계의 중요성을 강조한다.
놀이를 이용하기	부모가 영아와 함께 즐기는 신체적이면서도 구체적인 놀이를 통해 영아에게 안정된 애착을 형성하도록 하며 영아 자신과 세상을 바라보는 관점에 많은 영향을 미친다.
영아에게 개입하기	개입은 치료놀이의 중요한 전략으로 영아가 좋아하는 활동에 부모나 중요한 타인이 개입하는 것은 중요하다.
성인(부모나 교사, 중요한 타인)이 책임지기	관계적 측면에서 영아에게 개입하는 목표를 달성하기 위해서는 성인이 활동을 주로 해야 한다. 이유는 경계와 제한을 설정해 영아가 더욱 안전하도록 보호하는 데 있으며 영아의 안전성에 대한 성인 책임의 필요성 자각은 매우 중요하다.
영아의 충족되지 못한 퇴행적 욕구를 만족시키기	영아와 부모 관계에 관한 접근을 모델링하는 치료놀이는 다양한 퇴행적 활동을 사용한다. 이렇게 아동의 퇴행하는 욕구에 반응을 해 주는 것은 건강한 상호작용을 위한 정상적인 궤도를 다시 시작하기 위한 필수적인 단계이다.
감정이입(공감)을 발전시키기	치료놀이에서는 상호작용적 활동을 통하여 부모나 중요한 타인이 영아의 감정뿐만 아니라 행동도 이해하고 이에 알맞게 대응하도록 돕는다.
접촉을 사용하기	치료놀이는 부모-자녀 간의 상호작용뿐만 아니라 접촉을 강조한다. 모든 상호작용에서 접촉은 필수적인 조건이며 이러한 접촉을 통해 영아는 자신의 신체 및 신체의 가치에 대해서 인식하게 된다.
신체감각을 자극하기	치료놀이는 영아가 부드럽게 행동하도록 유도함으로써 신체감각을 자극하여 영아가 이를 수용할 수 있도록 상호작용한다.
조절의 문제에 접근하기	치료놀이는 영아가 자신의 활동 정도를 조정하도록 돕고 영아에게 필요한 규칙 및 위로를 제공한다. 영아에게 사랑을 가지고 대하는 어머니나 중요한 타인은 영아에게 흥분 조정을 반복하도록 해 줌으로써 성장하면서 자신을 위로하는 능력을 기를 수 있도록 한다.

출처: Jernberg & Booth(1999); 성영혜, 이창미, 김연진, 김유진, 신현정(2004). 재인용.

교사들이 의식하지 못할지라도 어린이집에서 일상적으로 이루어지는 영아보육은 치료놀이적 요소를 많이 포함하고 있다. 따라서 영아보육은 애착 및 관계 형성을 촉진하고 일상생활을 하는 데 필요한 기술 습득 및 사회화의 기초를 이루는 것에 강조를 두어야 한다. 특히 어린이집에서의 치료놀이를 통한 영아보육 활동의 적용은 영아의 기질과 발달 단계 및 욕구 충족에 적합한 계획을 거쳐 영아와 교사의 애정적 유대를 결속시킬 뿐만 아니라 영아 교육에 자신 없는 부모 역할에도 힘을 불어넣어 주는 원천이 된다.

| 표 6-3 | 영아기 교사의 역할

역할	내용
상호작용	영아의 음식에 대한 기본 욕구, 기저귀 갈기, 잠자기, 신체적 접촉 등의 요구에 민감해야 한다.
안전기지	지속적으로 따뜻한 반응을 보여 줌으로써 가정과 같은 편안한 분위기를 느끼고 부모와 같은 친밀감이 형성되도록 해야 한다.
교육	교사는 영아의 흥미와 욕구를 파악하여 교수-학습 방법을 모색하여야 하며, 스스로 탐색할 수 있도록 도와야 한다.
안내	어린이집에서의 경험 및 다양한 활동들을 가정에서도 경험할 수 있도록 부모에게 정보를 제공해 주어야 한다.

출처: 성영혜, 김현자(2005).

활동의 예

- **손 탑 쌓기:** 교사와 영아가 함께 마주 보고 순서대로 손 탑을 쌓아 나간다. 교사가 노래를 부르면서 손 탑을 쌓는데 빨리 부르면 빨리 쌓아 나가고 천천히 노래하면 손 탑 역시 천천히 만들어 나간다.
- **눈은 어디 있나:** '눈은 어디 있나' 하는 노래를 부르며, 영아의 신체를 접촉하며 말해 주고 함께 찾아본다. 또한 영아로 하여금 노래에 맞게 찾아보게 함으로써 영아 자신의 소중한 신체를 인식하게 한다.
- **발 등에 발을 올려 태우고 걷기:** 영아를 교사의 발등에 올리고 교사는 영아의 두 손을 잡고 천천히 걸어간다. 걷는 속도를 조절하기도 하고 뒤로 걸어 보기도 한다.
- **볼에 있는 바람 터뜨리기:** 교사가 자신의 볼에 바람을 잔뜩 불어넣어 볼을 팽팽하게 한 후, 영아의 손을 교사의 볼에 가져와 손가락으로 볼에 있는 바람을 터뜨려 보게 한다.
- **인사하기:** 영아가 아는 사람들을 만날 때 시선을 마주치며 인사하도록 교사도 영아

와 만날 때에 손을 흔들어 주고 손바닥을 부딪혀 인사한다.

- **박수놀이**: 영아를 편안히 눕히고 영아와 시선을 맞춘 후, 교사는 자신의 손바닥을 마주쳐 소리를 낸다. 교사가 다시 영아를 앉히고 등 뒤에서 영아의 손을 잡고 박수를 함께 쳐 본다.
- **마주 보고 안아 달래 주기**: 교사는 두 다리를 쭉 펴고 앉아 그 위에 영아를 앉히고 영아의 눈을 보면서 상체를 움직여 다가가 인사한다. 다시 상체를 멀리 했다가 가까이 가면서 영아에게 인사한다.
- **부드럽게 간지럽혀 주기**: 영아에게 손으로 마사지하면서 부드러운 천으로 신체를 문질러 주어 부드러운 촉감을 느끼게 한다.
- **김밥말이**: 담요 위에 영아를 눕히고 영아를 김밥처럼 돌돌 말아 준다. 조심스럽게 접촉하여 마사지함으로써 영아에게 관심을 표한다.
- **얼굴 마사지**: 교사는 영아의 얼굴에 작은 원을 그려 주며 시선을 맞추면서 부드럽게 마사지해 준다. 코, 입 주위도 부드럽게 접촉한다.
- **쭉쭉 키 크기**: 누워 있는 영아의 두 다리를 잡고 마사지해 주다가 살짝 다리를 눌러 가며 '쭉쭉' 해 준다.

출처: 성영혜 외(2004).

2. 놀이치료

놀이치료는 여러 가지 세련된 이론과 기법으로 이루어진 한 묶음의 치료 방법이다. 그러나 이러한 다양성과 변이에도 불구하고, 모든 놀이치료 접근들은 공통의 목표를 갖고 있다. 즉, 놀이치료는 내담아동이 고전적으로 정의된 놀이 행동에 열중하도록 하는 것이다(O' Connor, 1991).

놀이가 아동의 심리치료 방법으로 적용되어 온 역사는 거의 100년에 이른다. 기록에 남아 있는 최초의 놀이치료적 접근은 프로이트(Freud)가 1909년 한스라는 소년의 공포증을 치료하기 위해 그 부모에게 한스의 놀이를 관찰하도록 하고 한스가 보여 준 놀이 행동의 의미를 해석해 주며 치료를 시행했던 것이다. 구체적인 놀이치료의 역사는 다음 〈표 6-4〉와 같다.

| 표 6-4 | 놀이치료의 역사

연도	학자	내 용
1909년	S. Freud	놀이치료 시작: 아동의 치료 과정에서 갈등과 좌절은 정신 치료적 방법에 의해 해결될 수 있는 가능성을 소개
1919년	Hug-Hellmuth	최초로 놀이 상황을 아동의 정신치료에 도입
1920년대	A. Freud	아동을 관찰 · 진단하는 데 놀이를 이용
	Klein	아동에게 놀이 상황을 경험하게 하여 관찰한 후 해석을 강조
1930년대	2가지 접근 방법	적극적 놀이치료(active play therapy) 수동적 놀이치료(passive play therapy)
	Levy	발산치료(release therapy)
	Rank	관계치료(relationship therapy)
1940년대	Rogers	비지시적 치료(nondirective therapy)
	Axline	Rogers의 치료 원리를 놀이치료로 완성
	Bixler	제한 설정 제안
1950년대	Ginott	제한 설정 치료
1960년대	Guerney	부모치료(filial therapy)
1970년대	Brody	발달놀이치료(development play therapy)
	Jernberg	치료놀이(therapy)
1990년대	Knell	인지행동놀이치료(cognitive-behavioral play therapy)

출처: 이숙, 최정미, 김수미(2002).

1) 놀이치료의 주요 이론

(1) 정신분석학적 놀이치료(Psychoanalytic Play Therapy)

정신분석적 놀이치료의 기본 과정은 아동이 현재 보이는 사고, 감정, 행동은 과거에 경험하였던 감정이나 사고에 의해 영향받는다는 것으로 아동의 무의식 세계의 갈등을 놀이를 통해 표현하게 하고 치료자의 해석을 통해 아동이 자신에 대한 통찰을 얻고 갈등을 해결해 나가도록 돕는다.

치료의 목표는 무의식을 의식화하고 자아를 강하게 만들어서 본능의 요구보다는 현실에 바탕을 두고 행동할 수 있도록 하는 것으로 적용 가능 문제 행동은 야뇨

증, 야경증, 공포증, 퇴행, 자폐적 증상과 같은 주로 정서적 문제와 연결되어 있는 증상들이다.

정신분석적인 관점에서 놀이는 다음의 세 가지 수단으로 사용된다. 첫째, 치료자와 아동과의 관계 형성 수단, 둘째, 아동 관찰의 매개체, 셋째, 해석적 의사소통을 촉진하는 수단이다.

놀이치료자는 놀이에 자유롭게 열중함으로써 아동 스스로가 자신의 문제를 깨닫고 해결할 수 있도록 통찰력 있는 조력자가 되어야 하며, 치료실 내에서 안전하게 제공된 물건들을 가지고 아동이 최대한 자유롭게 놀도록 허용하여야 한다(이숙 외, 2002).

전통적으로 정신분석적 놀이치료에서 중요하게 사용되던 놀잇감들은 다음과 같다.

- 다양한 가족 구성원을 나타내는 인형들
- 다양한 동물 모형들
- 자동차 모형들
- 나무 블록을 포함한 블록 종류들
- 그리기 및 만들기 작업과 관련된 도구들
- 다양한 캐릭터 인형들
- 전화기 및 그 외에 연령별 발달 수준에 맞는 다양한 놀잇감이나 게임 도구들

(2) 아동 중심적 놀이치료

아동 중심적 놀이치료는 아동 자신이 가장 믿을 만한 정보의 원천이라고 보고 있으며 모든 아동은 자기 자신의 중요한 일 등을 스스로 결정하고 해결할 수 있는 능력을 지니고 있으므로 놀이를 통해 감정과 경험을 표출해 나가는 과정에서 자신을 발견할 수 있음을 강조한다.

아동 중심적 접근은 문제 행동의 제거에 관심을 두기보다는 아동이 잠재적인 자신의 능력을 되찾고 최상의 발달을 해 나가도록 돕는 것이다. 따라서 치료자는 수동적인 입장에서 아동에게 관심을 보여 주는 일과 아동 스스로 하고 싶은 놀이에

몰두할 수 있다는 확신을 주는 이상의 주도적인 행동을 하지 않도록 해야 하며, 놀잇감들이 아동들의 단어이고 놀이가 그들의 언어라고 생각되기 때문에 놀잇감과 놀이 도구들을 주의 깊게 선택해야 한다(이숙 외, 2002).

엑스라인(Axline)은 인본주의 심리학자인 로저스(Rogers)의 연구를 놀이치료에 적용하여 아동 중심 놀이치료의 기초를 마련하였으며, 아동 중심 놀이치료자의 8 원칙을 주장하며 그 모델을 제시하고 있다(이숙희, 고인숙, 2003).

- 원리 1: 치료자는 반드시 아동과 따뜻하고 우호적인 관계를 발달시켜야 하고 가능한 한 빨리 신뢰로운 관계를 형성하여야 한다.
- 원리 2: 치료자는 아동을 있는 그대로 받아들인다.
- 원리 3: 치료자는 아동이 자신의 감정을 완전히 표현할 수 있는 자유로움을 갖도록 상호 관계에서 허용감을 주어야 한다.
- 원리 4: 치료자는 아동이 표현을 인식하는 데 있어 민감해야 하고 행동 속에서 통찰을 얻을 수 있는 방식으로 감정을 반영시켜 주어야 한다.
- 원리 5: 치료자는 아동 스스로 자신의 문제를 해결할 수 있는 능력을 깊이 존중한다. 선택의 책임이나 변화에 대한 책임은 아동의 것이다.
- 원리 6: 치료자는 어떤 방식으로든지 아동의 행동이나 대화를 지시해서는 안 된다. 아동이 이끌고 치료자는 따르는 것이다.
- 원리 7: 치료자는 치료 과정을 조급하게 진행시켜서는 안 되며, 점진적인 과정으로 인식해야 한다.
- 원리 8: 치료자는 치료를 현실 속에서 닻(anchor)을 내리기 위하여 그리고 아동이 관계에서 책임감을 인식하게 하기 위해 꼭 필요한 제한만을 설정한다.

(3) 인지행동 놀이치료(Cognitive-Behavior Play Therapy)

인지행동 놀이치료는 놀이치료라는 패러다임 안에 인지적인 개입과 행동적인 개입을 통합하여 그 이론적 틀을 제시하였고, 인지치료, 합리적 · 정서적 · 행동치료, 인지적 행동 수정 또는 인지 · 정서 · 행동치료라고 불린다(Knell, 1993).

넬(Knell)은 그동안 성인에게 적용되었던 인지치료, 인지행동정서치료를 아동에게 적용시킨 대표적인 인물로 인지치료의 입장에서 아동의 참여를 강조하였고 아동이 변화에서 능동적인 참여자가 될 수 있고 아동이 부적응적인 신념을 수정하도록 도움으로써 개인적인 이해감과 능력감을 경험하게 하였다.

치료자는 조절 · 숙달 · 행동 변화에 대한 책임이 아동 자신에게 있음을 알려 주고 아동은 비합리적인 신념을 수정하고 정체감을 형성하도록 도움받으면서 자신에 대한 이해를 발달시켜 간다. 이로써 아동은 치료에 적극적으로 참여하고 왜곡된 사고들을 변화시켜 간다.

또한 치료자는 인지적 개입 전략과 행동적 개입 전략을 적절히 통합 · 활용해야 하는 등 다른 지향의 놀이치료들보다 치료자의 적극적인 개입을 강조한다. 인지치료적 전략으로는 사고의 기록, 인지 변화 전략, 자아상태 대처, 독서치료 등이 있으며 교육적 효과를 위한 전략으로는 모델링, 역할놀이, 행동 형성, 긍정적 강화와 같은 변화 촉진 기법들이 포함된다. 행동치료 전략으로는 체계적 둔감법, 셀프 모니터링, 활동 스케줄 등을 사용할 수 있다(Knell, 1996).

인지행동 놀이치료의 잠재적인 효과 및 특징은 다음과 같다(Knell, 1993; 이숙 외, 2002, 재인용).

- 인지행동 놀이치료는 놀이를 하나의 치료 방법으로 이용하여 아동을 치료에 참여시킨다.
- 인지행동 놀이치료는 아동의 문제 행동에 대해 사고, 감정, 환상, 주변 환경적 요소, 상황 모두에 초점을 둔다.
- 인지행동 놀이치료는 좀 더 적절한 사고와 행동을 발달시키기 위해 하나 이상의 해결 전략을 제시한다. 이는 전통적인 놀이치료, 예컨대 아동 중심 놀이치료와는 대조되는 측면이다.
- 인지행동 놀이치료는 구조적이고, 직접적이며, 목표 지향적으로 아동과 치료자는 함께 목표를 정하고 아동이 정해진 목표를 향해 전진하도록 돕는다.
- 인지행동 놀이치료는 임상적으로 제시된 기법을 통합한다. 취학 전 아동을 대상으로 할 때 구체적이고 비언어적으로 제공되기 때문에 가장 보편적이고

효과적인 기술은 모델링이다.

- 인지행동 놀이치료를 통하여 치료에 대한 임상적인 검토가 가능하다. 인지행동 놀이치료는 구체적인 문제를 위해 체계적으로 고안된 개입 효과에 대한 연구를 가능하게 해 준다.

넬(Knell, 1993)은 인지행동 놀이치료를 정신분석적 놀이치료, 아동 중심적 놀이치료와 비교하여 그 차이점을 다음의 〈표 6-5〉와 같이 제시하였다.

| 표 6-5 | **전통적인 놀이치료와 인지행동 놀이치료의 비교**

	정신분석적 놀이치료	아동 중심적 놀이치료	인지행동 놀이치료
지시와 목표	치료자는 지시하지 않는다.	지시는 아동에게 강요하는 것이고 아동을 본래 그대로 받아들이지 않는 것이므로 허용되지 않는다.	치료 목표가 형성되면 목표에 대한 지시가 개입의 기본이다.
놀잇감과 활동	치료자는 '참여적 관찰자'이고 놀잇감이나 활동을 제안하지 않는다.	아동이 놀잇감, 활동, 놀이 방법들을 항상 선택한다.	아동과 치료자가 함께 놀잇감과 활동을 선택한다.
교육적인 놀이	놀이는 교육하기 위하여 사용하지 않는다. 교육은 치료의 목표가 아니다.	교육은 하나의 지시적 형태를 띠므로 적절하지 못하다.	놀이는 기술과 대안적인 행동을 가르치는 데 사용된다.
해석 · 연결	해석은 궁극적인 치료의 수단이다.	만약 아동이 먼저 해석이나 연결을 하지 않으면 치료자에 의해서 이루어지지는 않는다. 치료자는 상징적 놀이에 대한 해석이 아닌 무조건적인 수용을 나타낸다.	치료자가 해석하거나 연결을 할 수 있다. 치료자는 아동을 위해 갈등을 언어로 표현한다.
칭찬	칭찬은 바람직하지 못하다.	치료자는 칭찬을 해서는 안 된다. 칭찬은 아동에게 아동 본래 그대로를 인정하기보다는 아동으로 하여금 어떤 특정 방식으로 행동하도록 하는 메시지를 전한다.	칭찬은 중요한 요소이다.

출처: 박영애 외(2001).

(4) 발달놀이치료(Developmental Play Therapy)

발달장애 또는 발달적인 적응 문제를 가진 아동을 위한 심리치료로 여러 발달단계에 있는 모든 연령의 아동에게 자아를 발달시키도록 돕기 때문에 다양한 아동문제에 매우 효과적이다. 브로디(Brody, 1978)는 성적 학대를 받은 아동, 주의력 결핍 아동, 파괴적인 행동을 하는 아동 등 세 가지 범주의 아동을 제시하였다.

치료의 목표는 첫째, 자기와 환경에 대한 인식을 도우며, 둘째, 환경이나 주변과의 상호작용이 이전에 갖고 있던 자기중심적 또는 폐쇄적인 태도보다 더 만족스럽다는 사실을 알게 함으로써 아동이 사람이나 사물과 안전한 관계를 형성하도록 돕는다. 셋째, 충동을 조절함으로써 기쁨과 만족을 얻을 수 있다는 사실을 알게 하여 현실에 대처하도록 도우며, 넷째, 타고난 잠재력을 발휘하게 하고 발달을 돕고 현실적 수준에서 목표를 세운다.

발달놀이치료자의 역할

- 아동과의 신체적 접촉을 활발하게 시도해야 한다.
- 안정된 시선 접촉을 자주 해야 한다.
- 아동에게 전적으로 집중해야 한다.
- 아동이 보낸 단서에 민감하게 반응해야 한다.
- 아동과 치료자를 분리할 수 있어야 한다.
- 아동에게 기회가 있을 때마다 유일한 존재이며 특별하다고 느끼도록 한다.
- 아동이 기분과 느낌을 적절히 표현할 수 있도록 도와준다.
- 아동이 치료 시간 동안 즉흥적이고 융통성 있게 즐거운 경험을 많이 할 수 있도록 한다.
- 사람, 장소, 시간이 명확히 정의되도록 치료 시간을 구조화한다.
- 치료 시간이 활기차고 낙관적이고 긍정적이 되도록 한다.
- 현재 여기에 있는 아동 자체에 초점을 맞춘다.
- 각 치료 시간마다 시작, 중간, 끝이 있다는 것을 알아야 한다.
- 좌절과 불안감을 최소화하고 필요할 때 역설적인 방법을 사용하기도 한다.
- 아동이 짜증을 부리거나 싫증을 보이더라도 수용적이면서 일관된 모습으로 대한다.
- 아동의 안전사고에 유의한다.
- 아동이 심한 불안을 느끼지 않도록 주의한다.
- 자신감이 있어야 한다.

- 밝고 공감적이어야 한다.
- 아동의 흥미를 유발해야 한다.
- 회기 전체를 책임져야 한다.

출처: Jernberg(1979); Robertiello(1975); 이숙 외(2002). 재인용.

(5) 부모놀이치료

부모놀이치료는 부모들을 치료 과정의 파트너로 참여시켜 부모의 적극적 참여를 유도하는 방식이다. 즉, 기존의 놀이치료들이 아동을 주된 내담자로 보았다면 부모놀이치료에서는 부모-자녀를 하나의 내담자 단위로 보고 부모를 치료 대행자로서 훈련시킴으로써 부모가 직접 자녀의 놀이 기회를 마련하게 하고 부모-자녀 관계 향상에 더욱 적극적으로 참여하게 한다.

치료의 목표는 부모와 아동 심리 내부에 그리고 부모-아동 관계에 변화가 발생하도록 돕는 것으로 부모는 아동의 독립에 대한 욕구를 수용할 수 있게 되고 아동은 자아에 대한 수용을 촉진하고 관계에 대한 신뢰를 증진시키는 데 있다. 부모놀이치료가 갖는 더욱 구체적인 목표들은 다음과 같다(VanFleet, 2000).

① 아동을 위한 목표

- 아동 자신의 감정과 타인의 감정에 대한 이해를 발달시킨다.
- 아동 자신의 욕구를 더 잘 충족시키기 위해 적절한 방법으로 자신의 감정을 표현한다.
- 아동의 문제해결 기술들을 발달시킨다.
- 문제가 되는 행동들을 감소시킨다.
- 아동의 적응을 향상시키기 위해 갈등과 곤란한 점들을 토론한다.
- 아동으로 하여금 자신을 위해 더 나은 선택을 하게 하고 책임을 지게 한다.
- 부모에 대한 신뢰를 증가시킨다.
- 아동의 자기 신뢰와 자기 존중을 증가시킨다.

② 부모를 위한 목표

- 자녀들의 발달, 감정과 동기 등에 대한 이해를 증진시킨다.
- 놀이 및 정서의 중요성에 대해 배운다.
- 추가적인 아동 양육 기술과 아이디어를 배운다.
- 자녀들과의 의사소통을 솔직하게 하도록 돕는다.
- 부모로서의 자기 확신을 향상시킨다.
- 자녀들에 대한 따뜻한 마음과 신뢰감을 증진시킨다.
- 부모 역할에 좌절하는 상황을 감소시킨다.
- 미래의 문제를 예방할 수 있는 아동 양육 방법을 배우고 활용한다.

③ 가족을 위한 목표

- 가족 문제들을 감소 또는 완화시키고 미래의 가족 문제들을 예방하도록 돕는다.
- 부모-자녀 관계를 강화시킨다.
- 가족 내 의사소통 능력을 증진시킨다.
- 가족 간 갈등에 대한 대처 능력을 강화시킨다.
- 함께 즐길 수 있는 가족 능력을 증진시킨다.

(6) 가족놀이치료

가족놀이치료는 놀이치료와 가족치료를 결합시킨 방식으로 부모, 자녀, 치료자가 함께 이미 계획된 놀이 상황에 참가한다.

가족놀이치료는 놀이치료에 부모를 포함시킴으로써 부모와 자녀 사이의 의사소통의 중요성을 인식하도록 하여, 관계를 증진시키고 건강을 촉진시키는 상호작용을 지속해 나갈 수 있도록 하는 데 치료의 목적이 있다(이숙 외, 2002).

놀이치료자는 부족한 역할 모델을 가진 부모들에게 적절한 역할 모델을 제시하고 부모가 편안하게 변화를 경험할 수 있는 환경을 제공하며, 부모는 놀이치료자의 역할을 모방함으로써 좋은 부모의 역할을 배우게 된다.

가족놀이치료의 단계를 살펴보면 다음과 같다(송영혜, 1998).

① 연합 단계

치료자는 문제를 나타내는 개별 가족 구성원에 관심을 두는 것이 아니고 가족체계에 관심을 가짐으로써 문제 자체에 대한 주의를 감소하고 가족에게 긍정적인 상호작용을 하도록 한다.

② 규칙과 제한의 확립 단계

분명한 규칙과 제한을 확립하는 것은 가족과 아동이 함께 작업하는 중요한 부분이다. 치료 과정에서 치료자는 놀이치료가 부모와의 공동 책임이라는 것을 처음에 말해 준다. 또한 아동들은 놀이를 할 안전한 분위기를 부여받을 권리가 있으므로 가족과 아동이 함께 작업하는 동안 아동이 치료에서 말하거나 행동한 것에 대해 집에서 아동을 나무라거나 처벌해서는 안 된다는 것을 말해 주어야 한다.

③ 생활에서의 일반화 단계

가족의 일차적인 생활 과정을 확인하는 것은 가족과 아동이 작업하는 중요한 목표 중의 하나이다. 가족놀이치료는 치료자가 가족 내부에서 변화할 동기를 만들도록 하기 위해 가족 구성원들이 도전할 기회를 가질 수 있도록 안전한 분위기를 제공하고 가족 구성원들이 표현하도록 격려하고 일상생활에서도 이러한 상호작용의 패턴이 일반화되도록 추구한다.

가족놀이치료자의 역할

- 가족놀이치료자는 문제를 정의한 것에 따라 모든 가족 구성원을 돕는다. 아동 내부에서만 일어나는 독자적인 증상인지, 아동의 표출된 행동에 부부 간의 갈등이 숨겨져 있는지를 알아내야 한다.
- 가족놀이치료자는 가족 구성원들이 새로운 방법을 배울 수 있는 긍정적인 분위기를 창조하고 개인의 고유한 성장 문제를 갖는 모든 구성원을 돕고 각각에 관한 긍정적인 방법을 창조하도록 돕는다.
- 가족놀이치료자는 아동이 변화되었음에도 불구하고, 가족들이 기존의 발달 단계에

고착하는 경향이 있기 때문에 아동이 새로운 환경에 진입하거나 다음 발달 단계를 맞이할 때 그 단계에 맞는 새로운 방법을 배우도록 한다.

- 가족놀이치료자는 부모가 자녀에게 갖는 정서적 관심을 인식하고 증상을 나타내는 아동과의 연결을 통해 가족 속으로 들어가도록 한다.
- 가족놀이치료자는 가족 결속이 변화를 위한 토대와 신뢰에 필수적이기 때문에 가족의 핵심 감정과 관계가 아동의 놀이에 반영되는지를 확인해야 한다.

출처: 송영혜(1998).

(7) 생태학적 놀이치료

생태학적 놀이치료는 기존의 모든 놀이치료 이론들을 통합한 형태의 모델이다. 이 모델은 치료자로 하여금 각 개인의 경험을 독특한 것으로 그리고 개인이 속해 있는 모든 체계들의 영향과 상호작용의 결과로써 개념화하도록 만든다. 생태학적 놀이치료자는 내담자가 타인들의 욕구 충족을 침범하지 않으면서 자신의 욕구를 충족시키는 능력을 증가시키도록 돕고 한편으로는 내담아동만을 만나는 것이 아니라 그와 상호작용하는 체계들을 모두 감안하도록 제안하고 있다.

생태학적 놀이치료는 다양한 현장 경험 및 이론적 배경을 갖고 있는 전문가들이 놀이치료를 실시하려고 할 때 자신들의 이론적 배경, 아동의 문제 행동, 아동의 주변 환경을 더욱 포괄적으로 고려하는 데 유용할 수 있다. 치료자 자신이 추구하는 한 가지 이론만을 고집하는 것보다는 각 이론들을 통합적으로 사용하면서 각 이론들 간의 유사점을 중심으로 폭넓은 시각을 가질 수 있다는 점이 유익하다.

생태학적 놀이치료에서는 브론펜브레너(Bronfenbrenner)의 생태학적 이론, 즉 개인은 능동적이고 역동적인 개체로 가까운 환경과 직접적으로 상호작용을 하지만 인간은 더 큰 맥락의 환경과 상호 호혜적인 관계에 있음을 강조한 바에 기초하여 개인, 가족, 사회, 교육, 법, 의료, 정신건강의 각 체계 내에서 포괄해야 할 영역들의 목록을 다음과 같이 제시하고 있다(O' Connor & Ammen, 1997; 이숙 외, 2002, 재인용).

① 개인 체계: 임신과 출산, 애착과 유대관계에 역점을 둔 내담자의 유아기, 발달 이정표의 달성 정도, 형제와 또래와의 초기 관계, 정신 상태의 점검과 행

동 관찰 등이 포함될 수 있다.

② 가족 체계: 현재의 가족관계와 역동, 가족사, 직업 상태, 가족의 종교관계, 가족의 문화 정체성 등이 포함될 수 있다.

③ 사회 체계: 현재와 과거의 사회적 기능, 아동의 대인관계와 성적인 경험 등이 해당된다.

④ 교육 체계: 학교와 학업에 관련된 내담자의 과거 역사, 아동의 현재 학교 환경 등을 들 수 있다.

⑤ 법 체계: 가정 폭력, 아동 학대, 약물 남용과 이에 관한 가족사, 법 위반 경험 등이 포함된다.

⑥ 의료 체계: 치명적인 사고, 뇌 손상, 알레르기, 심각한 질병, 만성질병, 입원 경험, 약물 복용, 섭식과 수면 패턴, 의료 문제와 관련된 가족사 등이 포함될 수 있다.

⑦ 정신건강 체계: 내담자와 가족의 상담 기관 및 정신과 접촉 여부, 약물 복용, 확대가족의 정신병력 등이 여기에 속한다.

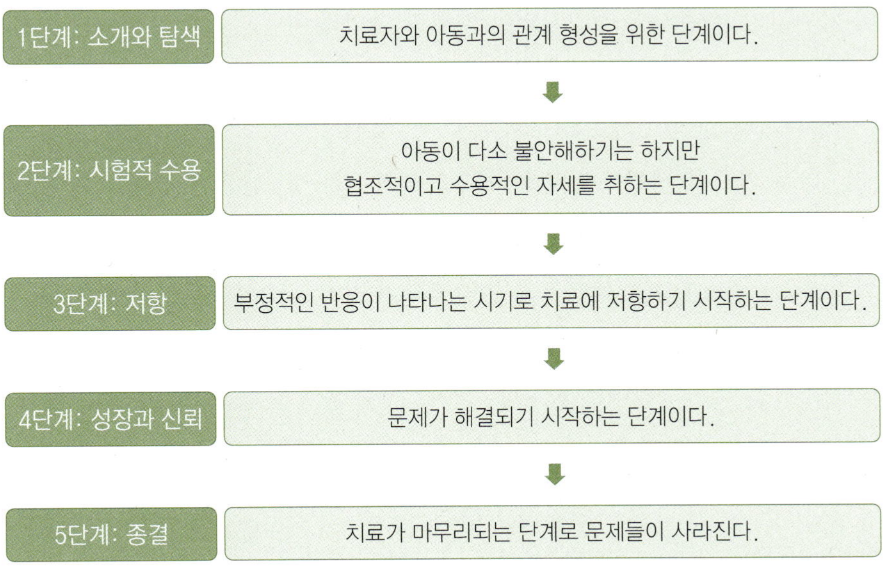

| 그림 6-1 | **치료의 진행 과정**

생태학적 놀이치료자의 역할

- 아동을 지원할 수 있도록 아동을 지원하는 체계를 찾아내고 지원 체계와의 관계를 변화시킨다.
- 아동이 필요로 하는 교정적 경험을 창조한다.
- 현재의 문제를 이해하도록 아동을 인지적 활동에 참여시킨다.
- 앞으로의 문제에서 받을 충격을 감소시키기 위해 문제를 해결하는 활동에 참여시킨다.
- 아동에게 변화가 일어났을 때 그 변화를 강화한다.

출처: 이숙 외(2002).

2) 놀이치료와 관련된 기법

(1) 미술놀이치료

울만(Ulman)은 '미술치료란 교육 재활, 심리치료 등 다양한 분야에서 사용하고 있으나 공통적인 의미는 시각 예술이라는 수단을 이용하여 인격의 통합 혹은 재통합을 돕기 위한 시도' 라고 정의하였다(김순혜, 2001). 구체적으로 미술놀이치료는 개인이 가지고 있는 증상을 경감시키는 것뿐만 아니라 아동의 이야기를 성실하게 들어 주면서 적절한 창작 방법을 활용하여 증상을 치유하거나 경감되도록 유도하는 것, 전인격적인 개인이 되도록 도와주는 것, 정신적 성장 과정을 촉진하게 도와주는 것, 더욱 건전한 성격으로 변화하도록 도와주는 것, 남의 감정에 대한 이해심이 증진되도록 도와 주는 것이 가능하다(김영숙, 윤여홍, 2001).

닉커슨(Nickerson, 1973)은 놀이치료의 매체로서 미술을 결합시키는 작업을 해 오면서 이 둘을 결합시키는 이론적 근거를 제시하고 있다. 첫째, 미술 매체는 아동과의 의사소통을 촉진시킨다는 점이다. 둘째, 미술 활동은 창조성, 자발성, 자기 표현, 자기 노출을 조장한다. 셋째, 미술 작품은 투사적 매체로서의 정화작용을 가져온다. 넷째, 미술 작업은 완성된 결과물이 나오기 때문에 성취감과 유능감을 경험할 수 있다(이숙 외, 2002, 재인용).

아동에 대한 미술치료의 발달 단계는 크게 3단계로 나누어진다.

① 1단계(정상 아동의 0~2세에 해당)

- 목표: 간단한 협응, 자신과 환경과의 구분, 기본적인 인과관계의 이해, 감각 정보의 통합, 환경에 대한 긍정적 태도와 신뢰감 형성
- 과정: 물이나 흙과 같은 일반 재료와의 상호작용은 다양한 신체적 경험을 제공하여 감각, 지각, 운동 능력을 키우고 크레파스나 점토 등의 미술 재료에 대한 저항을 감소시킨다.
- 비고: 이 단계의 아동들에게 가장 중요한 것은 치료자와 아동이 신뢰감을 형성하는 것이다. 확고한 신뢰감이 있어야만 아동은 안정감을 갖고 환경을 적극 탐색하며 활동에 몰입할 수 있다. 이 단계에서는 크레파스, 컬러펜, 물감, 파스텔, 점토 등을 이용하여 아동이 놀이한다는 느낌이 들 수 있게 진행한다.

② 2단계(정상 아동의 만 2~6세의 수준)

- 목표: 자신과 사물의 변별, 상징화 능력의 발달, 감각운동 협응의 정교화, 자율성의 발달
- 과정: 이 단계부터 아동은 표상과 상징을 사용할 수 있다. 우선은 모방의 경험을 통해 상징화 경험을 발달시키고 현재 알고 있는 사건이나 느낌을 미술 활동과 연합시킬 수 있게 돕는다. 또한 원하는 표현을 할 수 있도록 중요한 기술들과 재료들의 변화 상태도 알려준다. 자율성이 강해지는 단계이므로 이때는 치료자의 이해와 보호 상태에서 독립성과 주도성을 갖게 하고 활동 과정에서 성공감과 만족감을 느낄 수 있게 해 주어야 한다. 아울러 감정의 분화가 활발히 발달하는 시기이므로 다양한 감정들을 분리하고 명료화시킬 수 있게 돕는다. 이때 치료자는 아동이 표출한 감정들을 언어적으로 반영해 준다. 예를 들어, 아동이 공격적으로 점토를 마구 때릴 때, "너 오늘 굉장히 화가 났구나."라고 반영해 줄 수 있다. 이와 함께 다양한 감정이 표현된 사진을 보여 주며 감정을 변별하게 도울 수도 있다. 아직은 자기중심성이 강하므로 이 점도 고려해야 한다.
- 비고: 이 단계에서는 아동의 집중 시간을 고려하여 흥미를 잃지 않도록 너무 복잡한 프로그램은 피하는 것이 좋다. 또한 이 시기 아동은 모방 능력이 있기

때문에 처음 프로그램 소개 시에 치료자가 직접 시범을 보여 주는 것이 좋다. 크레파스, 컬러 펜, 파스텔, 물감 등으로 더욱 활발하고 정교한 표현을 하도록 돕는다. 사진을 보고 이야기를 나눈 후, 연상된 것을 작품으로 표현해 보게도 한다.

③ 3단계(정상 아동의 7~12세에 해당)

- 목표: 보존 개념의 획득, 조망수용 능력의 발달, 유목화와 계열화의 획득, 자기통제력과 집단의식의 발달
- 과정: 2단계에서 강했던 자기중심성에서 벗어나 더욱 논리적 · 객관적이 되는 시기다. 조망 능력이 발달하기 때문에 여러 위치에서 관찰하고 그 차이점들을 인식할 수 있게 된다. 인지적으로 유목화와 계열화가 가능하기 때문에 재료의 속성 변화와 색의 혼합 방법을 사용할 수 있다. 또한 사물에 대한 개념화 능력이 확립되므로 개인의 경험이 표현된 그림을 충분히 그릴 수 있게 돕는다.

사 례

유옥현과 장창수(2006)가 부-자 가정의 자녀를 대상으로 실시한 미술치료 사례에서 아동에 관한 정보와 미술치료 의뢰 사유, 치료 과정의 내용 중 일부를 제시하였다. 이 사례에서는 내담아동의 가족이 상담에 참여하기도 하였다.

① 내담자 정보

초등학교 4학년 남아로 아버지, 초등학교 2학년 여동생과 함께 생활하고 있다. 어머니는 내담아동이 1학년일 때 자살하였으며 아이들을 돌봐 줄 가족이 마땅치 않아 집 근처 어린이집 교사가 아이들을 봐주고 있다.

② 의뢰 사유

5분 이상 과제에 집중하지 못하는 등 산만한 편이며 컴퓨터 게임을 많이 하고 학교나 동네에 친한 친구가 없다. 시간 개념이 없고 현실성 없는 이상한 말을 많이 하여 상담에 의뢰되었다.

③ 치료의 실시

내담아동에게는 총 13회의 미술치료가 실시되었는데, 이 중 여덟 번의 치료 내용을 아래에 제시하였다.

✤ 미술치료 과정 예시

단계	회기	프로그램	목표	내용	참가자
초기 1~2회	1	풍경구성법 (LMT)	• 심리상태 분석 • 심리적 장애물 파악	• 강, 산, 밭, 길, 집, 나무, 사람, 꽃, 동물, 돌 등을 차례대로 그려 풍경을 구성하고 계절, 날씨, 물이 흐르는 방향, 그림의 구조 등에 대해 이야기 나눈다.	내담아동
	2	동그라미 중심 가족화, 난화	• 가족관계 파악 • 흥미 유발 및 욕구 표출 • 규칙, 약속의 중요성 인식	• 동그라미 안에 가족을 그리게 한다. • 난화 방법을 모델링하고 규칙에 맞게 그리게 한다.	내담아동
중기 3~10회	4	가족공동화, 난화	• 가족 지각 및 관계 • 가족 상호작용 향상	• 가족이 함께 한 가지 색의 크레파스로 협동화를 그리게 한다. • 가족 모두 난화를 그리게 한다.	내담아동, 여동생, 아버지
	6	종이접기, 데칼코마니	• 정서적 안정 • 내면의 심상 발견과 욕구 표현	• 종이를 접어 냄비 받침을 만들어 주고 따라 하게 한다. • 데칼코마니 실시 후 그림에서 연상되는 것을 떠올려 이야기를 나눈다.	내담아동, 여동생
	8	우리 집, 만다라	• 가족 상호 수용 및 상호작용 향상	• 질문지를 활용해 가족관계에 대한 답을 적고 설명한다. • 만다라 그림을 주고 각자 좋아하는 색으로 색칠한 후 느낌을 나눈다.	내담아동, 여동생
	10	찰흙놀이	• 감정 정화 • 정서 안정 및 욕구 표현	• 지점토를 자유롭게 주무르고 반죽한 후 만들고 싶은 것을 만들게 한다.	내담아동, 여동생
후기 11~13회	12	콜라주 (행복한 우리 집)	• 가족 상호 수용과 긍정적 관계 형성 • 가족의 역할 인식 및 상호 존중	• 잡지를 준 후 '행복한 우리 집'이라는 주제로 공동 콜라주를 완성하게 한다. • 작품을 함께 만들며 느낀 점을 나눈다.	내담아동, 여동생
	13	가족 공동화	• 가족 관계 향상 및 상호작용 향상 • 가족의 소속감 및 친밀감 형성	• 최근에 가족이 함께 했던 활동을 작품으로 표현한 후 느낌을 나눈다.	내담아동, 여동생, 아버지

출처: 유옥현, 장창수(2006). 발췌 수정.

(2) 음악치료

음악치료는 음악적 경험과 이를 통해서 발전되는 관계를 사용하는 체계적인 개입 과정으로 치료의 목표는 신체, 마음, 그리고 영혼이 건전한 상태를 달성하는 것이다.

음악치료사의 자질

- 내담자에게 영향을 주는 음악의 종류에 대한 지식과 이해가 필요하다.
- 자신을 음악적으로 표현할 수 있어야 한다.
- 음악을 통해 커뮤니케이션을 할 수 있어야 한다.
- 자신의 강점, 약점, 능력에 대한 이해가 있어야 한다.
- 다른 사람을 잘 이해할 수 있어야 한다.
- 다른 사람을 수용하고 의견을 받아들일 수 있어야 한다.
- 사람과 환경을 관찰하여 신속하게 대처하는 능력이 있어야 한다.
- 편견이나 선입견 없이 사람과 환경을 평가할 수 있어야 한다.
- 부드럽고 감성적이며 끈기 있는 성격을 소유해야 한다.
- 다른 사람에게 미치는 자신의 영향력을 느끼고 살필 수 있어야 한다.

출처: Boxhill(1985); 이숙 외(2002). 재인용.

사 례

김귀복(2008)이 주의력결핍 및 과잉행동장애(ADHD) 유아 8명을 대상으로 실시한 음악치료에 참여한 유아의 정보, 의뢰 사유 등을 제시하였다. 이 사례는 음악치료에 여러 유아들이 참여하는 집단상담 형태로 실시되었다.

① 참여자 정보
유치원 두 곳에 다니고 있는 ADHD 증상을 보이는 유아 8명이 음악치료에 참여하였다. 참여자들은 모두 상담·치료를 받은 경험이 없었으며 부모의 동의를 얻어 상담에 참여하게 되었다.

② 치료의 실시
내담아동들에게는 총 13회의 음악치료가 실시되었는데, 이 중 여덟 번의 치료 내용을 아래에 제시하였다.

✽ 음악치료 과정 예시

단계	회기	주제	내용	기대 효과
관계 형성 단계	1	라포 형성 및 상호작용	• 자신의 이름을 노래로 소개하고 한 명씩 악기 소리를 내어 본다.	• 긴장감 해소 • 친밀감 형성
자기 · 타인 인식 단계	3	리듬 읽기	• 리듬에 맞춰 손뼉 치고 걷고 구르고 뛴다. • 악센트를 통해 박자 읽기를 한다. • 박자 인식을 위해 발바닥과 손바닥을 활용한다.	• 집중력, 사회성 증진 • 타인, 소리 인식 및 식별 • 눈과 손의 협응 향상
문제 해결 · 사회 기술 습득 단계	4	나는 누구일까?	• 노래 지시에 따라 색깔 상자에 있는 악기를 꺼낸다(탬버린, 핸드벨, 우드블럭, 마라카스).	• 집중력, 통제력, 성공감 경험 • 소리 인식
	6	소리 듣고 표현하기	• 타악기, 선율악기 소리 식별하기 • '동물의 사육제'를 감상하며 해당하는 동물 흉내를 내 보고 신체로 표현한다.	• 자기조절력 및 자기표현 증진 • 통제력 향상
	7	노래 부르고 율동하기	• 반주에 맞추어 허밍한 후 음의 높낮이를 신체로 표현하고 다시 허밍한다. • 친구에게 하고 싶은 말을 노래로 표현하고 친구가 신체로 표현하게 한다.	• 주의력, 상호 교류 증진 • 내적 욕구 표현
	9	여러 악기 연주하기	• 여러 악기가 가지고 있는 소리를 들어 보고 소리를 내 보며 연주를 통해 어울림을 배운다. • 가장 연주하고 싶은 악기를 골라 노래 박자에 맞게 신나게 연주해 본 후 느낌을 나눈다.	• 지속력, 집중력, 사회성, 표현력, 협력 기술 증진
	11	빠르기를 조절하면서 협력하기	• 원을 만들어 패들드럼으로 다양한 속도와 크기의 박자를 연주하면서 소리의 크기와 템포에 맞춰 걸어 보고 느낌을 나눈다.	• 충동, 공격성 감소 • 환경에 반응 • 협동 강화
종결 단계	13	미래의 나의 모습	• 준비된 곡을 편안한 상태로 들으며 미래의 나의 모습을 생각해 보고 이야기를 나눈다. • 그동안의 활동에 대해 이야기 나눈다.	• 집중력, 사회성 증진 • 만족감 경험

출처: 김귀복(2008). 발췌 수정.

(3) 모래놀이치료

아동들을 위한 심리치료의 하나로 모래상자를 이용하여 아동의 내면세계에 접근하고자 하였다. 아동은 모래 상자라는 제한된 공간에서 자발적이고 자유로운 자기표현의 기회를 통해 스스로 무의식의 세계를 체험하게 되고 이 체험은 의식과 무의식의 통합을 촉진하게 되어 치료가 이루어진다.

모래놀이치료자의 역할

- 자유롭고 보호된 분위기를 제공해 주어야 한다.
- 아동이 요구하면 놀이 활동에 함께 참여할 수 있게 해 준다.
- 전이와 해석을 해 준다.
- 놀이 진행을 기록한다.

출처: DeDomenico(1994); 이숙 외(2002). 재인용.

칼프(Kalff, 1980)는 모래놀이치료의 단계는 동식물 단계, 투쟁 단계, 통합 단계의 3단계로 진행된다고 보았다(이숙 외, 2002, 재인용).

① 동식물의 단계

이 단계에서는 도덕이나 규범, 규칙 때문에 억압되어 있는 무의식적인 본능이 활성화되는 표현으로 정글, 공룡나라 따위를 많이 나타내며 현재 아동의 생활이나 그 아동이 현재 할 수 있는 것을 반영한다.

② 투쟁의 단계

이 단계에서는 불안정하고 혼란스러운 자아를 전쟁 장면이나 파괴적인 장면들로 많이 나타내는데 남아들은 강한 자아를 재확립하기 위해 투쟁이 외적으로 발산되는 형태로 나타나는 반면, 여아들은 자기와 동일시되는 인형을 가두는 등의 행동을 보인다.

③ 통합의 단계

이 단계에서는 새로운 것과 낡은 것과의 싸움, 새로운 성장을 위한 진통 등을 겪으며 자아의 균열이 회복되어 증상이 호전된다. 남아들은 주차장이나 트럭, 자동차 등 움직임이 많은 작품을 꾸미고 여아들은 유치원이나 시장이 있는 마을을 많이 꾸민다.

(4) 게임놀이치료

놀이치료에서 치료적 도구로 사용되고 있는 새로운 기법 중 하나는 게임의 활용이다. 놀이는 자발적이고 특별한 목적이나 동기 없이 행하는 즐거운 활동인 데 비해, 게임은 규칙과 형식이 있고 조직화된 형태를 가지고 있다는 차이가 있다.

게임이 가지고 있는 치료적 요소에 대해, Reid(1993)는 치료적 동맹 맺기, 즐거움의 제공, 진단 정보 제공, 의사소통, 불안 극복, 인지 발달 촉진, 사회화 요인을 제시하였다.

이를 구체적으로 살펴보면 다음과 같다(이숙 외, 2002, 재인용).

① 치료적 동맹 맺기

게임은 친숙함과 안락함을 제공하고 아동 생활의 즐거운 부분이기 때문에 아동은 게임놀이치료에 쉽게 참여한다. 이는 아동에게 있어 성인과의 경계를 허물고 공감대를 형성하게 해 준다.

② 즐거움의 제공

아동은 게임을 통해 즐거움을 얻는다.

③ 진단 정보 제공

게임을 하는 동안 아동의 반응 양식을 통해 아동의 성격에 대한 일반적인 정보 및 인지적 측면에서의 발달 수준 등 가치 있는 진단적인 정보를 얻을 수 있다.

④ 의사소통

게임에는 협력, 목적에 대한 상호 관계, 사회적 의사소통이 포함되어 있기 때문에 잠재되어 있던 아동의 태도, 감정, 사고가 게임을 통해 나타나기도 한다.

⑤ 불안 극복

게임을 통해 아동은 갈등 상황을 직면하고 문제를 해결하며 불안감을 극복할 수 있는 기회를 얻는다. 이러한 과정을 통해 아동의 자아 강화와 자신감을 증진시킬 수 있다.

⑥ 인지 발달 촉진

게임 과정에서 아동은 집중력, 기억, 결과 예상, 창의적으로 문제 해결 방법을 계발시키며 이를 통해 인지 능력 향상에 도움이 된다.

⑦ 사회화

대부분의 게임은 다른 사람과 함께 하는 것이므로 게임을 통해 바람직한 사회성을 배우는 데 효과적이다.

게임의 종류는 신체적 기술을 요하는 신체 기술 게임, 인지적 능력을 요구하는 전략 게임, 우연에 의해 승부가 결정되는 우연 게임으로 나눌 수 있으며, 각 게임의 장단점은 다음 〈표 6-6〉과 같다(이숙 외, 2002, 재인용).

| 표 6-6 | 게임의 종류에 따른 장단점

장·단점 / 게임 종류	장 점	단 점
신체 기술 게임	• 규칙이 간단하고 쉽게 설명 가능 • 신체 활동이 많은 아동에게 에너지의 정화적 이완으로 제공 • 행동 문제(과잉 운동성, 충동성 등)에 대해 치료적으로 사용	• 정서나 감정을 언어로 표현하지 않고 행동으로 표출 • 좁은 공간에서 하기 어려움
전략 게임	• 두 사람이 좁은 공간에서도 가능 • 지적 강약점의 관찰 가능 • 신체적 게임과 연관시키지 않고도 공격성 표출 가능 • 간단한 수준	• 복잡한 전략의 게임은 많은 시간과 지적 소진이 발생 • 게임 후 놀이치료 세션에서 치료 작업할 시간과 에너지가 소진
우연 게임	• 기존의 능력이 게임의 결과에 영향을 미치지 못함	• 전략이나 기술이 요구되지 않음 • 쉽게 흥미 상실

출처: 이숙 외(2002).

게임놀이치료자가 주의해야 할 사항

- 대부분의 게임은 두 명이나 소집단이 적절하다.
- 게임을 이용할 수 있는 공간이 적당해야 한다.
- 게임의 도구는 상처를 입히거나 손상 가능성이 있는 것은 피해야 한다.
- 게임의 진행 시간은 치료 시간에 적합해야 한다.
- 치료적 요인들이 다양한 게임들을 준비하여 아동의 요구에 따라 퇴행적으로 진행되어야 한다.
- 치료자는 게임의 규칙과 목표에 익숙해야 하고 게임이 끝난 후에 즐거움을 얻어야 한다.

출처: Schaefer & Reid(1986); 이숙 외(2002). 재인용.

3) 놀이치료실의 환경

아동에게 첫인상을 주는 놀이치료의 분위기는 매우 중요하다. 놀이치료실의 크기는 대략 3.5m×4.5m가 적당하며, 너무 크면 통제하기가 어렵고 반대로 너무 적으면 답답한 느낌을 줄 수 있다. 3~5명 정도의 집단을 위해서는 대략 5.5m×5.5m 정도의 크기가 적당하다.

놀이치료실의 설비

- 문이나 벽에 창을 내지 않는 것이 좋으며 만약 창이 있다면 블라인드를 설치하여 비밀이 보장되어야 한다.
- 바닥은 청소하기 쉽고 비용도 저렴한 비닐 장판을 깔거나 촉감이 좋은 매트를 까는 것이 좋다.
- 벽은 쉽게 닦아지는 벽지로 도배하거나 적당한 칠을 사용하는 것이 좋다.
- 물이 나오는 싱크대가 있는 것이 좋다.
- 칠판은 아동 키에 맞게 바닥에서 50cm 정도의 높이로 벽면에 배치한다.
- 선반은 두 벽면 이상을 사용하여 ㄴ자나 ㄷ자 형태로 설치하는 것이 좋다.
- 일방경을 설치하는 것이 좋다.
- 세면대, 변기가 있는 작은 욕실을 갖추는 것이 좋다.
- 튼튼한 목재 가구나, 단단한 재질의 아동용 가구를 배치해야 한다.

출처: 이숙희, 고인숙(2003).

놀이 치료실에서 구비해야 할 기본적인 놀잇감은 〈표 6-7〉과 같다.

| 표 6-7 | 기본적인 놀잇감

놀잇감	종 류
가족과 양육적 놀잇감	가족 인형, 인형 집, 요람, 아동 크기의 흔들의자, 담요, 사람 퍼펫, 젖병, 아기 인형, 아기 옷, 봉제 인형, 모래상자, 부엌 용품, 빈 음식 용기 등
위협적 놀잇감	뱀, 쥐, 괴물, 공룡, 벌레, 용, 상어, 악어, 늑대, 곰 등의 퍼펫이나 인형
공격적 놀잇감	펀칭백이나 밥백(Bop bag), 다트총, 장난감 총, 권총집, 고무칼 등의 무기류, 군인 인형이나 군용품, 고무 방망이, 방패, 수갑 등
표현적 놀잇감	그림을 그리기 위한 일체의 도구, 플레이도우(play dough), 찰흙, 연필, 가위, 색종이 등
상상을 위한 놀잇감	의사놀이 세트, 퍼펫, 요술 지팡이, 풍선, 권총, 전화, 동물 인형, 자동차, 비행기, 트럭, 모자, 보석, 핸드백 등

출처: 이숙희, 고인숙(2003).

제 2 부

실 제 편

놀 / 이 / 지 / 도

제 7 장

역할놀이

역할놀이란 유아가 주변에서 경험한 의미 있는 인물, 역할, 사건 등을 모방하거나 상상하여 놀이하는 것을 말한다. 특히, 역할놀이는 유아가 즐겁게 참여하는 놀이 중 하나로 순수한 유아 중심 활동이라고 할 수 있다. 본 장에서는 역할놀이가 무엇인지, 유아에게 주는 교육적 가치는 어떠한 것들이 있는지를 알아보고, 연령에 따른 특징을 탐색해 본다. 또한 유아에게 적합한 역할놀이 환경 구성의 지침과 함께 구체적인 놀이 자료를 제시함으로써 역할놀이 활성화를 위한 실제 이해를 돕고자 한다. 더불어 바람직한 교사 역할 및 관련 놀이 활동을 소개함으로써 역할놀이의 효율적인 지도 방안에 대해 알아본다.

1. 역할놀이의 특성

1) 개념

역할놀이는 영유아기 유아가 가장 즐겨 하는 활동이다. 유아는 흥미로운 사물이나 사람, 자기에게 의미 있는 사건 및 상황 그리고 자신이 경험한 내용을 놀이 속에 모방하여 표현한다. 이 시기 유아의 놀이 장면을 관찰해 보면, 유아는 엄마나 아빠 혹은 아기가 되어 그들의 역할을 상상하여 흉내 내어 보고, 병원이나 가게 등에서의 흥미로운 경험을 언제 어디서든 끊임없이 재현해 내는 것을 볼 수 있다.

역할놀이란 일반적으로 유아에게 의미 있는 대상이나 역할 혹은 흥미로운 사건이나 상황을 모방하고 표상해 보는 것을 의미한다. 역할놀이는 연령 및 학자에 따라 상징놀이(symbolic play), 소꿉놀이(house keeping play), 상상놀이(imaginative play), 가장놀이(pretending play), 가상놀이(make-believe play), 극놀이(dramatic play), 사회극놀이(sociodramatic play), 주제 환상극 놀이(thematic fantasy play) 등으로 조금씩 다르게 개념화되기도 한다. 그러나 이러한 놀이 속에는 가작화 요소(마치 ~인 척)가 내포되는 것이 공통된 특징이라고 할 수 있다. 본 장에서는 이러한 가작화 요소가 포함된 모든 놀이를 역할놀이로 정의한다.

2) 교육적 의의

역할놀이는 유아의 전인 발달에 기여하므로 교육적 가치도 매우 높다. 이러한 역할놀이의 교육적 의미를 세부적으로 나누어 소개하면 다음과 같다.

첫째, 역할놀이는 유아의 사회성 발달에 도움을 준다.

역할놀이에서 유아는 친구들과 함께 역할을 나누고 이야기를 만들어 가면서 자신이 경험한 인물이나 상황을 재현한다. 이를 통해 친구 사귀기, 문제가 발생할 때 긍정적으로 갈등 해결하기, 의견 조정하기, 타협하기, 협동하기 등 여러 가지 사회적인 기술을 습득하게 되고 원만한 또래관계를 형성하게 된다.

둘째, 역할놀이는 유아의 정서 발달에 도움을 준다.

유아는 역할놀이를 하면서 현실에서 이루지 못한 많은 욕구를 충족시키게 된다. 자신이 원하는 인물의 역할을 상상하여 재현해 봄으로써 기쁨과 즐거움의 정서를 경험하게 된다. 더불어 유아는 이러한 놀이를 주도하면서 자율성, 자신감, 성취감 등의 건전한 정서를 통해 긍정적인 자아 개념을 증진시키게 된다. 이 밖에도 역할놀이를 통해 유아는 자신의 근심이나 불안, 분노, 스트레스 등 부정적 감정을 표현하고 놀이를 통해 극복하기도 한다.

셋째, 역할놀이는 유아의 언어 및 창의성 등 전반적 인지 발달에 도움을 준다.

유아는 역할놀이에서 다양한 역할과 상황에 적합한 언어를 사용하고 친구와 이야기를 조직해 가면서 의사소통 능력을 발달시키게 된다. 또한 역할놀이에 필요한 자료와 놀이 내용을 전개하는 과정에서 상상력과 창의성을 계발할 수 있게 된다. 특히, 역할놀이에서는 다양한 역할과 상황을 상상해야 하므로 문제해결력과 함께 확산적 사고가 요구된다. 이 밖에도 또래 입장이나 자신이 맡은 역할의 관점에서 생각하게 되므로 인지적 조망수용 능력이 생겨나 점차 자기중심성에서 벗어나게 된다. 더불어 '~인 척' 하는 가상의 인물이나 상황을 자주 표현하므로 자유로운 연상이 가능하고 추상적 사고력이 증진된다.

3) 연령별 특징

이상의 교육적 가치를 지닌 역할놀이는 연령에 따라 다른 특징을 나타낸다. 일반적으로 역할놀이는 영유아가 성장함에 따라 점차 발전하고 정교화되는 양상을 보인다. 구체적으로 연령이 증가하면서 놀이를 지속하는 시간이 점차 늘어나고 혼자놀이에서 친구와 함께 상호작용하는 형태로 변화된다. 아울러 언어로 표현하는 기술이 점차 세련되어 가며 사회적 의사소통에 진보를 나타낸다. 이 밖에도 대상이나 역할 및 상황에 대해 가작화하는 능력이 점진적으로 발전된다. 이에 역할놀이의 주제나 내용도 주변 사람이나 생활의 일부를 표현하는 지엽적인 것에서 벗어나 지역 사회의 인물이나 기관 등으로 점차 확대되고 복잡해지는 것을 볼 수 있다.

역할놀이의 연령별 특징은 학자들의 견해나 개별 유아의 발달 상태에 따라 조금씩 달라질 수 있으나 일반적으로 다음과 같은 특징을 보인다(이숙재, 2019).

만 1, 2세 영아의 경우 주로 자기 주변에서 본 생활의 단편적인 모습을 놀이로 표현한다. 예컨대, 아기 돌보기, 자동차 운전하기, 전화하기, 요리하기, 걸레질하기 등 단순한 행동을 놀이로 나타내며 동일한 내용을 반복하는 경향이 짙다. 특히, 역할놀이의 주제나 내용은 자신의 욕구나 흥미 그리고 주어진 놀잇감에 따라 즉흥적으로 발생하며 놀이의 지속 시간도 짧은 편이다. 한편 영아가 함께 놀이하는 대상은 성인이거나 혼자서 놀이하는 경우가 대부분이다.

만 3세 유아의 역할놀이는 이전 시기와 비교해 볼 때 내용에 있어 큰 변화는 없다. 주로 가족이나 집에서 일어나는 놀이를 즐기며 때로는 의사 선생님이나 생일, 소풍과 같이 자신이 경험한 의미 있는 역할이나 상황을 재현하기도 한다. 영아기와 비교해 보면, 놀이 주제나 놀이를 선택할 때 즉흥적이기보다는 사전에 무엇을 할 것인지 생각하기도 한다. 그러나 계획대로 실행되지 못하는 경우가 더 많다. 또한 이 시기 대부분의 유아가 역할놀이에서 영향력 있는 인물에 관심을 갖는데, 주로 엄마나 아빠 또는 선생님 등 주요 인물의 역할을 맡아 놀이하려고 한다. 이에 역할놀이 영역에서 주요 역할을 두고 유아들 간의 갈등이 자주 발생한다. 이전 시기에 비해 놀이의 지속 시간이나 또래와 함께 놀이하려는 시도는 점차 늘어나지만, 여전히 자기중심적 특성이 강하여 놀이가 오래 지속되지는 못한다. 또한 영아기와 유사하게 놀잇감을 원래 용도대로 사용하는 경우가 더 많다.

만 4, 5세 유아의 역할놀이는 이전 연령에 비해 질적으로나 양적으로 변화, 발전하는 시기이다. 특히, 만 3세 유아가 즐겨 하는 가족이나 집과 관련된 내용에서 벗어나 자신이 경험한 더욱 넓은 주변 세계의 역할이나 상황을 놀이 속에 표현한다. 예컨대 상점, 미용실, 음식점, 119 구조대, 은행, 우체국, 방송국 등 지역사회의 다양한 직업이나 역할에 관심을 갖고 이를 놀이에 표현한다. 이 밖에도 매체(예: TV, 인터넷, 영화, 동화책)를 통해 경험한 내용이나 역할을 재현하기도 한다. 또한 인지 발달과 더불어 여러 가지 놀이 내용을 연출하고 놀잇감이나 소품을 활용하는 창의적 능력이 탁월하게 발휘된다. 역할 분담에 있어서도 주요 역할만을 고집하지 않으며 다양한 인물들이 등장하고 자기 요구에 따라 선택하게 된다(예: 결혼식 놀이에서 신랑, 신부 외에도 사회자, 주례, 손님, 들러리, 사진사 등으로 역할이 분화되고 자기 관심사에 따라 역할을 맡게 됨). 아울러 이 시기 역할놀이에서 성차가 뚜렷이 나타나기 시작한다. 이에 남아는 경찰놀이, 영웅놀이, 전쟁놀이 등의 활동적이고 공격적 놀이를 진행하는 경우가 많은 반면, 여아는 가족놀이 등의 언어를 풍부하게 사용하고 표현적인 놀이를 보다 즐겨 한다.

2. 환경 구성 및 놀이 자료

영유아의 역할놀이는 놀이실 내 역할놀이 영역에서 주로 이루어지나 다른 장소에서도 얼마든지 일어날 수 있다. 일반적으로 어린이집이나 유치원에서 쌓기놀이 영역과 역할놀이 영역을 인접해서 배치하는 경우가 많은데 쌓기놀이 영역에서 자동차를 만들거나 소방대 본부를 구성한 경우에는 그곳에서도 역할놀이가 일어날 수 있다. 또한 실내 놀이실 외에도 실외 놀이터는 더 큰 규모의 역할놀이가 일어날 수 있는 장을 제공하게 된다.

영유아의 역할놀이를 위해 놀이실 내 영역 구성 지침을 제시하면 다음과 같다.

첫째, 다른 영역과 명확히 분리된 공간을 제공하도록 한다. 주로 교구장이나 낮은 칸막이 등을 이용하여 다른 영역과 구분한다. 특히, 역할놀이 영역의 천정에 커튼이나 천을 늘어뜨려 설치하면 더욱 아늑하고 편안한 느낌을 줄 수 있고 시각적으로도 분리된 공간을 제공할 수 있다. 또한 역할놀이 영역의 일부를 2층으로 올라갈 수 있는 놀이집이나 구석진 공간으로 세분화하여 구성한다면 더 다양한 주제의 놀이가 일어날 수 있다. 이 밖에도 놀이 영역의 바닥에 부분적으로 작은 무대를 만들어 줌으로써 유아로 하여금 공간적으로 분리된 장소라는 느낌을 갖고 더욱 활발한 역할놀이가 일어나도록 한다(박찬옥, 정남미, 임경애, 2010).

둘째, 역할놀이 영역은 쌓기놀이 영역과 인접하여 배치하도록 한다. 두 영역 모두 유아의 활발한 움직임과 소음이 많이 발생하는 곳으로 함께 배치하는 것이 놀이실 구성에 도움이 된다. 일반적으로 역할놀이는 해당 영역에서 주로 일어나지만 유아가 쌓기놀이 영역에서 만든 구성물을 활용하여 역할놀이 주제와 자연스럽게 연계하여 놀이를 진행하는 경우도 빈번하게 나타난다(예: 쌓기놀이 영역에서 만든 자동차를 타고 역할놀이 영역에서 소풍이나 동물원 가는 놀이로 연계). 따라서 유아의 역할놀이를 더욱 활성화시키려면 두 영역을 인접하여 배치하는 것이 더욱 효율적이다.

셋째, 역할놀이 영역은 생활 주제와 연계하여 구성한다. 역할놀이 영역은 전형적인 가정과 같은 세팅(예: 소꿉놀이)을 기본적으로 유지하되 시기(예: 학기 초)와 생활 주제에 맞추어 영역을 구성한다. 이때, 놀잇감 및 소품에 변화를 줌으로써 유아로 하여금 다양하고 발전된 역할놀이를 경험하게 한다.

특히, 생활 주제와 관련된 역할놀이 자료를 제공하기 위해 주제별 소품상자를 만들어 보관하면 효과적이다. 소품상자는 필요에 따라 유아의 놀이에 적절히 활용한다. 단단한 종이나 플라스틱 재질로 된 큰 상자(〈그림 7-1〉참조)를 마련하여 생활 주제(예: 미용실놀이)와 관련된 자료(예: 다양한 종류의 머리빗, 헌 드라이기, 수건, 놀이용 플라스틱 가위, 가발, 핀, 가운, 거울, 분무기, 파마 도구, 플라스틱 통(샴푸, 화장품), 파마 가열기, 잡지책, 비닐모자, 헤어스타일 화보)를 함께 보관한다. 상자 겉면에는 놀이 주제명을 적고 내용물 목록을 기록해 두면 좋다. 소품상자에는 놀이 주제와 관련된 배경이나 책, 상품화된 자료, 교사 제작 자료 등을 모아 함께 보관하면 도움이 된다. 유아교육기관에서 유아들이 즐겨 하는 역할놀이 주제와 소품상자에 포함될 자료 내용은 〈표 7-1〉과 같다.

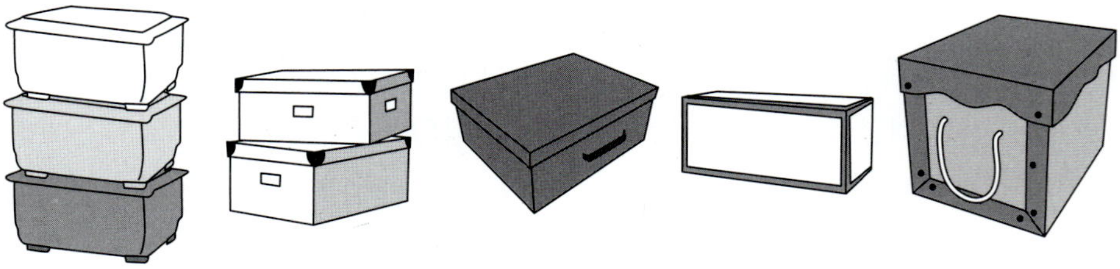

| 그림 7-1 | **다양한 형태의 소품 상자**

| 표 7-1 | 역할놀이 주제에 따른 소품상자의 내용

주제	소품상자에 포함될 자료	참고
119 구조대	구조대 조끼, 모자, 의료장비 상자, 병원놀이 세트, 들것, 무전기, 산소통, 호스, 소화기, 인형, 119 구조대 화보 등	병원놀이 자료와 함께 보관하면 효과적임
음식점	밀가루 반죽, 모형 음식, 쟁반, 종이컵, 접시, 수저, 포크, 냅킨, 테이블 보, 조화, 계산기, 종이돈, 지갑, 메뉴판, 계산서, 영수증, 앞치마, 모자, 전화기 등	음식점에 따라 모형 음식의 종류를 분류하여 보관함
병원	의사 가운, 간호사 모자, 다양한 의료기(체온계, 청진기, 반사경, 혈압계, 압설자, 약병, 솜, 붕대, 반창고, 주사기, 링거), 침대, 약(밀가루 반죽 이용), 약 봉투, 차트, 처방전, X-선 사진, 진찰실 표지판, 영수증, 의료보험증, 사람 인형 등	
상점 (마트, 백화점)	가게 관련 물품, 계산기, 종이돈, 영수증, 가격표, 장바구니, 쇼핑백, 저울 등	가게에 따라 상품의 종류를 분류하여 보관함
미용실	다양한 종류의 머리빗, 헌 드라이기, 수건, 놀이용 플라스틱 가위, 가발, 핀, 가운, 거울, 분무기, 파마 도구, 플라스틱 통(샴푸, 화장품), 파마 가열기(제작), 잡지책, 비닐모자, 다양한 헤어스타일의 화보	
탐험 (우주여행)	우주복, 안경, 헬멧, 산소통, 장갑, 장화, 손전등, 무전기, 레이더, 우주와 관련된 화보 등	
은행	통장, 종이돈, 스탬프와 도장, 현금카드, 대기자 번호표, 현금지급기, 잡지책, 종이, 봉투, 연필, 사인펜, 지갑 등	문해 관련 자료는 유아가 직접 만들어 보도록 유도함
결혼식	신부용 드레스와 면사포, 신랑용 양복, 구두, 넥타이, 부케, 사진기, 결혼식용 음악 CD, CD 플레이어, 잔치용 모형 음식이나 케이크, 사진기, 결혼식 관련 사진 등	

넷째, 연령에 따른 유아의 흥미나 욕구를 적절히 반영하여 구성한다. 유아는 연령 증가와 더불어 관심을 두거나 흥미를 갖는 주제들이 확장·발전된다. 아울러 동일한 주제도 연령이나 상황에 따라 그 내용이 심화되고 복잡성을 띤다. 예컨대, 만 1, 2세 영아는 단순한 행동을 모방·반복하며, 만 3세 유아의 병원놀이는 의사와 환자와 같이 주요 인물의 역할을 재현하는 것에 초점이 맞춰져 있다. 이에 비해 만 5세 유아의 병원놀이는 놀이 내용(예: 소아과, 치과, 수술실 등)과 그에 따른 역할이 다양해진다. 게다가 병원놀이가 다른 놀이(예: 119 구조대)와 연계될 수도

있으며 친구들과 역할을 분담하여 협동적인 놀이의 형태를 나타낸다. 이처럼 유아의 연령에 따라 놀이 경험의 폭, 사물이나 상황에 대한 가작화 수준 그리고 관심사가 확대된다. 따라서 공간 구성 시 이를 적절히 반영해야 하고 적합한 놀이 자료를 제공함으로써 유아로 하여금 수준 높은 놀이를 경험하도록 한다.

한편 연령에 따른 역할놀이의 환경 구성 시 유의해야 할 점은 다음과 같다(이숙재, 2019).

만 1, 2세 영아의 경우 자신이 관찰한 단순한 주변 생활의 일면을 단순 모방하여 놀이로 표현하므로 실물 혹은 실물과 유사한 놀잇감을 제공하도록 한다. 특히, 이 시기 유아는 제한된 경험으로 인해 놀이 내용이 준비된 놀잇감이나 흥미에 따라 즉흥적으로 일어나며 동일한 내용을 반복하는 경우가 많다. 또한 성인이나 또래가 가지고 노는 놀잇감에 따라 영향을 많이 받으므로 똑같은 놀잇감을 여러 개 준비하는 것이 좋다. 예컨대, 아기 돌보기 놀이의 경우 인형을 태울 유모차를 동일한 색과 모양으로 여러 대 준비하거나 앞치마나 요리사 모자를 똑같은 모양과 색으로 여러 개 준비하는 것이 바람직하다.

만 3세 유아는 이전 영아기와 큰 변화 없이 주로 가정생활과 관련된 놀이 내용을 하게 된다. 따라서 해당 연령 교실의 역할놀이 영역에는 가정과 같은 편안하고 아늑한 분위기를 연출해 주면서 관련 놀잇감을 기본 세팅으로 제공한다. 또한 아직까지는 놀잇감을 제한된 용도로만 사용하는 경향이 있으므로 실물이나 실물과 유사한 놀잇감을 제공한다. 그러나 만 1, 2세 영아에 비해 유아에게 의미 있는 경험이 점진적으로 늘어나므로 친근한 내용이나 주제(예: 병원놀이, 여행 가기, 생일 축하 등)가 놀이에 첨가될 수 있다. 따라서 관련 놀잇감이나 소품을 주제에 따라 제공하되 너무 많은 양을 한꺼번에 내주기보다 처음에는 기본 자료를 제공하고 놀이가 진행됨에 따라 점진적으로 놀잇감이나 소품을 추가로 제시하는 것이 좋다.

만 4, 5세 유아의 경우 이전 시기보다 놀이 주제의 배경 지식이나 경험이 더욱 확장되고 심화됨으로써 일상생활의 내용과 더불어 다양한 직업이나 사회 구성원과 관련된 역할놀이(예: 미장원놀이, 119 구조대놀이, 경찰놀이, 우체국놀이, 은행놀이, 방송국놀이)를 하게 된다. 또한 이 시기에는 TV나 책에서 본 상상의 역할이나 사건(예: 탐험대놀이, 주제극놀이)을 놀이에 반영하기도 한다. 따라서 주제별로 역할놀이에 필요한 소품 상자를 만들어 적절히 활용함으로써 유아의 놀이를 풍부하게 한다. 이때, 벽면에 해당 역할놀이 주제의 화보나 사진을 게시하여 역할놀이 과정에 도움을 줄 수도 있다. 또한 유아의 지적인 발달로 놀잇감을 스스로 창안하거나 기존 놀잇감을 다양한 용도로 활용할 수 있게 된다. 따라서 유아 자신이 필요한 소품(예: 종이돈, 지갑, 모자, 간호사 모자 등)은 직접 만들어 보도록 자료를 제공한다. 더불어 기존 놀잇감을 상황에 맞게 창의적으로 활용하도록 지도하여 수준 높은 놀이를 유도한다. 한편 놀이 후 놀잇감의 정리 정돈을 위해 교구장에 그림이나 사진과 함께 글자로 표시해 두면 도움이 된다.

3. 교사의 역할 및 지도 방법

교사는 놀이에서 적절한 역할을 수행함으로써 영유아의 놀이를 효과적으로 지도해야 한다. 역할놀이 영역에서 유아의 놀이를 활성화시키기 위한 교사의 역할 및 구체적인 지도 방법은 다음과 같다(이숙재, 2019).

첫째, 계획자로서의 역할이다.

역할놀이는 유아의 생각이나 행동이 주체가 되는 순수한 유아 중심 활동이다. 그러나 유아가 수준 높은 역할놀이를 경험하기 위해서는 사전에 교사가 신중하고 사려 깊은 계획을 세워야 한다.

먼저, 어떤 내용의 역할놀이를 할 것인지 결정해야 한다. 유아의 연령, 흥미, 관심사 그리고 생활 주제 등을 고려하여 교실 내 유아에게 의미 있는 주제를 선정한다. 주제를 결정하고 나면 해당 주제의 역할놀이를 위한 사전 활동을 계획한다. 예컨대, 병원놀이를 위한 사전 활동으로 근처 병원으로 견학을 다녀올 것인지 아니면 관련 동화를 소개할 것인지를 결정한다. 사전 활동을 통해 유아는 역할놀이에서 표현할 수 있는 다양한 인물이나 역할을 경험하게 된다. 특히, 사전 활동으로 견학을 계획할 때 아이들과 함께 질문 목록을 만들어 방문하면 해당 직업 및 역할에 대한 이해를 도울 수 있다. 사전 활동 후에 교사는 주제와 관련된 적절한 공간을 계획하고 관련 놀잇감 및 소품을 어떻게 제공할 것인지를 유아들과 함께 계획함으로써 유아의 역할놀이 참여를 극대화하도록 한다. 이 밖에도 역할놀이의 평가 및 마무리와 함께 유아에게 의미 있는 사후 활동이나 다른 영역과의 연계 활동을 계획해 보는 것도 도움이 된다.

둘째, 관찰자로서의 역할이다.

교사는 교실 내에서 일어나는 역할놀이의 상황과 개별 유아의 놀이를 잘 관찰하여 놀이 지도에 반영한다. 어떤 주제의 역할놀이가 자주 일어나는지, 유아가 선호하는 역할은 무엇인지 그리고 자주 사용되는 놀잇감은 어떤 것이며 집단은 어떻게 구성되는지를 면밀히 관찰한다. 교사는 관찰 내용을 역할놀이 계획에 반영하며, 놀이 진행 과정 중 발생하는 문제점을 발견하고 이에 신속히 대처하도록 한다. 예컨대, 병원놀이가 활성화되어 계획보다 더 큰 공간이 필요하다는 것을 관찰하게 되면, 교사는 놀이 공간을 재구성해야 한다. 또한 제시되지 않은 놀이 소품이 필요한 경우 유아에게 해당 놀잇감을 신속하게 제공하거나 직접 만들어 보도록 지도하는 것도 관찰을 통해 가능하다.

더불어 교사는 개별 유아의 역할놀이 행동을 면밀히 관찰하여 놀이 주제, 놀이 지속 시간, 언어적 의사소통 능력, 가작화 수준, 다른 유아와의 사회적 상호작용 등을 관찰한다. 이를 통해 개별 유아의 강점과 보완점을 발견하여 이후 놀이 지도에 반영한다. 가령 어떤 유아가 한 가지 역할에서 금방 다른 역할로 바꾸거나 역할놀이 영역에 잠깐 머무는 등의 행동을 보인다면 그 유아는 놀이 지속력이 약하다고 볼 수 있다. 따라서 교사는 역할놀이 상황에서 해당 유아에게 새로운 놀이 주제를 제안하거나 흥미로운 상황이나 의미 있는 역할을 담당하게 함으로써 유아의 놀이 지속력을 증진시킬 수 있다.

셋째, 참여자 및 안내자로서의 역할이다.

교사는 유아의 놀이에 참여하여 관찰을 통해 발견한 문제점을 보완하고 놀이를 활성화시킴으로써 유아에게 의미 있는 경험으로 안내하는 역할을 담당해야 한다. 이때, 교사는 유아에게 정서적 후원자의 역할을 담당함으로써 유아가 편안하게 역할놀이에 참여할 수 있도록 자연스러운 분위기를 조성해 준다.

또한 교사는 유아의 놀이를 관찰한 후 적절한 질문(예: 아기가 왜 울고 있니?, 어디로 놀러 가세요?, 모두 얼마예요?), 의견이나 조언(예: 이것을 전화기라고 하자, 정민이가 의사라고 하자), 모델링(예: 어서 오세요, 무엇을 도와드릴까요?, 여기 주문표가 있습니다, 음식 주문하세요, 아기가 아프데요. 병원에 가야겠어요), 소품 제공(예: 음식점놀이에서 음식 모형, 조리 기구, 그릇, 차림표, 앞치마, 지갑, 종이돈) 등을 통해 직·간접적으로 유아의 놀이에 개입한다.

넷째, 환경 제공자로서의 역할이다.

교사는 유아의 연령이 어릴수록 가정과 유사한 세팅을 제공하여 편안하고 아늑한 분위기를 만들어 주고 연령이 높아질수록 다양한 직업과 사회 구성원 역할을 경험해 볼 수 있도록 소품의 변화를 준다. 이에 유아가 어릴수록 실물 혹은 실물과 유사한 세팅을 제공하며, 이후 연령이 높아질수록 가정 세팅을 기본으로 하되 생활 주제에 근거하여 다양하게 확대하여 구성한다. 아울러 성 차별 없이 여러 종류의 직업과 역할로 고려하여 의미 있는 경험을 할 수 있도록 환경을 구성한다.

다음 예화는 유아의 역할놀이를 활성화시키는 교사 개입의 구체적인 실제를 보여 주고 있다.

남자 아이 두 명이 역할놀이 영역의 거울 앞에서 여러 가지 모자를 번갈아 가며 써 보고 있다. 한 아이가 소방관 모자를 거꾸로 쓴 것을 보고 웃고 있을 뿐 아이들은 서로 이야기를 나누지 않는다. 이런 행동이 몇 분간 지속된다. 멀리서 이 장면을 지켜보고 있던 교사가 아이들에게로 다가간다.

교사: (안전모를 쓰고 있는 아이에게) "이 모자를 쓰는 사람은 어떤 일을 할까?"
승수: (아무 말 없다)
정환: "일하는 사람들이 쓰는 모자예요. 집 짓는 일을 하는 사람들이요."
교사: (웃으며) "승수가 집을 지으려고 하니? 일할 준비가 다 되었구나."
승수: "네. 우린 집을 짓고 있어요."
(정환에게) "우리… 집 짓는다고 하자."
정환: (소방관 모자를 쓰고 있다) "응, 나도 집 짓는 사람 할 거야."
승수: "선생님도 집 짓는 사람 하세요." (야구 모자를 선생님에게 건넨다)

교사는 모자를 쓰고 아이들과 함께 플라스틱 공구함이 있는 곳으로 간다.

승수: (드라이버, 망치 등을 공구함에서 꺼내며) "집 지으려면 이게 있어야 해."
정환: "이걸 이렇게 허리에 끼워야 해." (자신의 벨트에 공구를 끼운다)
"이래야 물건을 옮길 수 있지."

아이들이 공구를 들여다보느라 놀이 진행이 다시 느려진다. 이때, 교사가 아이들에게 다음과 같이 묻는다.

교사: "그런데 너희들 어떤 건물을 지을 거니?"
정환: "집이요. 아니 더 큰 건물, 아주아주 크고 높은 거요." (큰 건물임을 나타내는 몸짓을 보이며 웃는다)
교사: "어디에 집을 지을 거니? 어디에 만들 건데?"
승수: (교실을 둘러보다 쌓기놀이 영역을 가리키며) "저기요, 저기에 지을 거예요."

이윽고 아이들은 벽돌 블록을 쌓고 장난감 못과 망치로 건물 짓는 소리를 낸다. 아이들이 서로 상호작용을 하는 동안 교사는 몇 걸음 떨어져서 아이들의 놀이를 지켜본다.

교사: "음… 좋아… 이제 선생님은 좀 쉬어야겠다. 너희들은 계속 집을 지으렴."

아이들은 교사가 놀이 영역을 떠나는 것도 모른 채 집 짓는 놀이에 열중한다.

출처: Trawick-Smith(1994).

앞의 예화를 보면, 처음에는 유아들의 놀이가 잘 조직화되지 못하고 있다. 즉, 단순한 행동(예: 모자를 번갈아 가며 써 보기)을 반복하거나 유아들 간 대화도 없으며, 사회적 상호작용도 거의 일어나지 않고 있다. 또한 상황이나 역할의 가작화 수준도 높지 않은 것을 볼 수 있다. 이에 교사는 아이들의 놀이를 멀리서 관찰하다가 적절한 시기에 개입하여 질문을 통해 아이들 간의 대화와 사회적 상호작용을 촉진시키고 있음을 볼 수 있다(예: "승수가 집을 지으려고 하니? 일할 준비가 다 되었구나."). 또한 교사는 집짓기 놀이를 지속시키기 위해 다양한 질문을 던짐으로써 아이들로 하여금 상징적인 방법으로 물건을 사용하도록 격려하고 있다(예: "그런데 너희들 어떤 건물을 지을 거니?", "어디에 집을 지을 거니? 어디에 만들 건데?"). 이러한 교사 개입은 역할놀이를 더욱 정교화하고 확장시킴으로써 유아들로 하여금 수준 높은 놀이 경험을 할 수 있게 한다.

이와 함께 교사가 유아의 놀이에 개입할 때 유의해야 할 점이 있다. 앞서 언급하였듯이 역할놀이는 순수한 유아 중심 활동이다. 따라서 유아에게 놀이에 참여할 것을 강요하는 것은 바람직하지 않다. 유아가 원하지 않는다면 놀이에 강제로 참여시키지 않는다. 아울러 필요 이상으로 교사가 유아의 놀이에 과도하게 개입하거나 놀이를 주도하는 것은 유아들의 놀이 흐름을 방해할 수 있다. 결론적으로 교사의 개입은 적절한 시기에 알맞은 방법으로 이루어져야 효과적이다.

종합해 보면, 효과적인 놀이 지도가 되기 위해 교사는 유아가 선택한 놀이 주제에 자연스럽게 참여하여, 관찰을 통해 놀이 상황에서 발생할 수 있는 문제점을 미리 예방하거나 해결한다. 또한 놀이에 참여하면서 개별 유아의 도움에 신속하게 반응하도록 한다. 교사는 가능한 한 짧은 시간 동안 놀이에 개입하여 개별 유아에게 필요한 내용들(예: 사회적 상호작용, 가작화, 놀이 지속 등)을 지도함으로써 유아의 놀이가 활성화되도록 한다.

4. 실제 활동

1) 역할놀이 주제

영아의 역할놀이는 상 차리기, 아기 우유 먹이기와 같이 단순한 행동이나 반복되는 생활의 단편적인 모습을 보고 흉내 내는 것에서부터 시작하게 된다. 엄밀히 말해 상징놀이라고 불리며 영아는 단순한 행동을 모방하여 재현한다. 이후 성장하면서 유아 시기에 접어들면 단순한 행동의 모방에서 벗어나 특정 에피소드나 주제를 가지고 역할을 분담하여 놀이를 진행하는 수준으로 발전하게 된다.

만 3세 이상 유아가 즐겨 하는 역할놀이 주제의 목록은 다음과 같다. 제시된 주제 외에도 유아가 경험한 내용은 얼마든지 역할놀이로 재현이 가능하다.

역할놀이 주제 목록

- 가족놀이
- 병원놀이(동물병원)
- 가게놀이(빵, 아이스크림, 음료수, 햄버거, 옷, 꽃 가게 등)*
- 여행놀이(소풍, 산, 바다, 강, 공원, 수영장, 자동차/기차/비행기/배 여행놀이)
- 음식점놀이(한식, 중식, 양식, 뷔페)
- 시장놀이(수퍼마켓, 대형 마트, 재래시장, 아나바다)
- 미용실놀이(이발소놀이)*
- 목욕탕놀이
- 세차장놀이
- 결혼식놀이(전통혼례식놀이)*
- 세탁소놀이
- 119구조대놀이
- 자동차정비소놀이(수선소놀이)
- 은행놀이
- 우체국놀이
- 신문사놀이
- 방송국놀이
- 탐험대놀이(우주/바다 속/남극/북극 탐험대 놀이)
- 주제극놀이*
- 특별한 날 놀이(생일/축제/올림픽/월드컵/민속의 날)

앞서 제시한 바와 같이, 역할놀이 주제는 가족놀이나 병원놀이와 같이 유아에게 매우 익숙한 주제로부터 탐험대놀이와 같이 익숙하지 않은 것에 이르기까지 다양하다. 일반적으로 역할놀이 주제는 생활 주제, 유아의 연령 및 흥미, 놀이 경험 정도에 기초하여 결정한다. 또한 동일한 주제(예: 가게놀이)라도 시기, 유아의 연령 및 관심사, 사전 경험에 따라 확장, 심화 정도가 다를 수 있음을 유의한다.

2) 역할놀이 활동 계획 및 지도법

역할놀이 계획 및 지도 시 고려해야 할 사항을 살펴보면 다음과 같다.

2019년 개정 누리과정에서는 유아 중심과 놀이 중심을 그 어느 때보다 강조하고 있다. 역할놀이 역시 순수한 영유아 중심, 놀이 중심으로 진행되어야 하는데 이는 현장에서 교사의 무계획이나 놀이의 방치를 의미하는 것은 아니다. 이는 영유아가 놀이를 이끌고 충분히 주도하되 그 안에서 교사의 계획과 의도된 교육적 요소들이 잘 구현되도록 노력하고 생각하는 교사 역할이 무엇보다 중요함을 의미한다.

이를 위해서 교사는 영유아의 표준보육과정 및 누리과정의 요소들을 평소에 잘 숙지하여 역할놀이를 통해 각 영역별 목표와 내용이 역할놀이를 통해 잘 구현될 수 있도록 노력해야 한다. 더불어 세밀한 영유아 관찰을 통해 연령별 역할놀이의 주제 선정 및 수위 조절, 다양한 창의적 활동과의 연계, 역할놀이 활성화를 위한 지원과 환경 구성, 영유아 중심 놀이가 되기 위한 교사의 역할을 항상 염두에 두어야 한다.

역할놀이에서의 구체적인 교사의 활동 계획 및 지도법을 살펴보면 다음과 같다.

역할놀이의 계획은 놀이 주제를 선정하는 것에서부터 시작한다. 앞서 언급하였듯이, 놀이 주제는 생활 주제, 유아의 흥미, 욕구, 관심사 등을 반영하여 결정한다. 주제가 결정되고 나면 교사는 주제와 관련된 놀이 자료(소품이나 놀잇감)를 계획하게 된다. 이때, 놀이 자료는 주제와 관련된 상품화된 소품에서부터 교사가 제작한 자료에 이르기까지 다양하게 준비할 수 있다. 놀이 자료가 결정되고 나면 구체적인 놀이 방법을 계획한다. 놀이 방법은 일반적으로 사전 활동 제공하기, 아이들과 함께 놀이 계획하기, 놀이 전개하기, 놀이 평가하기의 순으로 구성한다. 놀이 방법 계획 시 고려해야 할 사항을 구체적으로 살펴보면 다음과 같다.

사전 활동에는 주제와 관련된 견학, 책 읽기, 사진이나 동영상 자료 보기, 주제와 관련된 경험 이야기 나누기 등이 포함된다. 이때, 주제와 관련된 인물, 정보, 지식, 절차나 과정 등에 대해 알아볼 수 있다. 또한 사전에 교사가 준비한 놀잇감이나 소품의 활용 방법에 대해서도 이야기 나눌 수 있다. 이미 유아가 여러 번 경험하여 익숙한 주제라면 이야기 나누기만으로도 진행에 무리가 없다. 그러나 다수 유아에게 익숙하지 않은 주제는 유아가 사전 활동을 경험해야 놀이가 활성화될 수 있다.

사전 활동을 실시한 후에는 유아들과 함께 구체적인 놀이 계획을 세운다. 유아들과 함께 놀이 영역을 어디에 구성할지를 결정하고, 교사가 준비한 것 외에 더 필요한 놀잇감이나 소품은 없는지를 알아본다. 또한 놀이를 위해 필요한 인물과 역할에는 무엇이 있는지를 함께 생각해 본다.

유아들과 함께 놀이 계획을 마친 후에는 역할을 분담하고 적절한 소품을 이용하여 놀이한다. 이 과정에서 교사는 유아의 창의성이 충분히 반영될 수 있도록 격려한다. 역할놀이는 전개 과정 중 필요에 따라 다양한 역할이나 상황, 소품 등이 첨가될 수 있다. 이에 교사는 유아들의 놀이를 세심하게 관찰하여 신속히 대처하도록 한다. 특히, 역할놀이 진행 중 교사 의도와는 다른 방향으로 놀이가 전개될 수 있다. 그런 경우에는 교사의 계획을 고집하기보다 유아의 흥미나 관심사를 고려하여 지도하는 융통성을 발휘한다. 이 밖에도 역할놀이와 연계될 수 있는 기타 영역(예: 요리, 언어, 음률 등)의 활동, 의미 있는 추후 활동이나 실외 놀이터로의 확장 등을 고려한다.

놀이가 종료된 후에는 반드시 유아들과 함께 평가하는 과정을 갖는다. 이때, 놀이를 하면서 재미있었던 점, 고쳐야 할 점, 아쉬웠던 점 그리고 앞으로 더 재미있게 놀 수 있는 방법 등에 대해 유아들과 함께 이야기를 나눈다. 이를 통해 결정된 사항은 추후 놀이 계획이나 진행에 반영한다.

3) 실제 활동의 예

다음의 〈표 7-2〉와 〈표 7-3〉은 취학 전 영유아가 즐겨 하는 역할놀이 주제에 따른 활동 개요를 제시하고 있다.

| 표 7-2 | 영아기 상징놀이 개요

번호	놀이 제목	대상 연령	놀이 방법 개요
1	생일 축하 놀이	2세	모형 생일 케이크에 초를 꽂고 '생일 축하' 노래를 부르며 생일축하놀이를 한다. 이때, 각 영아들은 생일 케이크를 만들고 생일 축하 노랫말에 각 영아의 이름을 넣어 부르는 놀이를 좋아한다.
2	자동차 길 만들어요	1~2세	영아가 자동차를 굴리면서 놀이할 때 종이 블록이나 자동차 길 블록을 이용해 자동차 길을 만들고 자동차를 굴려 본다. 1세 영아의 경우에는 간단한 자동차 길이 적합하고, 2세 영아의 경우엔 터널이나, 신호등, 경사로 등을 이용한 자동차 길 만들기를 즐긴다.
3	멍멍이네 집이에요	1~2세	종이벽돌이나 우레탄 블록으로 사면이 막힌 공간을 만들고 "멍멍이네 집"이라고 한다. 다른 동물들의 집을 더 만들 수도 있고, 영아 자신의 집을 만들 수도 있다. 각각의 집에 놀러 가기도 하고 음식을 배달하는 놀이로 확장할 수도 있다.
4	동물 흉내 내기	2세	영아에게 친숙한 강아지, 토끼, 호랑이, 병아리 등의 모자를 쓰고 각 동물의 특징을 표현하도록 한다. 강아지의 소리, 토끼의 귀 모양이나 뛰는 모습 등을 표현해 보도록 한다.
5	병원놀이	2세	청진기, 주사기, 약병 그리고 인형을 제시하여 영아가 병원에서 경험했던 일들을 재현하도록 한다. 아픈 사람을 인형으로 할 수도 있고 교사나 영아가 직접 아픈 사람 역할을 하면서 자신의 경험을 표현할 수도 있다.

번호	놀이 제목	대상 연령	놀이 방법 개요
6	아기 목욕시키기	2세	플라스틱으로 된 인형을 큰 욕조에 넣고 목욕시키기를 재현하도록 한다. 이때, 영아들이 각각 자신이 목욕했던 경험을 이야기하면서 인형 아기를 사용해 목욕시킬 때 조심해서 인형 아기를 도와주도록 격려한다.
7	소풍 가요	2세	영아들과 가까운 공원에 산책을 다녀 온 후, 아기 인형, 유모차, 도시락, 돗자리 등을 가지고 산책 다녀 온 경험을 재현하는 놀이를 한다.
8	붕붕차를 타고 가요	2세	놀이실에 있는 붕붕차를 타고 다니는 영아가 운전하면서 자신이 가 보았던 곳을 재현하도록 격려한다. 또한 자동차를 타고 가다가 주유소에서 기름을 넣었던 경험, 사고가 났던 경험 등을 재현하도록 한다.

| 표 7-3 | 유아기 역할놀이 주제에 따른 활동 개요

주제	놀이 자료	놀이 방법	참고
가족놀이	주방용품, 음식 모형, 가구류, 의류, 화장품, 액세서리, 가방, 신발, 모자, 가족인형, 봉제인형 등	• 사전 활동 관련 그림책 읽기 놀잇감 활용에 대해 이야기 나누기 • 계획 영역 구성하기, 필요 소품 만들기, 필요 역할 알아보기 • 전개 가족 구성원 역할 정하기 역할에 맞는 소품 이용하여 가족 생활과 관련된 내용 표현하기 • 평가	
병원놀이	의사 가운, 간호사 모자, 의료기(체온계, 청진기, 반사경, 혈압계, 압설자, 약병, 솜, 붕대, 반창고, 주사기, 링거), 침대, 약(밀가루 반죽), 약 봉투, 차트, 처방전, X선 사진, 진찰실 표지판, 영수증, 의료보험증, 필기도구, 사람 인형, 전화기, 의자, 탁자, 진찰용 침대 등	• 사전 활동 근처 병원 견학하기, 관련 도서 읽기 견학 및 놀잇감 활용에 대해 이야기 나누기 • 계획 영역 구성하기, 필요 소품 만들기, 병원 이름 짓기 등 • 전개 역할 정하기, 소품 이용하여 병원과 관련된 내용 표현하기 • 평가	• 쌓기놀이 영역에 구급차 만들어 연계 가능 • 119구조대 놀이와 연계 가능 • 동물병원놀이로 변형 가능

주제	놀이 자료	놀이 방법	참고
가게놀이*	과일 모형, 아이스크림 모형, 색 밀가루 반죽, 냉장고, 쟁반, 종이봉투, 비닐봉투, 종이돈, 계산기, 장바구니, 가격표, 저울, 탁자(진열대), 전단지, 다양한 과일이나 아이스크림 사진이나 그림 등	• 사전 활동 근처 가게 견학 및 물품 구입하기, 관련 도서 읽기 견학 및 놀잇감 활용에 대해 이야기 나누기 • 계획 판매 물품 결정하기, 영역 구성하기, 필요 소품 만들기, 가게 이름 짓기, 필요 역할 알아보기 • 전개 역할 정하기, 소품 이용하여 가게와 관련된 내용 표현하기 • 평가	• 유아의 흥미에 따라 빵, 아이스크림, 음료수, 햄버거, 옷, 꽃, 서점 등으로 변형 가능 • 종이돈, 장바구니, 영수증 등 관련 자료 직접 만들어 보기 • 쌓기놀이 영역과 연계하여 블록으로 냉장고, 배달용 오토바이, 트럭 만들기 등
여행놀이	모자, 여행용 가방, 배낭, 돗자리, 파라솔, 비닐가방, 수영복, 선글라스, 튜브, 텐트, 그릇, 음식 모형(과일, 김밥, 샌드위치 등), 음료수병, 피크닉 가방, 카메라 등	• 사전 활동 가족과 함께 여행 다녀온 경험 이야기 나누기, 여행지에서 찍은 사진으로 장소와 관련 경험 소개하기 놀잇감 활용에 대해 이야기 나누기 • 계획 여행지 결정하기, 영역 구성하기, 필요 소품 만들기, 필요 역할 알아보기 • 전개 역할 정하기, 소품 이용하여 여행과 관련된 내용 표현하기 • 평가	• 쌓기놀이 영역에서 블록 이용하여 교통기관(자동차, 배, 비행기 등) 만들기 가능 • 실외 놀이터에서도 가능
음식점놀이	의자, 탁자, 테이블 보, 꽃(조화), 밀가루 반죽, 모형음식, 쟁반, 종이컵, 접시, 그릇, 수저, 포크, 냅킨, 계산기, 종이돈, 지갑, 메뉴판, 주문서, 필기구, 영수증, 앞치마, 요리사 모자, 전화기 등	• 사전 활동 요리 활동을 통해 음식 만들어 보기, 음식점에 가 본 경험 이야기 나누기, 음식점에서 지켜야 할 예절 이야기 나누기 놀잇감 활용에 대해 이야기 나누기 • 계획 음식 결정하기, 영역 구성하기, 필요 소품 만들기, 음식점 이름 짓기, 필요한 역할 알아보기 • 전개 역할 정하기, 소품 이용하여 음식점과 관련된 내용 표현하기 • 평가	• 종이돈, 지갑, 메뉴판, 가게 간판 등 문해 관련 자료 직접 제작해 보기 가능 • 유아 흥미에 따라 메뉴를 다양하게 구성함(예: 한식, 중식, 양식 등)

주제	놀이 자료	놀이 방법	참고
시장놀이	여러 가지 물건이나 모형, 사진이나 그림, 진열대, 가격 표시판, 종이돈, 지갑, 저울, 계산기, 장바구니, 종이나 비닐봉투, 영수증, 간판 등	• 사전 활동 가까운 시장이나 마트 견학 및 물건 구입해 보기 견학 및 놀잇감 활용에 대해 이야기 나누기 • 계획 판매 물품 결정하기, 영역 구성하기, 필요 소품 만들기, 필요 역할 알아보기 • 전개 역할 정하기, 소품 이용하여 시장과 관련된 내용 표현하기 • 평가	• 간판, 지갑, 종이돈 등 문해 관련 자료 직접 만들어 보기 가능 • 아동 참여도에 따라 교실 전체를 시장으로 구성할 수 있음 • 재활용 물건 교환 시장으로 변형 가능
미용실놀이*	다양한 종류의 머리빗, 헌 드라이기, 수건, 놀이용 플라스틱 가위, 가발, 핀, 가운, 거울, 분무기, 펌 도구, 플라스틱 통(샴푸, 화장품), 펌 가열기(제작), 잡지책, 비닐모자, 다양한 헤어 스타일의 화보 등	• 사전 활동 미용실에 관한 경험 이야기 나누기 놀잇감 활용에 관해 이야기 나누기 컷, 펌, 염색, 드라이 등의 과정에 대해 알아보기 • 계획 영역 구성하기, 필요 소품 만들기, 미용실 이름 짓기, 필요 역할 알아보기 • 전개 역할 정하기, 소품 이용하여 미용실과 관련된 내용 표현하기 • 평가	• 이발소로도 변형 가능
목욕탕놀이	거울, 샤워기, 목욕탕 의자, 대야, 목욕용품(샴푸, 비누, 수건, 빗 등) 등	• 사전 활동 목욕탕에 관한 경험 이야기 나누기 놀잇감 활용에 관해 이야기 나누기 목욕 과정 및 목욕탕에서 지켜야 할 예절에 대해 알아보기 • 계획 영역 구성하기, 필요 소품 만들기, 목욕탕 이름 짓기, 필요 역할 알아보기 • 전개 역할 정하기, 소품 이용하여 목욕탕과 관련된 내용 표현하기 • 평가	• 쌓기놀이 영역에 욕탕, 사우나방, 세신 침대, 옷장, 음료수 판매대 등을 블록으로 만들어 볼 수 있음 • 추후 활동으로 음률 영역에서 목욕 과정을 다양한 몸동작으로 표현해 볼 수 있음 • 상황에 따라 찜질방 놀이와 병행할 수도 있음

주제	놀이 자료	놀이 방법	참고
세차장놀이	솔, 수건, 걸레, 플라스틱 통, 양동이, 고무호스, 자동 세차 기계, 자동차 등	• 사전 활동 근처 세차장 견학 및 이야기 나누기 세차 과정 알아보기 놀잇감 활용에 관해 이야기 나누기 • 계획 영역 구성하기, 필요 소품 만들기, 세차장 이름 짓기, 필요 역할 알아보기 • 전개 역할 정하기, 소품 이용하여 세차장과 관련된 내용 표현하기 • 평가	• 실외 놀이터에서 자전거, 물을 이용하여 실제로 세차하는 놀이를 해볼 수 있음 • 주유소놀이와 병행할 수 있음
결혼식놀이*	드레스, 면사포, 꽃(부케), 구두, 넥타이, 양복, 흰 장갑, 카메라, 촛대, 결혼식 음악과 테이프, 카세트, 장식용 풍선이나 꽃, 초대장, 마이크, 테이블 등	• 사전 활동 결혼식 동영상 및 사진 자료 보고 이야기 나누기 가족과 함께 결혼식 가 본 경험 이야기 나누기 결혼식 순서 알아보기 놀잇감 활용에 관해 이야기 나누기 • 계획 영역 구성하기, 필요 소품 만들기, 필요 역할 알아보기 • 전개 역할 정하기, 소품 이용하여 결혼식과 관련된 내용 표현하기 • 평가	• 조형 영역에서 초대장 직접 제작해 보기 가능 • 음률 영역에서 축가 만들어 보기 가능 • 전통 혼례식으로 변형 가능
119구조대 놀이	구조대 조끼, 모자, 의료장비 상자, 들것, 무전기, 산소통, 호스, 소화기, 인형, 호루라기, 밧줄, 전화기, 119 구조대 화보 등	• 사전 활동 119구조대 활동 모습을 담은 사진이나 동영상 자료 시청하고 이야기 나누기 위험한 일이 일어났을 때 대처 방법에 대해 이야기 나누기 놀잇감 활용에 관해 이야기 나누기 • 계획 영역 구성하기, 필요 소품 만들기, 필요 역할 알아보기, 위험한 상황 설정해 보기 • 전개 역할 정하기, 소품 이용하여 119구조대와 관련된 내용 표현하기 • 평가	• 소방서, 경찰서, 병원놀이와 연계하여 진행 가능 • 추후 활동으로 119구조대원에게 감사 편지 써 보기

주제	놀이 자료	놀이 방법	참고
자동차 / 정비소 놀이	망치, 드라이버, 스패너, 볼트와 너트 등의 모형 수선 도구, 도구상자, 정비사 모자, 장갑, 플라스틱 통 등	• 사전 활동 근처 자동차 정비소 견학 및 이야기 나누기 자동차 구조에 대해 알아보기 놀잇감 활용에 관해 이야기 나누기 • 계획 영역 구성하기, 필요 소품 만들기, 필요 역할 알아보기, 정비소 이름 짓기 • 전개 역할 정하기, 소품 이용하여 정비소와 관련된 내용 표현하기 • 평가	• 주유소놀이와 병행 가능 • 실외놀이터에서도 가능 • 쌓기놀이 영역에서 블록을 이용하여 자동차 구성 가능
은행놀이	통장, 종이돈, 스탬프와 도장, 현금카드, 대기자 번호표, 현금 지급기, 잡지책, 종이, 연필, 사인펜, 봉투, 지갑 등	• 사전 활동 근처 은행 견학 및 이야기 나누기 은행 이용 순서 게시 및 알아보기 놀잇감 활용에 관해 이야기 나누기 • 계획 영역 구성하기, 필요 소품 만들기, 필요 역할 알아보기, 은행 이름 짓기 • 전개 역할 정하기, 소품 이용하여 은행과 관련된 내용 표현하기 • 평가	• 종이돈, 지갑, 통장, 번호표 직접 제작하여 활용 가능
방송국놀이	방송용 카메라, 헤드폰, 마이크, 조명, 배경, 대본, 분장 도구, 악기, 배경 음악, 무대장치 등	• 사전 활동 방송국 견학 및 이야기 나누기 프로그램 만드는 과정 알아보기 놀잇감 활용에 관해 이야기 나누기 • 계획 영역 구성하기, 필요 소품 만들기, 필요 역할 알아보기, 제작 프로그램 결정(드라마, 뉴스, 광고, 운동경기 중계) • 전개 역할 정하기, 소품 이용하여 방송국과 관련된 내용 표현해 보기 • 평가	• 동화책 내용을 주제로 프로그램을 만들 수 있음 • 다른 반을 초청하여 공연할 수 있음

주제	놀이 자료	놀이 방법	참고
탐험대놀이	무전기, 망원경, 우주 옷, 장갑, 장화, 헬멧, 손전등, 레이더, 우주선(또는 잠수함), 우주(해저, 남극, 북극)와 관련된 화보, 배경 등	• 사전 활동 탐험대와 관련된 책 읽기, 동영상 자료 시청 및 이야기 나누기, 놀잇감 활용에 대해 이야기 나누기 • 계획 영역 구성하기, 필요 소품 만들기, 필요 역할 알아보기, 탐험대 이름 짓기 • 전개 역할 정하기, 소품 이용하여 탐험대 관련 내용 표현하기 상황에 맞게 역할이나 소품 첨가하기(관제탑, 외계인 등) • 평가	• 유아의 흥미와 생활 주제에 따라 바다 속, 북극, 남극 탐험으로 변형 가능
주제극놀이*	동화(책, 융판, 자석, 막대 인형 등 다양한 매체 제작), 동화 내용과 관련된 배경, 소품, 극본, 무대 등	• 사전 활동 주제극놀이 동화 듣기 이야기 회상하기 • 계획 영역 구성하기, 필요 소품 만들기, 필요 역할 알아보기, 주요 대사 알아보기 • 전개 역할 정하기, 분장 및 소품 이용하여 동화 내용 표현하기 유아의 창의적인 대사 격려하기 • 평가	• 다른 반을 초청하여 공연할 수 있음 • 주제극놀이 장면을 비디오로 촬영해 볼 수 있음 • 조형 영역에서 초청장, 포스터 만들기와 연계 가능 • 음률 영역에서 효과음 만들어 보기 가능

앞서 소개한 실제 활동 개요 중 영아기 활동의 예(상 차리기, 말랑말랑 밀가루 반죽놀이)와 유아기 활동의 예(가게놀이, 미용실놀이, 전통 혼례식 놀이, 주제극놀이)를 구체적으로 제시하면 다음과 같다.

맛있는 상 차리기	
활동 대상	1~2세
활동 자료	모형 음식(예: 영아들에게 친숙한 사과, 배, 딸기, 바나나, 포도, 빵, 김밥, 생선 등), 테이블 보, 넓은 접시, 포크, 숟가락, 냅킨
활동 방법	1. 영아가 모형 음식을 탐색하도록 한다. 만지기, 먹는 흉내 내기, 냄새 맡기 등을 한다. 영아와 음식 이름, 색, 모양, 맛 등과 같이 음식과 관련된 경험을 이야기해 준다. – "이건 뭐야? 그래… 사과구나." – "빨간 사과구나. 냠냠, 사과를 먹어 보자." – "누구랑 사과 먹어 보았니? 어떻게 먹었는지 흉내 내 볼까?" 2. 모형 음식을 그릇에 담아서 먹는 상을 차리고 교사와 함께 먹는 모습을 흉내 내면서 음식 먹는 놀이를 한다. 서로 음식을 권하고, 맛있게 먹는 것을 흉내 내고, 다 먹은 그릇을 치우는 놀이를 하면서 일상생활에서의 음식을 준비하고 먹이고 치우는 엄마의 모습을 경험하도록 한다. – "여기 맛있는 밥상이 준비되었어요. 어서 와서 드세요." – "우와! 내가 좋아하는 김밥이랑 수박도 있네요. 잘 먹겠습니다. 이렇게 맛있는 음식을 준비해 주셔서 감사합니다. 냠냠, 맛있게 먹어야지." – "다 먹은 그릇은 어떻게 할까요? 싱크대에 갖다 놓을까요? 그릇은 누가 씻을까요?" 3. 실수로 떨어뜨린 음식 치우기, 숟가락과 포크를 이용해서 음식 먹는 흉내 내기 등을 통해 일상생활에서 엄마나 아빠가 영아를 어떻게 도와주고 돌보아 주는지에 대한 경험을 재현하도록 격려한다. ✣ 영아의 경험 • 반복적인 일상생활을 재현하기 위해 적절한 소품을 사용한다. • 엄마 역할을 흉내 내면서 엄마에 대한 개념을 발달시킨다. ✣ 교사의 경험 • 각 영아가 엄마 역할에 대해 이해하고 있는 수준을 파악한다. • 식사 예절과 서로 도와주는 경험을 제공한다. 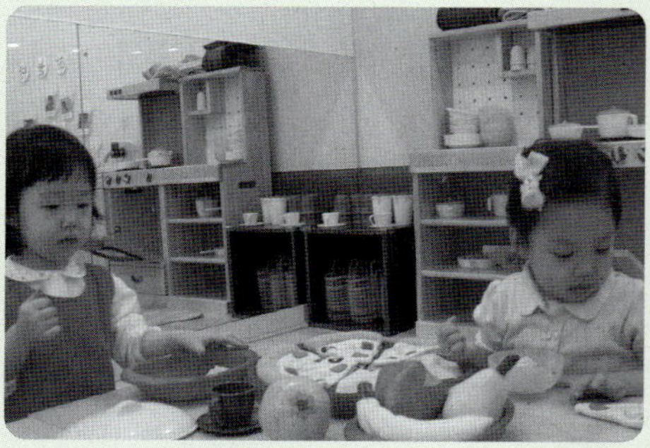

말랑말랑 밀가루 반죽놀이	
활동 대상	1~2세
활동 자료	밀가루 반죽, 밀대, 여러 가지 모양 틀과 도장, 그릇
활동 방법	1. 밀가루 반죽을 떼어서 자유롭게 주무르거나 눌러서 마음대로 모양을 만들면서 탐색하도록 한다. 모양 틀과 찍기 도장을 제시하면서 밀가루 반죽 위에 찍어 보도록 한다. 이 과정에서 나타난 모양이나 무늬의 특징 등을 이야기해 준다. 찍기를 좋아하는 영아에게는 밀가루 반죽을 넓게 밀어서 제시해 주면 영아가 찍기놀이를 활발히 할 수 있다. 2. 영아가 찍기 틀을 세게 또는 약하게 눌렀을 때 생기는 각각의 모양을 비교하면서 손의 힘을 조절해 보도록 격려한다. 이 과정에서 영아는 손의 힘 조절 능력을 연습하고 정확히 찍기 위해 고민하거나 새롭고 신기한 방법을 시도하게 된다. 3. 찍기 틀로 만든 밀가루 반죽을 음식이라고 가정하고 음식 먹는 흉내 내기 놀이를 한다. 일상생활에서 자주 경험하는 음식점 경험을 놀이 상황으로 전개한다. 좋아하는 음식 이름을 말하고 그 음식을 맛있게 먹는 모습을 흉내 내면서 음식점에서 경험했던 일들을 놀이로 재현하도록 격려한다. – "자장면을 좋아하는구나. 선생님은 만두를 좋아해서 만두를 만들었는데…" – "그래 ㅇㅇ이는 칼국수를 만들었구나. 여기 그릇에 덜어 주세요. 조금씩 나누어 먹을게요." ✣ 영아의 경험 • 밀가루 반죽으로 여러 가지 모양을 만들어 본다. • 밀가루 반죽으로 먹어 보았던 음식을 만들고 먹는 흉내를 내 본다. ✣ 교사의 경험 • 각 영아의 손 근육 조절 능력에 따른 모양 찍기의 차이를 인식한다. • 먹어 보았던 음식을 기억해 내고 밀가루 반죽으로 상상할 수 있는 수준을 인식한다. 

물건을 팝니다~ 재미있는 가게놀이	
활동 목표	• 사회 구성원의 역할을 이해한다. • 가게와 관련된 경험을 놀이로 표현해 본다. • 의사결정 능력을 기른다.
활동 자료	과일(과일 모형, 색 밀가루 반죽, 과일 사진이나 그림), 아이스크림(아이스크림 모형, 색 밀가루 반죽, 아이스크림 사진이나 그림), 냉장고, 종이봉투, 비닐봉투, 장바구니, 종이돈, 계산기, 영수증, 가격표, 저울, 탁자(상품 진열대), 전단지
활동 방법	1. 사전 활동 • 근처 가게를 방문하여 과일이나 아이스크림을 직접 구입해 본다. • 가게에서 물건을 구입한 경험에 대해 유아와 함께 이야기를 나눈다. • 주제와 관련된 도서를 유아와 함께 읽어 보는 것도 도움이 된다. 2. 놀이 계획 • 교사가 준비한 놀잇감을 보여 주고 어떻게 사용할지 이야기를 나눈다. • 놀잇감을 자유롭게 탐색한 후 더 필요한 소품이 없는지를 알아본다. • 필요한 소품은 쌓기놀이 영역의 블록(예: 냉장고, 배달용 오토바이, 트럭)이나 조형 영역의 자료(예: 간판, 가격표, 영수증, 원하는 과일이나 아이스크림)를 이용하여 직접 만들어 본다. • 가게를 어디에 만들지, 가게 이름을 무엇이라고 할지, 어떤 종류를 판매할 것인지를 결정한다. 3. 놀이 전개 • 역할(예: 물건 파는 사람, 계산하는 사람, 배달하는 사람, 손님 등)을 정하여 놀이한다. 이때, 교사는 손님과 주인 역할에 대한 모델을 보여 주며, 유아의 놀이가 발전될 수 있도록 적절히 개입한다. 예) "어서 오세요. 손님, 무얼 도와드릴까요?", "모두 이천 원입니다. 봉투에 담아 드릴까요?", "고맙습니다." 4. 놀이 평가 • 놀이가 끝나면 재미있었던 점과 고치고 싶은 점 등에 대해 이야기를 나눈다.  
확장 활동	• 여러 가지 물건을 파는 수퍼마켓이나 시장 놀이로도 확장이 가능하다. • 추후 활동으로 요리 활동을 계획할 수 있다.
참고 사항	• 생활 주제 및 유아의 흥미에 따라 빵, 음료수, 햄버거, 옷, 꽃, 책, 채소, 생선, 장난감 가게 등으로 변형될 수 있다. • 종이돈, 장바구니, 영수증 등은 조형 영역의 자료들을 이용하여 유아가 직접 만들어 보도록 지도한다. • 쌓기놀이 영역의 블록을 이용하여 냉장고, 배달용 오토바이, 트럭 등을 만들어 전개해 볼 수 있다.

나는야 미용사~ 즐거운 미용실놀이	
활동 목표	• 지역사회의 다양한 직업에 대해 이해한다. • 미용실에서의 경험을 놀이로 표현해 본다. • 미용실에 필요한 소품을 준비하여 즐겁게 놀이한다.
활동 자료	다양한 종류의 머리빗, 헌 드라이기, 수건, 놀이용 플라스틱 가위, 가발, 핀, 가운, 거울, 분무기, 파마 도구, 플라스틱 통(샴푸, 화장품), 파마 가열기(직접 제작), 잡지책, 비닐모자, 다양한 헤어스타일 화보
활동 방법	1. 사전 활동 • 미용실에 가 본 경험에 대해 이야기 나눈다. • 미용사가 하는 일과 컷, 파마, 염색, 드라이 등의 과정에 대해 알아본다. 2. 놀이 계획 • 교사가 준비한 놀잇감을 보여 주고 사용 방법에 대해 이야기를 나눈다. • 놀이에 필요한 소품은 쌓기놀이의 블록(예: 옷장)이나 조형 영역의 자료(예: 파마 가열기, 종이돈, 지갑 등)를 이용하여 직접 만들어 본다. • 유아들과 함께 장소, 가구의 위치, 미용실 이름 등을 결정한다. 3. 놀이 전개 • 손님, 미용사, 주인 등의 역할을 정하여 놀이한다. 이때, 교사는 유아의 놀이가 확장될 수 있도록 놀잇감 활용 방법과 미용사 역할에 대한 적절한 모델을 보여 준다. 예) "손님, 어떤 머리 모양을 해드릴까요?" "겉옷을 벗어 주세요. 옷장에 보관하겠습니다." "드라이는 팔천 원입니다. 거스름 돈 이천 원 받으세요." 4. 놀이 평가 • 놀이가 종료된 후에는 아이들과 함께 재미있었던 점과 보완해야 할 점, 친구들과 함께 더 재미있게 놀 수 있는 방법 등에 대해 이야기 나눈다.  
확장 활동	• 유아의 흥미나 관심사에 따라 이발소놀이로도 변형이 가능하다.
참고 사항	• 파마 가열기는 바구니, 플라스틱 농구대, 백업 등을 이용하여 직접 제작할 수 있다.

<table>
<tr><th colspan="2">우리 것이 좋아요~ 전통 혼례식 놀이</th></tr>
<tr><td>활동 목표</td><td>• 우리나라 전통 혼례식에 대해 관심을 갖는다.
• 관찰한 경험을 놀이로 표현해 본다.
• 맡은 역할을 적절하게 수행한다.</td></tr>
<tr><td>활동 자료</td><td>한복, 족두리, 한삼, 사모관대, 고무신, 분장 도구(연지곤지), 상, 촛대와 초, 밤과 대추, 병풍, 나무로 만든 기러기, 우리나라 전통음악이 담긴 CD와 플레이어, 가마, 말, 모형 음식</td></tr>
<tr><td>활동 방법</td><td>1. 사전 활동
• 민속촌이나 민속박물관 견학을 통해 우리나라 전통 혼례식에 대해 알아본다.
• 전통 혼례식을 녹화한 동영상 자료를 시청할 수도 있다.
• 관련 그림, 사진 자료나 인터넷을 통해 전통 혼례에 대해 알아볼 수 있다.
• 전통 혼례식 순서를 벽면에 게시하여 유아들이 함께 볼 수 있도록 한다.
2. 놀이 계획
• 우리나라의 전통 혼례식에 대해 이야기를 나눈다.
• 놀이에 필요한 것이 무엇이 있는지 이야기를 나눈다.
• 놀이에 필요한 소품을 만들거나 준비한다. 신부가 타는 가마와 신랑이 타는 말은 쌓기놀이 영역이나 조형 영역에서 만들어 볼 수 있다.
• 장소는 어디에 만들 것인지, 어떤 역할(신부, 신랑, 도우미, 부모, 친척, 손님, 가마꾼, 말)이 필요한지, 혼례 순서, 손님이 먹는 음식에 대해 이야기를 나눈다.
3. 놀이 전개
• 역할을 정하여 놀이를 한다. 이때, 교사는 유아가 맡은 역할에 따라 놀이할 수 있도록 도와준다.
• 처음에는 교사가 전통 혼례의 순서를 안내하고 이에 따라 놀이를 진행한다. 유아들이 순서에 익숙해지면 안내 역할을 유아가 맡아서 할 수 있다.
예) "신랑과 신부가 도착했으니 이제 혼례식을 시작하겠습니다.",
"신랑은 신부에게 절하세요.", "신부는 신랑이 준 잔을 마시세요."
4. 놀이 평가
• 놀이가 끝난 후 재미있었던 점, 더 필요한 소품, 고치고 싶은 점 등에 대해 이야기 나눈다.
 </td></tr>
<tr><td>확장 활동</td><td>• 음률 영역에서 우리나라 전통악기를 이용한 연주, 부채나 한삼을 이용한 전통 춤, 전래 동요 부르기 등을 축하 공연으로 계획해 볼 수 있다.
• 조형 영역에서 유아들과 함께 먹물이나 물감을 이용하여 병풍 만들기를 해볼 수 있다.</td></tr>
</table>

신나는 이야기 속으로~ 주제극놀이	
활동 목표	• 이야기를 이해하고 회상하는 능력을 기른다. • 동화 내용을 놀이로 표현한다.
활동 자료	동화(책, 융판동화, 자석동화, 다양한 매체 이용 가능), 동화 내용과 관련된 배경, 소품, 극본, 무대
활동 방법	1. 사전 활동 • 주제극놀이 동화를 매체를 이용하여 유아들에게 들려준다. 2. 놀이 계획 • 동화 내용(예: 줄거리, 인물, 주요 대화 등)에 대해 이야기를 나눈다. • 주제극놀이를 계획한다. 이때, 이야기에 나오는 주요 인물은 누가 맡을지, 어떤 분장을 할지, 필요한 소품은 무엇이 있는지, 무대와 관객석은 어디에 만들 것인지를 결정한다. • 맡은 역할에 따라 적절한 분장을 하고 필요한 소품이나 배경을 준비한다. • 역할에 맞는 대사를 준비한다. 3. 놀이 전개 • 준비가 끝나면 놀이를 시작한다. • 극놀이가 시작되면 교사는 유아들이 진행하는 과정을 지켜보면서 필요 시 적절하게 개입한다. 이때, 교사는 유아가 대사나 상황을 창의적으로 표현할 수 있도록 격려한다. 예) "빨간 모자가 속상해서 어떻게 했을까?", "늑대가 할머니를 어떻게 했니?", "빨간 모자는 뭐라고 말할까?" 4. 놀이 평가 • 놀이가 끝난 후 어떤 장면이 재미있었는지, 어떤 역할이 흥미로웠는지, 불편한 점은 없었는지, 바꾸고 싶은 대사는 없었는지 등에 대해 이야기 나눈다. • 평가가 끝나면 그 내용을 반영하여 다시 극놀이를 진행한다.  
확장 활동	• 극놀이 배경은 조형 영역에서 유아들과 함께 직접 만들어 본다. • 극놀이 장면을 비디오로 촬영하여 동영상 자료로 제작해 볼 수 있다. • 다른 반이나 동생 반을 초청하여 공연할 수 있다. 이때, 조형 영역에서 공연 초청장이나 포스터를 만들어 볼 수 있다. • 음률 영역에서 극놀이에 넣을 효과 음향이나 음악을 만들어 볼 수 있다.
참고 사항	• 주제극놀이에 적절한 동화 커다란 무, 무지개 물고기, 딸랑새, 일곱 마리 아기 염소, 생강빵, 검피 아저씨의 뱃놀이, 아기 돼지 삼형제, 원숭이와 모자 파는 아저씨, 헨젤과 그레텔, 조그만 찍찍이, 브레맨 음악대, 검둥이 삼보, 빨간 모자, 장갑 등

제 8 장

쌓기놀이

쌓기놀이는 블록놀이라는 용어와 함께 사용한다. 영유아가 다양한 블록을 사용하여 수평으로 만들거나 수직으로 쌓으며 구성하는 행동을 중심으로 본다면 쌓기놀이가 맞을 것이고 쌓고 늘어놓는 여러 모양과 재질, 크기의 블록에 초점을 둔다면 블록놀이가 적합할 것이다. 현재 사용되는 블록의 종류와 재질, 모양, 크기는 더욱 다양해졌으며 과거에는 기관에서만 접할 수 있었으나 현재는 가정에서도 영유아들이 쉽게 접하는 놀잇감이 되었다. 그럼에도 쌓기놀이는 작은 블록으로 소근육을 활용하고 조작하는 놀이로 여겨지거나 쌓기 영역이 역할놀이를 위한 무대로만 활용되는 것은 아닌지 생각해 볼 필요가 있다.

쌓기놀이는 영유아 개인의 내적인 발달뿐만 아니라 사회성 발달을 위한 긍정적인 가치가 높다. 블록을 혼자 쌓으며 구성을 하면서 공간 능력과 창의력, 문제해결력을 증진시키고 또래들과 함께 만들며 언어 발달, 사회적 유능성을 키우는 다양한 경험을 하게 된다. 영유아가 쌓기놀이를 통해 잘 배우기를 기대한다면 영유아의 자발적인 쌓기놀이를 관찰하고 이를 교사가 어떻게 계획하여 실행할 것인가가 필요하다. 교사의 교육적 의도가 어떠한 것인지에 따라 영유아의 쌓기놀이는 놀이가 될 수도, 일(work)이 될 수도 있기 때문이다.

1. 쌓기놀이의 특성

1) 개념

영유아를 위한 놀이로서 쌓기놀이의 기원은 분명하지 않지만 블록을 유아교육 프로그램에 체계적으로 사용한 것은 19세기 상반기의 프뢰벨(Froebel)에 의해서다. 10세기 중반에는 블록이 유럽과 미국에서 유아에게 가장 인기 있는 놀잇감 중의 하나가 되었으며 나무 외에 마분지, 돌로도 만들어 사용하였다(Provenzo & Brett, 1983). 힐(Hill)과 프랫(Pratt)은 프뢰벨이 고안한 블록을 영유아의 놀이에 창조적으로 적용한 이들로 평가할 수 있다. 특히 프랫은 현재 많은 영유아 교육 기관에서 사용하고 있는 유니트 블록 시스템을 창안하였다(Wellhousen & Kieff, 2001). 유니트 블록(Unit Block)은 규격화된 나무 블록인데 번역되어 단위 블록이라고 불리기도 한다. 국내에서 블록을 사용한 쌓기놀이가 언제부터 시작되었는지 확인할 수는 없으나 김종훈(1972)은 '어린이의 言語發達에 관한 硏究'에서 쌓기놀이와 관련된 용어를 사용하고 있다. 적목(積木)놀이에 대하여 도구 사용법을 익히는 놀이로 설명하고 '빈 상자 쌓기놀이', '돌멩이 쌓기놀이', '집짓기 놀이', 블록의 옛 외래어 표기로 추정되는 '부록 쌓기' 등이 어린이의 언어 발달을 성장시키는 놀이임을 설명하고 있다. 이를 통해 우리나라도 1970년 초반에 블록과 폐품, 자연물로 하는 쌓기놀이를 교육적인 가치가 있는 놀이로 인식하고 있음을 추측해 볼 수 있다.

쌓기놀이는 스밀란스키(Smilansky)가 제안한 구성놀이에 해당된다. 구성놀이는 물건을 조작해서 새로운 것을 창조하거나 구성하는 놀이인데 적목(블록), 점토, 공작, 종이접기, 그림 그리기 등이 이에 포함된다(한국교육심리학회, 2000). 쌓기놀이는 행동과 언어만으로 '~인 척하는' 상상놀이와 구분되어야 한다. 블록을 사용하거나 블록으로 만든 구성물을 갖고 상상할 수 있으나 상상하지 않고 오직 구성하여 무엇인가를 만드는 것에 몰입할 수도 있기 때문이다. 이러한 이유로 피아제(Piaget)는 벽돌이나 플라스틱으로 집을 만드는 것과 같은 구성 활동은 엄밀한 의미에서 놀이가 아니라 지적 활동에 가깝다고 보았다(국립특수교육원, 2009). 그러나 놀이의 본질은 영유아가 자유롭게 선택하고 참여하면서 기쁨과 즐거움을 느끼고 내적 동기에 의해 자발적으로 수행되며 결과가 아닌 그 과정이 중심이라는 점을 적용한다면 쌓기놀이는 영유아에게 가장 놀이다운 특성을 제공하고 있음을 알 수 있다. 다음은 쌓기놀이를 개념화하는 주요한 특성이다.

- 쌓기놀이는 나무, 플라스틱, 종이, 폐품 등의 다양한 소재로 만들어진 블록을 사용한다.
- 쌓기놀이는 블록을 탐색하거나 구조물을 만들 수 있다.
- 쌓기놀이는 영유아 혼자 또는 또래와 함께 구성하는 놀이이다.
- 쌓기놀이는 영유아의 경험을 토대로 구성물을 창조하는 과정 또는 결과에 집중할 수 있다.
- 쌓기놀이는 만든 구성물을 활용하여 상상할 수 있다.

| 그림 8-1 | **1560년 피터 브뤼겔(Pieter Bruegel)의 '아이들의 놀이' 그림 속 벽돌로 쌓기놀이를 하는 모습**

출처: 네이버 미술백과.

2) 교육적 의의

쌓기놀이는 영유아의 발달에 긍정적인 영향을 미치며 특히 영유아의 신체 · 운동 기능, 수 · 과학적 사고, 예술성과 창의력, 자신의 표현과 관계의 기술에서 다양한 능력과 태도를 배울 수 있는 교육적 경험을 제공한다.

(1) 신체 · 운동 기능 발달

어린 영아가 쌓기 영역의 큰 블록 위에 앉아 있거나 블록을 이리저리 옮기는 행동은 영아의 대근육 발달을 촉진한다. 영유아가 연령에 맞는 적당한 크기의 블록으로 쌓는 놀이를 하며 눈과 손의 협응력, 소근육 운동 능력의 발달을 돕는 것이다. 크기가 동일한 블록이라도 어디에 쌓는지에 따라 무너질 수도, 더 높아질 수도 있기 때문에 소근육 발달이 필요하게 된다. 영유아는 쌓기놀이를 하며 자신의 몸을 인식하고 맞추어 폐쇄 공간을 만들 수 있다. 또한 이미 또래가 만든 쌓기 구성물이 있다면 이를 피하고 움직이는 신체 조절력도 키울 수 있다. 영유아는 다양한 형태의 블톡을 맞추고, 변형하고 여러 가지 구성물을 만드는 과정을 통해 신체적 기술 및 눈과 손의 협응 능력, 손과 손가락의 조직력이 발달하는 것이다(이숙재, 2001).

(2) 인지 발달

쌓기놀이는 유아의 물리적 지식과 논리 수학적 지식을 형성하도록 돕는다. 모피트(Mpffitt)는 "어린이들이 블록 쌓기를 통해 과학, 수학과 지리적 개념을 배운다."라고 하였다. 세계의 집, 다리, 도로, 터널 등으로 묘사하는 쌓기놀이의 구조물은 공간, 거리, 방향, 눈금, 패턴, 지도 등의 과학적 개념과 동시에 수학 및 지리적인 개념을 함께 다루고 있기 때문이다. 사고하지 않고 블록을 쌓을 경우 블록은 바로 무너지는데 유아들은 무너지지 않도록 신중하게 생각을 하게 된다. 즉, 인과관계의 원리를 알게 되면서 구성물을 이루는 다양한 부분들 간의 상호작용, 중력의 작용으로 발생하는 압력, 부담 등을 예측하는 것을 배우게 되는 것이다

(Hirsch, 1996). 블록을 쌓으며 몇 개가 필요한지 1:1 대응을 하며 셈하기, 여러 모양을 평면과 입체로 인식하기, 같은 모양을 찾아 구분하고 분류하기 등은 수학 능력 신장을 위한 교육 경험으로 연계될 수 있다.

| 사진 8-1 | **수직 공간과 블록 간의 균형을 실험하는 유아**

(3) 언어 발달

영유아는 쌓기놀이를 하면서 교사, 또래들과 의사소통을 하게 된다. 스트라우드(Stroud, 1995)는 쌓기놀이가 영유아의 언어 능력을 향상시키는 이유를 다음의 세 가지로 설명하였다.

- 영유아는 쌓기놀이를 하며 블록을 어떤 모양으로 쌓을 것인지 의논하고 필요에 따라 또래에게 블록을 교환하기 위하여 의견을 묻고 들어야 한다. 또한 자신이 만든 것에 대하여 설명하기 위해 의사소통하게 된다.
- 쌓기놀이를 하면서 새로운 모양을 구성하거나 새로운 상황을 연출하면 새로운 단어를 배우게 되는데 이는 영유아의 어휘력을 향상시킬 수 있다.
- 쌓기놀이에서 구성한 자료를 활용하여 역할놀이를 하게 될 경우 역할에 필요한 다양한 어휘를 구사하게 되고 이것은 영유아의 언어적 능력 발달에 도움이 된다.

쌓기놀이는 영유아의 말하기, 듣기의 구어 발달을 위한 가치뿐만 아니라 읽고 쓰는 문해 능력 발달에도 교육적 의의가 있다. 영유아가 만든 블록은 영유아가 표상할 수 있는 매체가 된다. 블록을 쌓은 구성물에 대하여 '이건 다리야' 라고 명명하고 때로는 이러한 이름을 글자나 글자와 유사한 형태로 끼적이며 매칭하는데 이러한 행동은 세상 모든 것의 의미를 글자라는 형식으로 표현하는 읽기, 쓰기 행동의 기초적인 단계가 된다. 따라서, 교사는 영유아와 쌓기놀이를 하면서 영유아가 만든 구성물에 대하여 적극적으로 설명하게 하고 이를 문해와 연결 짓는 의도적 교육의 실행이 필요하다.

(4) 정서 발달

정서 발달과 쌓기놀이의 교육적 의의와 관련지어 처치와 밀러(Church & Miller, 1990)는 구조물을 짓고 허무는 단순한 행동을 통해 영유아 스스로 상황을 통제하고 있다는 정서적 만족감을 얻는다고 보았다. 또한 블록은 게임이나 색종이 접기처럼 구조화된 놀잇감이 아니므로 영유아가 원하는 대로 만들 수 있는 융통성을 갖고 있기 때문에 영유아의 자아 존중감을 높여줄 수 있다. 마지막으로 쌓기놀이는 블록과 제공된 소품을 활용하여 영유아의 감정과 관련된 이야기를 자유롭게 표현할 수 있다. 영유아가 느낀 기쁨, 즐거움 이외에도 슬픔, 분노, 좌절감을 표현할 수 있으며 이러한 정서를 놀이로 표현함으로써 부정적인 정서를 순화하고 개인의 감정 표현 능력을 향상할 수 있다.

(5) 사회적 발달

영유아는 쌓기놀이를 위한 공간에서 혼자 또는 또래와 함께 하는 놀이를 한다. 영유아 개인의 공간과 구조물을 만들고 싶어 할 수도 있고 또래를 관찰하거나 함께 블록을 주고받으며 놀이를 하고 싶어할 수도 있다. 어린 영아는 아직 '내 것' 과 '남의 것' 을 구분하지 못하기 때문에 또래와 함께 놀이를 하며 사회성 발달의 기초가 되는 자아 인식을 하는 것부터 시작할 것이다. 유아도 또래 간 사회적 기술이 충분히 발달하지 않았기 때문에 또래 간 갈등이 발생하고 원하는 대로 되지 않아 분쟁이 생길 수 있다. 그러나 쌓기놀이를 통해 영유아는 상대방의 의견이 다름을 알고 공감하며 이해하는 것을 배우게 된다. 와이스(Weiss, 1997)는 쌓기놀이 공간은 유아들끼리 가까운 거리에서 재료를 공유하면서 함께 놀이를 한다는 점에서 하나의 사회적 공간과도 같다고 보았다. 교사는 쌓기놀이를 통해 또래 간의 협력을 증진시키고 함께 하는 즐거움을 경험하도록 블록을 꺼내고 구성하는 쌓기놀이 공간에 대한 계획을 신중히 할 필요가 있다. 교사가 계획한 쌓기놀이 영역의 환경 구성에 따라 협동보다 분쟁이 더 많은 공간이 될 수 있고 반면에 영유아가 서로 방해하지 않으며 조율하고 상대방을 존중하는 것을 익히는 영역이 될 수 있기 때문이다.

(6) 예술성과 창의력 발달

블록은 상상력과 창의력을 자극한다. 유아는 아이디어를 가지고 생각하는 대로 결과가 나타나는지를 시험할 수 있다. 블록의 융통성과 다양한 응용성은 광범위한 창조를 가능하게 한다(Hirsch, 1996). 유아들이 만든 쌓기놀이의 결과물을 관찰하면 아름다운 대칭과 균형감, 정교함에 감탄할 때가 많다. 어린 영아의 경우에는 블록을 탐색하며 아직 섬세한 구성물이 나오지는 않지만 연령이 증가할수록, 쌓기놀이에 대한 경험이 풍부해지면서 쌓기 구성물의 완성도는 놀라울 정도로 발달한다. 독창적인 표현에 있어서는 성인을 압도하는 경우도 있다. 영유아가 쌓기놀이를 하며 자신만의 예술성과 창의력을 키울 수 있도록 쌓기놀이를 위해 제공하는 블록은 기본 모양과 수량을 영유아에게 적합하게 확인하여 배치한다.

| 사진 8-2 | **유아가 유니트 블록으로 만든 조형물**

출처: 연세대학교 어린이생활지도연구원(2012).

3) 연령별 특징

영유아의 연령에 따라 블록 쌓기의 놀이 행동 특징이 나타난다. 존슨(Johnson, 1933)은 2~6세까지의 영유아가 블록을 갖고 놀이하는 것을 관찰하고 구성한 블록의 형태에 따라 다음의 블록 쌓기의 단계를 구분하였다.

존슨(Johnson, 1933:1996)의 블록 쌓기 단계

- 1단계: 블록 나르기 (Carrying)
- 2단계: 쌓기 (Stacking)
- 3단계: 다리 만들기 (Bridging)
- 4단계: 울타리 쌓기 (Enclosures)
- 5단계: 패턴과 대칭 (Patterns and symmetry)
- 6단계: 초기 구상표현 (Early representational)
- 7단계: 후기 구상표현 (Later representational)

출처: 연세대학교 어린이생활지도연구원(2012).

(1) 영아기(만 0~2세)

영아의 놀이 행동 중 두드러진 특징은 탐색 행동이다. 주로 감각과 운동을 사용하여 탐색하는데 쌓기놀이를 위한 블록을 대할 때도 이러한 탐색이 주로 나타난다. 걸음마를 시작하지 못하는 4~8개월 영아는 눈과 손을 이용하여 블록에 손을 대고, 두드리고 쥐고 잡았다 놓을 수 있다. 블록을 높은 곳에서 떨어뜨려 보거나 담았던 블록을 쏟는 것에서 즐거움을 느낀다(Wellhousen & Kieff, 2001). 만 1세가 되어 이동 능력이 발달하면 블록을 가방이나 끌차 또는 유모차에 넣고 돌아다니기, 또는 블록을 손으로 잡거나 갖고 이리저리 이동하는 행동을 관찰할 수 있다. 이러한 영아의 놀이 행동은 존슨(Johnson, 1933)의 블록 쌓기 단계에서는 1단계 블록 나르기(Carrying)에 해당된다. 부드럽고 가벼우며 양손으로 감쌀 수 있는 크기의 블록이라면 1개나 2개 위에 얹으며 쌓는 놀이를 시도할 수 있다. 쌓고 완성하는 놀이보다는 쌓고 무너뜨려 보는 즐거움, 블록 위를 걷거나 블록으로 만든 공간 안에 들어가는 놀이 행동을 즐겨한다.

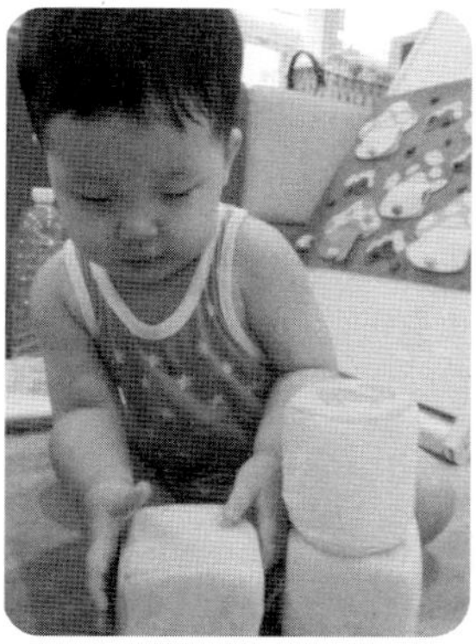
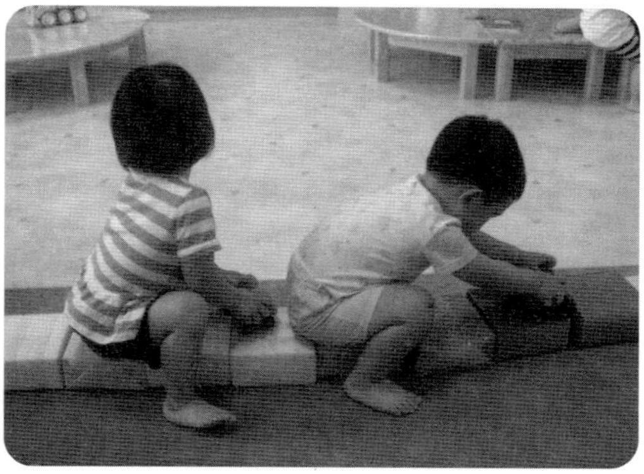

| 사진 8-3 | **영아기 놀이 모습**

출처: 김명순 외(2013). p. 100; p. 185.

(2) 유아기(만 3~5세)

만 2세 후반부터 상상놀이가 발달하기 시작하지만 3세 유아는 블록으로 표상하기보다는 주로 탐색과 수직, 수평의 쌓기 행동을 많이 한다. 존슨(Johnson)의 발달 단계에서는 2단계에 해당되는 것이다. 구라(Gura, 1992)는 3~4세 유아들이 쌓기 영역에서 많은 시간을 보내는 것은 주로 블록의 물리적 특성을 탐색하는 것이었으며 블록들을 결합하고 표상으로 창조하기보다는 공간 관계에 더 많은 주의를 기울인다고 하였다. 반면 4~5세 유아들은 블록을 탐색하는 것뿐만 아니라 표상들을 창조하고 구성하는데 더 많은 시간을 보냄을 발견하였다. 6세 이후의 유아들은 블록놀이를 할 때 실제적인 구조에서 상징적인 표상들을 더 많이 창조하였다. 표상을 창조한다는 것은 블록으로 만든 구성물에 유아가 의미하는 바를 드러내어 나타나는 것이기 때문에 유아의 상상력으로 독특하고 자유롭게 표현될 수 있다. 5세 이후 실재하는 세상사의 지식과 경험이 많아지면서 유아는 점점 더 실물과 흡사하게 구성하려는 모습을 보인다. 유아의 연령별 블록놀이의 특징을 구체적으로 살펴 보면 다음과 같다.

| 표 8-1 | 유아의 연령별 블록놀이

만 3세 블록놀이	몇 개의 블록을 계속 연결하여 폐쇄 공간을 만들기도 하고 두 블록을 적당한 거리를 두고 세운 후 그 위에 다른 하나의 블록을 올려놓아 다리 만들기를 하기도 한다. 이러한 과정은 공간의 안과 밖, 면적이나 기하학적 도형 등 유아의 수학적 개념을 발달시키는 데 도움을 준다. 더 나아가 만 3세 유아는 이 구조물을 활용해 놀이를 하기 시작한다. 자동차 놀이를 하기도 하고 폐쇄공간을 동물원이나 농장 등의 공간으로 활용하여 동문 인형을 가지고 극놀이를 하기도 한다.
만 4세 블록놀이	만 4세 유아는 블록을 구성하여 상징적인 표상을 창조한다, 구성물이 극놀이에 적극적으로 이용되고 구성물의 형태와 기능은 좀 더 정교하게 표현된다. 다양한 시도와 실험을 통해서 더욱 균형감 있고 안전된 구성물을 만들어가기 시작한다. 또한 규칙적이며 종종 대칭을 이루는 패턴들로 구성물을 장식하기도 하면서 구성물이 점점 복잡해진다. 유아들은 만드는 과정에서 점차 무엇인가를 떠올리며 이름을 붙여 본다.
만 5세 블록놀이	간 5세 유아의 건축물은 디자인이 예술적이고 점점 정교해지는 동시에 점차 현실에 가까워지며 실제적인 구조의 상징을 표상한다. 즉, 이 시기의 유아는 세상에 대한 사회적 지식이 많아지면서 자신들의 경험을 회상하여 실제의 건축물을 재현해 내려고 한다. 블록을 통한 실제 세상에 대한 표현은 유아들이 자신을 둘러싼 환경을 잘 이해할 수 있게 하고 바깥 세상에 대한 사고를 더욱 넓혀 준다.

출처: 연세대학교 어린이생활지도연구원(2012).

2. 환경 구성 및 놀이 자료

1) 환경 구성

영유아의 쌓기놀이가 활발하게 이루어지기 위해서는 적합한 환경 구성이 중요한 작용을 한다. 좁고 폐쇄된 공간에서 쌓기놀이를 하게 되면 분쟁이 주로 발생하고 영유아가 잘 가지 않는 영역이 된다. 쌓기놀이를 위한 환경 구성의 필요 조건으로 이윤선(2012)은 다음과 같은 충분한 면적, 개방성과 통합성, 연계성을 강조하고 있다.

● 충분한 면적

- 각 반의 영유아 수와 교실의 크기에 따라 가능한 면적이 차이가 날 수 있으나 다른 흥미 영역에 비해 상대적으로 넓은 공간이 필요하다. 평균 크기의 교실에서 1/3 정도의 공간이 필요하다고 보기도 한다. 블록을 구성하는 공간이 부족하여 쌓기 흥미 영역에서 놀이하는 영유아의 수를 제한하는 경우가 있는데 이것은 영유아들의 자유로운 놀이 선택을 제한하게 되므로 창의적인 블록 구성을 하는 데 어려움이 될 수 있다.
- 역할 영역과 연계된 놀이를 하더라도 블록 구성을 위한 공간은 별도로 확보해야 한다. 블록놀이에 있어서는 모든 영유아들이 연계된 활동에 참여하는 것 외에 혼자 또는 여러 명이 함께 구성하는 것을 보장받을 수 있어야 하기 때문이다.

● 개방성과 통합성

- 교실이 작아 블록놀이를 위한 면적 확보가 어려운 경우 영역 간 통합을 통해 면적을 확보한다. 카펫 위에서 블록놀이를 할 경우 카펫의 테두리가 영역 범위로 약속을 정하는 것은 불필요하다. 다른 흥미 영역이 비어 있고 방해가 되지 않는다면 카펫 밖에서도 블록놀이를 할 수 있는 개방성이 필요하다.

● 연계성

- 쌓기놀이는 일반적으로 역할 영역과 인접하여 배치는 것을 기본으로 하는데 영아반의 경우 신체 활동을 할 수 있는 영역과 연계되면 대근육 활동을 활성화할 수 있고 유아반의 경우 역할놀이 영역과 연계되도록 배치하는 것은 블록놀이를 더욱 풍성하게 촉진한다.

교사는 교실의 다른 흥미 영역과 마찬가지로 쌓기 영역도 고정된 공간으로만 사용하는 것이 아니라 영유아와 놀이 상호작용을 하며 공간을 재구성해야 한다. 벽에 밀착하여 배치되어 있는 교구장은 움직일 수 없지만 영역별 경계를 위한 교구장이나 책상은 쉽게 움직일 수 있도록 하고 공간이 개방되고 확장되도록 구성하는 것이 중요하다.

그림을 보고 생각해 보기

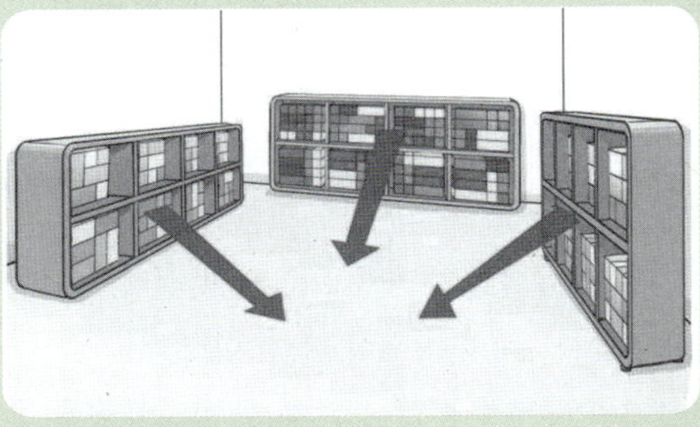

- 아동이 만드는 블록은 어느 곳에 집중될 것으로 예측되는가?
- 놀이 중 어떠한 문제가 발생할 수 있는지 생각해 보자.
- 이를 해결하기 위해 교구장을 배치한다면 어떻게 하는 것이 좋을까?

출처: 교육부(2015). p. 62.

(1) 영아반

1세 영아반의 쌓기 영역은 쌓기 놀잇감을 탐색하는 것과 블록을 갖고 이리저리 움직이기, 교사가 만든 큰 블록 위에 앉기, 블록 위를 손잡고 걸어 보기, 쌓는 것을 시도하기와 부서뜨리기 등의 신체 활동이 함께 이루어지는 점을 반영하여 구성해야 한다. 또한 역할 영역과 인접하여 배치한다.

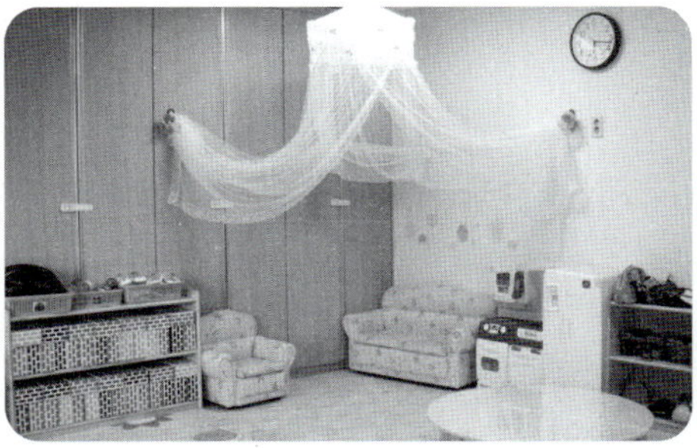

| 사진 8-4 | **1세 영아반의 쌓기 영역 구성**

출처: 보건복지부(2013). 제3차 어린이집 표준보육과정 교사용 지침서. p. 213.

2세 영아반에서는 단순한 흉내 내기 놀이를 위한 역할 영역과 쌓기 영역을 연계하여 배치하고 영아의 일상과 밀접한 흉내 내기 놀이가 쌓기 영역에서 구성물을 만들고 함께 진행되도록 환경 구성을 한다. 영아들은 여전히 블록을 가방이나 손수레에 담아 이리저리 움직이는 것을 좋아하고 움직이는 큰 자동차를 블록 위나 쌓기 영역에서 밀며 움직이고 싶어함을 기억하여 환경 구성에 적용한다. 교구장으로 쌓기 영역을 ㄱ 자 형태로 구성하여 영아의 움직임을 최소화하지 않도록 유의한다.

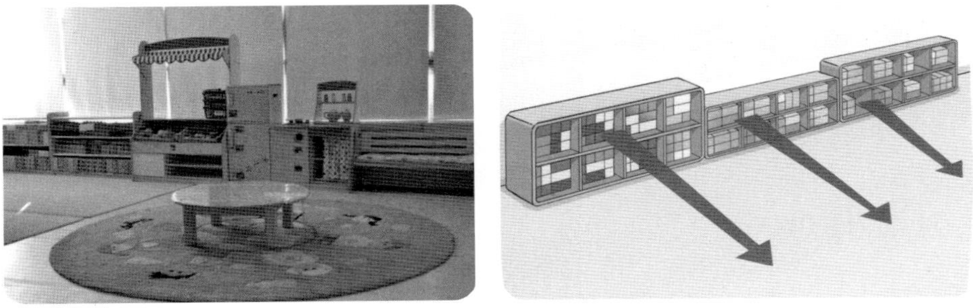

| 사진 8-5 | **2세 영아반의 쌓기 영역 구성**

출처: 보건복지부(2013). 제3차 어린이집 표준보육과정 교사용 지침서. p. 232.　　출처: 교육부(2015). p. 62.

(2) 유아반

유아반의 쌓기 영역은 유아가 구조물을 쌓을 때 방해받지 않고 활동에 몰두할 수 있도록 충분한 공간을 마련해 주며 통행이 많지 않은 곳에 배치하며, 역할놀이 영역과 인접하여 배치하면 두 영역의 통합적 활동이 활발하게 이루어지는 효과가 있다(교육과학기술부, 보건복지부, 2012).

유아가 주로 사용하는 나무나 플라스틱으로 된 블록의 경우 소음 발생이 많아 바닥에 카펫을 깔아줄 수 있으나 자주 세탁할 수 있는 재질로 선택하여 먼지나 오염물로 유아의 건강을 해치지 않도록 관리해야 한다. 종종 도로나 기찻길 등의 그림이 프린트된 화려한 카펫을 배치하는 경우가 있는데 이것은 유아가 다양하게 구성하는 것을 방해할 수 있으며 유아가 만든 구성물이 잘 보이지 않도록 하므로 차분하고 밝은 단색의 카펫이 더 적합하다.

3세

4세

5세

| 사진 8-6 | 유아반의 쌓기 영역 구성

출처: 교육과학기술부, 보건복지부(2012). 3-5세 연령별 누리과정 교사용 지침서, p. 180.

2) 쌓기놀이 자료

블록의 모양, 재질, 크기는 영유아의 연령과 발달 수준에 따라 적합한 것을 배치하는데 일반적으로 연령이 어릴수록 블록의 크기는 큰 것을, 재질은 부드럽고 무게는 가벼운 것을 선택하는 것이 좋다. 아직 대·소근육 발달이 미숙한 영아의 경우 무겁고 딱딱한 블록을 던지거나 떨어뜨릴 경우 다치기 쉬우며 작은 블록은 삼키거나 소근육 조작이 어려운 점을 고려해야 한다. 영아는 종이 블록, 유아는 단위(유니트) 블록을 일반적으로 사용하며 2세 영아의 경우 만 3세 반이 되는 신학기 이전에 단위 블록의 일부를 갖고 놀이하는 경험을 하는 것은 연령 간 연계에 있어서 중요할 수 있다(이윤선, 2012).

상품화된 블록의 종류는 매우 다양하고 쉽게 구매할 수 있기에 가장 먼저 영유아의 발달에 적합한지 여부를 파악하여 제공한다. 교사는 우유갑이나 큰 종이 상자를 채워 필요한 모양의 블록을 만들어 준비할 수도 있다. 이처럼 영유아에게 적합한 블록으로 제작하는 것은 장애 아동에게도 필요하다. 아동의 특별한 요구에 부합되는 블록을 별도로 마련할 수 있는데(Lindeman, & Anderson. 2016), 소근육 발달이 미숙한 장애 아동을 위해서 블록에 벨크로 테이프를 붙여서 제공하는 것이 이에 해당된다(이윤선, 2018).

쌓기놀이를 위한 블록의 수는 블록의 종류와 영유아의 수에 따라 달라지므로 정확한 수와 양을 정하기가 쉽지 않다. 이윤선(2012)은 다음과 같은 질문을 통해 블록의 수가 충분한지 점검할 수 있다고 보았다.

- 영유아가 블록을 구성을 할 때 블록이 부족하여 완성되지 못하는 사례가 많은가?
- 블록을 나누는데 있어서 분쟁이 자주 발생하는가? 또는 블록을 사용하는데 순서를 지켜 기다려야 하는가?

해당 질문에 대하여 '자주 그렇다' 라는 대답을 한다면 현재 제공된 블록의 수는 부족한 것이므로 영유아가 블록으로 구성을 만족스럽게 완성할 수 있도록, 또래와 싸우지 않고 놀이할 수 있도록 충분하게 제공하여야 한다. 쌓기 놀잇감을 교구장에 배치할 때 작은 블록이나 쌓기놀이를 위한 소품은 바구니나 상자에 담아서 교구장에 배치할 수 있으나 큰 블록은 영유아가 쉽게 볼 수 있도록 블록의 모양 그림이나 사진을 교구장 안에 붙여서 영유아가 블록을 꺼내어 놀이하고 자리를 찾아 넣을 수 있도록 한다. 교구장에 들어가지 않는 큰 블록은 벽면에 맞닿도록 하여 정리할 수 있다.

쌓기놀이 자료 중 디지털카메라는 영유아가 쌓기놀이를 하며 구성물을 만드는 과정이나 결과물을 공유할 수 있는 경험을 제공하는 중요한 역할을 하므로 교사의 손이 닿기 쉬운 곳에 비치하여 필요할 때 항상 활용하도록 한다.

(1) 영아반

영아를 위한 블록은 '가볍다', '크다', '부드럽다'의 세 가지 특징을 갖는다. 결과적으로 가벼운 것은 영아가 블록을 들고 잦은 이동을 할 수 있고 큰 블록은 쉬운 구성과 근사한 완성품이 된다. 또한 부드러운 특징은 영아에게 감각적 탐색의 기회가 되는 것이다. 영아용 블록은 종이, 스펀지, 우레탄, 헝겊, 플라스틱 재료로 구성된 것을 사용한다(신윤승, 2012).

종이 블록

스펀지 블록

우레탄 블록

헝겊 블록

플라스틱 블록

끼우기 블록

| 사진 8-7 | **영아 블록의 종류**

출처: 신윤승(2012). pp. 10-11.

영아가 쌓기놀이를 즐겁게 할 수 있도록 지원하기 위해서 블록 이외에 적절한 소품을 제공하는 것이 바람직하다. 이윤선(2018)은 영아의 쌓기놀이를 위한 소품 선택에 대한 지침을 다음과 같이 제안하였다.

- 영아는 자신의 신체를 사용하는 가작화(~인 척하는) 행동에 더 능숙하므로 작은 모형보다는 자신의 몸에 걸치거나 머리에 쓸 수 있는 소품이 더 효과적이다.
- 쌓기놀이와 역할놀이를 연계하여 소품을 사용할 경우 영아가 들고 다니거나 움직일 때 안전하고 견고하게 만들어진 영아용 놀잇감을 사용한다.
- 영아가 블록을 갖고 탐색할 수 있도록 끌차, 가방 등을 제공한다.

(2) 유아반

유아를 위한 쌓기 영역의 블록은 소근육으로 끼우기, 돌리기, 맞추기 등을 하는 테이블 블록보다 다양한 모양의 나무 블록인 단위 블록을 기본으로 배치하면 좋다. 테이블 블록은 유아 개인이 소근육으로 조립하는 과정에 집중하며 완성 후 성취감을 줄 수 있는 장점이 있으나 공간을 활용하는 것과 또래 간 상호작용에서는 제한적이기 때문이다. 단위 블록은 유아의 연령에 따라 쌓기놀이에 적합한 블록의 수와 형태가 구분되어 있으므로 이에 맞추어 제공할 수 있다면 유아의 쌓기놀이는 매우 풍부해질 것이다.

| 표 8-2 | 유아의 연령에 적합한 단위 블록의 수(15~20명 기준)

단위 블록의 형태	연령		
	3세	4세	5세
1/2 단위 블록	72	82	96
기본 단위 블록	180	192	250
2배 블록	140	152	200
4배 블록	48	48	64
네모 기둥	32	64	80
원기둥(소)	20	32	40
원기둥(대)	20	24	32
원형 곡선(소)	12	16	16
원형 곡선(대)	8	16	16
세모 기둥(소)	16	22	36
세모 기둥(대)	16	32	36
경사로	8	12	16
ㅅ자 블록	0	4	8
X 자 블록	0	4	8
Y자 블록	2	2	4
긴 나무판(25cm)	12	26	50
긴 나무판(50cm)	0	12	20
합계	**586**	**740**	**972**

출처 : Stanton, Weisberg, & The faculty of the Bank Street School for Children(1962).

나무로 만든 할로우 블록(공간 블록)은 유아들이 큰 구성물을 만들어 자신이 블록 위에 올라가는 경험을 제공할 수 있으나 배치 시 넓은 공간이 필요하다. 쌓기 영역이 작다면 카프라 블록을 사용하여 구성물을 만들 수 있도록 하는 것도 좋다. 유아들의 흥미와 관심에 따라 다양한 블록을 배치할 수 있으나 몇 주가 지나도 유아가 더 이상 사용하는 않는 블록이 있다면 치우고 교체하는 것이 필요하다. 유아들이 구성하는 중에 자주 무너지는 블록도 유의하여 살펴본다. 나무로 된 블록의 모서리가 깨지거나, 종이 블록의 옆이 헤지면 유아들이 잘 쌓기가 어렵기 때문에 새것으로 교체한다. 헌 블록은 새롭게 활용될 수 있다. 깨진 나무 블록의 경우 모래 놀이터에서 쌓기놀이를 할 수 있으며 종이 블록은 흰 종이로 싸서 얼음집 만들기 놀이를 실행할 수 있다. 또는 여러 종이 블록을 연결하여 큰 블록으로 만들 수 있다.

블록 이외에 유아의 놀이와 흥미, 교사가 계획한 활동에 맞춘 다양한 소품들은 유아의 쌓기놀이를 더 촉진한다. 유아의 쌓기놀이를 잘 관찰하는 교사는 어떤 소품을 지원할 것인지 파악할 수 있는데 지나치게 많은 소품은 오히려 블록으로 구성하는 놀이를 방해할 수 있다. 이윤선(2012)은 쌓기놀이를 위한 소품을 다음의 세 가지로 구분하여 제안하였다.

① 실제 형상을 본 떠 형태 및 쓰임이 분명한 소품

여러 종류의 사람 모형, 동물 모형, 다양한 탈 것 모형, 교통 표지판, 놀이가 통합이 되면서 다른 영역에서 가져온 놀잇감, 소방관 모자나 정비사 모자와 공구 등 역할놀이용 소품도 포함될 수 있다.

② 융통성 있는 소품

색연필, 사인펜, 다양한 종이, 테이프, 가위, 폐품류 등이 첨가되면 유아의 요구에 부합되는 소품을 유아가 스스로 만들 수 있다.

③ 유아의 상상력을 자극하는 매력적인 소품

유아 일상에서 자주 보는 폐품이나 물건을 활용하는 것도 필요하지만 때로는 이러한 관습적인 소품 사용에서 벗어날 수 있는 아이디어를 생각해 보고 유아들과 의논하여 정하는 것도 쌓기놀이를 더욱 즐겁게 할 것이다.

| 표 8-3 | 상상력을 자극하는 소품의 예

나무 열매	카탈로그나 여러 전단지의 그림	플라스틱 튜브	단열재 호스
타일	조개껍질	자갈, 작은 돌	전깃줄
찰흙 또는 반죽	짚	스카프나 보자기	대팻밥
위험하지 않은 안테나나 시계 등의 기계들	도르래	건축물과 다리, 도시 풍경 등의 사진이나 그림	놀잇감 중에 기능을 잃어버린 것 (예: 짝이 없는 퍼즐 조각, 자동차의 빠진 바퀴 등)

카메라, 노트북이나 컴퓨터 등의 매체는 유아가 만들고자 하는 구성물에 대한 사전 조사를 돕고 자신이 만든 것을 촬영하여 또래와 공유할 수 있는 중요한 자료가 되므로 교실에 항상 비치해 두고 사용한다.

3. 교사 역할 및 지도 방법

쌓기놀이가 활발하게 이루지도록 공간을 구성하고 영유아에게 적절한 쌓기놀잇감을 배치하였다면 영유아 스스로 쌓기놀이에 적극적으로 참여할 수 있는 가능성은 매우 높아진다. 그러나 쌓기놀이 시간에 교사가 언제, 어떻게 개입하고 지도하는지에 따라 쌓기놀이는 분쟁의 시간이 될 수도 또는 가장 즐거운 놀이 시간이 될 수도 있다.

다른 흥미 영역과 달리 쌓기놀이가 이루어지는 공간은 쌓기의 구성물에 따라 차지하는 공간이 확장되어야 하고, 영유아들의 활발한 움직임과 이동이 많음을 기억해야 한다. 따라서 교사가 놀이를 하며 영유아의 쌓기놀이를 진행하고 있는 방향, 동선을 관찰하는 것은 매우 중요하다. 영유아가 블록을 교구장 바로 앞에 만들고 있다면 초기에 이동하도록 지도하는 것이 필요하다. 다른 영유아가 블록을 꺼내며 기존에 만들고 있는 영유아의 구성물을 부서뜨리거나 블록을 꺼낼 수 없는 상황이 생길 수 있기 때문이다. 또 다른 이유는 영유아가 구성물을 만들고 나서 이동하기가 쉽지 않은 점도 있다. 교사는 자유선택놀이가 시작되면 우선적으로 쌓기 영역으로 가서 영유아가 교구장과 떨어진 거리에서 놀이를 시작하도록 지도하는 것이 필요하다. 이러한 지도는 차후 발생할 수 있는 분쟁을 예방하며 영유아 모두 충분한 공간에서 쌓기놀이를 안정적으로 시작할 수 있게 한다.

| 그림 8-2 | **분쟁 예방을 위한 쌓기놀이 지도**

출처: 교육부(2015). p. 65.

쌓기놀이 행동의 발달 과정을 보면 유아의 연령이 증가할수록 상상력을 발휘하여 실물에 가까운 구성물을 만든다는 것을 알 수 있다. 이러한 유아의 놀이를 지원하기 위해서 유아에게 사전 경험을 제공하는 것은 매우 중요하다. 예를 들어 다양한 건축물, 도시의 모습, 유아가 관심을 갖고 있는 형상(동물, 다양한 교통기관과 시설물 등)에 대하여 사진, 영상, 견학 등의 경험을 사전에 충분히 지원한다. 유아의 경우 그림이나 글로 자신이 만들 구성물을 미리 그려 보거나 설계도를 만들 수 있도록 한다. 또한 놀이가 진행되는 과정이나 완성된 구성물의 사진, 영상을 교사가 촬영하거나 유아가 직접 촬영을 시도해 볼 수 있도록 격려한다. 이러한 과정은 영유아가 자신이 만든 쌓기의 작품을 또래와 공유하도록 촉진하는 것이며 성취감을 느낄 수 있는 긍정적인 시간이 된다. 부모가 잘 볼 수 있는 곳에 영유아의 쌓기놀이와 관련하여 촬영한 사진, 문해 자료, 설계도를 게시한다면 자녀의 놀이와 학습에 대해 쉽게 이해할 수 있으며 효과적인 가정 연계가 이뤄질 것이다.

쌓기놀이에서 가장 중요한 교사의 역할은 영유아의 쌓기놀이에 대한 교사의 관심과 즐거움을 보여 주는 반응적 태도이다. 교사는 영유아의 자발적인 쌓기놀이를 관찰하고 함께 놀이함으로써 역할놀이나 동극의 무대가 아닌 쌓기놀이가 갖는 고유한 특징이 잘 드러나도록 노력해야 한다. 쌓기놀이 시 필요한 주요 상호작용은 다음의 체크 리스트를 활용하여 지도 방안을 개선하는데 반영할 수 있다.

| 표 8-4 | 영아 구성놀이 상호작용 체크 리스트

체크 문항	YES	NO	이유/개선 사항
• 구성놀이 시작하기			
1. 쌓기 영역은 교사의 계획한 활동 외에 영아의 자발적인 놀이를 허용하기 위하여 안내한다.			
2. 쌓기장 앞에서 떨어진 곳에서 영아들이 놀이하도록 안내한다.			
• 구성놀이 펼치기			
3. 교사는 블록을 갖고 이루어지는 영아의 탐색 행동(블록 담기 쏟기, 두드리기, 갖고 다니기, 부수기 등)을 안전하게 격려한다.			
4. 교사는 영아가 대근육을 사용할 수 있는 블록놀이를 제안하고 실행한다.			
5. 영아의 구성놀이가 활발하게 진행되어 쌓기 영역이 좁을 경우 환경 재구성(교구장 이동, 책상 위치 바꾸기 등)을 한다.			
6. 블록으로 이루어진 구성놀이와 상상놀이를 연계한다.			
7. 교사는 영아의 구성놀이 옆에서 병행놀이를 한다.			
8. 교사는 비계 설정을 위한 제안, 보여 주기 등을 한다.			
9. 교사는 또래 간 놀이 참여를 유도하고 함께 놀이를 지속한다.			
10. 영아와 구성놀이의 즐거움을 공유한다.			
11. 영아 혼자 구성놀이를 하고 싶어 하는 경우 이를 이해하고 지원한다.			
12. 영아가 놀이에 참여하고 싶어 하는 신호(또래 놀이 방해하기, 또래의 구성물 만지기 등)를 인식하여 놀이 안에 수용되도록 상호작용한다.			
13. 영아와 놀이 시 미소 짓거나 웃음, 즐거움이나 기쁨을 표현한다.			
• 마무리			
14. 영아가 놀이를 마칠 때 정리를 안내하고 돕는다.			
15. 영아의 구성놀이 과정, 구성물이 완성 된 것을 사진, 동영상으로 촬영한다.			

출처: 이윤선(2018). p. 43.

| 표 8-5 | 유아 구성놀이 상호작용 체크 리스트

체크 문항	YES	NO	이유/개선 사항
• 구성놀이 시작하기			
1. 쌓기 영역은 교사의 계획한 활동 외에 유아의 자발적인 놀이를 위한 공간이 마련되어 있다.			
2. 쌓기 교구장 앞에서 떨어진 곳에서 유아들이 놀이하도록 안내한다.			
3. 유아가 구성물을 계획하는 것(설계도 그리기, 화보나 사진, 컴퓨터로 조사하기 등)을 격려한다.			
• 구성놀이 펼치기			
4. 교사는 미소, 온정적인 표정, 고개 끄덕임 등을 보여 주며 유아의 구성놀이를 관찰한다.			
5. 유아가 도움을 요청할 때 필요한 도움을 제공한다.			
6. 유아가 구성물에 대하여 말하는 것을 주의 깊고 즐겁게 듣는다.			
7. 유아 스스로 구성물 그리기, 쓰기, 카메라로 촬영하는 것이 자연스럽다.			
8. 교사가 유아의 구성놀이 과정이나 구성물을 촬영하거나 기록한다.			
9. 유아의 구성놀이가 활발하게 진행되어 쌓기 영역이 좁을 경우 환경 재구성(교구장 이동, 책상 위치 바꾸기 등)을 한다.			
10. 블록으로 이루어진 구성놀이와 상상놀이를 연계한다.			
11. 교사의 보육 주제와 관련이 없는 유아의 구성놀이가 활성화되도록 지지한다.			
12. 교사는 유아의 문제해결력이 증진되는 적절한 질문을 사용한다.			
13. 교사는 유아 스스로 답을 찾을 수 있는 제안을 한다.			
14. 유아 혼자 구성놀이를 하고 싶어 하는 경우 이를 이해하고 지원한다.			
15. 유아와 놀이 시 미소 짓거나 웃음, 즐거움이나 기쁨을 표현한다.			
16. 유아가 또래와 함께 구성놀이를 하도록 직접적인 놀이 초대, 도움 요청을 한다.			
17. 유아의 논쟁이 분쟁이 되지 않도록 블록놀이에 대한 서로의 규칙을 만드는 시간을 갖는다.			
18. 구성놀이에 대한 유아의 갈등 시 훈육의 방법으로 구성놀이를 금지하지 않는다.			
• 마무리			
19. 유아가 구성물을 부수는 것에 대한 또래 간의 약속이 있다.			
20. 블록을 정리할 때 경쟁(예: 먼저 치우는 유아의 이름을 먼저 불러 주는 방법)이 아니라 협동, 도움 주기를 격려한다.			
21. 유아의 구성놀이 과정, 구성물이 완성 된 것을 사진, 동영상으로 촬영한다.			

출처: 이윤선(2018). p. 54.

4. 실제 활동

1) 영아를 위한 쌓기놀이

(1) 0세반

빈 상자를 쌓고 무너뜨려요	
활동 목표*	• 상자를 쌓고 무너뜨리며 협응력을 기른다. (신체 운동 〉 신체 활동 즐기기) • 쌓은 상자들이 무너질 때의 움직임을 탐색하여 호기심을 갖는다. (자연탐구 〉 탐구 과정 즐기기)
활동 자료	놀이 매트, 여러 가지 종류의 빈 상자
활동 방법	1. 영아의 손이 닿는 곳에 빈 상자들을 준비해 주고 자유롭게 탐색 할 수 있도록 한다. – ㅇㅇ이 앞에 네모난 상자들이 있구나. – (교사가 상자 두 개를 부딪치며) 상자 두 개를 부딪치니 통통 소리가 나네. 2. 영아와 함께 빈 상자를 쌓기도 하고 나란히 놓아 보기도 한다. – 선생님과 함께 상자를 나란히 놓아 보자. – 나란히 놓으니 기차같이 되었네. – 이번에는 상자를 쌓아 볼까? – 상자 위에 하나가 올라가고 그 위에 또 하나 상자를 또 올려 보자! – 더 높이 쌓아 볼까? 와~높이 쌓았네. 3. 영아와 빈 상자 쌓고 무너뜨리기를 해 본다. – ㅇㅇ이가 톡 하고 치니까 와르르르 상자가 무너지는구나. – 다시 또 쌓아 보자. 어~ 흔들흔들 무너지려고 하네. 
확장 활동	상자 속에 방울 등 소리 나는 물체를 집어넣으면 영아들이 흥미롭게 활동을 할 수 있다.
주의 사항	모서리가 날카롭지 않은 상자를 활동 자료로 제시한다.

출처: 보건복지부(2013). 어린이집 표준보육과정에 기초한 영아보육프로그램 0세-2권. pp. 138-139.
*제4차 어린이집 표준보육과정 고시에 따른 영역, 내용 범주 표기

(2) 1세반

<table>
<tr><th colspan="2">휴지 블록을 쌓아요</th></tr>
<tr><td>활동 목표*</td><td>• 휴지 블록을 다양한 방법으로 탐색한다.
(자연탐구 〉 생활 속에서 탐구하기)
• 균형감 있게 쌓는다.
(신체 운동 〉 신체 활동 즐기기)</td></tr>
<tr><td>활동 자료</td><td>두루마리 화장지로 만든 블록</td></tr>
<tr><td>교구
제작 방법</td><td>① 두루마리 화장지의 폭으로 도화지 또는 복사 용지를 길게 자른다.
② 자른 종이로 둘레를 감싸서 휴지가 풀어지지 않도록 하여 제공한다.</td></tr>
<tr><td>활동 방법</td><td>1. 휴지 블록을 영아가 생각해 낸 다양한 방법으로 탐색을 해 본다.
- 이게 뭘까요?
- (휴지 블록을 굴리는 영아에게) 데구르르 굴러갔네요.
- 어? 구멍이 있네요. 구멍 속으로 ㅇㅇ이 손이 쏙 들어갔어요? ㅇㅇ이 손에 휴지가 끼워졌네요.
- 휴지 구멍으로 아 하고 소리도 내 볼까요?
- 손톱으로 긁어지네. 푹신푹신하구나.
- (휴지 블록의 구멍을 통해 영아와 서로 보며) ㅇㅇ이가 보이네. 안녕?
- 휴지 위에 앉았네요.
</td></tr>
</table>

활동 방법	2. 휴지 블록을 위로 쌓아 보거나 길게 늘어놓아 본다. - 휴지 위에 또 하나 올려볼 거예요? 하나 더 올려보고 또 하나…. - 우와! 휴지가 높이높이 올라가네요. - ㅇㅇ이 키만큼 높아졌네요. - 어, 기울어진다. 어~ 어, 쓰러졌네요. 또 해 볼 거예요? 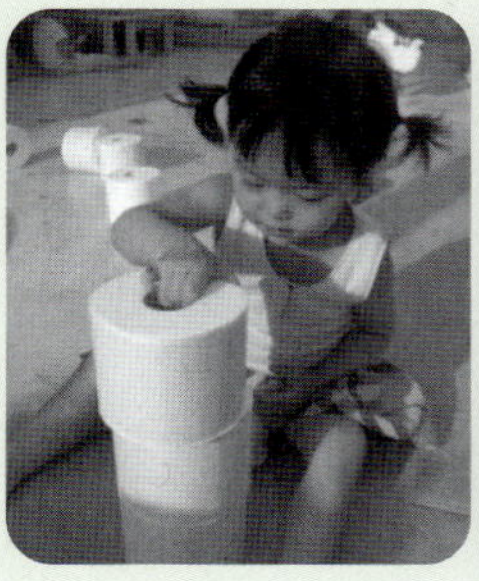   〈한걸음 더〉 3. 휴지 블록 위로 걸어 본다. - 휴지를 길게 놓았구나. - 휴지 위로 걸어가 볼 거예요? - 조심조심, 떨어질 것 같아요? 선생님이 손잡아 줄까요? 
확장 활동	1. 영아가 쌓고 무너뜨리고 할 수 있는 만큼 충분한 수량을 제공한다. 2. 놀이하는 도중 휴지를 감싼 종이가 벗겨지면 한두 개 롤 정도의 휴지를 풀고 감고 길게 풀어서 놀이하기로 확장해 볼 수 있다.

출처: 보건복지부(2013). 어린이집 표준보육과정에 기초한 영아보육프로그램 1세-2권. pp. 224-225.
*제4차 어린이집 표준보육과정 고시에 따른 영역, 내용 범주 표기

(3) 2세반

데굴데굴~ 자동차를 굴려요	
활동 목표*	• 자동차를 굴리며 팔의 움직임을 조절한다. (신체 운동 〉 신체 활동 즐기기) • 자동차에 대해 관심을 갖는다. (자연탐구 〉 탐구 과정 즐기기)
활동 자료	우레탄블록, 놀잇감 자동차
활동 방법	1. 우레탄 블록으로 자동차 길을 만든다. – 빵빵~ 여기 있는 자동차가 지나가고 싶은데 어떤 길로 가야 하나요? – ㅇㅇ이가 자동차 길을 만들고 있구나. – 우레탄 블록을 어떻게 놓아 볼까? – 길다란 블록을 여러 개 붙이니 자동차 길이 되었네. 2. 자동차 길 위에 자동차를 마음대로 굴려 본다. – 쿵붕~ 자동차가 지나갑니다. – ㅇㅇ이 자동차 어디 가세요? – 간다 간다 간다 골목길로~♬  
참고 사항	1. 영아들은 협동놀이가 이루어지기 힘들기 때문에 영아 각자 길을 만들고 굴려 보는 놀이를 한다. 혼자서 굴려 보는 놀이가 익숙해지면, 큰 길을 만들어 함께 자동차를 굴려 보는 놀이를 할 수 있다. 2. 영아들의 놀이를 활성화시키기 위해 자동차와 관련된 동요를 부르며 놀이할 수 있다. 예를 들어, 자동차를 조작하고 있는 영아 옆에서 '간다 간다 간다 ㅇㅇ이 자동차~' 또는 '빨간 자동차가 삐뽀삐뽀~' 와 같은 노래를 불러 준다.
확장 활동	1. 주유소 놀이, 세차장 놀이로 확장할 수 있다. – '기름이 없어서 자동차가 움직이지 않아요. 어떻게 하면 좋을까?' – '아이쿠~ 흙탕물이 튀어서 자동차가 더러워졌네' 등의 상호작용으로 놀이를 확장시킨다.

출처: 보건복지부(2013). 어린이집 표준보육과정에 기초한 영아보육프로그램 2세-1권. pp. 158-159.
*제4차 어린이집 표준보육과정 고시에 따른 영역, 내용 범주 표기

2) 유아를 위한 쌓기놀이

(1) 3세반

<table>
<tr><th colspan="2">집짓기 목공 놀이</th></tr>
<tr><td>활동 목표*</td><td>• 집을 짓는 역할을 재현한다.
(예술경험 〉 창의적으로 표현하기)
• 블록의 크기와 길이를 비교한다.
(자연탐구 〉 생활 속에서 탐구하기)</td></tr>
<tr><td>활동 자료</td><td>개인 주택, 아파트 주택, 건물 등 건축물 화보, 목공놀이용품</td></tr>
<tr><td>활동 방법</td><td>1. 다양한 건축물 화보를 쌓기놀이 영역 주변에 게시하여 유아들이 관심을 갖도록 한다.
- 아주 근사한 건물과 집들이 있구나. 우리가 살고 있는 집을 함께 지어 볼까?
2. 집을 만들려면 어떻게 해야 할지 이야기를 나눈다.
- 집은 지으려면 어떻게 해야 할까?
- 집을 만드는 모습을 본 적이 있니?
3. 필요한 목공 용품을 준비한다.
- 먼저 집을 지으려면 어떤 것을 가져와야 하지?
- 친구들이 함께 집을 만들면 더 멋진 집이 될 것 같구나.
- 방은 어디라고 할까? 집에 또 무엇을 만들어야 할까?
- 여러 가족이 함께 살려면 어떻게 하면 좋지?
4. 블록의 크기와 길이를 비교하며 쌓는다.
- 어? 아래에 있는 블록과 위에 쌓는 블록의 크기가 다르네. 어떻게 하면 좋을까?
- 현관문을 만들 블록의 길이를 손으로 재어 볼까?
- 어떤 블록과 길이가 같은지 찾아와 보겠니?
5. 집을 완성하고 소품을 활용하여 장식한다.
</td></tr>
<tr><td>확장 활동</td><td>미장원, 가게, 병원 등의 건물을 지어 우리 동네 구성하기 활동으로 확장할 수 있다.</td></tr>
<tr><td>주의 사항</td><td>집의 구조물에 대한 사진 화보를 가능한 다양한 형태로 제공하여 유아들의 간접 경험을 넓힐 수 있도록 한다. 예를 들어 옛날 집, 미래의 집, 추운 나라의 집, 숲속의 집 등 화보를 제시할 수 있다.</td></tr>
</table>

출처: 여성가족부(2007). p. 188.
*2019 개정 누리과정 고시에 따른 영역, 내용 범주 표기

(2) 4세반

자동차놀이	
활동 목표*	• 다양한 종류의 블록을 이용하여 자동차를 구성한다. (자연탐구 〉 탐구 과정 즐기기) • 서로 협력하여 자동차를 만들 수 있다. (사회관계 〉 더불어 생활하기)
활동 자료	다양한 종류의 블록들(종이 벽돌 블록, 네오 블록, 스펀지 블록), 사진(바퀴, 핸들) 의자, 백업(1인치), 두꺼운 종이(상자)
활동 방법	1. 유아들과 자동차를 타 본 경험에 대해 이야기를 나눈다. - 우리가 타 보았던 자동차 이야기를 해 보자. - 자동차 안에는 무엇이 있었니? - 자동차 밖에는 무엇이 있었니? 2. 자동차를 만들기로 하고 어떻게 만들지 이야기를 나눈다. - 자동차를 만들어 보자. 무엇으로 만들면 좋을까? - 어떤 모양으로 만들까? - 친구들과 함께 타려면 얼마나 크게 만들어야 할까? - 핸들은 어떻게 만들면 좋을까? - 바퀴는 무엇으로 만들고 싶니? 3. 유아들이 제안한 방법으로 블록을 이용하여 자동차를 만든다. 4. 자동차가 완성되면 자유롭게 자동차 놀이를 해 본다.    
주의 사항	1. 사전에 자동차를 탐색할 수 있는 활동을 실시한다. 2. 자동차 만들기 과정에서 유아 간 협의가 활발히 이루어질 수 있도록 격려한다.

출처: 교육과학기술부(2013). pp. 36-37.
*2019 개정 누리과정 고시에 따른 영역, 내용 범주 표기

(3) 5세반

우리 동네 건물을 설계하자	
활동 목표*	• 다양한 건축물을 창의적으로 표현한다. (예술경험 〉 창의적으로 표현하기) • 우리 동네에 있는 길과 건물에 대하여 알아본다. (사회관계 〉 사회에 관심 가지기)
활동 자료	우리 동네의 건물을 찍은 사진들, 우리나라의 건축물들, 산토리니 언덕 마을 사진들, 건축 모형 조감도 사진들, 훈데르트 바서의 텔레토비가 사는 건물 설계도, 가우디의 건축물들, 공공 미술 프로젝트 사진들, 세울 수 있는 소품에 붙일 그림(신호등, 나무, 조명등 등), 단위 블록류, 속이 빈 블록류, 벽돌 블록류, 종이류, 그리기 미술 재료, 색깔 벽돌을 만들기 위한 얇은 재질의 색깔 종이류,
활동 방법	1. 쌓기놀이 영역 벽면에 준비한 사진들을 게시한다. – 우리 동네에 있는 건물을 찾아볼 수 있을까요? – 우리 동네에서 제일 높은 건물은 어떤 것일까요? 2. 벽에 게시된 사진을 보면서 다양한 건물, 마을, 도시에 대하여 이야기한다. – 우리가 동네를 만든다면 어떤 건물을 세우면 좋을까요? – 사람들이 많이 사는 도시를 만든다면 어떤 건물이 필요할까요? – 어린이들만 사는 동네를 만든다면 어떤 건물들을 만들어 주면 좋을까요? 3. 건축을 하기 위해 필요한 것에 대하여 알아본다. – 동네를 만들기 전에 미리 그려 보는 그림을 무엇이라고 할까요? – 색으로 동네를 표현한다면 어떤 색들이 어울릴까요? – 어떤 재료로 만들까요? 4. 블록으로 동네를 입체적으로 구성한다. – 사람들이 모두 모이는 공간은 어디로 할까요? – 마을을 내려다 볼 수 있는 건물은 어디에 둘까요? – 놀이터도 만들어 주면 좋겠어요. 어떻게 만들까요? 5. 건축을 하기 위해 재료를 만들어 주는 공장 문을 연다. – 색깔 벽돌이 필요한데 어떻게 하면 좋을까요? 6. 건축물을 구성한 후에 색깔을 입힌다. – 우리가 만든 동네에 그림을 그려 넣는다면 어떤 그림이 어울릴까요? – 우리 동네 건물에 색깔을 입힌다면 어떤 색들이 어울릴까요? 7. 안내문을 작성한다. – 우리 동네를 처음 방문한 사람들을 위해 안내문을 만든다면 어떻게 하면 좋을까요? – 간판은 어떤 모양으로 만들면 우리 동네에 어울릴까요?

활동 방법	  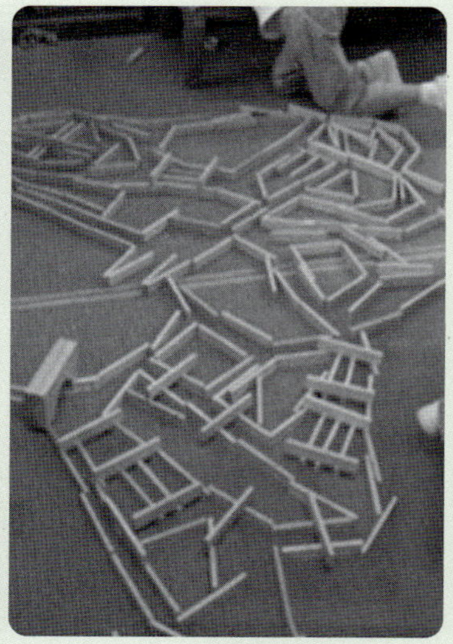
참고 사항	1. 색깔과 재질이 다양한 종이류와 다양한 색의 미술 재료를 준비한다. 2. 각 어린이집 주변의 동네 건물의 사진, 공공 도시 프로젝트 사진, 세계 유명한 마을이나 도시의 사진을 다양하게 제공할수록 창의적인 구성이 가능하다. 3. 활동을 하루에 마치기보다 2~3일 지속적으로 전개할 수 있다.
확장 활동	1. 입체적으로 구성한 건물을 사진을 찍어서 벽에 게시해 주고, 일부 사진은 가정과의 연계를 위해 가정으로 보낸다. 2. 유아들과 함께 컴퓨터 포털 사이트 지도(예: 구글, 다음, 네이버 등)에서 어린이집과 주변을 검색하는 활동과 연계한다. 3. OHP기기 위에 단위 블록을 다양한 방법으로 올려놓으면서 벽에 비춰진 그림자 길을 탐색하는 수·과학 영역 활동으로 확장할 수 있다.

출처: 보건복지부(2012). pp. 10-11.

*2019 개정 누리과정 고시에 따른 영역, 내용 범주 표기

제 9 장

수·조작놀이

21세기 현대 사회에서 요구하는 인간은 수학적·과학적 탐구 능력과 창의력, 문제해결 능력, 의사소통 능력과 같은 역량을 갖춘 사람이다. 따라서 이러한 역량을 갖춘 인재 양성은 국가 교육의 목적이며 미래 국력에 큰 영향을 미칠 것이다. 특별히 문제해결 능력이나 수학적 탐구 능력의 발달을 담당하는 전두엽은 유아기에 집중적으로 발달하므로 유아기의 수학 경험은 일상생활 주변에서 쉽게 부딪힐 수 있는 수학적 상황이나 문제 앞에서 문제해결력을 기르며 수학적 소양과 토대를 형성할 수 있다. 또한 문제해결력을 촉진하고 창의적 사고를 촉진할 수 있는 놀이 중 하나가 조작놀이다. 조작놀이는 유아들이 다양한 놀잇감을 손과 손가락의 소근육을 사용하여 맞추고 분류하고 재배열하는 등 여러 가지 방법으로 다루는 놀이다. 수·조작놀이는 유아가 역동적이고 비형식적 놀이 할동을 통해 수학적·과학적 지식을 터득할 수 있는 경험을 제공할 뿐만 아니라 일상생활 속에서 경험되어지는 다양한 문제를 해결할 수 있는 문제해결력과 사물에 대한 깊이 있는 탐색을 통한 탐구하는 태도, 창의적 사고 발달에 영향을 미치는 유아기 중요한 놀이이다. 이러한 수·조작놀이의 중요성은 국가수준 표준보육과정의 누리과정 영역 중 '자연탐구' 에서도 강조하고 있다. 즉, 자연탐구 영역은 호기심이 넘치는 유아가 궁금한 것에 대해 답을 찾기 위해 적극적으로 탐색하고 탐구하는 과정을 통해, 유아가 물질, 사물, 자연 현상, 동식물 등의 특성과 변화를 수학적·과학적으로 탐구하는 다양한 경험과 관련된 내용이다. '자연탐구 영역' 에서 추구하는 목표는 '탐구하는 과정을 즐기고, 자연과 더불어 살아가는 태도를 가진다.'

이다. 세부 독표 중 생활 속의 문제를 수학적 · 과학적으로 탐구한다는 일상생활에서 수학적 · 과학적으로 생각하는 능력과 태도를 배양하는 것으로 제시되어 있다. 따라서 유아에게 수 · 조작놀이는 직접적인 경험과 창의적인 탐구 활동을 할 수 있는 기회이며 수 · 과학적 기초 개념을 획득할 수 있는 경험이다.

이에 본 장에서는 수 · 조작놀이의 필요성과 교육적 효과를 수놀이와 조작놀이로 구분하여 각각 구체적으로 살펴보고 환경 구성과 교사의 역할 그리고 각 유형별로 놀이 활동의 실제를 살펴보고자 한다.

1. 수놀이

1) 필요성과 교육적 효과

수학은 우리가 살아가고 있는 주변 세계와 사물을 이해하는 강력한 도구이며 우리의 생활 곳곳에 스며들어 있다. 유아의 삶과 생활 속에서도 쉽게 찾아볼 수 있다. 즉, 유아들이 좋아하는 생일 축하놀이에서 유아는 자신의 나이 또는 생일 맞은 사람의 나이에 맞는 초의 개수를 세어 꽂고 축하를 한다. 자신의 신발의 짝을 같은 모양과 색 등을 통해 찾을 수 있으며, 수 세기를 통해 간식을 한 개씩 먹기 위해 얼마만큼의 양이 필요한지 쉽게 알 수 있다. 만약 수 세기를 알지 못한다면 어림으로 간식을 가져와 나눠 보고 모자라면 다시 또 가져오는 불편을 겪을 수 있으나 수 세기를 안다면 유아 수에 맞게 간식 개수를 맞추어 쉽게 해결할 수 있다. 또한 주차장의 크기에 따라 차를 몇 대나 주차할 수 있는지에 대해서도 주차 공간에 차를 한 대씩 주차해 보면서 문제를 해결할 수 있게 된다. 이렇듯 수학은 유아가 생활 세계를 이해하는 강력한 도구로써 유아의 수놀이 필요성을 이해할 수 있다.

유아기는 활발하고 왕성한 탐구력을 보이는 시기로서 "왜?", "어떻게?"라는 물음으로 주변 환경에 대한 자발적인 흥미를 보여 주는 시기이다. 이러한 속성 때문에 듀크워드(Duckworth, 1987)는 "영유아는 타고난 과학자이다."라고 영유아의 특성을 언급하기도 했다. 영아기부터 호기심 어린 눈으로 자신의 주변 세계를 바라보고 가까이에 있는 물체를 손을 뻗어 만져 보고 두드려 보거나 입으로 가져가 빨아 보기도 한다. 이러한 호기심은 유아기에 점차 자신을 둘러싸고 있는 주변 세계에 대한 호기심으로 확장되며 궁금한 것을 해소하고 탐구하고, 유아의 일상생활에서 부딪치는 현상과 문제해결을 통해 수학적 · 과학적으로 사고하는 능력으로 이어진다. 또한 유아가 일상적인 생활을 관찰하고 새로운 사실과 규칙을 발견하며 직접 사물을 조작해 보는 경험은 단순히 수학적 · 과학적 지식 획득을 넘어서 전 생애에 걸쳐 필요한 논리적 사고와 문제해결 능력을 키우는 틀을 제공하는 것이다. 논리적 사고의 틀과 문제해결 능력의 획득은 21세기 미래 사회를 살아가는 유아가 갖추어야 할 자질과도 관련이 깊다. 21세기 정보화 · 세계화 · 산업화가 된 사회 속에서 쏟아지는 방대한 양의 정보를 선별하고 논리적으로 조직화하여 적용할 수 있는 능력이 어느 때보다 필요하며, 이러한 능력은 수학교육을 통해 발달시킬 수 있다(황의명, 조형숙, 서동미, 2014). 따라서 유아기부터 논리 · 수학적 지식을 통해 일상생활에서 보다 합리적이고 논리적인 사고력과 비판력, 창의적인 사고를 기를 수 있는 수학적 소양을 가지는 것이 매우 중요하며 이를 위해 유아 수놀이의 필요성이 강조된다.

마지막으로 유아의 수놀이 필요성을 강조하는 이유는 유아가 능동적인 수학자라는 것이다. 유아는 수학적인 경험을 통해 사물의 논리를 스스로 발견할 수 있는 힘을 가지고 있다. 두 명의 유아가 주사위 게임을 하다가 함께하고 싶은 유아가 있을 때 게임의 방법이나 규칙을 바꾸면서 함께할 수 있는 방법을 만들거나, 장난감을 쉽게 찾기 위해 같은 종류끼리 분류하여 정리하며, 정해진 놀잇감을 다른 유아와 함께 놀이하기 위해 어떻게 나눠 가지며, 기다려야 하는지 문제를 해결해 가는 능동적인 수학자의 모습을 발견할 수 있다. 이렇듯 유아는 생활 속에서 수를 인식하고 경험한다. 또한 수놀이를 통해 수학적 탐구 경험을 제공받고 의미 있는 학습의 기회로 삼으며 수에 대한 긍정적인 태도를 형성하게 되므로 유아기 수놀이 필요성이 강조됨을 알 수 있다.

이러한 필요성과 더불어 수놀이의 교육적 효과를 살펴보면 다음과 같다.

첫째, 유아기 수놀이 경험은 인지 발달의 원동력이 된다(한유미, 2014). 유아기의 수학적 경험은 논리적인 사고와 문제해결력의 기초를 형성함으로써 인지 발달의 핵심 능력이 된다. 즉, 생활 속에서 사회 현상이나 자연 현상을 생각하고 분석해 볼 때 수학을 사용하기 때문에 인지 발달과 관련이 있음을 알 수 있다. 수 세기, 위치와 방향 알기, 길이, 무게 등을 비교하고 측정하기 등은 수학과 관련된 활동으로 이러한 수학적 놀이 경험과 교사의 지원을 통해 인지 발달이 촉진된다.

둘째, 유아기의 수놀이 경험은 신체 발달 및 사회성 발달을 촉진한다. 유아기의 수학 경험은 오감을 활용하여 놀이 가운데 활용되는 실물이나 교구 등을 조작하면서 이뤄진다. 판 게임을 위해 주사위를 던지고 말을 옮기거나, 양팔 저울에 무게 달아 보기, 숫자판의 과녁 맞추기 등의 활동을 통해 대·소근육 발달과 눈과 손의 협응력이 발달된다. 또한 판 게임을 위해 또래와 함께 놀이하며 규칙의 이해, 협동심, 공동체 의식 등을 형성할 수 있으며 또래 간의 긍정적인 상호작용은 유아의 심리적 안정감을 제공하여 정서 발달에도 긍정적인 영향을 미친다.

셋째, 유아기 수학 경험은 언어 발달을 촉진한다. 앞서 21세기 의사소통 능력이 요구되는 시대에 수학 경험을 통해 또래와 교사와의 상호작용을 하면서 새로운 수학적 어휘를 습득할 수 있으며, 수학 활동을 하면서 자신의 생각이나 의견을 언어로 표현할 수 있는 기회를 갖게 된다. 이러한 과정에서 다른 사람과의 의견 차이에서 자신의 생각을 설득하거나 다른 사람에 동의하거나 타협하는 능력을 경험할 수 있다. 따라서 유아기 수놀이 경험은 수학적 원리를 발견하고 수놀이를 또래나 교사와 함께하면서 언어 발달과 의사소통 능력이 촉진될 수 있다.

유아기 수놀이의 필요성과 교육적 효과를 살펴보면서 누리과정의 자연탐구 영역에서도 그 내용을 강조하고 있다. 누리과정의 자연탐구 영역의 목표는 '탐구하는 과정을 즐기고, 자연과 더불어 살아가는 태도를 가진다.' 이며 세부 목표로는 '일상에서 호기심을 가지고 탐구하는 과정을 즐긴다.', '생활 속의 문제를 수학적·과학적으로 탐구한다.', '생명과 자연을 존중한다.' 이다. 내용 범주는 크게 세 가지로 제시하고 있으며 '탐구과정 즐기기', '생활 속에서 탐구하기', '자연과 더불어 살기' 이다. 이 중 수놀이와 관련된 내용 범주는 '생활 속에서 탐구하기' 로 세부 목표는 '생활 속에서 문제를 수학적·과학적으로 탐구한다.' 이다. 2019 개정 누리과정의 자연탐구 영역의 내용을 살펴보면 〈표 9-1〉과 같다.

| 표 9-1 | 2019 개정 누리과정 자연탐구 영역의 내용

내용 범주	내용
탐구 과정 즐기기	주변 세계와 자연에 대해 지속적으로 호기심을 가진다.
	궁금한 것을 탐구하는 과정에 즐겁게 참여한다.
	탐구과정에서 서로 다른 생각에 관심을 가진다.
생활 속에서 탐구하기	물체의 특성과 변화를 여러 가지 방법으로 탐색한다.
	물체를 세어 수량을 알아본다.
	물체의 위치와 방향, 모양을 알고 구별한다.
	일상에서 길이, 무게 등의 속성을 비교한다.
	주변에서 반복되는 규칙을 찾는다.
	일상에서 모은 자료를 기준에 따라 분류한다.
	도구와 기계에 대해 관심을 가진다.
자연과 더불어 살기	주변의 동식물에 관심을 가진다.
	생명과 자연환경을 소중히 여긴다.
	날씨와 계절의 변화를 생활과 관련짓는다.

특별히 개정 누리과정에서는 유아 · 놀이 중심을 강조하며 유아가 경험해야 할 내용으로 내용 범주에 따른 내용을 제시하고 있다. 따라서 자연탐구 영역의 내용 범주 중 생활 속에서 탐구하기의 내용에서 '물체를 세어 수량을 알아본다.'는 유아가 다양한 놀이 상황에서 물체의 수를 세어 보는 경험으로 꽃잎의 수를 세어 볼 수 있고, 10개의 주차 공간에 10개의 자동차를 세어 보며 주차할 수 있다. 우리 반 친구들이 모두 몇 명인지, 여자 친구는 몇 명인지, 남자 친구는 몇 명인지 등을 알아보며 부분과 전체의 관계를 알 수 있다. 또한 구체물을 가지고 수량의 많고 적음을 이해하며 수에 대한 기초 개념을 수놀이 경험을 통해 알 수 있다.

'물체의 위치와 방향, 모양을 알고 구별한다.', 유아는 놀이 상황에서 자신을 중심으로 위치(위, 아래, 옆, 앞, 뒤), 방향(아래쪽, 위쪽, 앞쪽, 뒤쪽, 왼쪽, 오른쪽), 거리(멀다, 가깝다)를 포함한 탐색으로 시작하여 점차 공간 내의 물건들 간의 관계를 인식하고 설명하게 된다(서소정 외 2016). 나를 중심으로 가장 가까이 있는 유아가 누구인지, 멋진 탑을 완성하기 위해 아래쪽에 어떤 블록으로 쌓고, 위쪽에 어떤 블록을 쌓아야 하는지 놀이를 통해 방향에 대한 인식이 발달한다. 또한 일상생활에서 사용하는 다양한 물체의 모양에 관심을 가지고 같은 모양과 크기를 찾아보고 도형의 특징을 발견할 수 있다. 예를 들어 우리 동네를 꾸미고 만들기 위해 크고 작은 상자를 이용할 때 건물의 형태에 따라 원하는 모양을 만들기도 하고 수 놀이에서 많이 사용하는 주사위의 6면이 있는 주사위, 4면이 있는 삼각 주사위 등을 통해 입체 도형을 이해할 수 있다. 미술 활동의 데칼코마니나 색종이 접기, 작품 감상, 자연물(아카시아 나뭇잎)이나 교실에서 대칭인 것을 찾아보고 경험하면서 도형의 변화와 대칭을 경험하게 된다.

'일상에서 길이, 무게 등의 속성을 비교한다.', 유아는 주변 세계의 탐색과 놀이를 통해 사물의 속성에 따라 비교해 보는 다양한 경험을 하게 된다. 예를 들어 옷이나 신발을 살 때 자신의 신체나 나이에 맞는 크기를 선택함으로써 크기에 따라 치수가 다르다는 것을 알 수 있다. 또한 일상의 놀이에서 자신의 키를 재거나 몸무게를 재는 활동을 통해 길이와 무게에 대한 차이를 이해하고 관심을 가지게 된다. 유아들은 놀이를 통해 길이나 무게 등의 속성을 비교해 보며 측정의 개념을 이해하게 된다. 보통 유아들이 측정을 할 때는 자나 저울 등의 표준화된 단위를 사용하기보다는 손 뼘이나 색연필, 블록, 수수깡 등의 임의의 단위 즉, 비표준 단위를 사용하여 길이를 비교해 볼 수 있고 양팔 저울을 만들어 임의의 측정 도구를 사용하여 원하는 물건의 무게를 비교해 볼 수 있다.

'주변에서 반복되는 규칙을 찾는다.', 규칙성은 사물의 모양이 일정한 순서로 반복되는 형태를 말하는데 자연 현상이나 일상생활에서 많은 부분들이 일정한 순서로 반복되는 규칙을 가지고 있다. 유아들의 일상생활에서 하루의 일과는 일정한 규칙을 가지고 있으며, 봄, 여름, 가을, 겨울의 사계절, 낮과 밤, 그리고 월, 화, 수, 목, 금, 토, 일의 일주일이 반복되고 일년 12개월이 반복됨을 알 수 있다. 유아는 일상생활의 주변 환경과 사물을 통해 규칙성을 인식하고 반복되는 규칙성을 만들어 보는 경험을 하기도 한다. 유아가 즐겨 부르는 노랫말에서도 찾아볼 수 있고, 게임 활동에서 응원하는 박수를 짝짝 짝짝짝, 짝짝 짝짝짝으로 규칙성 있게 치며 응원하기도 한다. 더 나아가 자신들의 놀이에 반복되는 규칙을 만들어 놀이를 확장하고 규칙성을 찾고 만든 것을 즐긴다.

'일상에서 모은 자료를 기준에 따라 분류한다.' 유아가 일상생활에서 다양한 자료를 모으고 기준에 따라 분류하기 위해 먼저 사물의 공통된 속성을 알아 내고 속성에 따라 모아 보고 분류하는 내용이다. 이러한 내용은 다양한 정보와 자료가 쏟아지는 이 시대에 자신의 필요에 따라 신속하고 정확하게 자료를 체계적으로 처리하는 능력으로 유아기에 경험해야 할 내용으로 제시하고 있다. 자료 수집과 분류하기는 수 세기, 도형, 규칙성 등과 함께 수학의 기초 개념이다. 놀이의 특성에 따라 놀잇감을 분류하여 정리 정돈하거나, 유아들의 생일을 모아 월별로 정리해서 환경으로 제시하는 것을 통해 유아가 어떤 달에 생일이 가장 많은지, 어떤 달에 생일 맞은 유아가 가장 적은지를 알 수 있는 경험이 바로 이에 속한다고 볼 수 있다. 최근 유아들의 놀이에 많은 영향을 미치는 미세 먼지에 대해 일정 기간 동안 미세 먼지 농도를 알아보고 이를 그래프로 나타내며 최근의 날씨에 대해 알아보고 관심을 가지는 활동으로 자료를 수집하고 결과를 나타내는 경험을 할 수 있다.

개정 누리과정에서 제시된 내용은 유아의 놀이 상황과 이를 지원하는 활동을 통해 유아가 경험해야 할 내용을 제시하고 있으므로 유아의 놀이 상황에서 수학적 기초 개념을 경험할 수 있도록 교사는 유아의 수놀이를 세심하게 관찰하고 민감하게 반응해 줌으로써 자연탐구 영역의 다양한 수학적 내용이 경험될 수 있도록 해야 한다. 유아들은 수놀이 경험을 통해 수학과 관련된 기초 개념을 형성할 수 있으며, 일상에서 부딪치는 다양한 문제를 해결할 수 있는 문제해결력을 키울 수 있고, 합리적이고 논리적인 사고력과 창의적인 사고를 기를 수 있으며 수학적 소양을 배양할 수 있다.

2) 환경 구성 및 자료

수놀이의 환경 구성을 고려할 때 크게 세 가지 활동 영역으로 세분화하여 생각해 볼 수 있다. 수놀이 영역, 컴퓨터 영역, 일상생활 자체에서 수놀이 활동을 포괄적이고 다양하게 경험할 수 있도록 구성하는 방법이 있다.

(1) 수놀이 영역

수놀이 영역의 환경 구성은 유아가 수놀이 활동을 능동적이고 자발적으로 탐색하도록 유아의 흥미와 발달에 적절한 수놀이 활동 자료들을 풍부하게 갖춘 환경 구성이 되도록 하여야 한다. 이를 위해 실수와 오류, 틀린 답을 하더라도 수용하는 정서적 분위기를 만들어 주는 것과 동시에 유아들이 활동에 집중하고 몰두할 수 있도록 밝고 정적인 물리적 장소를 찾아 배치한다. 물론 유아의 흥미와 놀이 특성에 따라 다른 영역과 통합하거나 연합하여 환경 구성을 할 수도 있다. 바닥에는 유아가 혼자서 할 수 있는 개별 활동 공간과 3~5명의 소집단 유아들이 함께할 수 있는 책상과 의자나 카펫, 자리를 적절히 확보하는 것이 효과적이다(이숙재, 2009). 다음은 수 영역에 제공될 수 있은 자료들이다.

① 수 세기

실물이나 모형 등 구체물을 가지고 수를 세어 보거나 일대일 대응, 더하고 빼 보는 경험이 일어날 수 있도록 구성한다.

숫자 카드, 일대일 대응을 해 볼 수 있는 카드, 놀이 주제와 관련된 다양한 모형이나 사물 등이 있다. 단, 고정된 물체보다는 만지거나 이동시킬 수 있는 물체를 이용한 수 세기 경험이 일어날 수 있도록 한다.

② 분류

색깔, 모양, 크기 등 한 가지 또는 그 이상의 준거를 기준으로 분류할 수 있도록 구성한다. 단추, 바둑알, 색깔 블록, 다양한 장난감 등의 분류 및 보드판 게임, 카드 게임 종류 등이 있다.

③ 서열화

비교하기, 순서 짓기를 경험할 수 있는 사물을 제공한다. 비교 기준이 되는 물체의 크기, 길이, 무게, 속도, 높이 등이 다른 사물을 제공하여 비교하기를 제공한다. 또한 순서 짓기는 세 개 이상의 물체를 속성의 차이에 의해 순서대로 배열하는 것으로 일상생활 속에서 친숙한 사물을 제공해 준다. 예를 들어 러시아 인형, 곰 세 마리 인형 등을 제공하거나, 서열화가 필요한 상황들(예: 크기가 다른 자동차, 길이가 다른 연필 등)을 제공한다.

④ 패턴(규칙성)

유아들이 일상생활에서 많은 패턴을 경험하는 가운데 규칙성을 인식하는 능력은 문제해결 능력에 기초가 된다(홍혜경, 2010). 따라서 유아들이 일상생활과 주변 환경을 통해 공통성의 특성을 발견할 수 있는 다양한 자료를 제공해 줄 수 있다. 일정한 문양이 있는 천이나 가방, 일정한 패턴을 가진 벽지나 포장지, 의성어 의태어가 반복되는 동시나 동요판 등을 제공한다.

⑤ 기초적인 측정 활동

일상생활 속에서 '많다, 적다, 높다, 낮다, 무겁다, 가볍다, 크다, 작다' 등 사물의 비교를 통해 점차 측정 활동으로 이어지므로 임의의 단위를 사용하여 측정하는 무게, 크기, 길이와 관련된 놀이를 제공한다.

- 길이 측정: 나무 블록, 연필, 빨대, 신발, 클립, 자, 줄자, 손과 발
- 무게 측정: 양팔 저울, 한쪽에 중심이 되는 사물을 올려놓고 다른 쪽에 비교하고자 하는 사물을 올려놓으며 무게를 측정
- 온도 측정: 온도계, 요리, 보온병 등
- 시간 측정: 모래시계, 시계 모형, 물시계 등

⑥ 공간과 도형의 기초 개념 알기

익숙한 위치, 장소, 물체의 위치와 변화를 인식하기 위해 카드를 이용한 기억력 게임, 도형 상자와 도형, 기본 도형을 알 수 있는 사물, 기본 도형을 이용해 다른 도형을 구성할 수 있는 도형, 방향 나침반, 지구본, 어린이 체스, 바둑과 바둑판 등을 활용할 수 있고 창의적인 모형을 구상할 수 있는 수수깡, 빨대, 색 테이프, 플라스틱 병뚜껑 등으로 구성할 수 있다.

⑦ 기초적인 통계와 관련된 경험하기

유아들이 자발적으로 재미있는 문제를 선정하여 자료를 수집하고 모은 자료의 결과를 다양한 방법으로 나타낼 수 있다. 즉, 실물그래프, 그림그래프, 상징그래프, 막대그래프, 벤다이어그램 등으로 구성할 수 있다. 이러한 경험은 많은 유아들이 참여할 수 있을 뿐 아니라 대상을 가족, 이웃으로 확대하여 모은 자료를 탐색하면서 모은 자료를 조직화해 봄으로써 문제해결력이 향상된다.

(2) 컴퓨터 영역

컴퓨터 영역은 유아들이 즐겨 찾는 놀이 영역이다. 정보화 사회 속에 있는 유아들은 컴퓨터 사용에 어려움을 보이지 않는다. 마우스를 자유롭게 사용할 수 있으며 유아를 위해 다양한 프로그램이 제공되는 인터넷 포털 사이트도 친숙하다.

소프트웨어 프로그램에 따라 수학놀이뿐 아니라 한글놀이와 게임 등이 다양하나 여기에서는 수 조작 영역을 포괄적으로 다루고자 한다. 유아들이 흥미롭게 여기는 컴퓨터 영역의 환경을 구성하기 위해서는 몇 가지 유의할 사항이 있다.

첫째, 컴퓨터를 사용하는 유아가 고립되거나 혼자놀이에 몰입되는 경향을 피하기 위해 모니터 1대에 2명의 유아가 상호작용할 수 있도록 2개의 책상을 양쪽으로 130° 정도가 되도록 설치한다(박찬옥 외, 2004).

둘째, 컴퓨터는 하드웨어, 모니터, 키보드, 마우스, 스피커 또는 헤드폰, 프린터 등 전기 소모량이 많으므로 안전한 콘센트를 사용하여야 하며 전깃줄이 유아들의 발에 걸리지 않도록 벽면을 의지하여 설치하는 것이 바람직하다.

(3) 일상생활과 환경 조성을 통한 수놀이

일상생활 즉, 유아의 하루 일과 중 등원과 귀가, 간식과 식사, 낮잠과 휴식 등의 일상생활과 교실 환경을 통해 유아들에게 의미 있는 수 활동을 제공하며 수의 기초 개념을 경험할 수 있도록 한다. 유아의 일상생활과 교실 환경을 활용한 수놀이 경험을 살펴보면 다음과 같다.

① 오늘의 일과

유아가 등원하여 오늘의 월, 일, 요일 및 날씨를 확인하고 오늘 일어날 수 있는 놀이와 활동에 대한 일정을 확인하는 활동이다. 이 활동을 통해 유아는 수의 기초 개념을 경험할 수 있고, 일상에서 반복되는 규칙성을 알게 되고 다음에 올 것을 예측해 볼 수 있다.

② 간식 및 식사 시간을 통한 수 활동

유아의 일상생활 중 간식과 식사 시간을 통해 수놀이가 일어날 수 있다. 예를 들어 오늘의 간식 중 방울토마토 5개와 우유 한 잔을 마실 때 방울토마토 5개를 유아들이 직접 세어서 간식 접시에 담아 보고 더 먹고 싶은 유아는 몇 개를 더 먹고 싶은지 말하고 그 숫자만큼 더 먹을 수 있다. 또한 식사 시간에 식사를 마치고 바깥 놀이를 하기 위해 시곗바늘의 큰 바늘이 숫자 10을 가르킬 때까지 다 먹도록 하여 시간의 개념과 숫자의 개념을 경험할 수 있다. 간식과 식사의 재료로 제공되는 음식의 모양과 위치에 대해서도 경험하며 수와 관련된 경험을 할 수 있다.

③ 낮잠과 휴식을 통한 수 활동

유아의 건강한 성장과 발달을 위해 낮잠과 휴식은 매우 중요하며 필수적이다. 대부분의 유아는 신체적인 피로를 회복시켜 주고 정서적인 안정감을 주므로 낮잠 또는 휴식 시간을 갖는다. 유아가 낮잠을 자기 전 화장실을 다녀오고, 낮잠을 준비하는 가운데 요, 이불, 베개를 준비하면서 일대일 대응, 잠 잘 공간을 준비하면서 공간에 대한 개념 등을 경험할 수 있다. 특히 만 4~5세 유아들은 경우에 따라 낮잠을 자지 않고 휴식을 취하는 가운데 얼마 동안의 휴식을 갖게 되는지 시간에 대한 개념이나 시곗바늘 숫자에 관심을 가질 수 있다.

④ 화장실 다녀오기와 손 씻기

유아가 손을 씻어야 하는 경우는 식사나 간식 전, 화장실 다녀온 후, 실외놀이 후, 놀이를 통해 손이 더러워진 경우 등 하루에도 5~7번의 손을 씻게 되고 화장실을 다녀오는 경우도 2~4번의 화장실을 다녀오게 되는데 이때 한꺼번에 화장실을 이용하거나 손을 씻지 못하기 때문에 순서를 기다려야 하므로 자신의 순서가 누구 뒤인지, 몇 번째인지 등을 아는 과정 속에서 수의 의미를 경험하고 바른 손씻기의 순서 등을 알아보고 수를 경험할 수 있다.

⑤ 교실 환경을 통한 수 활동

유아의 교실에 제공되는 다양한 환경은 유아의 수놀이 경험을 가능하게 한다. 예를 들어 유아들의 놀이 활동으로 조사한 내용을 자료 수집하여 결과를 나타낸 그래프나 벤다어그램 등이 벽면에 제시됨을 통해 자연스럽게 모은 자료를 탐색하면서 자신의 방법으로 정보를 조직해 봄으로써 문제해결력이 향상될 수 있다. 또한 놀잇감의 정리가 퍼즐은 퍼즐끼리, 책은 책꽂이에 정리된 것을 통해 사물의 속성에 따라 분류하여 정리할 수 있는 능력을 기를 수 있다.

3) 교사의 역할

수놀이 활동에 있어서 교사는 유아가 수 세기나 수학 기술 면에서 올바른 답을 말했다고 해서 그것만을 가지고 유아가 수에 대한 기초 개념이나 논리 · 수학적 지식을 획득한 것으로 인식해서는 안 된다. 즉, 유아가 성인을 기쁘게 하고 올바른 답에 도달하기 위해 기계적인 암송이나 반복된 훈련에 의한 결과인지에 대해 주의 깊게 파악해야 한다(Trawick-Simth, 1994). 이러한 점을 유념하면서 교사가 놀이를 하는 동안 유아의 질문과 대답을 곧바로 수정하거나 직접적으로 더 정확한 해결책을 기대하기보다는 유아 스스로가 자신의 접근 방법을 다시 한 번 생각할 시간을 주어 대안을 계획하고 실험해 봄으로써 논리 · 수학적 사고력을 촉진할 수 있도록 도와주어야 한다.

이것이 수놀이에 있어서 교사의 첫 번째 역할이다. 다시 말해, 교사는 유아의 놀이 상황 속에서 수놀이에 대한 즉각적인 답을 주기보다는 '사려 깊은 개입'을 하는 상호작용자로서의 역할을 고려해야 한다(Kamii, 1982). 특히 개정 누리과정에서 강조하고 있듯이 유아가 놀이를 통해 경험할 수 있도록 교사는 유아의 놀이를 세심하게 관찰하고 이를 통한 민감한 반응 즉, 상호작용을 통해 유아의 수놀이가 확장되며 촉진될 수 있다.

두 번째 역할은 분위기 연출자이다(윤애희 외, 2011). 유아는 주변의 영향력 있는 성인에게서 인정받고 싶어 하고 성인의 열정과 어떤 신념을 보고 배운다. 만약 교사가 수학을 대하는 진한 태도와 생동감을 갖는다면 유아 또한 그러한 분위기를 파악하게 된다. 더욱이 교사가 유아의 실수나 오류에도 실망하지 않고 오히려 유아의 가능성을 믿고 수용하는 태도는 유아에게 자신감을 주고 새로운 도전으로 이끌어 준다.

세 번째 역할은 유아가 수학적 지식과 기술을 습득할 수 있도록 환경을 구성해 주고 유아의 놀이를 지원하는 역할이다. 교사는 유아의 수놀이 활동을 세심하게 관찰하며 유아의 욕구에 맞는 자료와 수준과 참여도를 관찰하고 민감하게 반응하며 놀이를 지원하는 역할이다. 이때 교사는 유아가 혼자서 넉넉하게 수행할 수 있는 수준과 성인이나 유능한 또래의 도움을 받으면 잘 수행할 수 있는 수준과의 차이 영역인 근접발달지대(ZPD) 안에 속하는 교재교구를 지원하고 알맞은 수학적 경험이 확장되도록 지원할 수 있다.

4) 활동의 실제

<table>
<tr><th colspan="2">계란판놀이</th></tr>
<tr><td>활동 대상</td><td>만 4~5세</td></tr>
<tr><td>활동 목표</td><td>• 계란판으로 다양한 구성물을 구성하며 창의력, 공간의 개념, 협동력을 기를 수 있다.
• 계란판을 이용해 반복되는 규칙을 이해하고 만들어 볼 수 있다.
• 뽕뽕이를 계란판에 꽂으면서 눈과 손의 협응력을 기른다.</td></tr>
<tr><td>활동 자료</td><td>계란판, 벽에 붙여진 계란판, 다양한 색의 뽕뽕이</td></tr>
<tr><td>활동 방법</td><td>놀이 상황
유아들이 폐품 활용을 위해 모아 둔 계란판에 호기심을 보이며 관찰하고 탐색하는 가운데 놀이로 이어졌고, 유아의 놀이가 계속 진행되는 가운데 교사는 유아의 놀이를 관찰하고 민감하게 반응하면서 놀이 확장을 위한 지원을 하였다. 유아들은 계란판놀이를 통해 다양한 수학적 개념을 경험하였다.

1. 유아들이 친구들과 함께 계란판을 관찰하며 탐색한다.
- 이거 계란판이다.
- 우리 집에도 있는데.
- 여기 쏙 들어간 곳이 있고 계속해서 잘 쌓아진다.
2. 유아들이 계란판을 사용하여 피라미드 구성물을 만든다.
- 야! 이거로 피라미드 만들어 볼까?
- 그래, 그런데 이거 세우려면 어떻게 하지?
- 여기를 잡아 봐.
3. 피라미드를 만들던 유아는 우주선, 집 만들기로 놀이를 확장하였고, 이를 통해 위치와 방향, 모양을 알고 구별하는 경험을 하였다. 즉, 피라미드를 만들기 위해 계란판을 세모 모양으로 만들다가 우주선을 만들기 위해 계란판으로 네모 모양으로도 만들면서 피라미드와 우주선의 모양이 다름을 경험하였다.

 </td></tr>
</table>

활동 방법	4. 계속되는 계란판놀이에 교사는 계란판에 넣을 수 있는 뽕뽕이를 제공해 주었고 뽕뽕이를 넣으며 다양한 놀이가 계속되었다. – 우리 여기에 뽕뽕이 넣어 보자. – 가위, 바위, 보해서 넣어 볼까? – 집게로 놓아 보자. – 다 넣으려면 몇 개를 넣어야 하지? – 나는 음식을 담아야겠다. (역할놀이 영역에 있는 음식 모형을 가져와 넣음) 계란판에 뽕뽕이, 계란 모형, 음식 모형 등을 넣으면서 자연스럽게 수 세기 활동이 이뤄졌고, 자신만의 규칙을 가지고 넣어 보는 규칙성, 다양한 방법으로 넣어 보는 문제해결력 등이 나타났다. 5. 교사는 계란판놀이 확장을 위해 계란판을 벽에 붙여 주었고, 색 뽕뽕이(50mm)를 제공하였다. – 유아들은 벽에 붙어 있는 계란판에 다양한 수놀이를 하였다. – 계란판 벽에 뽕뽕이를 넣어 자신이 알고 있는 숫자를 표현하였다. – 계란판에 뽕뽕이를 채우면서 다양한 모양을 만들기도 하고 일정한 규칙성을 가지고 채워 가며 놀이가 이어졌다. – 테두리를 다 채우면서 액자를 만들기도 하였다.  
참고 사항	• 계란판놀이는 1~2주 동안 지속적으로 전개될 수 있다. • 유아들이 만든 피라미드, 우주선 등은 놀이가 진행되지면 더 견고해지고 다양한 모양으로 창의적인 구성이 가능하다. • 벽에 붙여진 계란판에는 숫자 만들기, 모양 만들기, 패턴 만들기, 이름 표현하기 등 매우 다양한 놀이가 진행될 수 있다.

2. 조작놀이

1) 필요성과 교육적 효과

조작놀이(manipulative play)에 대한 정의를 살펴보면 "퍼즐이나 구슬 꿰기, 도미노 카드처럼 유아가 주로 책상 위에서 손과 손가락의 소근육을 이용하여 놀잇감을 맞추고 분리하고 재배열하는 등 여러 가지 방법으로 다루면서 노는 놀이"를 말한다(이숙재, 2009). 조작놀이는 소근육 운동 기능을 발달시킴으로써 지적인 활동, 자립 기술을 익히기 위한 활동과 밀접하게 연결되어 있으며 조작놀이는 다른 놀이와 비교해 볼 때 유아가 조용하고 탐색적이며 높은 집중력을 갖도록 하는 강점을 보인다. 반면, 이러한 면에 대해 우려의 목소리도 있어 왔는데 이는 유아를 혼자 책상에 오래 머물게 만들고 소근육 활동에만 치우치게 만든다는 점을 들었다. 그러나 이는 조작놀이에 대한 오해에서 비롯되었다고 본다. 왜냐하면 유아가 조작놀이를 하는 동안 한곳에 앉아 보여 주는 집중력과 탐색은 성인에 의한 주입식 혹은 기계적인 지식의 강요에서 비롯된 것이 아니라 유아 스스로가 자발적으로 흥미를 갖고 유능감을 기르며 끈기를 보여 주는 활동의 주체라는 점에 주목할 필요가 있다(Ward, 1993). 또한 눈과 손의 협응력을 높이고 소근육 발달을 촉진시킴으로써 유아의 성장 발달에 긍정적인 영향을 미친다. 특히, 유아의 발달 특성에 맞고, 유아의 호기심을 자극하는 자료가 적절하게 제공된다면 조작놀이를 통한 전인적이고 통합적인 발달을 도울 수 있으며, 다른 유아와의 협력을 통한 협동놀이로 발전시킬 수 있다.

유아가 놀잇감을 다양한 방법으로 탐색하고 맞추고 분리하고, 재배열하면서 놀이하는 조작놀이는 보통 수놀이 영역과 통합하여 제시되는데 그 이유는 단지 공간 활용 이상의 의미가 있다. 즉, 유아에게 조작놀이가 논리 · 수학적 사고를 형성하는 데 기초적인 토대를 마련해 주기 때문이다. 여기서 논리 · 수학적 사고와 태도란 새로운 지식에 대한 지적 탐구심과 문제에 대한 해답을 찾아 스스로 해결해 가는 자세, 새로운 도전을 하는 창의적인 사고를 말한다. 조작놀이의 하나인 퍼즐이 논리 · 수학적 사고를 키워 주는 놀이 활동임을 예로 들어보자. 퍼즐 그림을 맞출 때 유아는 한 조각이 의도하는 곳에 모양이 들어 맞지 않을 때 다른 다각적인 시도를 한다. 제시된 배경판의 그림을 들여다보면서 유사한 색깔을 비교하거나, 크기를 대어 보기도 하고, 조각의 위아래 방향을 바꾸어 보면서 문제해결의 실마리를 찾으려고 애쓰는 모습을 종종 관찰하게 된다. 마침내 원하는 퍼즐 한 조각이 꼭 맞았을 때 유아는 성취감과 만족감을 경험하고 새로운 모험을 찾듯이 새 퍼즐 조각으로 관심을 자연스럽게 옮긴다. 이 퍼즐 맞추기 놀이를 하는 동안 유아가 비록 의도하지 않았어도 수학적 사고와 문제해결 능력이 발휘된다. 따라서 조작놀이는 유아의 인지 발달과 밀접한 관련이 있음을 알 수 있다. 하지만 조작놀이의 교육적 효과는 인지 발달뿐 아니라 유아의 전인적 발달 즉, 유아의 신체 발달, 정서 발달, 사회성 발달, 언어 발달, 창의성 발달에 영향을 주는 통합적인 교육 효과를 가지고 있다.

이숙재(2009)는 조작놀이의 교육적 가치로 다음과 같이 제시하였다.

첫째, 손목, 손가락의 소근육 운동 능력이 증진된다.

둘째, 눈과 손의 협응력이 발달한다.

셋째, 형태, 크기, 무게, 질감에 대한 개념을 습득한다.

넷째, 분류 개념, 연속 개념, 수 개념 등이 발달한다.

다섯째, 다양한 어휘를 학습한다.

여섯째, 글자의 형태와 의미를 학습한다.

일곱째, 탐구력이 증진되고 관찰 습관을 갖게 된다.

여덟째, 목표를 달성하기 위하여 계획을 세우고 시도하며, 조작하는 방법을 학습한다.

아홉째, 자신의 능력에 자신감을 갖게 되며 성취감을 느낀다.

열째, 다른 친구의 감정을 존중하고 이해하는 태도를 기른다.

조작놀이의 교육적 효과를 발달 영역과 관련해서 살펴보면 다음과 같다.

(1) 신체 발달

유아는 놀잇감을 끼우고, 분류하고, 맞추고, 단순히 쌓아 올리는 것에서부터 복잡한 구조물을 만들고 정리하는 과정을 통해 대 · 소근육이 발달되며 특히 손가락 및 손목 근육의 발달이 이루어진다. 또한 퍼즐을 맞추거나 끼우기 활동을 통해 눈과 손의 협응력을 증진시킨다.

(2) 인지 발달

놀잇감의 탐색에서부터 놀잇감 분류하기, 수 세기, 짝짓기, 공간에 대한 지각 등 많은 활동을 통해 수학적 기초 개념을 형성할 수 있다. 다양한 모양을 탐색하고 놀이하면서 공간과 도형에 대한 관심을 가질 수 있으며 원하는 기준에 따라 분류하는 경험을 통해 유목화의 능력도 발달시킬 수 있다. 또한 조작놀이 놀잇감의 탐색을 통한 관찰해 보기, 비교해 보기, 예측하기, 측정하기, 해석하기 등의 과학적 기초 개념을 발달시킬 수 있다.

(3) 언어 발달

조작놀이를 통해 유아는 놀잇감의 이름과 놀이 방법 등을 통해 다양한 어휘를 습득하고 또래와 상호작용하는 능력과 더불어 놀이 의미를 습득하는 과정을 통해 언어 발달을 증진시킬 수 있다.

(4) 사회성 발달

놀이를 통해 유아는 규칙을 이해하면서 사회적 약속이나 규칙을 이해하는 능력을 키울 수 있으며, 유아는 다른 사람 함께 놀이하는 과정에서 타인과의 관계 형성에 도움을 받을 수 있다.

(5) 정서 발달

조작놀이를 통해 경험하는 다양한 문제나 어려움을 극복하면서 성취감, 만족감을 증진시킬 수 있으며 또래와의 다양한 상호작용을 통해 타인에 대한 감정을 이해할 수 있고 함께 즐거움을 경험하면서 자신에 대한 긍정적인 자아 개념을 형성할 수 있다.

유아의 발달 측면에서 본 조작놀이의 교육적 효과를 정리해 보면 다음 〈표 9-2〉와 같다.

| 표 9-2 | **조작놀이의 교육적 효과**

발달 영역	교육적 효과
신체 발달	• 손가락 및 손목 근육과 소근육 운동 능력 증진 • 눈과 손의 협응력 발달
인지 발달	• 수렴적 사고 및 논리·수학적 사고의 발달 • 수 개념(수 세기, 위치, 형태, 크기 등) 발달 • 탐구력 및 문제해결을 통한 창의적 사고 발달
언어 발달	• 놀이감의 이름 및 조작놀이 중 사용하는 다양한 어휘력 습득 • 놀이 의미 습득
사회성 발달	• 문제를 해결하는 능력 배양 • 함께 놀이하는 또래와의 상호작용 능력의 발달
정서 발달	• 조작놀이를 통해 문제해결 및 자신감, 유능감, 성취감 획득 • 집중력 증가

2) 환경 구성 및 자료

(1) 환경 구성 원리

일반적으로 놀이 환경 영역을 배치하는 데 있어서 크게 실내 영역과 실외 영역, 정적인 영역과 동적인 영역, 건조한 영역과 물이 필요한 영역을 고려한다. 여기서 조작놀이를 살펴보자면 보통은 실내 영역과 실외 영역 모두 가능하며 실내 영역에서 배치할 때는 정적인 영역과 건조한 영역이 일반적이다. 정적인 영역은 시끄럽고 산만하지 않아 유아들로 하여금 놀이에 집중할 수 있도록 도와주며 이 영역 안에서 다른 유아와 서로 방해를 받지 않도록 최소한의 공간 확보도 필요하다. 하지만 놀이의 형태나 유아의 흥미, 관심에 따라 다른 영역과 통합하거나 근접하는 영역 역시 달라질 수 있다. 예를 들어 쌓기 영역의 다양한 블록이나 놀잇감을 가지고 조작놀이가 일어날 수 있으며, 조작놀이 영역의 놀잇감을 가지고 쌓기 영역에서 놀이할 수도 있다. 또한 언어 영역의 책을 통해 조작놀이가 일어날 때는 언어 영역과 인접한 곳에서 놀이가 일어날 수 있고 언어 영역에서 조작놀이가 일어날 수도 있다.

조작 놀잇감을 진열할 때는 유아가 손쉽게 꺼내고 정리가 가능하도록 유아의 눈높이에 맞게 진열해야 한다. 이를 위해 개방된 선반이 편리하다. 조작 놀잇감은 작은 조각이나 퍼즐, 구슬 등을 사용하게 되므로 주의 깊게 관리하지 않으면 일부분을 분실하기 쉽다. 이러한 분실 방지를 위해 놀잇감의 그림과 이름을 붙여 놓은 바구니나 쟁반에 담아서 보관하고, 무엇보다도 교사의 지속적인 관리와 유아가 사용 시 주의할 점을 사전에 약속하는 과정이 필요하다. 조작놀이의 놀잇감은 교사가 준비해 줄 수 있으며 때로는 유아들이 견학이나 현장 학습을 통해 가져온 자료가 놀잇감이 되기도 하고, 유아의 놀이 흥미나 욕구를 반영하며 필요한 재료를 제공해 줄 수 있다.

〈표 9-3〉은 연령에 따른 조작놀이 환경 구성에 대한 유의점이다.

| 표 9-3 | 연령에 따른 조작놀이 환경 구성에 대한 유의점

연령	조작놀이 환경 구성 시 유의 사항
3세	• 퍼즐 조각은 5~10쪽 정도가 적절하며 손잡이가 있거나 배경판에 조각 그림의 윤곽이 그려져 있어서 맞추기 쉬운 퍼즐이 적합하다. • 3세 유아를 위한 끼우기 구슬은 모양이나 크기가 손으로 잡기 편해야 하며 구멍도 커야 한다. 끈의 끝이 빳빳해야 끼우기가 좋다. • 작은 물건 옮겨 담기 초기에는 도구를 이용하지 않고 손으로 옮겨 담게 하여 물건의 다양한 감촉을 느껴 보게 하고 그다음에 숟가락으로 옮겨 담기를 하게 한다. • 옷을 입고 벗을 수 있는 자립 능력을 발달시키기 위해 찍찍이 붙이기, 지퍼 올리기 등의 일상생활 훈련의 틀을 제공한다.
4세	• 퍼즐 조각은 10~20쪽 정도가 적절하지만 개인차에 따라 그 이상도 가능하다. • 틀이 없고 불규칙적으로 잘린 조각 맞추기 퍼즐도 가능하다. • 단순한 조각 그림 맞추기뿐만 아니라 도형 퍼즐, 숫자 퍼즐 등 특정 개념을 학습할 수 있는 퍼즐을 제공한다. • 짝 맞추기는 수와 수효 맞추기, 용도에 맞추기 등으로 언어, 수 개념 형성을 위한 자료를 제공하며 다양한 도구를 제공(예: 핀셋, 젓가락)하여 옮기기 활동을 제시할 때 분류 활동까지 확대할 수 있다. • 숫자와 개수 맞추기, 동물 그림자 맞추기 등 다양한 짝 맞추기 카드를 준비한다. • 작은 물건을 옮기는 활동에서는 옮기는 도구를 다양하게 하여(예: 핀셋, 나무젓가락) 난이도 수준을 높이거나 분류 접시를 제시하여 색깔이나 모양에 따른 분류 활동으로 확대시킨다.
5세	• 퍼즐 조각은 일반적으로 15~30쪽까지도 가능하나 개인에 따라 그 이상도 가능하다. • 종이판지, 나무, 플라스틱 퍼즐이 좋다. • 시계나 수, 글자 퍼즐에 관심이 있으며 맞출 수 있다. • 끈 끼우기 자료 이외에 간단한 바느질을 할 수 있도록 플라스틱 바늘과 실, 두꺼운 종이, 부직포, 헝겊 등을 제공한다. • 리본 묶기와 벨트 채우기 등의 일상생활 훈련이 가능하므로 이에 연관된 놀잇감을 제공한다. • 색 입방체, 색 모형, 자석, 자석 모형판, 못판 등 패턴 만들기에 좋은 놀잇감을 제공한다. • 다양한 조작 활동을 할 수 있는 게임 자료(예: 주사위 게임)를 비치한다. • 각 놀잇감의 사용법이나 활동 과정을 제시한 순서 카드를 제공한다. • 놀잇감은 지정된 놀이 영역에서 가지고 놀고, 사용 후 정해진 장소에 정리하는 습관이 형성되도록 한다.

출처 : 이기숙, 이은화, 이영자, 이숙재(1995), 채종옥, 이경화, 김소양(2004). 재구성.

(2) 놀잇감의 종류

조각 놀잇감은 유아가 주변에서 쉽게 접할 수 있는 일상생활 자료부터 구조화된 자료까지 매우 다양하다. 관련 자료는 〈표 9-4〉와 같다.

| 표 9-4 | 놀잇감의 종류와 관련 자료

놀잇감 종류	관련 자료
퍼즐	나무, 우레탄, 플라스틱 소재의 퍼즐, 그림이나 포스터 등을 활용한 퍼즐, 도형, 동물, 과일 자동차 모양의 다양한 퍼즐
구슬 꿰기	구슬, 빨대 자른 것, 마카로니 물들인 것 등, 여러 가지 끈을 끼워 팔찌와 목걸이 만들기
과학 관련	배터리, 전구, 전선, 자석, 금속, 고무, 스펀지
수학 관련	세기 막대, 저울, 자, 크기가 다른 계량컵, 계량스푼
감각 훈련 교구	촉각판, 소리통 등 감각 훈련 교구
자연물	다양한 열매, 나뭇잎, 조약돌, 조개껍질 등
일상생활 용품	단추 끼우기, 지퍼 올리기, 신발 끈 메기, 자물쇠와 열쇠, 병과 병뚜껑, 숟가락으로 옮기기 등
바느질	끈, 리본을 이용한 재단, 수예 등
쌓기 및 포개기	크기가 다른 용기, 깡통, 실패, 나무 원반 등
상품화된 게임	카드, 보드 게임, 젠가(나무 조각 빼기) 등

① 퍼즐(puzzle)

퍼즐은 일반적으로 조각 수로 살펴보면, 1~2개의 단순한 퍼즐부터 15~50조각의 복잡한 퍼즐이 있다. 퍼즐의 내용으로는 주요 그림만 분절하는 것, 배경판이 모두 분절되는 것, 직각으로 나누어지는 퍼즐, 복잡한 선으로 나누어진 퍼즐 등이 있으며 최근에는 구와 같은 입체형 퍼즐 등도 나오고 있다. 연령과 개인차에 따라 난이도를 다르게 제공하기도 하는데 1세는 2~3조각, 2세는 4~5조각, 3세는 5~10조각, 4세는 10~20조각, 5세는 15~30조각이 바람직하다. 퍼즐의 소재는 나무, 우레탄, 판지, 고무, 플라스틱 종이 등 여러 가지가 있는데 갈수록 더욱 다양한 소재가 개발되고 있다. 또한 잡지, 포스터 등에서 좋은 그림을 이용하여 퍼즐을 만들 수도 있다. 다양한 소재에 발맞추어 유아들이 조작하기 쉽도록 그림 조각에 손잡이를 달거나 뒷면에 자석을 붙인 것, 또는 전체 그림을 맞춘 후 구조물, 건물 등으로 입체화시키는 퍼즐 등으로 다양하다. 교육적 효과는 눈과 손의 협응력을 촉진시켜 주고 형태 지각 및 기억력의 발달, 문제해결력과 인내심의 증진을 도모한다(Hewitt & Roomet, 1979).

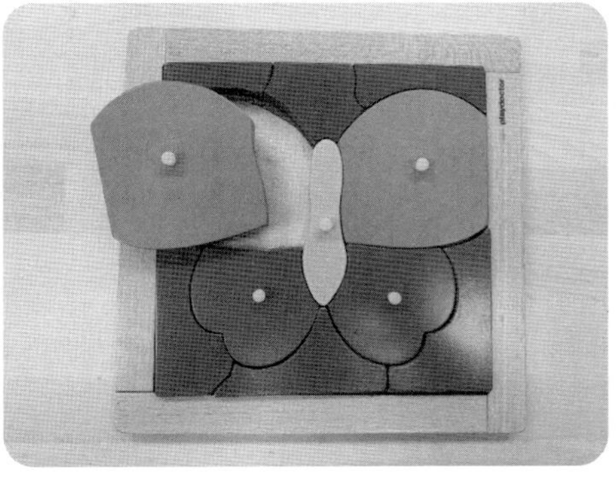

② 구슬과 끈 꿰기

관련된 자료로는 구슬, 조개껍질, 단추, 실패, 납작한 플라스틱, 빨대, 마카로니 이외에 유아가 손으로 잡고 꿰기에 적절한 크기의 종류가 있다. 또한 마카로니 물들인 것, 빨대 자른 것 등을 이용하여 팔찌, 목걸이 등 작업으로 활용할 수 있다. 쓰이는 끈은 양쪽이 빳빳하여 꿰기에 잘 들어가는 다양한 끈 또는 리본 등이 사용된다. 구슬과 끈과 더불어 구슬 꿰는 모양에 대한 안내가 있는 카드를 함께 제시하여 다양한 방법을 유도할 수 있다. 구슬 꿰기의 형태는 다양한 크기, 색깔, 모양 등을 제공한다. 교육적 효과는 눈과 손의 협응력, 집중력, 형태 지각력이 향상되고 연속 개념과 패턴 등의 학습에 도움이 된다.

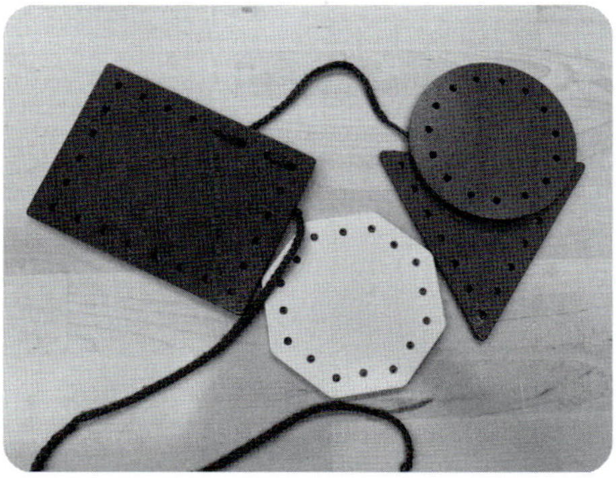 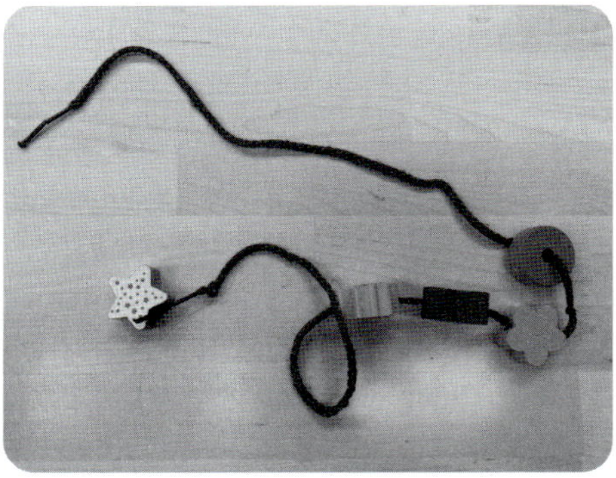

③ 열쇠와 자물쇠

여러 가지 잠금장치, 자물쇠, 문고리 등을 나무 상자 또는 아크릴에 부착시키고 이를 열고 다시 잠그는 놀잇감이다. 물론 아크릴판에 부착하지 않고 열쇠와 자물쇠만 제공해 줄 수 있다. 이 놀이를 통해 눈과 손의 협응력이 촉진되며 손의 세부 운동 기능이 향상된다.

④ 너트와 볼트

다양한 굵기와 길이의 볼트(수나사)에 알맞은 너트(암나사)를 골라서 죄거나 푸는 놀잇감이다. 이러한 놀이 과정을 통해서 형태와 길이에 대한 개념을 습득, 눈과 손의 협응력, 집중력이 증진된다. 목공놀이로 확장하거나 흥미를 더해 주기 위해 스패너(spanner), 렌치(wrench), 나무 못(구멍이 뚫린)과 못판 등 목공놀이 장난감 공구를 함께 제공하는 것도 바람직하다.

⑤ 일상생활 훈련 놀잇감

유아가 스스로 옷을 입고 벗으며 신발을 신을 수 있게 하는 일상생활 훈련과 관련된 활동으로 몬테소리 교구의 일부이기도 하다. 예컨대 허리띠, 단추, 리본, 지퍼 등의 놀잇감을 가지고 유아들이 스스로 옷을 입고 벗으며 신발을 신을 수 있도록 기본 조작 활동을 연습해 볼 수 있도록 준비한다. 이를 통해 유아의 자조 능력이 향상될 수 있다.

⑥ 짝 맞추기 놀잇감

서로 연관된 짝을 찾아서 맞추는 놀잇감으로서 색깔, 모양, 개수, 용도 등을 기준으로 짝 맞추기를 한다. 주로 자연스럽게 개념과 형태를 터득할 수 있는 교구로서 같은 그림 찾기 카드, 같은 용도 맞추기 카드(예: 꽃과 화분, 열쇠와 자물쇠, 연필과 지우개, 웃너트와 볼트, 병과 병뚜껑, 자동차와 주차장 등)가 있다. 이를 통해 유아는 일대일 대응 원리를 이해할 수 있다.

⑦ 포개거나 쌓는 상자 블록

작은 플라스틱이나 나무로 만든 상자형의 블록으로 크기 순서에 따라 포개거나 쌓을 수 있도록 제작된 놀잇감이다. 쌓거나 포개는 순서가 틀릴 경우 유아 스스로 이를 발견하고 교정할 수 있는 자기 교정적 놀잇감이다. 이 블록의 조작놀이 경험을 통해 크기 개념, 포함, 순서 관계를 이해할 수 있다.

⑧ 일상용품

여러 가지 형태와 크기의 주방용품(예: 다양한 크기의 병과 뚜껑, 냄비와 뚜껑, 뚜껑이 있는 그릇 종류 등) 뚜껑을 맞추거나 열고 닫는 수 · 조작 놀잇감으로 활용할 수 있다. 헌 시계나 라디오의 내부를 뜯어서 살펴보고 조작하는 놀이도 쉽게 접해 볼 수 있다.

⑨ 게임 자료

게임에 사용되는 여러 가지 게임 자료(예: 게임판과 놀이용 말, 주사위, 각종 카드 등)를 제공한다. 특별히 유아들은 그룹 게임을 통해 수 세기, 순서 알기, 규칙 이해하기 등 수학적 기초 개념뿐 아니라 사회적 이해 기술 발달을 경험할 수 있다.

⑩ 분류

제시된 놀잇감을 여러 기준에 따라 다양하게 분류할 수 있도록 분류판과 함께 제시한다. 분류 상자, 모양, 색, 크기 등이 차별화된 다양한 놀잇감을 준비하여 유아 스스로가 분류, 유목화, 개념화 등이 촉진될 수 있도록 이끌어 준다.

(3) 전개 방법

교사가 유아에게 조작놀이를 제시하고 전개하는 방법은 다음과 같다.

첫째, 유아의 연령과 발달 수준을 고려하여 조작놀이 자료의 크기와 수량을 달리하고 단순한 활동에서 복잡한 활동으로 연결되도록 해 준다.

둘째, 조작놀이는 유아들의 자발 활동과 집중을 통한 문제해결에 큰 가치가 있으므로 교사의 지시나 감독이 없더라도 스스로 활동이 가능하도록 놀잇감을 제공해 주고 놀이 확장을 위해 교사가 적절한 개입과 자료를 제공해 주는 것이 좋다.

셋째, 조작놀이를 할 때 교사는 유아가 다양한 탐색을 할 수 있도록 편안하고 안전하며, 다른 사람의 방해를 받지 않는 놀이 공간을 조성해 주고 충분한 시간을 할애해 주어야 한다.

넷째, 가끔씩 특정한 개념의 학습을 강조하기 위해 유아의 놀이 행동을 언어로 표현해 줄 수 있다.

3) 교사의 역할

조작놀이를 위해서 교사가 할 수 있는 역할은 다양하다. 교사는 환경 구성자, 놀이의 촉진자, 놀이 활동의 모델, 놀이 수행 평가자 등의 역할을 담당한다.

첫째, 유아 발달 정도를 고려한 환경 구성자로서의 교사 역할이다. 이를 위해 무엇보다도 교사는 유아의 발달 특성과 수준 즉, 유아의 인지 능력과 손가락 운동을 조정하는 근육의 발달 정도를 파악할 필요성이 있다. 예컨대, 손가락의 소근육이 잘 발달되지 않은 유아에게 가는 리본 묶기나 작은 단추 꿰기 등을 제시한다면 유아가 자칫 계속적인 실패와 좌절감을 경험하는 결과를 초래하게 된다. 따라서 활동을 제시할 때는 유아가 자신감 있게 수행할 수 있는 단순한 조작놀이에서 점차 복잡한 수준에 도달할 수 있는 수위 조절이 반드시 고려되어야 한다. 또한 환경의 분위기를 편안하고 안락하게 만들어 주는 것도 유아가 산만해지지 않고 놀이에 몰입할 수 있도록 돕는 방편의 일환이 된다.

둘째, 놀이 촉진자로서의 역할이다. 만약 유아가 변화가 없는 단순하고 똑같은 수준의 조작놀이로 일관한다면 교사는 놀이 촉진자로서 적극적으로 개입하여 놀이를 촉진할 필요가 있다. 유아의 현재적 수준과 잠재적 능력 수준을 잘 파악하여 유아가 하는 놀이 활동을 더욱 높은 수준으로 정교화시켜 주거나 놀이 과정에서 필요한 개념을 언어로 표현하여 유아의 어휘력 증진과 수 세기 등의 특정 학습 개념 형성을 도울 수 있다. 유아가 무엇을 하는지에 대한 자각과 이미 터득한 문제해결 방안을 함께 토론하기도 한다.

셋째, 놀이 활동 모델자로서의 역할이다. 교사는 새로운 놀이 방법을 제안하거나 활동의 시범을 보이고 자료를 깨끗하게 잘 정돈하는 방법을 보이는 모델 또는 시범자로서 역할을 통해 유아의 놀이가 확장될 수 있도록 직 · 간접적으로 안내할 수 있다.

넷째, 평가자로서 교사의 역할이다. 교사는 유아가 조작놀이를 하는 동안 유아의 놀이 상황을 세심하게 관찰하고 민감하게 반응하며 유아를 평가할 수 있다. 민감한 반응은 교사의 적절한 개입으로 나타날 수 있으며 이를 통해 유아로 하여금 풍성한 경험을 자극하고 또한 교육적 효과를 높일 수 있다. 이때 교사는 조작놀이 경험을 통해 누리과정의 5개 영역이 어떻게 경험되는지 평가할 수 있으며 유아의 통합적 발달을 평가할 수 있다.

다음은 유아가 조작놀이를 하는 동안 교사가 유의하여 관찰하며 개별적인 유아의 발달 수준과 수행 능력을 평가할 수 있는 준거를 나열한 것이다. 물론 모든 조작놀이에서 아래의 준거를 가지고 평가해야 하는 것은 아니며 교사의 평가 목적에 따라 다양한 방법과 내용이 포함될 수 있다.

- 유아가 선택한 조작놀이가 개인의 수준에 너무 어렵거나 쉽지는 않은가?
- 유아가 조작놀이를 하는 동안 숫자 세기, 순서대로 하기, 더하기 빼기, 간단한 셈 등 수학적 개념의 예를 보이는가?
- 유아가 놀잇감을 가지고 다음의 분류, 비교, 패턴 형성하기 등을 하는가? (같은 점, 다른 점, 길다, 더 길다, 가장 길다, 짧다, 두껍다, 얇다, 넓다, 가늘다, 무겁다, 가볍다, 가득하다, 비다, 색, 모양, 거칠다, 부드럽다)
- 유아가 눈과 손의 협응 및 대 · 소근육 운동 능력이 나타나는가?
- 유아가 한 가지 혹은 특정한 조작놀이로 치우치는 경향이 있는가?
- 유아가 또래와 함께 놀이하는 과정에서 자신의 생각을 표현하고 다른 사람의 의견을 주의 깊게 듣는가?
- 유아가 조작놀이를 통해 예술적 표현과 경험이 나타나며, 창의적인 표현이 나타나는가?
- 보드 게임이나 그룹 게임을 하는 동안 상호 토론이나 확장적 사고를 하는가?
- 보드 게임이나 원 게임을 하는 동안 유아가 창의적인 사고와 문제해결 능력을 보이는가?

4) 활동의 실제

젠가 보드 게임	
활동 대상	만 4~5세
활동 목표	• 블록을 꺼내고 올려놓으며 눈과 손의 협응능력을 기른다. • 젠가놀이를 통해 수학적 개념(일대일 대응, 공간, 위치)을 형성할 수 있다. • 친구와 함께 놀이하며 사회적 기술을 익힌다.
활동 자료	젠가 블록, 주사위
활동 방법	1. 젠가 블록에 관심을 갖고 있는 유아가 친구를 불러 함께 놀이할 것을 제안하고, 함께 놀이한다. - 야! 젠가다. - 우리 이거 같이할래? - 그래! 어떻게 할까? 먼저 잘 쌓아 보자. 2. 규칙을 알아보고 블록을 교차로 쌓아 올린다. - 그런데 이건 서로 다르게 쌓아야 게임을 할 수 있어. - 그래, 그럼 다르게 같이 쌓아 보자. 3. 친구와 번갈아 가며 블록을 하나씩 빼서 쌓아 올려 본다. 4. 친구와 함께 젠가 보드 게임을 한다. - 넘어지지 않게 쌓아야 해. - 그럼 누가 넘어뜨리는지 게임할까? - 그래! 가위바위보 해서 순서를 정하자.   젠가 블록을 쌓았다 한 개씩 블록을 빼내는 게임이 반복될 때, 교사가 주사위를 제공해 주었다.

활동 방법	1. 주사위를 이용한 젠가 게임을 한다. - 야! 주사위다. - 주사위 색깔이 젠가 블록 색깔하고 같다. - 우리 그럼 주사위 던져서 나온 색깔의 블록을 빼 보는 거 어때? - 그래! 좋아 좋아! ① 블록을 교차로 쌓는다. ② 주사위를 굴려 나온 색의 블록을 찾는다. ③ 주사위와 같은 색 블록을 빼서 위로 쌓는다.  
참고 사항	• 플라스틱 블록으로 만들어진 젠가를 유아들이 눈과 손의 협응을 통해 쌓아 올리는 조작놀이를 하다가, 블록을 하나씩 빼는 게임으로 이어 가기 위해 서로 교차해 쌓아야 함을 알게 되는 활동으로 확장할 수 있다. • 순서에 맞춰 블록을 하나씩 빼다가 교사가 제공한 주사위를 통해 같은 색의 블록을 빼내는 과정에서 좀 더 세심한 관찰과 정교함, 집중력 등이 요구된다.

제 10 장

모래놀이, 물놀이, 목공놀이

모래놀이, 물놀이는 가공되지 않은 천연적인 소재로 그 자체만으로 유아들에게 매력적인 놀이이다. 목공놀이도 나무 자체가 주는 매력뿐만 아니라 매우 도전적이고 높은 흥미를 유발하는 놀이이다. 유아들이 놀이 재료를 어떻게 다루느냐에 따라 놀이 방법은 무궁무진하다. 특히 물은 그 자체만으로도 유아들에게 즐거움을 주지만, 모래와 물이 함께 제공되면 모래놀이를 더 풍부하게 이끌어 가는 촉매 역할을 한다. 또한 목공놀이에서 나무를 톱질하고, 표면을 문질러 부드럽게 하고, 모양을 만들어 가면서 유아는 대단한 성취감을 느낀다.

모래놀이, 물놀이, 목공놀이는 유아의 신체, 정서, 인지, 언어, 사회성, 창의성 발달 및 문제해결력 발달에 매우 도움이 되는 놀이이다. 교사는 놀이를 활성화시키기 위해 이러한 놀이 재료의 특성을 잘 이해하고, 풍부한 놀이 환경 조성 및 상호작용자의 역할을 하여야 한다.

본 장에서는 모래놀이, 물놀이, 목공놀이의 특성과 환경 구성 및 놀잇감, 교사의 역할, 지도 시 유의점을 소개하고 모래놀이, 물놀이, 목공놀이의 실제 활동명과 예를 제시하였다.

1. 모래놀이

1) 모래놀이의 특성 및 교육적 가치

아미(Almy), 코헨(Cohen), 피아제(Piaget) 등은 유아가 미래에 건강하고 행복한 성인으로서 이 세계를 직면해 나가면서 살기 좋은 곳으로 만들기 위해서는 모래, 물과 같은 가공되지 않은 자연적인 놀이 재료를 주어야 한다고 하였다(Hill, 1977). 햇빛 속에서 티파티(tea party)를 하고, 배를 띄워 보고, 부어 보고 쏟아 보고, 분류해 보는 활동을 하게 하는 모래와 물놀이에는 기본적, 자연적인 무엇인가가 있다. 놀이 그 자체만으로 충분히 동기 유발이 되고, 그 자체 내에 재미가 있다(Day, 1983). 유아들이 모래밭과 물놀이장에서 노는 것을 보면 얼마나 그 놀이에 흥미를 가지고 몰두하고 있는지를 알 수 있다.

(1) 모래놀이의 특성

모래는 유아의 호기심과 흥미를 끌 수 있는 독특한 특성을 가지고 있는데 이를 정리해 보면 다음과 같다.

첫째, 모래는 쏟아지는 유동성, 변동성이 있다. 무게, 부피가 있으며, 젖은 모래는 엉겨 붙기도 하고 잘 흐르지 못하며 젖은 모래로 만든 조형물이 마르면 단단해지는 견고한 특성을 가지고 있다(박진옥, 1986).

둘째, 모래는 매우 유동적인 놀이 자료로 자유자재로 무언가를 구성하도록 이끄는 무정형의 특성이 있다. 놀이 주제에 흥미가 떨어진 경우 유아들은 놀이 주제를 자유자재로 바꿀 수 있다. 이러한 특성은 만든 것을 금방 부수고, 또 다른 생각으로 새로운 것을 만들기 원하는 유아의 욕구를 충족시켜 준다.

셋째, 모래는 용도가 분명하게 고정되어 있지 않아 여러 가지 놀이 재료 중에서도 사용 용도가 매우 다양한 비구조적인 특성을 지닌다(김소영, 2008).

이러한 특성으로 인하여 유아는 모래를 다독거려 보고, 그릇에 담았다 쏟아 보거나, 손가락 사이로 흘려 보는 등의 감각적 경험을 하게 되면서 모래에 대한 호기심과 흥미를 가진다(김소영, 2008). 유아는 손이나 삽으로 파기, 손으로 모으거나 덧

대어 쌓기, 위에서 아래로 내려치거나 원 그리듯 돌리거나 좌우로 저어서 섞기, 손으로 모래를 움켜잡거나 손가락으로 모래를 집어 손이나 손가락을 펼쳐 뿌리기, 손으로 반죽하듯 주무르기, 체를 사용하여 거르기, 뭉치기, 모양 찍기, 구멍 뚫기, 선 그리기의 모래놀이 행동을 보인다(이효진, 2010).

(2) 모래놀이의 교육적 가치

자연물인 모래는 유아들이 선호할 뿐만 아니라, 유아의 전인 발달을 증진시킬 수 있는 이상적인 자료이다(천은영, 2004; Betz, 1992; Wheat, 1995). 수・과학적 개념 발달과 지식의 습득, 창의력과 문제해결력의 증진은 물론 정상 유아들의 언어, 사회성, 정서, 신체 발달을 돕는다. 모래놀이는 유아교육기관에서의 교육적 놀이 외에도 부적응 유아의 치료를 위한 놀이로서 정서 발달에 도움이 된다. 모래놀이상자는 유아의 놀이뿐 아니라 정서 장애아의 치료를 위한 모래놀이상자치료에도 사용된다. 모래는 놀이를 고무시키는 자료들 중 매우 유동적이고 융통성이 있는 자료로, 유아들로 하여금 자연스럽게 긴장을 풀고 마음을 안정되게 하는 효과를 가지고 있다. 이는 모래가 가지고 있는 여러 가지 특성과 소품이 유아의 다양한 생각들을 모래놀이상자 속에 표현해 보게 이끌어 내면의 문제들을 유아 스스로 해결할 수 있는 힘을 제공해 주기 때문이다.

모래놀이의 교육적 가치를 유아의 발달 영역을 중심으로 살펴보면 다음과 같다.

첫째, 모래놀이는 유아의 인지 발달을 돕는다.

모래놀이는 물리적 지식과 논리・수학적 지식을 획득하는 데 도움이 되며, 모래놀이는 상상력과 주의 집중하는 습관을 키우게 한다(안승순, 1982). 모래・물놀이 활동은 유아가 성숙해 갈수록 좀 더 복잡하고 세밀하게 조직화되어 가며 놀이 경험이 증가함으로써 모래의 특성과 이를 다루는 방법을 사고할 줄 알게 된다. 촉감, 점성, 낙하, 경사 등의 과학적 개념을 자연스럽게 획득하게 된다(이효진, 2010). 모래를 가지고 노는 여러 가지 활동(예: 모래와 물을 쏟아 붓고, 용기를 채워 보고, 옮겨 담아 보는 등)에 몰두함으로써 주의 집중하는 습관도 아울러 키우게 된다.

둘째, 모래놀이는 유아의 정서 발달을 돕는다.

피아제(Piaget)와 코헨(Cohen) 등의 학자에 의하면, 모래놀이는 자연 세계를 이해하고 건강한 정서 발달에 중요한 가치가 있으며(지성애, 1985), 마음속 불안감과 정서적 긴장을 해소하며 진정시킨다(Winn & Porcher, 1967). 공격적인 아동들이 모래와 물을 마음대로 가지고 노는 개방적인 활동을 통해서 부정적인 정서 상태에서 벗어날 수 있게 된다. 또한 모래의 비정형적 성질 때문에 모래놀이는 신축성이 있고 저항이 거의 없으며, 요구 사항도 거의 없기 때문에 자신감이 없는 유아나 미숙한 유아에게는 성공감과 만족감을 맛볼 수 있는 기회가 되고 욕구 불만의 감정들을 해소, 발산시킬 수 있는 기회가 된다. 모래놀이 활동에 몰두하면서 안정감과 기쁨, 성취감을 느끼게 되어 건강한 정서 발달을 돕는다.

셋째, 모래놀이는 유아의 사회성 발달을 돕는다.

모래놀이를 하는 도중에 유아는 점점 그 활동에 익숙해지고 동작이 자유스러워져 간다. 또한 모래놀이는 소극적인 유아라도 병행놀이 형태로 친구들과 함께 놀 수 있게 하며 모래놀이장은 유아들에게 사회적 관계를 위한 좋은 장소가 될 수 있다(Baker, 1966). 물을 길어 오고 버리고 여러 유아들이 힘을 합하여 모래 산을 만들고 도시나 마을, 우주 기지 등을 만들며 함께 노는 협동적인 놀이가 가능하므로 자연스럽게 사회성 발달의 기회가 제공된다.

넷째, 모래놀이는 유아의 신체 발달을 돕는다.

유아는 모래놀이를 통해서 촉감적인 자극을 감지할 수 있는 능력을 키우게 된다. 유아는 모래놀이를 통해 손, 발, 그리고 온몸으로 젖은 모래와 마른 모래, 물을 접할 수 있는 기회를 얻어 촉감적인 자극을 느낄 수 있다. 또한 모래를 여러 용기에 넣고 흔들거나 두드려 봄으로써 청각적인 변별력을 기르는 데 도움이 되며(지성애, 1986), 모래놀이는 다른 소재나 물질에서 얻을 수 없는 물질세계에 대한 감각적인 조사 활동을 고무하여 준다(정갑순, 1986).

다섯째, 모래놀이는 유아의 언어 발달을 돕는다.

여러 놀잇감을 사용하면서 납작한, 둥근, 네모난, 길쭉한, 좁은, 넓은, 두꺼운, 얇은, 뜨다, 붓다, 흐르다, 쏟아지다, 담다 등의 상태와 동작에 대한 어휘들도 익히게 된다. 자신의 생각과 느낌을 말로 표현해 보고, 다른 유아와 의사소통을 하고 교사와 직접적인 대화를 통해서 말하기가 발달하기도 한다(덕성여자대학 유아교육연구소, 1985). 그리고 자신이 구성한 물체에 이름을 붙여 보고 이 놀이 과정을 극화 형태로 이끌 수도 있으므로 자연스럽게 언어 발달이 될 수 있다.

여섯째, 모래놀이는 유아의 창의성 발달을 돕는다.

유아들은 모래와 물의 무정형의 특성 때문에 다양한 유형의 놀이 기회를 더 많이 갖게 되며, 각자의 놀이 요구 및 흥미에 적합한 창의적인 놀이 유형을 쉽게 찾아낼 수 있게 된다. 쉽게 구할 수 있는 생활 주변의 다양한 모래놀이 도구는 유아의 모래놀이 유형이나 내용에 영향을 주어 발달에 긍정적인 영향을 미친다. 유아의 개별적 특성이나 연령, 발달 수준, 놀이 유형은 특정 자료의 놀이 사용 방법에 영향을 준다. 모래놀이에서 제공되는 다양한 놀이 자료는 발달적으로 중요한 유형의 놀이를 자극한다. 이런 놀이를 통하여 유아는 반추하기(reflecting), 적절한 도구 활용하기(right tools), 사고의 유연성 갖기(flexibility), 적절한 전략을 선택하기(selecting strategies), 감각을 이용하기(using senses), 기억하기(remembering), 상상하기, 고정 관념 깨기, 문제해결하기 등의 창의성이 발달하게 된다.

2) 모래놀이 환경 구성 및 놀잇감

(1) 모래놀이 환경 구성

모래놀이는 실외나 실내 어디서든 가능하다. 모래 놀이터나 모래놀이상자의 크기는 교실이나 실외 놀이터의 크기에 맞게 정한다. 실외 모래놀이는 모래밭으로 설치할 수도 있고, 모래 상자를 이용할 수도 있다. 실외에서는 공간도 더 넓고 모래와 물의 양도 더 제공될 수 있기 때문에 더욱 자유롭다. 실외에서는 유아들이 들어가서 놀 수 있는 모래 놀이터가 제공되는 것이 일반적이다. 모래 놀이터는 깨끗하게 유지되도록 덮개를 해 두어야 한다(Spodek, Sarscho, & Davis, 1991). 이때, 햇볕이 잘 들고 배수가 잘 되도록 하여야 한다. 배수가 잘 되게 하기 위해서 모래 상자 아래 바닥에 5~7cm 정도의 자갈을 깔고, 23~25cm 정도로 모래를 덮어 모래 놀이터를 만들어야 한다. 또한 모래밭은 유아들이 놀 때 쉽게 관찰할 수 있는 위치에 있어야 하며, 강렬한 직사광선과 바람을 막을 수 있는 곳이 좋고 모래가 실내에 떨어지는 것을 막기 위하여 가능하면 모래밭과 실내로 들어오는 현관 사이에 잔디밭이나 마당이 있으면 더욱 좋다(이경숙, 1982).

모래 갈쿠리나 체, 삽 등을 보관하는 장을 마련하여 그림을 붙여 놓고 그 위에 걸어서 보관하게 하는 것도 좋은 방법이 될 수 있다. 모래놀이 테이블로 설치했을 경우에는 모래놀이 테이블 아래에 고리를 설치하여 보관할 수도 있다.

실내에서 사용할 때에는 실내 모래 · 물놀이 테이블이나 아기 목욕통 등을 사용하는 것이 일반적이다(Spodek et al., 1991). 별도로 모래놀이 테이블을 설치할 수도 있는데 모래놀이 테이블의 높이는 서서 할 경우 약 50~60cm, 의자에 앉아서 할 경우에는 약 40cm가 되어야 한다(Decker & John, 1976).

모래놀이 테이블 아래에는 보풀이 없는 매트를 깔아 미끄러질 위험을 방지하고 빗자루와 쓰레받기를 준비하여 바닥에 모래를 흘렸을 때 청소할 수 있게 한다. 그리고 놀잇감을 가지고 놀 수 있도록 가장자리는 폭을 넓게 해 준다. 실내에서 모래놀이할 때 모래놀이 도구가 다른 놀잇감과 섞이지 않도록 하기 위해 따로 놀잇감 상자를 두고 사용하면 편리하다. 이와는 달리 실외 모래놀이 테이블 밑에 설치한 것과 같이 고리를 부착시켜 걸어서 보관해도 좋다. 실내에는 은빛 나는 고운 모래가 좋고, 실외 모래밭에는 거친 갈색 모래를 넣어 주는 것이 일반적이다.

(2) 모래놀이 놀잇감

모래놀이를 위한 놀잇감과 용기는 흔히 우리 주변에서 구할 수 있는 제품을 활용할 수 있다. 여러 가지 색깔과 형태, 크기의 플라스틱 그릇들, 스푼, 컵, 양동이, 국자 등의 부엌용품들, 집짓기 놀이에 필요한 적목, 널빤지, 작은 돌, 꽃 모종삽, 고운 체, 깔때기, 갈쿠리, 플라스틱 그릇, 양팔 저울 등을 다양하게 활용할 수 있는데, 그중 양팔 저울은 반드시 준비해 두도록 한다. 양팔 저울은 보통 저울과 성질은 같으나 유아들이 이해하기 쉽고 사용하기 간단하며 폐품, 나무 조각을 이용해서 만들 수 있다. 이외에도 작은 배, 트럭, 기차, 불도저, 트랙터, 비행기, 여러 가지 인형, 호스, PVC관, 호미, 주형틀 등 많은 놀잇감들이 이용될 수 있다. 이러한 교구나 놀잇감은 견고하고 안전한 것인지를 살펴본 후에 제공하여야 하며 녹이 슬지 않는 것을 선택하도록 한다. 모래놀이에 이용할 수 있는 자료들로 삽, 주걱, 숟가락, 상품화된 모래놀이 놀잇감, 다양한 크기와 형태의 용기, 체, 조리, 그물망, 국자, 플라스틱 컵, 모래 찍기 틀, 깔때기, 계량컵, 저울, 양동이, 배, 트럭, 자동차, 불도저, 비행기, 포크레인, 블록, 널빤지, 나뭇가지, 장난감 인형, 동물 인형, 비닐 앞치마, 빗자루와 쓰레받기 등을 제시해 줄 수 있다(김보애, 2003).

3) 모래놀이 지도 방법

(1) 교사의 역할

모래놀이 활동에서 교사는 유아들이 안전하게 규칙을 지키면서 모래놀이를 통하여 상상력을 발달시키고 측정 등의 과학적인 개념을 발달시킬 수 있도록 적절한 모래놀이 도구를 제공해 주는 환경 조성자, 자료 제공자의 역할을 해야 한다(이숙재, 2003: 2004; 지성애, 1986: 1998).

모래놀이 영역에서 상상놀이 중 교사 개입에 의해 양 보존 개념이 발달되었고(정낙숙, 1987), 모래놀이에서 교사 개입이 상상력을 증진시켰고(장영희, 1991), 모래놀이 자료 제공이 사회 · 인지적 측면에서 높은 수준의 놀이 행동이 나타났으며(김경연, 1999), 물과 모래의 물리적 현상을 이용한 교사의 계획에 의한 개입이 과학의 과정과 개념 변화를 습득시켰다(곽향림, 2004). 이와 같이 바람직한 교사의 개입은 유아와 함께 활동하며 지적 갈등이나 호기심을 불러일으킬 수 있는 환경 제공자, 반응적인 교사 등 언어적 개입자 또는 비언어적 개입자로서의 역할을 한다. 이러한 교사-유아 상호작용은 교사와의 관계를 위한 기초를 형성하는 데 중요하며 유아의 전인 발달에 긍정적인 영향을 미친다.

(2) 모래놀이 지도상의 유의점

모래놀이 활동을 유아에게 제공하기 위해서 교사가 알아 두어야 할 사항을 간단히 소개하면 다음과 같다(지성애, 1985).

- 교사는 날씨와 시간에 따라 일어나는 여러 가지 가능성을 고려하여야 한다. 날씨가 따뜻하면 모래놀이에 물을 첨가하여 좋은 놀이 환경을 만들어 주어야 한다.
- 유아가 모래 형태를 주조할 수 있고 모래를 두드리기에 알맞을 만큼 습기가 있어야 함을 고려해야 한다.
- 더운 날씨일 경우 모래놀이 영역에 그늘이 없다면 그늘막 등으로 그늘을 만들어 주어 유아가 시원하게 놀이를 할 수 있도록 준비하여야 한다.
- 이와 반대로 추운 날씨일 때는 모래 상자 주변 가장자리 나무 받침대에 앉아 놀이를 할 수 있도록 도와주어야 한다.
- 유아가 유아교육기관에 도착하기 전에 모래놀이에 필요한 장난감과 도구를 놀이 영역에 배치하여야 하며, 놀이 도중 유아가 특별한 도구나 자료를 요구하면 교사는 즉시 공급해 주어야 한다. 유아의 요구에 따라 도구를 공급하고 교환해 주는 것은 모래놀이에 흥미와 창조성을 유도할 수 있는 좋은 방법이 된다.
- 유아들이 모래를 다른 친구에게 뿌리거나 던지는 것은 위험하다는 것을 이해시켜야 한다. 또한 모래를 모래놀이 영역 밖으로 가지고 나가서는 안 되며, 모래놀이 도구들은 모래놀이 활동에만 사용해야 하며, 모래와 모래놀이 도구들은 친구들과 싸우는 무기가 되어서는 안 된다는 것을 지도해야 한다.
- 유아들이 서로 놀이를 하면서 그들이 무엇을 하고 있다는 것을 서로 이야기할 때마다 가능하면 상상력과 언어 발달을 촉진할 수 있는 방향으로 유도해야 한다. 수용적인 교사는 유아와 함께 대화를 함으로써 어휘력을 확장시킬 수 있다. 방향과 위치에 대한 단어는 이야기를 이해하는 데 특히 중요하다. 그리고 이것은 모래 상자 속에서 구체적인 형태로 경험될 수 있다(Beechick, 1979).

- 놀이 후에는 머리, 옷과 신발 등에 붙은 모래를 털도록 한다. 이것은 모래가 줄어드는 것과 미끌어지는 것을 방지한다.
- 넓은 운동장에서는 발달 단계와 흥미에 맞춰서 모래 상자를 두 곳으로 분리하여 한쪽에서는 모래산 만들기 등의 활동을 하게 하고 다른 한쪽에서는 쏟아붓고 틀로 만들기 활동을 하도록 지도하면 편리하다.
- 모래 상자나 모래밭은 쓰지 않을 때는 덮어 두도록 하고 너무 건조할 때는 물을 뿜어 주어 먼지가 나는 것을 방지하고 때도 씻겨지게 한다. 그리고 일 년에 한 번은 모래를 바꾸어 넣어야 한다. 왜냐하면 먼지나 때가 쌓이고 양이 줄어들기 때문이다.
- 모래 대신에 옥수수 알갱이, 밀이나 여러 종류의 곡류, 작은 콩 등도 이용할 수 있다(Beechick, 1979). 또한 대팻밥, 톱밥, 마카로니 등을 준비하여 비치할 수도 있으나 유의할 점은 이들 재료들은 뚜껑이 있는 통 안에 건조하게 보관되어야 한다는 것이다.

2. 물놀이

1) 물놀이의 특성 및 교육적 가치

(1) 물놀이의 특성

물은 어느 장소에서나 손쉽게 활용이 가능하며 값싸고, 비정형의 특성이 있어 마음대로 변형이 가능하며, 별도로 비치해 저장해 놓지 않아도 되고, 특별한 놀이 기술이 없어도 영아들도 쉽게 접근할 수 있는 좋은 놀이 소재이다.

물은 흐르고 변동성이 있으며, 담는 용기의 모양을 가지며, 무게와 부피를 가지고 있으며, 어떤 물질들은 녹이며, 어떤 물체들은 뜨게 하기도 하고 가라앉게 하기도 한다. 어떤 물질들이 들어가면 거품이 나며, 물감이나 어떤 물질들에 의해 색이 변화하기도 한다. 어떤 물체들은 젖게 하며, 0℃ 이하가 되면 얼음이 되기도 하고, 증발하기도 한다. 더러운 물질들을 쉽게 흡수하므로 사물을 깨끗하게 하는 특성이 있다. 높은 곳에서 낮은 곳으로 흐르며, 빠르게 흐르기도 하고, 천천히 흐르기도 하는 속도를 가지며, 흐르는 속도와 물의 양에 따라 에너지를 가지고 돌을 깎기도 하고 지형을 변화시키기도 하는 특성을 가지고 있다.

(2) 물놀이의 교육적 가치

물놀이는 유아의 성장 발달에 중요한 교육적 가치를 가지고 있다. 물은 0세아도 즐길 수 있는 좋은 놀잇감이다. 물놀이를 하면서 겪게 되는 인지적 갈등으로 인해 유아들의 과학적 호기심을 자극하며, 문제를 해결하고자 원인을 찾고 실험해 보고자 하게 한다. 물놀이 활동에 몰입하면서 흥미를 느끼고, 실험하고, 또래 친구들과 협동하면서 과학적 지식을 구성하게 된다. 뿐만 아니라 물놀이는 발달 장애아들에게 치료적 가치가 있는 것으로도 알려져 있다. 물놀이의 교육적 가치를 구체적으로 살펴보면 아래와 같다.

첫째, 물놀이는 유아의 인지 발달을 돕는다. 유아는 물을 사용한 다양한 실험과 탐색을 통하며 측정과 수량의 개념, 원인과 결과를 확인하며 문제해결력을 발달시키게 되며, 조작이 간단하고 반복이 용이한 특성으로 인해 얻어진 성공감과 만족감은 인지 능력의 기초가 될 수 있으며 주의 집중력 신장에도 도움이 된다. 예를 들어 “어떤 것이 물에 녹을 까요?”, “어떤 물체가 물에 뜰까요?”, “ 이 그릇을 채우려면 물을 몇 번이나 넣어야 할까요?” 등의 물놀이를 하면서 나올 수 있는 수많은 질문들에 답을 찾아가는 과정이 인지 발달에 도움이 된다(박진옥, 1985; 지성애 1986; 윤순아, 2010).

둘째, 물놀이는 유아의 정서 발달을 돕는다. 물놀이는 물을 마음껏 가지고 놀면서 억압된 감정을 해소하고 부정적인 정서 상태에서 벗어날 수 있게 한다. 여러 가지로 부모의 제지를 많이 받은 유아들은 용기를 얻고, 유쾌하게 되며, 자유롭게 된다. 물은 무정형적 특성, 신축성이 있고, 저항이 거의 없으며, 요구 사항도 거의 없기 때문에 자신이 없는 유아나 미숙한 유아에게 물놀이는 성공감과 만족감을 맛볼 수 있는 기회가 되고, 욕구 불만의 감정들을 해소, 발산시킬 수 있는 기회가 된다(박진옥, 1985; 지성애, 1986; 지성애, 2006; 윤순아, 2010).

셋째, 물놀이는 유아의 사회성 발달을 돕는다. 물놀이를 하면서 갖게 되는 긍정적인 정서들이 사회적인 접촉을 더 잘할 수 있게 한다. 유아들은 물을 매개체로 또래들과 놀이에 참여하면서 함께 협동하며 자신에게 분담된 역할과 타인의 입장에 대해 생각할 수 있는 기회를 접할 수 있게 되며, 이러한 과정에서 발생하는 갈등과 충돌 상황에서 서로 양보하고, 함께 공유하는 상호작용이 활발하게 일어나게 된다(박진옥, 1985; 이숙재, 1990; 윤순아, 2010).

넷째, 물놀이는 유아의 언어 발달을 돕는다. 자신의 생각과 느낌을 말로 표현해 보고, 다른 유아와 의사소통을 하고, 교사와 직접적인 대화를 통해서 말하기가 발달하기도 한다. 물놀이 중 물이 흘러내리고, 붓고, 쏟고 , 퍼고, 담고, 튀기고, 젖고, 젖지 않고, 넘치고, 줄어들고, 퍼지고, 스며들고, 나누고, 모으고, 증발하고 하는 과정에서 어휘력이 발달하게 된다.

다섯째, 물놀이는 유아의 신체 발달을 돕는다. 유아는 물놀이를 하면서 물을 휘젓고, 퍼 올리고, 붓고, 운반하는 등 대근육 운동을 한다. 유아들이 양동이를 들거나 큰 스펀지를 사용함으로써 대근육을 사용하고 물기를 닦기 위해 걸레질을 하는 것, 물 튀기기 또한 신체 발달을 돕는다(이숙재, 1990; 윤순아, 2010).

2) 물놀이 환경 구성 및 놀잇감

(1) 물놀이 환경 구성

물놀이는 모래놀이와 마찬가지로 실내나 실외 어느 곳에서도 제공될 수 있다. 날씨가 따뜻하면 실내보다 실외에서 물놀이를 다양하게 할 수 있다. 실외일 경우에는 수도꼭지와 가깝고 바닥이 딱딱한 곳(예: 콘크리트 바닥이나 그와 비슷한 바닥)이 좋다. 특히, 콘크리트 바닥인 경우 흐르는 물이 잘 빠질 수 있도록 배수구가 가까이 있어야 한다. 물이 쉽게 마를 수 있는 곳이 좋지만, 잔디밭도 튀기는 물을 많이 흡수할 수 있으므로 물놀이에 더 적합하다. 물통으로는 흔히 큰 플라스틱 대야나 아기 목욕통이나 상품화되어 있는 물놀이 풀(pool)을 이용하면 된다. 이것은 사용하기 쉽고 설치가 간단하다. 장소와 비용이 허락되면 콘크리트로 만든 고정된 풀을 이용할 수 있으나 설치비가 비싸고 유지 비용도 많이 들며 여과나 정화 장치도 있어야 하는 문제점이 있다(이원영 편, 1980). 이런 큰 풀(pool)은 그 자체가 유아들 사이의 사회적 상호작용의 기회를 제공한다. 그러나 준비하기 어렵다면 작은 개인용 대야를 유아들에게 줄 수도 있다. 물놀이대의 크기는 그다지 중요하지 않다. 그러나 물놀이 도구가 들어가기에 적당한 크기여야 하고 유아가 편하게 쓸 수 있을 만큼 낮아야 한다(Kolumbus, 1979).

실내에서 놀이할 경우 물놀이 영역은 수돗가에서 가까우며 통행이 빈번한 곳에서 떨어져 약간 둘러싸인 곳이 좋다. 물놀이 테이블의 높이는 50~60cm가 좋다. 양쪽 면을 다 쓰려면 폭이 60cm 정도는 되어야 하고 길이는 90cm가 되어야 한다. 물놀이 도구를 보관하기 위한 선반은 물에 영향을 받지 않는 물질로 만들어져야 하며 물놀이 영역에 인접해 있어야 한다. 바닥은 미끌어지는 것을 방지할 수 있는 표면을 가진 것(예: 물을 모으는 그릇이 달린 쇠살대 모양의 발판이나 고무 매트 등)이어야 한다(Decker & Decker, 1976).

(2) 물놀이 놀잇감

물은 그 자체만으로도 유아들에게 다양한 즐거움을 주지만 여러 가지 물놀이 도구를 제공해 줌으로써 다양한 활동을 통해 물의 특색을 이해할 수 있도록 도울 수 있다. 따라서 물놀이에 제공되는 물놀이 소품은 물놀이를 강화하고 유아들에게 잠재적 학습을 제공할 뿐만 아니라 재미있고 새로운 도전을 할 수 있도록 이끈다. 제공되는 소품은 끝이 날카롭지 않은 안전한 것으로, 사용할 때 깨지거나 녹슬면 안 된다. 어린 유아는 빨대를 불기보다는 빨아들이는 경향이 있어 위험하므로 빨대는 제공하지 않도록 한다. 유아들이 흥미롭고 발현적인 사고를 하도록 자극할 수 있도록 소품을 자주 바꾸거나 새것으로 모양을 바꾸어 준다. 물놀이에 첨가할 수 있는 놀잇감에는 학교, 집, 자연물로부터 얻을 수 있는 재료들이 포함된다(Crosser, 1994).

물놀이 도구는 물놀이로만 끝나지 않고 과학놀이와의 관계를 가질 수 있도록 다양한 도구를 준비하는 것이 좋다. 튼튼하고 안전한 것으로 주위에서 쉽게 구할 수 있는 것 중에서 유아에게 알맞은 크기의 것을 선택하는 것이 좋다. 플라스틱 세제통, 샴프통 등 여러 종류의 폐품을 수집하여 모아 두면 물놀이를 할 때 재미있게 사용할 수 있으며 경우에 따라서는 유아들 스스로 물놀이에 필요한 장난감을 찾아

보게 할 수도 있다. 교사가 물놀이를 위한 도구를 아무리 많이 생각해 낸다 해도 유아들은 틀림없이 그보다 더 많이 생각해 낼 것이다(Kolumbus, 1979).

| 표 10-1 | 물놀이 도구 유형과 자료

도구 유형	자료
물의 양 측정에 필요한 기구	계량컵, 비커 등의 용량이나 모양이 다른 그릇, 여러 종류의 깡통
물건 띄우기 및 가라앉히기에 필요한 기구	공, 병마개, 코르크, 나무 조각, 스폰지, 수세미, 못, 동전, 장난감, 보트
물 따르기에 필요한 기구	양은 또는 플라스틱 주전자, 여러 종류의 깔때기, 플라스틱 호스
여러 색의 물감을 탈 수 있는 용기	식용 색소, 그림물감, 깡통, 용량은 같으나 모양이 다른 투명한 용기
비눗방울 만드는데 필요한 기구	빨대, 세제, 식용 색소
목욕 시키기에 필요한 기구	장난감 인형, 비누, 빗, 수건
그릇 닦기에 필요한 기구	스펀지, 접시, 색깔 있는 다양한 종류의 그릇, 수저
물 뿌리기에 필요한 기구	분무기, 물뿌리개, 짧거나 긴 길이의 고무 호스
거품 내기에 필요한 기구	세제(유아용 비누를 사용하거나 주방용 액체 세제를 이용하는 것이 좋다) 계란 거품기, 식용 색소

출처 : 윤순아(2010). p. 8.

3) 물놀이 지도 방법

(1) 교사의 역할

물놀이 영역에서 상상놀이 중 교사 개입에 의해 양 보존 개념이 발달되었고(정낙숙, 1987), 물놀이에서 교사 개입이 상상력을 증진시켰고(장영희, 1991), 물의 물리적 현상을 이용한 교사의 계획에 의한 개입이 과학의 과정과 개념 변화를 습득시켰다(곽향림, 2004). 이와 같이 바람직한 교사의 개입은 유아와 함께 활동하며 지적 갈등이나 호기심을 불러일으킬 수 있는 환경 제공자, 반응적인 교사 등 언어적 개입자 또는 비언어적 개입자로서의 역할을 의미한다. 이러한 교사-유아 상호작용은 교사와의 관계를 위한 기초를 형성하는 데 중요하며 유아의 전인 발달에 긍정적인 영향을 미친다.

(2) 물놀이 지도상의 유의점

- 유아가 물놀이를 할 때 옷이 젖지 않도록 소매를 걷어 올리게 한 후 비닐로 된 앞치마를 입도록 하는 것이 좋다(물놀이를 위한 앞치마는 유아 옷의 앞면과 옆면을 잘 보호하게끔 푹 싸이는 것이 좋고, 입기 쉬우며 모양 또한 예뻐야 한다. 여밈은 간단하고 튼튼해야 하며, 길이는 무릎까지 오는 것으로 앞이 좀 더 긴 모양이 좋다). 왜냐하면 물이 신이나 발에 떨어지지 않게 하기 위해서이다. 천은 방수천으로 할 경우 무겁고 갑갑해 싫어하므로 합성수지로 된 면이 좋으며, 가볍고 튼튼하며 빨리 마르는 천이 좋다. 가장자리에 단을 대어 이중으로 박아 풀리지 않도록 해야 한다.
- 유아들이 한꺼번에 많이 몰리면 장소와 도구가 한정되어 있으므로 유아의 수를 제한하여 교대로 할 수 있게 한다.
- 날씨가 추울 때는 실내 공간에 장소를 마련하여 물을 데워 주도록 한다.
- 물이 너무 가득 차서 넘치지 않도록 배려해야 한다.
- 유아들의 활동을 주의 깊게 관찰하여 우발적인 사고에 대비하여야 한다.
- 유아들 스스로의 욕구에 따라 놀 수 있도록 자유로운 분위기를 조성해 주어야 하고 유아의 놀이 변화에 따라 항상 민감하게 반응할 준비를 해 주어야 한다.

- 물놀이 기구를 제시할 때는 한꺼번에 너무 많이 주는 것을 피하고, 유아의 사고 및 과학적 개념 발달을 고려하여 적절히 제시하는 것이 좋다. 처음에는 물만 갖고 놀게 하여 유아가 물과 아주 친숙해졌을 때 물감을 섞어 주어 다른 면에서 기쁨을 맛보게 하고, 그 일에서 흥미를 잃으면 세제를 섞어 주어 또 다른 만족감과 즐거움을 느낄 수 있도록 하는 등의 단계적인 다양한 지도 방법이 필요하다.
- 물놀이 활동을 위해서 유아들 스스로 물을 길어 오고, 활동을 마친 후에는 도구들을 정돈하게 하고 물을 버리도록 하여 정리 정돈을 하는 생활 습관도 지도한다.

3. 목공놀이

1) 목공놀이의 특성 및 교육적 가치

(1) 목공놀이의 특성

목공놀이는 무거운 망치, 톱, 못 등의 사용이 위험하다고 하여 소홀히 다루어진 영역이었으나 안전에 만전을 기한다면 유아들의 관심과 흥미를 유발하고 많은 교육적 가치가 있는 활동이다. 특히, 유아들은 대부분 목공놀이를 좋아하는데 그 이유는 유아들이 톱과 망치를 사용할 때의 리듬 있는 움직임을 통하여 즐거움을 맛보게 되며 마음껏 두드리고 잘라 내는 과정 중에 만족감을 느낄 수 있기 때문이다. 아울러 나무의 부드러운 질감을 느껴 보고 나무 냄새를 맡으며 온 힘을 쏟아 완성하는 성취의 기쁨이 있기 때문에 유아는 목공놀이를 좋아한다(이숙재, 2009).

목재는 일반인에게 감각적으로 따뜻함, 부드러움, 가벼움 등 친숙하고 호감이 가는 재료로서 우리 주변 환경을 윤택하게 해 준다. 교육 환경에서의 목재에 대한 여러 감각적 특성과 정서적인 측면의 반응이 이를 입증하고 있다. 그 한 예로서, 교사와 아이들은 목조 학교와 목질 재료에 대해 '부드럽다', '따뜻하다', '냄새가 좋다', '기분이 좋다', '시끄럽지 않다', '넘어져도 아프지 않다' 등의 긍정적인 반응을 나타내었다(日本木材學會, 1991; 황의도, 2003, 재인용). 목재가 가지는 가공교육 재료로서의 가치를 서술하면 다음과 같다(山下曦功, 1994; 황의도, 2003, 재인용).

첫째, 가공이 용이하다

목재 가공은 소규모의 시설 설비에서 수공구를 사용해서 자르기, 깎기, 구멍 뚫기, 접착, 접합, 연마 등이 가능하다. 또한 나무의 종류나 판재의 종류 및 규격을 고려하면 가공의 난이도를 조절할 수 있으므로 유아들에게 가공 기술을 단계적으로 습득하게 할 수 있다.

둘째, 종합 가공성이 있다.

목재의 가공은 통나무 형태의 원목을 제재하는 가공의 원점에서부터 출발하여 판재나 각재를 만들고 그 판재와 각재를 톱질하고 대패질해서 부분 가공을 한다. 그리고 끌을 사용하여 가공을 해서 접착 · 접합하고, 연마지로 연마하고 도장해서 완성한다. 그 긴 가공 과정 중에 주요한 재료의 가공 방법 모두가 포함되어 있어 원 재료 가공에서부터 작품 완성까지의 만들기 체험이 전반적으로 가능한 종합 가공성을 지니고 있다.

셋째, 가공 방법이 다양하다.

각종 재료를 가공할 때 필수적인 가공 방법(자르기, 깎기, 구멍 뚫기, 접착 및 접합, 연마, 도장)들이 목재 가공에는 대부분 포함되어 있다. 차원별 동작이 목재 가공 중에 대부분 포함되어 있고 1차원 동작에서부터 2차원 동작, 3차원 동작의 순서로서 단계에 맞게 다양하게 되어 있다.

(2) 목공놀이의 교육적 가치

듀이(Dewey)는 만들기에 대하여 자연 그대로의 소재를 목적 있는 작업에 스스로 이용할 때 지혜를 터득한다고 하였다(橋田紘洋, 1990; 황의도, 2003, 재인용). 목공놀이는 유아들이 눈과 손의 협응을 통해 대근육 발달을 이루고 정서적, 신체적 긴장 해소에도 영향을 미친다. 유아들이 스스로 여러 가지 사물을 만들어 보고 조작해 보는 가운데 사물의 부분-전체의 개념 및 원인-결과의 개념을 이해하며, 공간 개념의 발달, 문제해결력을 증진시킬 수 있다. 또한 사물을 조작하고 실행해 보는 과정에서 성공과 실패감을 경험하며 친구들의 의견을 수용해 보는 경험도 갖게 된다.

대부분의 유아들은 나무와 도구를 사용해서 작업하는 데 자연스런 흥미를 보이며 많은 유아교육 전문가들이 목공놀이 영역의 교육적 가치를 주장하고 있다. 나무를 자르고 못질하고 모래종이로 나무의 거친 면을 다듬는 활동에서 몇몇 유아들이 쉽게 협동하며 서로 도움을 주고받을 수 있다. 아울러 눈 · 손의 협응력과 대 · 소근육의 발달을 기르며 주의력, 집중력, 신체 각 부분의 조정 능력 등도 발달될 수 있다(이기숙, 1982).

목공놀이는 많은 흥미를 유도하기도 하지만 교육적 가치를 가지고 있다. 목공놀이의 발달적 측면을 살펴보면 다음과 같다(이숙재, 2009; 임현숙, 1998; 정문자, 지혜련, 이숙재, 1985).

첫째, 목공놀이는 유아의 인지 발달을 돕는다.

유아는 목공놀이를 통하여 주의 집중하는 능력을 기를 수 있고 나무의 무게, 질감, 부피, 길이, 넓이 등 개념을 인지하게 된다. 또한 전체와 부분의 관계, 공간관계 그리고 크기 및 길이 비교, 측정 등을 통하여 수 개념이 발달된다. 대팻밥과 톱밥이 어떻게 생기는가 하는 물체의 물리적 특성을 알고, 물리적 변화 과정에서의 원인과 결과를 직접 관찰할 수 있는 기회를 가질 수 있다.

둘째, 목공놀이는 유아의 정서 발달을 돕는다.

유아들은 망치로 쾅쾅 소리를 내면서 못을 박고 톱질하는 목공놀이 활동을 통해 스트레스와 같은 부정적 감정을 해소하고 정서적인 안정감을 얻게 된다. 또한 목공 작업대는 유아들에게 인상적이다. 성인들만 사용하는 것으로 알았던 목공 연장들을 유아들이 직접 사용할 수 있다는 것을 느꼈을 때 흥분과 동시에 자기 자신을 자랑스럽게 생각하게 된다. 이것만으로도 유아는 커다란 성취감, 자신감, 만족감, 긍정적 자아 개념을 갖게 된다.

셋째, 목공놀이는 유아의 신체 발달을 돕는다.

목공놀이의 기본적 기술인 자르기, 맞추기, 고정하기, 연결하기 등의 활동은 여러 차례 거듭된 목공놀이 경험에 의하여 숙달될 수 있는데, 이 활동들은 신체의 대근육과 소근육의 발달을 돕는다. 유아가 처음 톱과 망치를 손에 쥐고 못을 박고 톱질할 때는 어려움을 갖게 되지만 차츰 눈과 손의 협응력이 발달됨으로써 잘못 박아지는 못을 올바르게 방향을 바꾸거나 톱의 방향도 바르게 조절할 수 있게 된다.

또한 나무에 대한 촉감, 냄새, 소리 등을 경험하여 감각 기능을 발달시킬 수 있다.

넷째, 목공놀이는 사회성 발달을 돕는다.

목공놀이 활동에서 유아는 도구와 자료를 나누어 쓰고, 톱질할 때 서로 잡아 주거나 협동하며, 타인의 활동을 인식하고 순서를 기다리는 등 사회성 발달에 도움을 줄 수 있다. 다른 유아들이 자른 나무토막을 좀 더 어린 유아들이 모래종이로 매끈하게 하는 활동을 하거나 해서 같이 공동 작업을 해 나가는 과정을 통해서 나누고 협동하는 사회성이 발달된다.

다섯째, 목공놀이는 유아의 언어 발달을 돕는다.

목공놀이를 통해서 목공 기술에 관련된 어휘들이 발달된다. 자르기, 톱질하기, 붙이기, 문지르기, 밀기, 끌기, 구멍 뚫기 등의 동작에 관련된 어휘와 위, 아래, 옆, 안, 밖 등 공간에 관련된 어휘, 목공 도구와 나무 등 재료에 관한 어휘 등 다양한 언어 발달을 돕는다.

여섯째, 목공놀이는 유아의 문제해결 능력 신장 및 창의성 발달을 돕는다.

유아는 과학적인 방법을 통하여 새로운 물체를 만들어 내는 활동, 특히 재료 상태의 단순한 나무토막으로부터 독창적인 작품을 표상하여 만들어 가는 과정에서 창의력과 입체 구성 능력이 발달되고, 당면한 문제에 대해 여러 번의 시행착오를 거쳐 해결하며 성공과 실패에 적응할 줄 알게 된다. 목공놀이 영역은 사물의 부분과 전체의 개념, 원인과 결과의 개념, 공간적 유대 관계를 이해하고, 문제해결력을 증진하는 데 도움을 준다.

2) 목공놀이와 발달

목공놀이는 유아의 발달 단계에 있어서 긍정적인 영향을 미칠 수 있지만 가공 동작의 구성이 발달 단계에 적합하지 않으면 유아의 흥미를 지속시킬 수 없다. 따라서 유아들의 신체적 기능과 인지적 능력 수준에 맞는 동작과 목공 활동으로 구성하는 것이 중요하다. 만 5세 전후가 되면 반응 시간의 단축과 민첩성, 기본적인 운동의 정교함이 급증하는 시기로서 적목과 도구 다루기 등과 같이 손을 사용하고 균형을 맞추는 놀이에 관심을 갖게 된다. 그 이후에는 폐활량 등의 순환 기능과 근력이 급증하여 전신을 움직이는 놀이에 한층 더 관심이 높아짐에 따라 기술 습득에 의욕적이 되어 간다. 기능에 대한 획득률은 다음과 같이 연령에 따라 차이가 있다(橋田紘洋, 1990; 황의도, 2003, 재인용).

| 표 10-2 | 연령별 기능 획득률

기능 분류	연령에 따른 기능 획득률(%)						
	1세	2세	3세	4세	5세	6세	7세
숟가락 사용 가능	81.2	100					
젓가락 사용 가능	30.3	75.9	96.6	98.6			
가위로 모양 오려 내기		2.7	27.6	70.5	92.1	93.3	
두꺼운 종이 자르기			11.1	31.4	59.4	81.9	91.3
연필 깎기			2.5	20.8	48.3	68.9	92.2
톱질				2.1	25.3	48.8	65.5
2寸(약 6cm) 못 박기					2.8	15.2	23.3

출처: 橋田紘洋(1990); 황의도(2003). 재인용.

〈표 10-2〉에 의하면, 목공놀이 과정에서 중요한 동작을 차지하는 톱질과 약 6cm 못 박기는 만 5세 유아의 경우 25.3%, 2.8%의 낮은 획득률을 나타내고 있다. 그러나 동작의 난이도를 고려하고 목재의 강도와 두께, 못의 길이, 도구의 무게와 크기 등을 유아의 발달 수준에 맞게 적용한다면 유익한 활동이 된다. 처음에는 유아들이 목공 동작에 어려움을 느낄지라도 교사가 격려해 주고 도움을 준다면 육체적 정신적인 발달을 꾀할 수 있고 교육적 효과도 기대할 수 있다(橋田紘洋, 1990; 황의도, 2003, 재인용).

또한 가공의 동작 구성에도 다양성을 갖출 필요가 있는데 이러한 여러 가지 목공 활동 동작을 차원별로 〈표 10-3〉에 분류하였다.

| 표 10-3 | 목공 동작의 분류

분류		가공 동작	공구
1차원 동작	점 동작	종이 자르기, 연필 깎기, 철사 휘기	종이, 가위, 칼, 펜치
2차원 동작	좌우 동작	붓질하기(도장), 연마	페인트 붓, 연마지(sandpaper)
	전후 동작	톱질, 대패질, 줄질	톱, 대패, 줄
3차원 동작	비틀기 동작	구멍 뚫기, 나사 조이기	송곳, 드라이버
	타격 동작	못 박기, 판자 붙이기, 끌 가공	쇠망치, 나무망치, 끌

출처: 橋田紘洋(1990); 황의도(2003). 재인용.

기본적인 기술이 급증하는 만 3~4세 시기의 유아들에게는 가위와 칼처럼 손가락 끝을 중심으로 활용하는 도구를 주고 재료는 자르기 좋은 것을 쥐서 손가락 끝을 주의해서 가공할 수 있는 상황을 설정한다. 그러나 만 5세 정도의 유아는 눈과 손의 협응력과 대·소근육의 발달이 증가하여 저항을 갖는 대상과 고차원의 활동을 통해 방향, 깊이 그리고 공간 인지 등과 같은 움직임과 관련된 개념과 기술을 획득할 수 있다(橋田紘洋, 1990; 황의도, 2003, 재인용).

특히, 차원별 동작을 〈표 10-3〉에서 살펴보면 1차원 동작은 전체를 고려하기보다 주로 손가락만의 주의를 필요로 하고 있다. 2차원 동작은 팔과 신체를 비교적 크게 전후 또는 좌우로 움직이는 동작을 나타내고 있다. 이러한 좌우 동작은 목공놀이 프로그램에서 도장이나 연마 작업에 해당되며 일반적으로 힘을 그다지 가하지 않고 손끝의 탄력을 이용하는 행동이라고 할 수 있다. 이렇게 2차원 동작은 일반적으로 항상 도구와 재료가 접촉하여 반복되기 때문에 처음에 습득한 감각과 기술을 되풀이하므로 비교적 획득하기 쉬운 동작이다.

이에 반해 3차원 동작은 동시에 두 방향으로 힘을 가하는 동작이거나 도구를 3차원 공간으로 이동시키는 조정력이 필요한 동작이다. 이러한 동작을 통해 유아는 실패를 거듭하며 점차 공간 개념이 발달하고 눈과 손의 협응력이 정교해지는 등 긍정적인 효과를 얻을 수 있다.

따라서 목공놀이 프로그램의 도입 부분에서는 가공 동작이 유아의 발달 수준에 따라 기능을 획득할 수 있도록 1차원, 2차원, 3차원 동작의 순서로 구성하여 대·소근육 및 감각 기관을 통합적으로 활용할 수 있는 활동을 전개하는 것이 적합하다(橋田紘洋, 1990: 황의도, 2003, 재인용).

이와 같이 목공놀이 프로그램은 유아에게 긍정적 영향을 미칠 수 있는 다양한 요소를 포함하고 있지만 발달 단계에 맞게 동작의 종류나 난이도를 구성하지 않으면 유아들에게 좌절감을 주고 흥미를 잃게 할 수도 있다. 따라서 유아들이 기능을 획득하는 데에 매력과 성취감을 느끼며 지속적인 목공 활동을 유발하기 위해서는 프로그램의 구성과 진행을 유아 중심으로 계획하여 단계적으로 기능을 습득할 수 있도록 시간을 충분히 주는 것이 좋다.

3) 목공놀이 환경 구성 및 놀잇감

목공놀이에는 실제 연장과 재료가 사용되고 그 연장은 대부분 성인들이 사용하는 것으로써 안전한 환경을 조성하는 데 많은 주의가 요구된다. 목공놀이 환경과 도구에 대해 정리하면 다음과 같다(이숙재, 1990).

(1) 목공놀이 환경 구성

목공놀이는 놀이 영역에 속하지만 소음이 많이 발생하기 때문에 다른 놀이 영역에 방해가 되지 않으면서 왕래가 빈번하지 않은 장소나 별도의 목공 놀이실이나 실외에서 주로 하게 된다. 목공놀이 작업대는 견고하고 유아가 사용하기에 적절한 높이(50~60cm)로 제작되어야 하며 크기는 목공놀이에 참여할 유아 수를 기준으로 하여 결정한다. 또한 탁자의 가장자리에 클램프나 바이스를 부착할 수 있도록 하고 아랫부분의 공간을 활용하여 도구의 보관 공간으로 활용할 수 있다. 도구를 보관하기 위한 공구함은 유아들이 꺼내고 정돈하기 쉽고 편리해야 한다. 특히, 도구의 윤곽을 그려 놓거나 이름을 붙여 놓으면 정리 정돈을 하기 쉽고 분실되거나 정리되지 않은 도구를 빨리 파악할 수 있다.

(2) 목공놀이 도구

목공놀이용 도구는 놀잇감이 아닌 실제 연장을 사용하게 된다. 따라서 실제 연장 가운데 유아기 어린이의 신체 조건에 알맞은 것을 선정하고 유아에게 위험할 수 있는 도구의 위험 요소를 제거하여 최소한도로 줄여야 한다.

① 목공놀이 도구의 종류

목공놀이 도구의 종류를 정리하면 다음과 같다.

- 망치와 톱

망치는 무게가 300~350g이 적당하며 망치 머리가 넓은 것이 좋다. 또한 망치 손잡이는 목재로 된 것이 적절하며 유아가 사용하기에 편리하도록 손잡이의 길이와 두께가 적절해야 한다. 톱은 유아들이 처음에 사용하기 쉬운 실톱과 성인이 사용하는 톱보다 작은 미니톱을 준비한다. 톱의 길이는 40~50cm가 적당하다.

- 클램프와 바이스

톱질이나 망치질을 할 때 나무를 고정시키기 위하여 사용된다. 유아가 작동할 수 있을 정도로 간단하고 작은 크기를 준비한다.

- 못과 나사못 및 드라이버

못은 머리가 넓적하고 끝이 예리해야 하고 두께나 길이가 다양한 못을 준비하도록 한다. 그리고 다양한 나사못과 함께 유아가 사용할 수 있는 작은 드라이버를 구비한다.

- 손 드릴과 송곳

나무에 구멍을 뚫을 때 사용하는 도구로서 크기, 무게가 유아에게 적절해야 하고 미리 구멍을 뚫을 자리를 표시하는 송곳도 준비한다.

● 자

길이를 잴 수 있는 다양한 종류의 자를 준비한다. 줄자, 막자, 접자, T자 등을 제공한다.

● 연마지

연마지는 나뭇결을 곱게 다듬을 때 사용하는데 고운 것에서부터 거친 것까지 다양한 종류를 준비해 둔다. 특히 연마지를 그대로 제공하는 것보다 유아가 사용하기에 적당한 크기의 나무토막에 붙여 두면 손쉽게 다듬어지고 연마지도 절약된다.

● 접착제

목공놀이용 접착제로는 아교, 목공용 접착제 등이 사용될 수 있는데 유아의 안전성을 고려하여 사용하도록 교사의 지도 및 관리가 필요하다.

● 도료 및 붓

완성품에 도장을 하기 위하여 도료와 여러 가지 모양의 붓을 준비한다. 인체에 유해하지 않고 자극적이지 않은 천연 도료를 사용하도록 한다.

● 보호 장비 및 기타 도구

작업 중에 유아의 신체를 보호할 수 있는 면 장갑, 마스크, 보안경 등을 준비하면 좋으며, 이외에 연필, 가위, 도면 용지, 끈, 철사, 경첩 등의 보조 도구를 제공한다.

② 목공놀이 도구의 보관 및 관리

연장을 잘 다루고 적절한 장소에 보관하며 잘 정돈함으로써 연장들의 파손과 분실을 방지할 뿐만 아니라 목공에 대한 호기심과 흥미를 촉진시킬 수 있다.

- 유아들이 꺼내 사용하기에 편리하도록 잘 정리 정돈을 해서 보관한다. 목공 놀이 도구장이나 그림을 그려 둔 곳에 두거나 벽면에 그림을 그려 못을 박아 걸어 두도록 한다.
- 못이나 나사못 등 작은 부품은 투명한 작은 서랍장에 별도로 보관한다.
- 페인트 등 도료는 뚜껑을 잘 닫고 밀폐 용기에 넣어서 바람이 잘 통하는 안전한 장소에 보관한다.
- 목공 도구는 안전을 위하여 매일 점검하여 수리, 교체한다.
- 철제는 녹슬지 않도록 기름 걸레로 닦아서 보관하고 건조한 곳에 보관한다. 한동안 사용하지 않을 경우에는 필요한 경우 기름을 칠해서 신문지로 싸서 보관한다.
- 목공 도구의 정리 정돈 및 관리에도 유아가 참여할 수 있게 한다.

4) 목공놀이 지도 방법

(1) 교사의 역할

목공놀이에서 교사는 유아가 목공놀이에 흥미를 갖고 사전에 여러 가지 지식을 얻을 수 있는 사전 활동을 계획하여 실시하도록 한다. 즉, 목공놀이에 관련된 책 종류를 제공하거나 제재소, 가구 공장을 견학하여 여러 가지 일과 역할을 알아보는 기회를 갖는다(이숙재, 1990). 목공 도구, 건축물에 대한 이야기를 나누어 보거나 목공과 관련된 일을 하는 목수 등 자원 인사를 초청하여 이야기를 듣는 등 목공에 대한 흥미와 이해를 높이는 활동을 갖는 것도 좋다. 목공 놀잇감에 대한 올바른 사용법 지도가 요구되며, 목공놀이에는 안전사고의 위험이 따르기 때문에 교사나 성인이 감독할 수 있을 때만 하도록 하고 유아가 서두르지 않도록 차분한 놀이 공간을 마련해 준다.

목공놀이를 하다가 상처를 입지 않도록 충분히 적절한 예비 지식을 갖도록 지도해야 하며, 이때 유아의 발달적 개인차를 고려해서 지도해야 한다. 유아들과 함께 목공놀이 규칙을 정하여 지키도록 하는 등 안전 지도에 가장 유의하여야 한다. 목공놀이를 관찰하면서 적절한 질문과 도움을 주고 성취감과 자신감을 가질 수 있도록 격려한다. 결과보다는 과정을 중요하게 생각하여 놀이 과정에서 다양하게 생각하고 탐색하고 시도할 수 있도록 적절하게 상호작용을 해 준다. 작품이 원래 계획된 것과 다른 것이 나오더라도 이를 긍정적으로 수용한다. 작품 제작 과정을 설명해 주는 지시 카드를 그림과 글자로 만들어서 제시하는 것도 좋다.

유아들이 목공놀이를 즐거우면서도 안전하게 할 수 있도록 돕는 교사의 역할을 정리하면 다음과 같다.

① 목공놀이는 위험성이 있는 놀이이므로 처음 시작할 때 놀이 시 지켜야 할 약속과 주의할 점 등 안전에 대하여 유아와 충분히 이야기를 나눈다.
② 목공놀이 도구의 사용법(예: 톱질하기, 못 박기, 연마지 사용, 접착제 사용 등)은 교사가 직접 시범을 보이며 각 도구의 용도를 익히고 도구를 안전하고 조심스럽게 다루는 태도를 유아들이 볼 수 있도록 한다. 정확한 연장 사용법과 실제적인 지도를 위하여 지역사회의 목수를 초청하거나 목공소를 견학하는 것도 바람직하다.
③ 유아의 발달 단계에 적절한 목공놀이 도구와 활동을 제공한다.
④ 목공놀이가 이루어지고 있는 상황에서 교사는 목공놀이 영역에 대한 주의를 놓지 않아야 하며 보조 교사나 협력자가 함께 활동할 수 있으면 좋다.
⑤ 유아들이 목공놀이에 좀 더 익숙해지면 자신이 만들 작품의 설계도를 간단히 그린 후 작품을 만들어 보도록 격려한다.
⑥ 몇 명의 유아가 협력하여 하나의 작품을 만들어 보는 경험을 격려하고 하루에 완성하지 못하는 경우 기간을 두고 점차적으로 완성해 나갈 수 있도록 충분한 시간을 준다.
⑦ 목공놀이의 결과보다 과정에 초점을 맞추어 유아가 놀이 과정 중에 다양한 탐색과 문제해결 과정을 경험하도록 격려한다(박찬옥 외, 2004).
⑧ 목공놀이 시 적정한 인원을 정해 두고 인원이 몰릴 경우 조절하여 복잡하지 않도록 유의한다.
⑨ 유아들이 못이나 작은 나사 등을 입에 물지 않도록 한다.

⑩ 다른 친구들과 의견 차이가 있을 경우에는 목공 도구를 반드시 손에서 내려 놓고 이야기하도록 한다.
⑪ 톱질하기, 못 박기 등을 할 때 반드시 장갑을 끼고 하도록 한다.

(2) 목공놀이 지도상의 유의점

목공놀이에서 교사의 역할은 유아로 하여금 목공 활동으로의 적극적인 참여를 유도하고 심미적 감상의 기회를 제공하며 창의력 발달 및 유아의 성장을 도울 수 있는 환경을 조성하는 것이다. 이러한 환경을 조성하기 위해서는 다음과 같은 사항을 유의해야 한다.

① 교사는 유아들이 성공적인 경험을 할 수 있도록 도와주고 실수에 대한 건전한 태도를 발달시키며 점차 재료들을 관리하고 책임을 맡을 수 있도록 도와준다.
② 교사는 유아들이 자유롭게 사고하고 상상하고 선택하고 의사 결정을 할 수 있는 안전한 분위기를 조성한다. 가능한 한 교사의 간섭을 줄여야 한다.
③ 유아들에게 가장 중요한 것은 활동의 결과가 아니고 활동 과정이다. 유아들은 완성된 결과보다 과정 그 자체를 즐긴다. 이것이 더욱 교육적 가치를 지닌다.
④ 유아의 창의적 활동을 언어적, 비언어적 방법으로 격려한다.
⑤ 유아들의 목공놀이 활동은 개인적이고 주관적인 내면세계의 표현이라는 것을 인정하고 성인들의 기준으로 평가하지 않는다.
⑥ 부모들이 유아들의 목공놀이 활동을 이해하게 돕는다.부모가 자신의 생각을 유아들에게 주입하지 않도록 한다. 유아들의 자연적인 독창성과 정직한 표현을 격려하도록 한다.

⑦ 유아가 근육 조정 능력이나 눈 · 손의 협응력이 발달하여 감에 따라 부드러운 나무에 망치질을 하거나 톱으로 잘라 보기 등을 시도해 볼 수도 있다. 목공놀이를 할 때에는 서투르지만 유아가 못 박기나 톱질을 해 볼 수 있는 충분한 시간적 여유를 주어 완성하여 볼 수 있게 함으로써 자신이 시작한 일을 마무리하는 습관을 기르고 성취감과 자신감을 느낄 수 있게 한다(이경주, 2002).

5) 연령별 목공놀이 목록

유아의 신체적인 발달과 연령에 따라 할 수 있는 목공놀이 활동은 〈표 10-4〉와 같다.

| 표 10-4 | 연령에 따른 목공놀이 활동

연령	목공놀이 발달	목공놀이 활동
3세	• 완성품의 제작에 관심을 보이기보다는 그 과정에 관심을 보이며 목공놀이 도구나 재료를 탐색함 • 2세 영아는 기본적 감각을 이용해 나무 조각 만지기, 옮기기, 쌓고 무너뜨리기를 좋아함 • 3세가 되면 플라스틱 못을 박는 기술과 같은 작업도 할 수 있게 됨	• 플라스틱 목공 도구 활용하기 • 스티로폼에 고무 망치로 나무못 박기 • 플라스틱 못이나 나무못 분류하기 • 나무못 길이대로 나열하기 • 나무의 옹이와 결 관찰하기
4세	• 접착제와 못을 사용하여 목공놀이 재료를 덧붙이는 활동을 좋아함 • 목공놀이 도구나 재료에 대한 호기심이 충족되고 도구 사용 기술이 향상되었을 때 비로소 목공놀이에 흥미를 갖게 됨	• 모래종이로 나무 다듬기 • 스티로폼이나 골판지에 못질하기 • 접착제로 나무 구성하기
5세	• 특정한 사물을 만들고 싶어서 처음부터 만들겠다는 의도를 가지고 목공놀이를 시작함(생산 단계) • 약간 복잡한 형태의 작품을 만들 수 있음 • 목공놀이 과정에 강한 흥미와 관심을 보임	• 나무에 못질하기 • 나무로 간단한 교통 기관 만들기 • 나무로 간단한 물건 만들기 • 목공 도구와 측정 도구를 제공하여 목공하기 • 활동 카드 보며 목공하기 • 계획(설계도)을 세워 목공하기 • 계획(설계도)을 세워 친구들과 함께 목공하기

4. 실제 활동

| 표 10-5 | 모래놀이 활동의 예

활동명	활동 내용 및 방법	활동 자료
모래 산 만들기	손으로 모래를 산 모양으로 쌓아 본다.	모래놀이 용기
모래 과자, 음식놀이, 소꿉놀이	여러 가지 소품, 찍기 틀, 그릇으로 여러 가지 모양의 모래 과자, 음식을 만들어 본다.	모래 찍기 틀, 삽, 소꿉 용기, 물, 재활용품(피자 상자, 깡통), 식탁
모래 속 보물 찾기	모래 속의 여러 가지 보물을 찾아봄으로써 추리를 하고, 부분과 전체, 속성 등을 살펴보며 놀이한다.	조개껍데기, 돌, 색 클립, 구슬, 플라스틱 인형, 나무 블록, 스푼, 자석, 체, 망 등
모래 나누기와 더하기	모래를 여러 용기에 담아 보고 나누어 보는 과정을 통하여 물체의 속성, 보존 개념의 원리를 경험하며 놀이한다.	계량컵, 투명한 용기, PET 병, 깔때기 등
모래의 이동	놀이 도구 중 투명 원통을 노끈으로 매달아 모래를 나를 수 있는 방법을 찾아보며 놀이한다.	투명 관, 소꿉 용기, 노끈, 종이컵, 도르래, 낚싯줄, 모래 자동차(모형)
모래 산과 강	산, 강, 터널, 고속도로 등을 만들면서 모래의 속성과 움직임, 변화 과정에 대해 살펴보며 놀이한다.	굵기가 다른 투명 PVC 관, 기구, PET 병, 주전자, 물, 호스
모래의 다른 소리	모래의 양과 모래를 담는 통에 따라 소리가 달라짐을 예측하고 토의한 후 다양한 소리를 만들어 들어 보며 놀이한다.	깡통, PET 병, 필름통, 우유갑, 요구르트 병, 유리병, 테이프, 고운 모래, 거친 모래, 계량컵
모래의 무게	마른 모래와 젖은 모래의 양을 비교하고 속성을 살펴보며 놀이한다.	우유갑(대, 중, 소), 여러 가지 모양의 용기, 천칭 저울
모래시계	모래의 흐르는 성질을 알고, 모래의 흐름 속도와 입구의 크기의 관계성을 찾아보며 놀이한다.	케첩 병, 요구르트 병, 테이프, 초시계
모래의 흔적	마른 모래와 젖은 모래 위의 바퀴들의 궤적으로 사물을 추리, 비교, 관찰해 보는 과정을 통해 사물의 구조와 인과 관계를 찾아보며 놀이한다.	여러 가지 모양의 구르는 것(탈것, 공, 구슬 등), 신발 등
색 모래 만들기	모래가 색을 갖기 위한 다양한 방법을 찾아보고, 다시 원래의 모래가 되기 위한 방법을 찾아보며 놀이한다.	식용 색소, 물, 크레파스, 파스텔, 밀가루, 설탕, PET 병 또는 용기, 고운 체, 거름종이, 그물망, 나무젓가락, 냄비, 야외용 가스레인지 등

활동명	활동 내용 및 방법	활동 자료
모래 진자로 목표물 맞히기	모래 진자로 목표물을 매달아 목표물을 맞히는 방법을 찾아보며 놀이한다.	케첩 병, 노끈, 테이프, 우유갑, 공, 줄자
모래 진자 그림	모래 진자로 그림을 그리면 어떻게 될지 예상해 보고 다양한 방법으로 그림을 그리며 놀이한다.	요구르트 병, 노끈, 실, 테이프, 풀, 도화지, 공
매달린 훌라후프	훌라후프 위의 마른 모래와 젖은 모래, 구슬의 움직임을 관찰 비교하며 놀이한다.	훌라후프, 투명 비닐, 테이프, 노끈, 구슬
모래를 찾아서	다양한 여러 가지 재료를 넣어 보고 모래만 골라 볼 수 있는 방법을 찾아보며 놀이한다.	자갈, 클립, 나뭇잎, 배양토, 철가루, 다양한 크기의 체, 비커, 콩, 톱밥, 자석 등
모래 속 고무줄	모래 속에 고무줄을 감추고 나뭇가지를 이용하여 고무줄을 모으는 활동을 통해 사물의 구조와 인과 관계를 찾아보며 놀이한다.	색 고무줄, 머리 방울, 나뭇가지, 나무젓가락 등
모래 벽돌 만들기	모래가 다른 물질을 만나 단단한 벽돌이 되는 변화 과정을 살펴보며 놀이한다.	시멘트, 우유갑, 모래, 모종삽
기둥을 지켜라	모래에 나뭇가지로 기둥을 세우고 순서대로 모래를 가져가 놀이를 한다.	나무젓가락, 고무줄, 접착제, 나뭇가지 등

| 표 10-6 | 물놀이 활동의 예

활동명	활동 내용 및 방법	활동 자료
물 그림 그리기	준비된 자료로 벽면에 물로 그림을 그려 본다. 뿌리기도 하고 선, 도형, 그림을 그리고 물감을 타서 그려 보기도 하고 지워 보기도 하면서, 물의 증발 현상도 관찰하며 놀이한다.	다양한 크기의 페인트 붓, 수채화 붓, 포스터물감, 물통, 스펀지, 빈 시멘트 벽면 (이동식 칠판)
튜브 속의 물	식용 색소를 탄 물에서 투명한 튜브를 가지고 놀면서 관을 통해 물이 흐르는 것을 알고, 튜브 속에 공기가 있다는 것, 튜브 위치에 따라 물 높이가 변하는 것을 관찰하며 놀이한다.	물, 이어지는 다양한 굵기의 투명한 튜브, 컵, 각종 용기, 스프링클러, 유아용 가위, 식용 색소 등
물의 흐름	용기의 반 정도만 구멍을 뚫어 놓고 물이 빨리 빠져나오는 모습, 천천히 빠져나오는 모습, 구멍의 높이, 굵기, 수에 따라 물이 빠져나오는 속도를 경험한다. 체로 치거나,구멍을 막거나, 물통에 받아 보기도 하며 물의 흐름을 관찰하며 놀이한다.	체, 다양한 플라스틱 용기, 송곳, 식용 색소

활동명	활동 내용 및 방법	활동 자료
물의 양	다양한 모양과 크기의 용기를 물에 넣었다 꺼냈다 하며 물을 담아서 늘어놓기도 하고 옮겨 붓기도 한다. 물을 담는 그릇에 따라 모양이 변하며, 그릇을 옮겨도 물의 양이 같아지는 것을 관찰하며 놀이한다.	다양한 모양과 크기의 용기, 플라스틱 컵, 물에 가라앉는 같은 물체 두 가지
물에 녹여 보기	다양한 물질들을 물에 넣어 보며, 녹는 모습을 관찰한다. 물에 녹은 물질이 색과 맛을 가진다는 것, 물질의 양에 따라 농도가 달라진다는 것, 녹는 것과 녹지 않는 것을 관찰하며 놀이한다.	여러 가지 색깔의 용기, 식용 색소, 스푼, 투명한 용기, 분말 주스, 컵, 설탕, 모래, 밀가루, 식용유, 비누, 끓여 식힌 물 등
물의 무게	각 용기에 물을 부어서 저울 위에 올려놓아 본다. 바늘이 움직이는 대로 색깔 테이프를 붙여서 표시한다. 마른 물체와 물에 젖은 물체(모래, 신문지, 솜뭉치, 천 등)의 무게를 비교해 보고, 물이 담긴 종이컵을 하나씩 추가해서 무게를 달 때마다 눈금이 규칙적으로 늘어나는 것을 보며 놀이한다.	계량 저울, 계량컵, 신문지, 스펀지, 천, 솜, 모래 그릇 2개, 플라스틱 수조, 색 접착 테이프, 크기가 다양한 용기
물에 뜨는 것	물속에 여러 가지 자료들을 넣어 본다. 물에 뜨는 것, 가라앉는 것을 관찰하며 분류놀이를 한다. 넣어 보기 전에 물에 뜰 것인지 가라앉을 것인지 예측하여 분류해 본다. 같은 물건이라도 형태에 따라 뜨기도 하고 가라앉기도 한다는 것, 소금을 많이 넣으면 물에 잠길 만큼 뜨는 물건이 위로 뜨기도 한다는 것을 관찰하며 놀이한다.	분류용 쟁반, 돌, 화산석, 나무토막, 플라스틱 블록, 코르크, 탁구공, 플라스틱 열쇠, 금속 열쇠, 소금, 종이, 은박 접시, 타일 , 대형 수조 등
물에 젖는 것	스포이트로 물을 찍어 여러 재료들 위에 떨어뜨려 본다. 더 잘 볼 수 있도록 식용 색소를 넣어본다. 물에 젖는 것과 물방울이 구르는 모습을 관찰하며 분류하기도 하며 놀이한다. 예측하며 분류해 보기도 하고 물에 젖은 것을 꾹 짜 보기도 하며 변화를 즐기며 놀이한다.	신문지, 화방지, 은박지, 스펀지, 타올, 화장지, 기름종이, 거위 깃털, 고무판, 종이 냅킨, 톱밥, 모래, 식용 색소, 물그릇, 스포이트
색깔 만들기	빨강, 파랑, 노랑 물감을 각각 다른 물컵에 녹인 후 스포이트로 스케치북 종이 위에 떨어뜨려 본다. 색깔이 섞이도록 다른 색깔을 떨어뜨려 본다. 스포이트로 양을 조절하면서 색의 변화를 관찰한다. 떨어뜨린 물감을 빨대로 불어 흔적이 나타나게 하는 미술 활동이 되게 한다.	포스터물감(빨강, 파랑, 노랑), 투명 플라스틱 컵, 물, 스포이트, 스케치북 종이, 빨대

| 표 10-7 | 목공놀이 활동의 예

활동명	활동 내용 및 방법	활동 자료
목공놀이 안전 규칙	목공놀이의 안전한 놀이 규칙을 브레인스토밍한 후 팀별로 나무판이나 종이 위에 결정된 안전 규칙을 쓴다.	종이, 가위, 나무 판지 토막, 필기도구, 모래종이, 니스
기본적인 목공 동작 익히기	'아낌 없이 주는 나무' 동화를 들려준 다음, 기본적인 목공 동작을 익힌다(연마, 톱질, 대패질, 망치질).	나무토막, 톱, 대패, 망치, 모래종이
도미노 구상하여 만들기	자신이 만들고 싶은 도미노 모양을 구상하여, 도면을 그린다. 적합한 나무를 골라 톱질한 후 연마하고, 그림을 그린 다음 마감재를 바른다(도면 그리기, 목공 동작 전반).	도면 그릴 종이, 나무, 톱, 모래종이, 컬러 네임펜, 니스
무인도 구상하여 그리기	무인도, 표류기에 대한 시청각 자료를 본 후 무인도에서의 생존 방법에 대하여 이야기한다. 나무 판자에 무인도를 구상하여 그린다(목공 동작 전반, 자유 목공).	나무 판자, 연필, 컬러 네임펜
나만의 무인도를 꾸며 보자	나무 판자에 무인도 환경을 꾸며 본다(섬, 바다, 모래, 나무, 바위, 새 그리고 나). 나무로 만든 집을 구상하여 집 도면을 그린다(목공 동작 전반, 접착).	나무 판자, 섬, 바다, 모래, 나무, 바위, 새, 사람 모형 만들 재료, 목공놀이 기본 도구
어디에서 잘까?	도면에 따라 나무로 집을 만든다(목공 동작 전반, 접착).	나무, 톱, 모래종이, 접착제
사냥 도구 만들어 사냥하기	사냥 도구(낚싯대 만들기, 활과 화살)를 만들어 사냥놀이(역할놀이)를 해 본다.	나무, 톱, 모래종이, 고무줄
뗏목 구상하기	도면에 따라 뗏목을 만들 수 있도록 도면 제작을 해 본다(배 관련 시청각 활동, 구상 및 도면 제작).	나무, 톱, 못, 줄, 종이, 연필
뗏목에 돛 달기	뗏목을 만들고, 돛을 만들어 뗏목에 단다.	나무, 톱, 못, 줄, 돛대용 천
배 띄워 보기	완성한 뗏목을 물에 띄워 본다.	유아들이 만든 뗏목과 돛
작품 전시 및 부모와 함께하는 목공놀이	가상 무인도에 자신의 작품을 전시하고, 무인도 탐험 이야기 꾸미기, 가훈 만들기, 부모와 함께 목공놀이를 한다.	유아 작품, 현판 나무 재료, 모래종이, 전기 인두, 니스

모래산과 터널 만들기	
준비물	모래삽, 플라스틱 물통, 자른 페트병 등 기본 모래놀이 도구, 굵기가 다양한 PVC 파이프관(50~120cm 정도의 다양한 길이)
공간 활용	유아의 놀이 흐름에 따라 유아가 주도적으로 모래놀이터 공간을 자유롭게 재구성하도록 허용하였다.
일과 구성	공동으로 사용하는 공간이라 놀이 시간 연장이 어려워 놀잇감을 정리하고 오후 자유놀이 시간과 연계하여 일과를 운영하였다.
활동 내용	**1. 놀이의 시작** 교사가 준비한 놀잇감에 관심을 보이며 모래놀이터에서 모래삽과 PVC 관들을 자유롭게 가지고 논다. 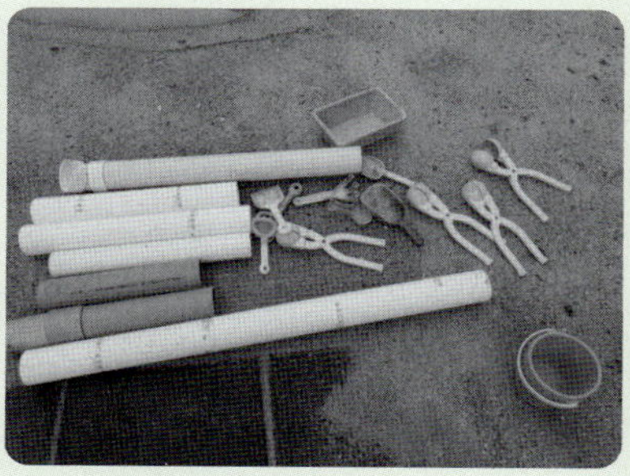 **2. 놀이의 계속** 마른 모래를 가지고 손으로 흘려 보내거나 두꺼비집을 만들고 논다. 마른 모래의 흘러내리는 특성 때문에 잘 되지 않는다. "어떻게 하면 모래가 잘 뭉쳐지고 흘러내리지 않을까?" 라는 교사의 질문에 물을 길어와 섞어서 만들어 보기로 한다. 모래를 손으로도 파고 삽으로도 파고 산, 터널, 강, 도로 등을 자유롭게 만들면서 논다. ㅇㅇ이, ㅁㅁ이, △△이가 각각 PVC 관을 가지고 터널을 만든다. 다른 유아들도 각각 손이나 모래삽과 자른 플라스틱 통, 그릇 등을 이용해서 모래를 파고, 산 모양을 만들기 시작한다. ◇◇이는 높고 큰 산을 만들고 싶어서 높게 계속 계속 쌓는다. @@이가 다른 유아들에게 모래를 뿌리고 방해를 한다. 친구들이 그러지 말라고 해도 계속 뿌린다. 교사는 @@이가 다른 친구들과 함께 놀고 싶은데 그러지 못하게 되자 화가 난 마음을 읽어 주고 일단 공감해 준 다음, 화가 난다고 해서 모래를 뿌리다가 친구 몸에 닿게 되면 매우 위험하다는 것을 다시 알려 주고, 화가 난다고 친구들을 방해하는 행동을 하는 것보다 친구들에게 같이 놀자고 하거나 친구들 옆에서 같이 노는 것이 바람직한 행동이라는 것을 다시 깨닫게 하여 갈등을 중재한다. @@이는 잠깐 멈추었다가 별도로 터널을 만들기 시작한다. 옆에서 &&이는 아랑곳하지 않고 혼자 모래삽을 사용해서 모래산을 두들겨서 단단하게 만드는 놀이를 한다.

활동 내용	각기 따로 터널을 만들던 유아들이 @@이도 포함해서 같이 서로 연결시켜서 아주 긴 터널을 만든다. 터널을 만들다가 관 굵기에 따라 연결이 순조롭지 않다는 것을 발견한다. **3. 놀이의 마무리** 다른 반 친구들도 모래놀이터를 사용해야 하므로 모래놀이터를 정리하고, 오후에 굵기가 조금씩 다른 PVC 관을 어떻게 연결해서 터널 만들기 활동을 다시 할 것인지 생각해서 다시 해 보자고 한다. 
평가	• 모래삽과 플라스틱 용기만 가지고 놀던 유아들에게 PVC 관을 제공해 놀이를 활성화시켰고 연합놀이로 연결될 수 있었다. • 물리적 지식으로 모래의 변동성, 물을 섞으면 더 견고해진다는 특성, 모래를 두드리고 누르면 더 견고해진다는 것을 알게되었다. • 논리·수학적 지식으로 넓고 낮은 산이 좁고 높은 산보다 안정성이 있다는 것을 알게 되었으며, 공간 개념 형성에도 도움이 되었다. • 사회·정서적으로 성취감, 자신감, 정서적 안정감을 갖게 되었으며, 협동할 수 있게 되었다. • 교사의 상호작용: 교사는 관찰하기, 질문하기, 갈등 중재하기 등으로 놀이를 지원하였다.
확장 활동	PVC 관의 굵기가 조금씩 차이가 나서 터널 연결이 어렵다는 점에 대해 문제해결 방법을 생각하면서 오후에 터널 만들기 활동을 진행하였다.

물그림 그리기	
준비물	시덴트 벽면(또는 이동식 칠판), 다양한 크기의 페인트 붓, 다양한 크기의 그림 붓, 물통, 포스터물감
공간 활용	유아의 놀이 흐름에 따라 유아가 주도적으로 물로 그림 그리기 공간을 확장하여 자유롭게 재구성하도록 허용하였다.
활동 내용	1. 놀이의 시작 준비된 놀잇감으로 물그림을 그려 본다. 놀이터의 벽면, 시멘트 바닥에서 물로 그림 그리기를 시작한다.  2. 놀이의 계속 어른이집 시멘트 바닥 마당에 물통을 들고 다니면서 물로 그림을 그린다. ㅇㅇ이는 자신의 이름을 쓴다. ㅇㅇ이가 자신의 이름을 쓰는 것을 보고 ㅁㅁ이도 자신의 이름을 쓴다. △△이는 어린이집 벽면에 페인트 붓의 물을 털어 내면서 무늬를 만들어 그림을 그리기도 한다. 처음에는 아주 큰 페인트 솔을 가지고 페인트칠을 하는 것 같이 한다. 벽면 옆으로 돌아가서 물그림을 그리기도 한다. 그림을 다 같이 협동해서 그려도 좋겠다는 이야기를 했으나 계속해서 병행놀이 형태로 한다. 교사도 같이 병행놀이 형태로 물고기를 그려 본다. “우리 바닷속을 그릴까?” 라고 교사가 제안해도 유아들은 각자 자신의 그림 그리기에 열중하느라 반응이 없다. “이거는요 물고기고 이거는 나무예요.” 라면서 교사에게 자랑하기도 한다. 한쪽 벽면이 거의 물로 다 채워지자 장소를 옮겨서 그렸다. 처음 시작한 장소에서 물이 거의 다 말랐을 때 “물이 다 어디로 갔을까?” 라고 교사가 물으니 “벽 속으로 들어갔어요.” “햇빛이 데리고 갔어요.” “그냥 말랐어요.” 라고 한다. “그림이 그대로 있게 하려면 어떻게 하면 좋을까?” 라고 교사가 이야기하자 유아들이 옆에 있는 물감통을 쳐다보면서 물감을 타면 좋을 것 같다고 이야기한다. 물감이 연하니까 점점 더 물감을 진하게 타서 그림을 그린다.

활동 내용	3. 놀이의 마무리 ㅇㅇ이는 스폰지와 걸레를 이용해서 벽면을 닦는다. ㅁㅁ이는 새 물을 길어 오기도 한다. △△이가 페인트 붓으로 흰 물을 적셔서 지워도 된다고 하면서 페인트 붓으로 그림 그리듯이 닦기도 한다. ◇◇이는 페인트 붓을 크기 순서대로 가지런히 정리해 놓는다. 주변을 유아들 스스로 잘 정리한다. 
평가	• 유아들이 모두 매우 흥미 있어 하였다. 물감을 너무 진하게 타서 그림이 지워지지 않게 한 유아가 있어서 힘닿는 데까지만 지우게 하였다. 그림 붓과 흑판을 이용해서 할 수도 있으나 넓은 벽면을 유아들이 좋아하였다. 바깥에 있는 벽면을 그림 벽으로 활용하도록 하면 좋을 것 같다. • 물리적 지식인 물의 증발, 물의 변동성을 알게 되었다. • 논리·수학적 지식인 시간 개념이 발달하였다. • 사회·정서적으로 생각을 마음껏 표현해 봄으로써 성취감을 느끼고, 정서적 긴장이 해소되었으며, 협동할 수 있게 되었다. • 교사의 상호작용: 관찰하기, 질문하기, 함께 놀이하기 등으로 놀이를 지원하였다.
확장 활동	식염수 병이나 물통을 걸어 놓고 수액 세트를 연결시키고 조절장치를 부착시켜서 물 펜을 만들어 물그림 그리기로 놀이를 확장하였다.

나뭇가지로 발 만들기	
준비물	곧은 나뭇가지, 동전 굵기의 나뭇가지, 사포, 빨대, 낚싯줄, 구멍 뚫는 기계(드릴)
공간 활용	목공놀이 영역이 없을 경우 실외 놀이터나 야외에서 테이블 위나 재료를 얹어 놓을 수 있는 공간에서 진행해도 좋고, 실내에서는 미술놀이 영역에서 자유롭게 진행한다.
활동 내용	1. 동전 굵기의 나뭇가지를 0.5~1cm 두께로 자른다. (성인이 도와주거나 생태 활동을 위해 상품화된 재료를 사용해도 무방함) 2. 중앙에 드릴로 빨대 보다 약간 작은 구멍을 뚫는다. (성인이 도와줌) 3. 잘라진 나뭇가지를 고운 사포로 매끈하게 다듬는다. 4. 끝부분이 될 나무의 구멍에 낚싯줄을 묶어서 나무 - 빨대 - 나무 - 빨대 - 나무의 순으로 목걸이 만들 듯이 한 줄로 길게 끼운다. 5. 곧은 긴 나뭇가지에 완성된 길게 끼운 4번을 일정한 간격으로 묶어 매단다.
평가	• 신체 조절력과 균형감 기르기에 도움이 된다. • 성취감, 정서적 만족감을 갖게 된다. • 목공 재료(예: 나뭇가지, 사포 등)를 안전하게 잘 다루게 된다. • 교사의 상호작용: 관찰하기, 질문하기, 놀이 지원하기(구멍 뚫기 등 도와주기)
확장 활동	완성된 발을 전시할 공간에 걸어 전시하거나 필요한 장소(예: 창문, 역할놀이 영역 놀이집)에 걸어 역할놀이 도구로 활용하였다.

제 11 장

표현놀이

유아들은 천성적으로 창의성과 표현 능력을 가지고 태어나기 때문에 유아기에 표현 능력을 발달시키는 것은 매우 중요하다. 하지만 유아들은 성인에 비해 상대적으로 언어나 인쇄된 상징들로 아이디어, 생각, 느낌 등을 표현하는 데 어려움이 있기에 비언어적이고 원초적인 차원의 예술적 표현 활동을 통해 자신이 경험하고 느낀 바를 자유롭게 표현할 수 있다. 이에 예술적 표현 활동은 유아들의 창의성과 표현 능력을 계발할 수 있는 가장 효과적인 수단으로 인정받고 있다.

인간은 자신이 보고, 듣고, 느끼고, 생각한 것을 표현함으로써 타인과 의사소통하고자 하는 기본적인 욕구를 가지고 있다. 자신을 둘러싸고 있는 주변 환경과 사람들의 소리, 형태, 움직임 등에서뿐만 아니라 이들과의 관계에서 보고, 듣고, 느끼고, 생각하고, 상상하는 것을 표현하고 싶은 이러한 창의적 표현의 욕구는 음악, 조형, 동작, 극 등의 다양한 예술적 활동을 통해 실현될 수 있다. 유아들도 성인과 마찬가지로 음악, 동작, 조형, 극과 같은 다양한 예술적 표현놀이 활동을 통해 자신의 생각과 느낌을 표현할 수 있을 뿐만 아니라 다른 사람들과의 효과적인 의사소통이 가능하다.

예술은 우리의 정신 세계가 감각과 지각적 통합이 가능한 세계로 변형되어 표현되는 과정이자 결과물로써, 예술의 각 분야인 미술, 음악, 동작은 각각의 독특한 형태와 특성을 기반으로 이에 가장 적합한 상징적 체계를 이용하여 표현하는 수단이다(윤덕순, 2008). 최근 유아를 대상으로 이루어지고 있는 창의적 예술표현 교육은 음악+미술, 음악+동작, 미술+동작, 음악+미술+동작 등의 예술 영역 간의 경계를 넘어 통합적 접근이 활발하게 이루어지고 있다. 이러한 영역 간의 통합 예술표현 교육은 유아의 간접적인 체험과 미적 안목을 키울 수 있는 기회를 제공함으로써 유아 자신의 내면에 축적된 창의성을 시각적, 청각적, 신체적으로 발달시킬 수 있다(이수경, 정현영, 2010).

유사한 맥락에서 최근 2019 개정 누리과정(만 3~5세 유아)의 '예술경험' 영역은 다음의 세 가지 하위 영역, 즉 아름다움을 찾아보기, 창의적으로 표현하기, 그리고 예술 감상하기로 구성되어 있다. 즉, 새로 개정된 누리과정의 '예술경험' 영역에서는 유아가 자연, 생활, 예술에서 아름다움을 찾아보고 느끼며(새롭게 편성됨), 다채롭고 창의적인 방법으로 자신의 경험, 생각, 느낌을 표현해 보고, 다양한 예술표현을 존중하는 경험을 제공함으로써 예술에 대한 호기심, 창의적 표현 능력, 심미감을 발달시켜, 예술표현이 가지고 있는 고유의 가치를 존중하도록 지원하는 데 교육의 목적을 두고 있다(2019 개정 누리과정 해설서).

특히, 유아기 표현놀이와 직접적으로 관련이 있는 2019 개정 누리과정의 '예술경험' 영역에서는 유아가 일상에서 경험하는 다양한 소리, 음악, 움직임과 춤, 모양과 색 등의 미술적 요소에서 아름다움을 느끼고, 또래와 교사, 부모, 지역사회의 주민이나 작가가 표현한 예술작품을 자연스럽게 자주 접하면서, 이를 탐색하고 창의적으로 표현하는 것을 즐기며, 감상하는 것에 초점을 두고 있다.

유아의 생각과 느낌을 창의적으로 표현하는 데 있어 음악, 신체 움직임, 춤, 미술, 극놀이 등 다양한 예술표현을 서로 연계하여 통합할 경우 창의적인 표현이 보다 더 세련화(refined)될 수 있다. 음악, 동작, 미술 등과 같이 다양한 표상 형식의 표현 활동들은 가장 효과적으로 유아의 창의적 표현 능력을 발달시킬 수 있는 수단이다. 하지만 유아를 위해 현재 시행되고 있는 대부분의 예술표현 활동들은 통합되어 있기 보다는 개별적인 표현 방식과 기술에 초점을 두고 있어 유아의 창의성을 확장시키는 데 있어서는 여전히 제한점이 지적되었다(Spodek & Saracho, 1994; 서소정, 2019).

미래 사회의 인재가 갖추어야 할 기본 역량의 하나인 창의성은 유아기에 가장 왕성하게 발달하는데, 이 시기에 유아가 자발적으로 다양한 창의적 표현 활동에 참여함으로써 자신의 생각, 느낌, 욕구, 상상력을 타인과 다르게 표현해 보는 것이 매우 필요하다. 대부분의 교사들이 유아의 창조적 과정에 가치를 두기보다는 생산 자체에 초점을 두기 때문에 단순히 음악, 율동, 미술을 가르치는 것만으로는 창의성을 발달시킬 수 없다. 유아들 스스로 창조적 과정을 경험하고 다른 사람과 자신의 표현을 공유하면서 유아 자신의 작품과 자신을 분리시킬 수 있을 때만이 가능하다. 즉, 유아들에게 다양한 사물을 보고, 듣고, 냄새 맡고, 만질 수 있는 감각적 지각 능력 발달을 위한 원자료가 제공될 때 창의성은 발현되며, 특히 이 과정에서 타인과 상호작용할 수 있는 기회가 제공되어야 한다.

본 장에서는 2019 개정 누리과정이 추구하고 있는 유아가 주도하는 놀이 중심의 통합적 교육과정에 근거하여, 유아가 다양한 사물과 매체, 사람과 자연에 민감하고 주변의 다양한 예술과 문화에 관심을 가지며, 그 속에서 발견한 아름다움을 다양한 언어, 노래와 몸짓, 미술 창작물로 표현함으로써 유아의 개별성과 창의성을 발달시킬 수 있는 표현놀이에 관하여 살펴보고자 한다. 특히, 본 장에서는 편의상 유아의 표현놀이의 종류를 크게 ① 신체 · 동작 표현놀이, ② 음률놀이, ③ 미술적 표현놀이로 구분하여 각 유형별 놀이 특성 및 지도 방법을 구체적으로 살펴보고 각 유형별로 대표적인 놀이 활동을 소개하고자 한다.

1. 신체 · 동작표현놀이

음악을 통한 신체 · 동작표현놀이는 음악적 요소와 신체적 표현을 결합한 교육적 활동이다. 유아는 음악적 요소에 따라 여러 가지 다양한 신체 · 동작표현을 연출함으로써 유아 자신의 정서적 감정, 사고를 표상할 수 있기 때문에 음악과 동작을 동시에 지향하는 통합적인 교육 활동이다(오연주 외, 2020).

유아교육·보육 현장에서는 음악과 신체적 동작표현을 함께 배우는 음률 활동이 하루 일과 중 많은 시간을 차지하고 있다. 여기서는 몸이나 손발 등 신체 부위의 다양한 움직임을 통하여 신체를 표현하는 동작놀이에 대해 살펴보고 나아가 신체적 움직임을 표현하는 데 있어 음악과의 통합적인 사용이 효과적인 음률 활동에 미치는 영향에 관하여 설명하고자 한다.

1) 중요성

움직임에 대한 즐거움은 출생 이전부터 나타난다. 움직임은 유아가 음악 구성을 탐색하는 데 많은 도움을 주며 이러한 음악과 신체의 움직임을 통한 음률 활동의 경험은 유아의 소근육 및 대근육의 조절 능력을 향상시켜 줄 뿐만 아니라 창의적인 표현 능력에도 도움을 줄 수 있다(김상겸, 서소정, 2018; 서소정, 2019).

Spodek과 Saracho(1994)는 신체의 움직임을 통한 동작교육의 중요성을 다음과 같이 정리하였다.

- 유아들에게 동작은 삶을 의미한다. 유아들은 자신의 동작 속에서 모든 움직이는 것을 일상의 '삶' 으로 생각한다.
- 동작은 환경의 발견을 의미한다. 동작은 유아들이 그들의 방향을 획득하고 유지하는 데 도움이 되는데 이것은 시간, 공간, 방향 개념을 개발하는 데 중요한 요인이다.
- 동작은 자유-신체적 억압으로부터의 자유와 독창적인 신체표현을 통해서 자신을 확대시키는 자유를 의미한다.

- 유아들에게 동작은 접촉과 의사소통을 확립시킬 수 있는 방법이다.
- 유아들에게 동작의 의미는 완전한 즐거움과 감각적 기쁨이다.

신체를 표현하는 데 있어 꼭 필요한 운동 능력도 일정한 발달 단계를 거쳐 발달한다. Gallahue가 제시한 운동 능력의 단계를 출생부터 유아기까지 구분하여 살펴보면 다음과 같다(김혜경, 2001; 서소정, 2019).

첫 번째 단계인 반사 운동 단계(reflexive movement phase)는 대략 태내에서부터 출생 후 일년까지이며 이 단계는 크게 2가지 부분, 즉 정보-암호화 단계와 정보 해독화 단계로 구성된다. 정보-암호화 단계(information-encoding)에서의 유아는 반사작용을 통해 정보, 영양, 보호를 받는다. 다음의 정보 해독화 단계(information-decoding)에서는 감각적 자극으로부터 정보를 분류하며 골격의 움직임을 자발적으로 통제할 수 있다.

두 번째 단계인 기초 동작 단계(rudimentary movement phase)는 출생부터 2년까지이며 앞 단계와 중복된다. 첫 부분인 반사 억제 단계(reflex inhibition stage)에서는 반사작용이 유아의 자발적인 행동으로 교체되는데 이때, 동작은 세련되지 못해 보인다. 이 기간 동안 유아들은 자신의 동작에 대하여 더욱더 큰 정확도와 통제력을 갖게 되며 점차적으로 평형을 유지하고 사물을 조작하며 자신들의 상황을 극복하는 것도 배우게 된다.

세 번째 단계인 기본 동작 단계(fundamental movement phase)는 2세부터 7세까지의 기간이다. 초기 단계에서 유아들은 이동 동작(locomotor), 안정, 조작적 운동을 포함하는 자신의 동작 능력을 탐구하고 시험해 본다. 동작 유형의 통합이 초기 단계에서는 부족한데 더 많은 통제와 조정은 두 번째인 기본 단계에서 개발된다. 세 번째인 성숙 단계에서는 더욱 자발적이고 통제되고 조정된 신체표현을 할 수 있다.

유아기 시기에 이르면, 기본적인 동작은 뛰어넘기와 건너뛰기(skipping)를 제외하고는 대부분 할 수 있게 된다(이영자 외, 2005; 김상겸, 2018). 건너뛰기는 대부분 유아기 동안에 배울 수 있게 되고 공 던지는 모양도 상당히 다양하다. 왼발을 앞으로 하고 오른손을 뒤로 해서 던지는 모양은 초등학교 저학년에 가서야 가능하게 되며, 공을 받는 기능도 유아기에는 공을 받을 때 느끼는 두려움 때문에 아직 부족한 단계이다.

유아기의 운동 능력은 대부분 탐색적이며 특히 학기 초에는 움직임 형태에 있어 준비 행동과 추후 행동과 같은 정교한 요소들이 결핍되어 있다. 학기가 진행되면서 교사는 유아들에게 점진적으로 더 구조적인 신체표현 및 동작교육이 제공되도록 지원해 주는 것이 필요하며, 특히 실내 및 실외에서 유아들이 자발적, 주도적으로 놀이활동에 참여할 수 있는 기회를 제공해 주는 것이 다음 단계로 발달하는 데 중요하다.

2) 기본 요소

1960년대 이전의 신체표현 또는 동작교육에 대한 개념은 신체와 정신을 분리된 것으로 간주하고 발달의 통합적 접근보다는 독립된 영역으로 인식하여 왔다. 하지만 1970년대 이후부터는 National Association for the Education of Young Children(NAEYC) 등이 주축이 되어 신체 동작의 역할을 단순히 유아의 움직임이나 신체 움직임을 통한 결과에 초점을 두기보다는 인간 발달의 측면에서 여러 다른 학문 분야와의 통합적 접근을 강조하고 있다. 이러한 새로운 인식의 변화에 따라 유아기에도 이해할 수 있는 기본신체 동작적 요소를 분석하기 위한 토대를 마련하고자 하는 연구들이 진행되었다.

일반적으로 동작의 기본 요소는 Laban(1975)이 인간의 움직임을 분석하였던 3가지 기준으로 설명된다. 즉, 인간이 움직이려면 동작을 하는 데 반드시 필요한 신체(body), 몸을 움직이려는 노력(effort), 공간(space)이 있어야 하며 몸이 움직이면서 이루는 관계(relationship)가 형성되므로 이를 중심으로 움직임을 분석하고 이해해야 한다는 것이다. Pica(1997)와 Laban(1975)의 동작 개념 발달 단계를 기초로 하여 연구된 동작의 기본 요소에 대한 주제와 내용은 다음의 〈표 11-1〉과 같다.

| 표 11-1 | 동작의 기본 요소

요소	주제	개념
신체 (body)	신체 부분 신체 모양 신체 동작	신체 안(예: 근육, 뼈, 신장 등)과 신체 밖(신체 각 부분) 신체 형태(예: 크고 비틀어진 모양, 낮고 구부러진, 곧게 뻗은) 이동 동작과 비이동 동작
공간 (space)	장소 높낮이 방향 범위 진로	자기 공간과 일반 공간 높게, 낮게, 중간으로 앞으로, 뒤로, 옆으로, 위로, 아래로, 비스듬히 크고 작은 영역 (바닥 모양: 곡선, 직선, 비틀어진, 지그재그)
시간 (time)	속도 강세 지속	빠르게, 느리게 강하게, 약하게 길게, 짧게
힘 (force)	무게 흐름	무거운, 가벼운 날카로운, 부드러운, 자유로운, 막힌
관계 (relationship)	사람과의 관계 (짝, 집단) 물체와의 관계	신체 부분에 대한 반응, 관찰에 따른 적응(예: 거울 춤, 집단 춤) 신체 부분과 물체(예: 공, 평균대, 후프 등)와의 조절

출처: 이영자 외(2005).

신체표현의 활동들은 유아들이 동작의 구조를 이해하고 자신의 신체적 기술과 협응을 개선시키도록 도와준다. 동작을 다른 공간, 다른 속도와 빠르기, 다른 수준, 다른 사람들, 다양한 힘과 강도, 여러 유형의 사물에 적응시키는 것을 배운다.

신체(body)는 신체 · 동작표현놀이를 하는 데 있어 의사소통의 도구이다. 동작 활동에서 사용되는 모든 동작들은 개인의 정신과 신체가 함께 창조해 내는 것으로서 동작을 통해 유아들은 움직임에 관련된 지식을 탐색한다. 이러한 신체적 움직임을 통해 자신의 신체에 대해 더욱더 잘 알게 되고 자신의 움직임을 어떻게 조절해야 하는지에 대해 더 잘 인식하게 되는 것이다. 신체 인식(body awareness)이란 '무엇을 움직이는가?' 를 의미하는 것으로 신체 부분들의 명칭과 위치를 알 수 있는 능력과 신체 각 부분들을 독립적으로 움직이거나 또는 전신을 움직일 수 있는 능력을 말한다.

유아들이 자신의 신체를 움직이는 것과 자신의 생각과 느낌을 다른 사람에게 전달하거나 표현하고자 하는 목적으로 움직이는 방법에 대해 이해하기 위해서는 다양한 경험에 참여할 필요가 있다(현은자 외, 2007).

신체와 공간을 관련시켜 볼 때, 신체 형상 또는 신체 인식은 공간적 관점으로부터 신체를 평가하는 것이다. 즉, 유아가 자신의 공간적 환경 안에서 신체가 움직이는 범위를 인식하게 되고 특정한 동작을 수행하기 위해서 필요한 적절한 공간으로 나눌 수 있는 양과 위치를 알게 된다. 공간은 자기 공간(self-space)과 일반 공간(general space)이 있으며 자기 공간은 신체가 직접 접촉할 수 있는 공간을 의미하고 일반 공간은 자기 공간을 둘러싼 공간을 의미한다. 신체의 움직임과 관계 깊은 공간 사용 영역은 장소, 수준, 범위, 동작의 높낮이, 방향, 공중의 모양, 바닥 형태 등이다. 유아가 공간을 더 잘 인식하게 하기 위해서는 동작 가능성을 탐색하는 기회를 많이 가지는 것이 좋다.

동작의 요소에서 시간 인식이란 움직임에 주어지는 소리의 길고, 짧음, 빠르고, 느림 등의 차이에 반응하여 얼마나 변화 있게 움직이는가를 의미한다. 움직임 속에는 시간(리듬) 요소가 포함되는데 이는 작은 동작이라도 움직이는 리듬이 필요하고 방법도 다양하기 때문이다. 따라서 동작에서도 자연스러운 움직임에 대한 박자, 소리의 느낌과 음색에 따른 움직임, 박자와 관련된 움직임과 같이 시간 인식의 풍부한 적용은 유아의 동작을 즉흥적이고 효과적으로 이끌어 주는 데 도움을 준다.

유아는 신체표현, 즉 동작을 하면서 신체의 어느 부분은 힘 있게 또는 가볍게 하든지, 아니면 빠르게 또는 부드럽게 표현할 수 있다. 또한 물 흐르듯 연결된 움직임과 끊어지는 움직임을 표현하기도 한다. 움직이기 위해서는 힘이 필요하고 이러한 힘을 넣는 방법은 다양하다. 예를 들면, 겨울바람을 표현하기 위해서는 힘이 강한 움직임이 필요하지만 살랑살랑한 부드러운 봄바람을 표현하기 위해서는 가볍고 경쾌한 움직임을 사용하는 것이 좋다. 또한 낙엽의 움직임을 나타내기 위해서는 가볍고 유연한 움직임을 사용하면서 손을 구불구불한 경로로 빨리 움직일 수 있다. 이처럼 다양한 형태의 움직임을 통해 힘을 효율적으로 사용하는 방법을 배우게 된다. 유아들은 자신들의 동작에 강함이나 약함 또는 무거움과 가벼움을 도입하기, 움직임에 주어지는 소리의 길고 짧음이나 빠르고 느림 등의 차이에 반응하여 변화 있게 움직이거나 신체의 탄력적인 흐름이나 유연한 흐름의 과정을 탐색할 수 있는 기회를 경험해야 한다(현은자 외, 2007; 서소정, 2019). 또한 유아는 운동 기구를 사용한다든지 공을 약하게, 강하게 차고 굴리고 던지는 등의 신체 활동을 통해서도 힘의 개념을 배운다.

동작을 구성하는 마지막 요소로서 관계(relationship)란 자기 신체의 서로 다른 부분이 상호작용하여 다른 사람과 함께 이루는 동작을 의미한다. 유아와 다른 유아와의 관계, 유아와 교사와의 관계, 유아와 물체와의 관계를 의미한다. 유아는 던지기, 잡기, 치기, 굴리기, 차기 등의 동작에 수반되는 공 다루기 활동과 평균대 활동을 통해 물체를 효과적으로 다룰 수 있는 기능과 유아 자신의 신체 부분 조절 능력, 바닥에서부터 떨어진 공간에서 움직이는 데 대한 자신감을 길러 준다. 유아와 물체와의 관계에 있어 가까이-멀리, 앞-뒤, 위-아래, 나란히, 비스듬히, 꼭대기, 사이에-한가운데, 안에-밖에, 밑으로 등과 같은 공간에서 신체 움직임을 통해 언어를 배울 수 있는 기회를 가진다.

3) 내용

유아를 위한 신체 · 동작표현놀이의 교육적 내용은 크게 기본 동작 활동과 창의적 신체표현 활동으로 구분할 수 있다.

물건을 잡고 달리며 던지는 등의 기본적인 동작 기술은 신체 · 동작표현놀이 활동의 기초가 되는 기본적인 신체적 동작을 의미한다. 기본 동작은 신체와 환경을 지각하고 다양한 움직임의 형태를 탐구하여 그 특성에 따라 반응하는 지각 운동 및 신체 의사 표현으로 보고 기본 동작을 감각 협응 동작, 비이동 동작, 이동 동작, 조작적 동작으로 구분하였다. 이러한 4가지 분류에 속하는 동작의 유형을 간단하게 정리해 보면 〈표 11-2〉와 같다(이영자 외, 2005; 서소정, 2019; Gallahue, 1995).

| 표 11-2 | 기본 동작의 유형

감각 협응 동작	비이동 동작	이동 동작	조작적 동작
눈과 손, 발 등의 신체 부위 간의 협응력을 길러 감각 및 운동 기능 발달 도모 • 토막나무놀이 • 오르고 내리기 • 토막 나무 위 걷기 • 자전거 타기	운동을 학습하는 데 가장 기본이 되며 자신의 신체를 효율적으로 움직이며 조정할 수 있는 능력 발달 도모 • 서기와 앉기 • 눕기와 엎드리기 • 흔들기 • 구르기 • 꼬기 • 뻗기 • 구부리기 • 바르게 줄 서기	공간 속에서 신체의 위치를 바꾸면서 일어나는 움직임으로 리듬적 운동 능력과 창의적 신체표현 능력 발달 도모 • 걷기 • 뛰기와 미끄러지기 • 달리기 • 스키핑, 말뛰기 • 짝 찾기 • 풍선 터트리기	신체 각 부위 간의 협응 동작으로서 시각, 공간 지각 등이 어우러져 이동하며 대근육 및 소근육 운동 조작 능력과 눈과 손의 협응력 발달 도모 • 던지기 • 받기 • 차기 • 장애물 경기 • 뛰어넘기 • 기차놀이 • 술래잡기 • 대문놀이

최근 2019 개정 누리과정 '예술경험' 영역의 내용 범주의 하나인 '창의적 표현하기' 에서는 유아가 자신의 느낌과 생각을 음악, 움직임과 춤, 미술, 극놀이 등을 통해 자유롭게 표현하는 과정을 즐기는 내용으로 구성되어 있다. 창의적 신체표현 활동에 관한 내용을 중심으로 살펴보면 다음과 같다.

창의적 신체표현의 방법은 유아가 탐색 과정과 즉흥 과정을 통해 생각하고 느끼는 것을 창작할 수 있는 기회를 마련해 줌으로써 자신감을 가지게 하고 즉흥적으로 신체표현 문제를 독특하게 해결하도록 지원하는 방법이다(김상겸, 2018; 서소정, 2019). 이러한 창의적 신체표현을 하기 위해 교사는 과제를 미리 제시해 주고 유아가 느낌이나 정서를 표현할 수 있게 다양한 동작표현 형태와 분위기를 의도적으로 제공해 주어야 한다. 예를 들면, 여름철의 소나기나 겨울철의 센 바람, 사자나 코끼리의 움직임, 기차나 자전거 등 교통수단의 형태나 특징을 반영한 움직임, 기쁘고 슬픈 감정, 강하고 약함의 성질과 같은 소재 등이 포함된다. 유아는 가상 활동(pretending)을 통해 여러 가지 시도를 하게 되는데 특히 친숙한 대상인 부모나 형제, 동물 등의 특징을 흉내 내기를 좋아한다.

창의적 신체표현 활동은 단순히 흉내 내기와 같은 가상 활동만을 의미하는 것이 아닌 바람에 흔들리는 나무를 보며 자신의 몸이나 신체의 여러 부위를 사용하여 구부리거나 흔들기를 실험해 보는 것이다. 단순히 제자리에 서서 나무가 되는 것과는 달리 나무를 관찰하고 나뭇가지 움직임의 요인들, 즉 힘의 정도와 가벼움, 이리저리 움직이는 구부러짐, 바람의 강도에 따른 나뭇잎의 떨림과 뒤집어짐 등을 면밀히 관찰하여 다양하고 창의적인 신체표현을 가능하게 하는 것이다.

유아가 무엇을 할 수 있는지, 어떻게 움직이는지, 어떻게 느끼는지에 초점을 둔 창의적 신체표현은 유아의 일상생활 경험과 관련된 움직임으로 표현될 때 바람직하다. 즉, "오늘은 슬프다.", "오늘은 무서워.", "오늘은 너무 피곤해." 등과 같이 유아가 매일의 일상생활에서 느끼는 자신의 감정을 신체 움직임을 통해서 표현해 봄으로써 점차적으로 더욱 세련된 형태의 창의적 동작표현으로 발전할 수 있다. 이때, 음악에 맞추어 창의적으로 움직일 수 있으며 유아의 상상력을 자극하는 이야기나 사건의 내용을 다루고 있는 그림책을 활용하여 사용할 수도 있다. 유아에게 토끼가 어떻게 숲 속을 달리는지, 개구리가 연못 속에서 어떻게 움직이는지, 아빠 코끼리가 다리를 건너가는 가상적인 상황이나 상상을 통해 신체적인 움직임을 유도한다. 유아는 사물을 관찰하고 이런 사고 과정을 거쳐 동작 반응으로 표현하는데 이는 상투적이고 단순한 움직임 이상의 창의적인 신체표현의 움직임으로 변형된 것이다.

4) 지도법

(1) 교수 계획

유아가 성장 발달하면서 자신의 생각이나 감정을 더욱 세련되게 표현하게 되며 주변 환경과의 효과적인 의사소통을 위한 수단으로 신체 · 동작표현놀이에 참여하게 된다.

갈라휴(Gallahue, 1995)는 유아의 신체 · 동작표현놀이 교육과정에서 고려할 점을 다음과 같이 제시하였다.

첫째, 3, 4, 5세 유아들의 흥미, 욕구, 운동 조절력과 동작 능력은 초등학교 아동과 다르다. 둘째, 유아는 그들의 환경과의 통합을 통해 배우며 셋째, 유아 교사는 안내자 혹은 촉진자 역할을 수행한다. 넷째, 여러 가지 동작 활동은 통합적 형태에서 학습하고 발달한다. 다섯째, 계획된 동작 경험들은 놀이 경험들을 촉진한다.

신체 · 동작표현놀이 지도를 계획하는 데 있어 고려해야 할 점을 요약하여 정리하면 다음과 같다(이연섭, 1995; 이영자, 이기숙, 이정욱, 2005).

첫째, 유아기의 신체 · 동작표현놀이 지도는 각 유아의 성장과 발달 정도를 가장 정확하게 파악할 수 있는 담임 교사에 의해 가르쳐져야 한다. 신체 · 동작표현놀이 지도에 전문적인 배경을 가진 체육 교사는 담임 교사를 위해서 워크숍, 전문서적, 상담을 통한 자문 역할을 담당하도록 해야 한다.

둘째, 모든 유아는 적어도 일주일에 3번 정도, 최소 20분 정도의 계획된 동작 경험을 할 수 있도록 해야 한다. 기본적 움직임, 창작적 움직임, 극적인 움직임을 포함한 교육적 프로그램을 제공할 뿐만 아니라 유아들이 특히 관심 있는 동작 분야를 파악하여 그 기능을 발달시킬 수 있도록 해야 한다.

셋째, 유아가 창의적인 신체 · 동작표현놀이를 통해 독자적으로 사고해 보고 다른 사람과의 관계를 형성하고 미적인 인식을 표현하며 자신의 신체를 점차적으로 발달시킬 수 있는 기회를 제공해 주어야 한다.

넷째, 바닥이 미끈하다면 유아가 맨발로 탐색할 수 있도록 하는 것이 좋으며 옷은 가능한 한 단추, 지퍼나 그 밖의 장식이 없는 것을 택한다.

신체 · 동작표현놀이 활동을 계획하는 데 있어 처음 단계에서는 짧은 시간 동안 자주 해 보는 것이 한 번에 집중적으로 하는 것보다 좋다. 유아의 운동 기술은 보통 단순한 기술에서 점차적으로 복잡한 것으로 대근육에서 소근육으로 발달하는데, 유아의 능력과 반응은 다양하기 때문에 교사나 또래의 격려가 도움이 된다. 또한 활동을 계획할 때 주의할 점은 유아들은 아직 자신의 몸을 완전하게 통제할 수 없기 때문에 미리 시설을 점검하고 안전성을 확인해야 한다. 유아들을 위한 신체표현놀이 활동에서 중요한 것은 유아들이 자신을 표현하는 동작은 옳고 그름이 없으며 개별 유아의 생각이 존중되어야 한다는 것이다.

(2) 교사의 역할

유아기의 신체 · 동작표현놀이 활동은 우선적으로 기본적 동작 형태의 기능이 발달될 수 있도록 지도하는 것이 바람직하다. 교사는 각각의 기본적 동작 활동을 지도하는 데 있어 개인차가 있으며 발달 단계가 있음을 명심할 필요가 있다.

신체 · 동작표현놀이 활동을 지도하는 데 필요한 교사의 구체적인 역할은 다음과 같다(이영자 외, 2005; 서소정, 2019).

① 허용적인 분위기 제공하기

교사는 가능한 한 유아가 자신의 생각과 느낌을 나타내기에 편안하고 허용적인 분위기를 형성하는 것이 필요하다. 한 유아가 다른 유아의 움직임을 보고 비웃을 때 교사는 신속하게 대처해야 한다. 또한 유아로부터 창의적인 신체표현이 유도될 수 있도록 항상 세심한 배려를 제공해 주어야 하는데, 예를 들면 몸을 가장 낮게 해서 이곳에서 다른 곳으로 움직여 보도록 할 때, 교사는 이미 '구르기'가 적합한 방법이라는 것을 알지만 유아 스스로가 어떤 방법이 적합한지를 발견할 수 있도록 해야 한다는 것이다.

② 격려해 주기

유아 스스로가 창의적인 노력을 보일 때, 자신의 감정을 적극적으로 표현할 때, 협력할 때, 교사는 격려해 주고 지지해 주어야 한다. 유아가 다른 사람들과 다른 창의적 신체표현을 하였을 때 적극 격려해 줌으로써 다른 유아들도 각기 다양한 표현을 할 수 있도록 장려해 주어야 한다.

③ 모델링 제시하기

어린 연령의 유아에게는 교사의 시범이 필요하다. 다만 상대적으로 연령이 높은 유아인 경우 교사의 시범 활동 후, 유아들이 어떻게 움직이는지를 세심하게 관찰할 필요가 있다. 어느 한 유아가 단순한 모방 이상의 창의적인 신체표현을 할 경우 교사는 이를 적극적으로 격려해 주어야 하며 이때, 그 유아가 또래그룹 활동시 모델이 될 수 있다.

④ 문제 해결하기

신체 · 동작표현놀이 활동에서는 유아의 적극적인 참여가 중요한데 참여를 원하지 않는 유아가 있을 경우에도 교사의 세심한 배려가 필요하다. 유아가 계속적으로 활동 참여를 거부한다면 다른 유아를 방해하지 않도록 하기 위해서 교사는 그 유아에게 조용히 곁에서 관찰하도록 요구해야 한다. 관찰을 통해 유아는 자신감을 얻고 다시 참여하고자 하는 마음이 생겨날 수 있기 때문이다.

최근 개정된 누리과정(2019)에서도 교사-유아, 유아-교사, 유아-유아 상호작용을 기초로 인정하기, 모범 보이기, 촉진하기, 지지하기, 시범 보이기를 강조하고 있다. 특히, 유아를 위한 신체적 표현 활동을 진행할 때 교사의 역할로 유아가 스스로 결과를 발견할 수 있도록 발문을 계획하고, 직접적인 시범이나 모델링을 최소화하고 유아가 창의적으로 사고하도록 기회를 제공해야 하며, 유아의 인지적 능력과 가능성을 믿고, 기다려 주며, 개인차를 고려하고, 경쟁의 스트레스를 주지 않으며, 협동할 수 있도록 기회를 나누어 주도록 하는 등의 유아 주도적, 유아 놀이 중심의 배움(learning)이 일어날 수 있도록 교사의 배려와 지원이 강조되고 있다.

더불어, 김상겸(2018)은 누리과정 내에서 통합적으로 신체 활동을 진행할 시 교사의 역할을 다음과 같이 구분하였다.

신체 활동을 진행할 때 교사는 첫째, 유아로 하여금 신체 활동에 흥미를 가질 수 있도록 동기 유발자로서의 역할을 한다.

둘째, 교사는 유아들과 함께 동등하게 적극적으로 활동에 참여하고 끊임없이 움직이는 모습을 보여줌으로써 유아로 하여금 신체 활동에 관심을 가지고 지속적으로 움직일 수 있도록 원동력을 제공하는 참여자로서의 역할을 한다.

셋째, 교사는 유아의 건강 및 정서 상태를 파악하여 상황에 맞게 활동을 전개해 나가야 하는 민감한 반응자로서의 역할이 필요하다.

넷째, 교사는 시범자로서의 역할로, 신체 운동 중 유아에게 다양한 도구를 활용한 동작에 대해 설명하고 시범을 보이는 역할을 해야 한다. 이때 주의해야 할 것은 교사의 일방적인 시범이 아닌 유능한 유아의 시범 보이기를 통해 유아로 하여금 친숙한 활동이 되도록 활동의 흐름을 유도하는 역할을 한다.

다섯째, 교사는 긍정적 격려자로서의 역할을 한다. 교사는 결과보다는 과정을 격려하고 칭찬과 긍정적 강화를 통해 신체 활동 내내 끊임없이 유아와 상호작용해야한다. 이러한 교사의 역할은 신체 활동을 통해 기본 움직임 기술과 기초 체력을 기르는데 긍정적인 영향을 줄 수 있다.

여섯째, 다양한 상호작용자로서의 역할이다. 교사는 개방적이고 자극적인 언어 사용을 통해 상호작용함으로써 유아의 신체 움직임을 적극적으로 유도하여, 신체 활동을 통해 유아의 기본 움직임 기술을 촉진할 수 있도록 할 수 있다.

일곱째, 평가자로서의 역할이다. 교사는 매 활동을 통해 유아가 얼마나 목표에 도달하였는가, 활동의 내용은 어느 정도 이해하였는지에 대한 체계적인 평가가 필요하다. 이를 위해 교사는 유아를 관찰하거나, 관련 활동을 회상해 보는 등과 같이 자료를 수집하여 유아의 이해 정도를 알아보고 유아가 어떻게 활동을 이해하고 있는가를 항상 파악할 필요가 있다. 평가자로의 교사는 유아가 참여한 활동 과정을 회상하게 함으로써 흥미 있었던 점, 어려웠던 점, 새롭게 알게 된 점 등에 관해서 평가해야 한다.

(3) 환경 구성

신체 · 동작표현놀이를 위한 이상적인 장소는 특별하게 정해져 있지는 않다. 다만 부상을 방지할 수 있는 탄력 있는 마룻바닥, 적절한 통풍과 난방, 주의가 산만하지 않은 곳, 가구나 다른 물체와의 충돌을 방지할 수 있는 개방된 공간 등이 활동 영역의 요소로 제시되고 있다(Sullivan, 1982).

이영자 등(2005)은 유아의 신체 · 동작표현놀이를 위한 환경을 구성하는 데 있어 구체적인 지침을 크게 8가지 차원, 즉 장소, 크기, 마루 표면, 난방 및 통풍, 주의 산만 요인, 간단한 도구로 구분하여 제시하였다.

신체표현 활동을 할 수 있는 이상적인 장소를 구하기 어렵다면 유아들의 교실이 친밀감 있고 쉽게 활용할 수 있는 장소가 될 수 있다. 이때, 교실의 가구나 교구들은 한쪽으로 밀어 놓거나 또는 소그룹으로 나누어서 활동을 진행할 수 있다.

유아가 자유롭게 마음껏 신체표현을 할 수 있는 공간이 필요한데 학령기 아동을 위한 체육실 같은 너무 넓은 공간은 유아에게 오히려 위축감을 줄 수도 있다. 하지만 교실 바닥에 테이프를 부착한다든지 활동에 따라 다양한 표시를 해 두어서 넓은 공간을 적절하게 활용하는 방법도 있다. 오히려 너무 좁은 공간에서는 유아들끼리 충돌할 수도 있고 공격성을 유발하게 된다.

탄력 있는 나무로 된 마룻바닥은 유아가 뛰어내리거나 미끄러지고 눕기에도 좋다. 카펫을 까는 것은 구르거나 눕기에는 좋지만 미끄러질 때에는 오히려 화상을 입을 가능성도 있다.

신체표현 활동을 하는 영역의 온도는 보통 온도나 서늘한 곳이 좋다. 창문이 설치된 곳이라면 교사가 온도나 환기를 조절하기 위해 손쉽게 열고 닫을 수 있어 활동을 하는 동안 쉽게 더워지고 지친 유아들을 위해 편리하다.

주변에 지나치게 많은 물건들이 있다면 덮개나 가리개로 덮어서 보이지 않게 하는 것이 좋으며 활동 중에 사람들이 지나가거나 기웃거리게 되면 방해를 받게 된다.

2. 음률놀이

2019 개정 누리과정 예술경험 영역에서는 유아가 자연과 생활, 예술에서 아름다움을 느끼고 즐기는 경험을 반영하여 '아름다움 찾아보기'를 새롭게 편성하였다. 이러한 개정된 누리과정의 목표와 부합될 수 있도록 유아가 일상에서 아름다움을 느끼고 즐기는 경험을 반영한 음률놀이와 관련된 내용을 크게 ① 음악적 요소 탐색하기, ② 움직임과 춤 요소 탐색하기로 구분하여 살펴보고자 한다.

먼저, 음악적 요소 탐색하기에서는 유아가 다양한 소리, 음악의 셈여림, 빠르기, 리듬 등에 관심을 가지는 것에 목적을 둔다. 즉, 유아가 자연과 주변 환경에서 접하게 되는 자연의 소리, 목소리, 음악 등에서 음악적 요소인 강함과 약함의 셈여림, 빠름과 느림의 빠르기, 규칙적인 패턴인 리듬에 귀 기울이고, 반응하도록 하는 내용에 초점을 두고 있다. 만 3세경부터 유아는 주변 환경의 소리와 다양한 음악을 지속적으로 접하면서 소리와 음악의 아름다움을 경험할 수 있게 되고, 이러한 아름다움이 음악적 요소와 관련되어 있음을 지각하고 반응할 수 있게 된다.

움직임과 춤 요소 탐색하기에서는 유아가 자신이나 다른 사람의 몸의 움직임 혹은 자연과 주변 사물의 여러 움직임에서 나타나는 모양, 움직임과 춤의 강함과 약함의 힘, 움직임과 춤에서 느껴지는 느림과 빠름의 빠르기에 주의를 기울이고 반응하는 데 초점을 두고 있다. 특히, 움직임과 춤의 모양은 직선, 곡선, 꼬임, 대칭, 비대칭, 균형 등의 요소로 이루어지며, 만 3-5세 유아에게는 이러한 요소를 자연스럽게 경험할 수 있는 군인들의 행진, 나비의 날갯짓 모습 등을 관찰하고 이를 창의적으로 표현할 수 있는 기회를 제공하는 것이 바람직하다.

움직임과 춤의 모양, 힘, 빠르기, 흐름 등을 탐색하기에서는 유아가 자신이나 다른 사람의 몸의 움직임 혹은 자연과 주변 사물의 여러 움직임에서 나타나는 모양, 강함과 약함의 힘, 느림과 빠름의 빠르기, 연속적, 비연속적 흐름에 대하여 관심을 갖는 것에서 나아가 이에 대한 차이를 발견하고 지속적으로 탐색해 보도록 하는 내용으로 구성되어 있다. 만 3, 4세 유아와 함께 만 5세 유아는 움직임과 춤의 모양, 힘, 빠르기, 흐름 등을 지각할 수 있으며, 또한 움직임과 춤의 연속성, 비연속적 흐름을 탐색할 수 있다. 이에 교사는 일상에서 유아에게 다양한 움직임과 춤을 관찰할 수 있는 기회를 제공하고, 유아가 움직임과 춤의 요소별 특징 및 차이를 발견하여 이를 자연스럽게, 나아가 창의적으로 자신의 신체를 이용하여 표현할 수 있는 놀이 활동에 주도적으로 참여할 수 있도록 지원하는 것이 중요하다.

여기서는 주변의 아름다움을 음악적 요소와 결부하여 유아 자신의 신체나 악기를 포함한 사물을 통해 이를 자유스럽게 표현해 볼 수 있는 것에 초점을 두고자 한다. 이에 출생부터 유아기에 이르기까지 유아의 음악성 발달 단계별 특성에 관하여 살펴보면 다음과 같다(강보라, 2017; 서소정, 2019).

1) 음악성 발달

소리나 음악에 대한 인간의 반응은 이미 태내에서부터 시작되는데 임신 3개월이 되면 대부분의 태아들은 호흡 속도를 변화시키면서 외부 소리의 자극에 반응하게 된다. 출생 직전이 되면 태아는 청각에 의해 진동에 반응할 수 있으며, 차기 등과 같은 운동들은 외부의 자극에 놀라 태아가 반응하는 것이라고 한다.

(1) 영아와 걸음마 시기

첫 6개월 동안 영아는 주로 듣는 역할을 하는데 출생 후 4~6개월 사이의 영아들은 소리에 강한 관심을 보이며 의도적으로 주변의 소리를 들으려 한다. 생후 9개월경이면 영아는 자신이 좋아하고 싫어하는 음악에 대하여 분명하게 선호도를 나타내며, 2세경에 들어서면 서툴지만 자신이 듣는 음악에 대해 리드미컬하게 몸 동작을 한다. 선 자세에서 신체의 각 부분이 따로따로 움직이면서 몸 전체를 움직인다.

(2) 2~3세

걸음마기 후반경부터 유아는 음악에 대해 좀 더 신체적으로 반응을 보이게 되며 노래를 부를 때 소리를 조절하기 시작하며 멜로디에 가까워지는 경향을 보인다.

놀이를 하면서도 노래를 부르게 되며 박자에 따라 악기를 다루려고 시도하며 이 무렵에 이르면 음악에 맞추어 동작을 창의적으로 자유롭게 표현할 수 있게 된다. 이 시기에는 신체적인 움직임을 유발하는 노래가 바람직하다. 비록 유아가 노래를 완전하게 부르지 못하지만 노래 듣기를 즐기며 또 따라 부르기를 좋아한다.

3세가 되면 단순한 절로 된 노래를 부를 수 있을 뿐만 아니라 음악 박자에 맞추어 몸을 움직일 수 있는 능력이 생긴다. 리듬 패턴에 맞추어 손뼉을 어떻게 쳐야 하는지를 알게 된다. 또한 목소리와 박자를 사용하여 자신의 창작을 음악적으로 표현하는 것이 가능하게 되며, 몸의 움직임을 통해 큰 소리-부드러운 소리, 빠르다-느리다와 같은 음악적 요소의 개념화가 가능해진다.

(3) 4~5세

유아의 언어 능력이 더욱 발달하게 됨에 따라 음악에 대한 관심도 증가한다. 4세경에 이르면 확장된 음역(vocal range)이나 리듬감각과 어휘는 유아로 하여금 다양한 목소리로 노래 부르는 것을 가능하게 되며 음악적 화음에 따라 유아는 몸을 더 잘 움직이게 된다.

이 시기에는 과거의 음악적 경험을 통해 더욱 다양하게 노래를 창작할 수 있을 뿐만 아니라 자신의 신체를 더욱 창의적으로 표현할 수 있게 된다. 음악에 맞추어 몸 전체를 움직이기보다는 몸의 특별한 일부분만 움직이는 동작이 더 많아진다.

2) 활동의 요소 및 내용

유아기 음률놀이 활동의 요소 및 내용은 크게 동작과 음악의 두 가지 차원으로 살펴볼 수 있는데, 첫 번째 동작 요소는 이미 앞서 신체·동작표현놀이 부분에서 다루었기 때문에 여기에서는 두 번째 음악적 요소와 내용에 관해서 자세히 살펴보고자 한다(강보라, 2017; 김명순, 조경자, 2004; 서소정, 2019).

(1) 음악

유아의 음악 활동은 음악 능력에 따라 음악 인지, 음악 표현 그리고 음악 기호 형성으로 구분한다. 음악 인지는 음의 구별, 음의 식별력, 음의 순서화 능력, 음의 기억력을 포함하고 음악 표현은 노래 부르기, 악기 연주, 율동, 창작을 포함하고, 음악 기호 형성은 특별히 어떤 음악을 좋아하고 즐기는 성향을 의미한다(강보라, 2017; 서소정, 2019). 또한 김명순과 조경자(2004)는 탐색과 소리 듣기, 노래 부르기, 악기 탐색과 다루기 및 음악 감상하기로 구분하였다.

(2) 음악의 요소

유아기부터 여러 가지 음악적 개념의 기초를 형성하게 된다. 음의 강도, 길이, 높낮이, 리듬, 멜로디, 화성 등의 음악적 개념을 형성하게 되면서부터 유아는 음악의 심미적인 의미를 탐구할 수 있게 된다(강보라, 2017; 서소정, 2019).

① 음(tone)

가장 초기의 음악적 개념은 음(tone)에 관한 것이며 음의 강도, 음의 길이, 음의 높이, 음의 질과 음색을 의미한다.

② 리듬(rhythm)과 속도(tempo)에 관한 개념

유아가 여러 가지 새롭고 다양한 음악 경험을 하게 됨에 따라 음악의 속도(tempo)나 빠르기에 대한 개념을 형성하게 되며 음악의 박자나 일정한 흐름, 리듬 형태, 음에 대한 길고 짧은 개념을 형성하게 된다.

③ 박자(pulse)에 대한 개념

리듬의 중요한 면은 박자라고 볼 수 있는데 유아가 음악 속에서 규칙적으로 일관성 있게 계속 반복해서 일어나는 강하고 약한 박, 빠르거나 느린 박 등을 이해하도록 도와주어야 한다.

④ 리듬 패턴(rhythm pattern)에 관한 개념

리듬 패턴이란 길고 짧은 음이 집단으로 묶인 것을 의미하는데 유아는 음악이 길고 짧은 음으로 구성된 음의 패턴을 지니고 멜로디나 노랫말에는 몇 가지의 리듬 패턴이 있다는 것을 알게 된다. 박자나 리듬 패턴을 경험해 봄으로써 점차적으로 음악과 관련된 폭넓은 리듬 개념을 발달시켜 간다.

⑤ 음의 강 · 약(dynamics)에 관한 개념

유아의 음악 발달에서 가장 먼저 발달하는 것이 바로 음의 강 · 약 개념이다. 즉, 소리가 커지거나 약해질 수 있다는 것을 이해하는 것이다.

⑥ 멜로디(melody)

유아기에는 리듬적으로 조직된 서로 다른 음 높이의 흐름이라고 할 수 있는 멜로디에 관한 개념이 형성되기 시작하는데 유아 자신이 노래를 부르거나 흥얼거리는 것이 멜로디나 곡조이다.

⑦ 음색(tone color)에 관한 개념

주변 환경의 소리, 사람의 목소리, 악기 소리 등의 여러 가지 음악적인 경험으로 유아들은 다양한 소리의 빛깔이 있다는 것을 이해한다.

⑧ 화성(harmony)에 관한 개념

화성은 둘 또는 그 이상의 음이 동시에 소리나는 것을 의미한다. 기타가 연주될 때, 합창단이 노래할 때 대개 화성을 듣는 경험을 하게 된다.

3) 활동 내용 선정과 지도법

유아기 음률 활동은 음악적 개념의 언어화와 시각화를 초보적 경험뿐만 아니라 노래 부르기, 듣기, 악기 연주하기를 통하여 소리를 탐색해 보는 많은 기회를 제공하는 것이 바람직하다. 일반적으로 유아를 위한 음률교육을 진행하기 앞서 바람직한 활동 내용의 선정 원리는 다음과 같다(강보라, 2017).

① 발달 적합성의 원리: 유아기 음률교육의 내용은 발달에 적합해야 한다. 여기에는 연령 적합성(age appropriateness)과 개인 적합성(individual appropriateness)의 개념이 포함된다.
② 생활 중심의 원리: 영유아의 일상생활과 관련된 경험을 바탕으로 자신의 친근한 주변 환경에서 발생하는 소리, 혹은 자연과 주변 사물의 여러 움직임에 대한 관심과 흥미를 교육 내용으로 구성할 때 교육의 효과는 배가된다.
③ 단계적 학습의 원리: 유아를 위한 음률 활동은 단순한 것에서 시작하여 점차적으로 복잡한 것으로 학습하는 것이 바람직하다.
④ 다양성과 통합성의 원리: 유아를 위한 음률 활동은 음악 감상하기, 노래 부르기, 악기 다루기, 동작으로 표현하기, 음악 창작하기 활동 등과 긴밀하게 관계를 맺으면서 통합적으로 지도하는 것이 필요하다.

특히, 2019 개정 누리과정 '예술경험' 영역의 내용 범주의 하나인 '예술감상'하기에서도 유아가 다양한 예술을 통해 상상하기를 즐기고, 다른 사람의 예술표현을 존중하는 내용을 구성하고 있다. 아울러 우리나라 고유의 전통예술에 친숙해질 수 있는 경험을 강조하였다.

여기서는 음률 활동 중 듣기와 신체 움직이기에 관련된 내용 및 지도법에 초점을 두고 구체적으로 살펴보고자 한다. 유아 음악 발달에 있어서 듣고 감상하는 경험은 가장 중요한 기초가 된다. 듣기의 발달 단계를 살펴볼 때, 처음의 유아는 불확실한 소리에 자극을 받고 이를 확인하여 음질을 구별하고자 하며 그 이후에는 음의 형태를 이해하게 된다. 그 다음에는 자신의 소리로 표현하게 된다. 유아들은 다양한 종류의 음악을 들었던 경험을 통하여 자신의 취향에 맞는 음악을 선별하게 된다. 반복해서 들어 본 음악을 좋아하는 경향이 있기 때문에 교사는 유아와 함께 적절한 음악 감상하기 계획을 세우고 유아들이 음악에 대한 기호를 계발할 수 있도록 지원해야 한다(김영연, 2002; 서소정, 2019).

(1) 듣기와 신체 움직이기 활동의 계획

첫째, 듣기 활동의 기본적인 경험은 소리의 탐색이다. 유아를 둘러싸고 있는 환경(인간, 기계, 자연)의 소리를 탐구하고, 구별하고, 귀를 기울이도록 격려하여야 한다.

둘째, 녹음된 음악뿐만 아니라 실제 연주를 보고 들을 수 있도록 계획한다. 여러 가지 악기 소리를 들을 수 있는 기회를 일주일에 두 번 정도 계획하는 것이 좋은데, 이때 곡은 2~3분 이상 지속되지 않는 짧은 곡을 선택하는 것이 바람직하다.

셋째, 유아들이 활동 속에서 자연스럽게 흘러나오는 배경 음악을 자주 경험하게 하는 것이 좋다. 유아 자신이 원할 때면 언제든지 음악을 들을 수 있도록 음악 활동을 마련해 주어야 한다.

넷째, 유아의 기본 동작(이동 예: 걷기, 달리기, 기어가기 등)과 신체 동작(비이동 예: 구부리기, 꼬기, 흔들기, 뻗기, 손뼉치기 등), 기본 동작 및 신체 동작의 복합적인 움직임을 장려한다.

다섯째, 음악과 동작을 동시에 배우는 것이 동작을 먼저 배우고 후에 음악을 첨가시키는 것보다 쉽다. 유아가 음악에 반응해서 몸을 움직일 때에는 특히 유아 자신의 신체를 사용해 음악에 대한 느낌이나 사고를 상상력을 발휘하여 자유롭게 표현할 수 있도록 교사는 동기 유발적인 말을 사용해 주어야 한다. 즉, 유아의 상상력을 자극하는 이야기나 사건을 사용하거나, 또는 창의적으로 신체를 움직일 수 있도록 적절한 질문을 해서 유아 자신이 느끼고 있는 것에 대해 어떻게 표현할 것인지를 유도한다.

마지막으로, 유아가 신체를 사용하여 음악에 대한 느낌이나 사고를 유아 자신의 독특한 방식으로 해석하고 이를 창의적인 방법으로 표현할 수 있는 능력을 계발하기 위해서는 교사 또는 부모가 유아를 위해 움직임의 형태를 보여 주고 유아가 모방을 통해 배울 수 있는 기회와 경험을 제공하는 것이 필요하다. 이때, 교사나 부모의 동작을 모방하거나 또는 직접적인 언어적 지시를 통해 유아의 신체적·음악적 반응을 동시에 이끌어 낼 수 있다. 이러한 기회와 경험은 유아가 창의적 음률 활동을 할 수 있는 기초를 마련한다는 점에서 중요하다.

(2) 교수법

바람직한 음률교육을 실시하는데 있어 유아교사가 가져야 할 철학과 관점에 관해서 강보라(2017)는 우선 모든 유아는 음악적 잠재력이 있다고 교사 스스로가 믿어야 한다고 하였다. 그 다음으로는 유아는 음악적 아이디어를 통해 비판적 사고 능력을 발달시킬 수 있으며, 또한 질 좋은 음악적 소리와 활동, 자료들을 제공하여야 하며, 이를 통해 유아들은 다양한 음악적 경험을 해야 한다고 논의하였다. 아울러 음률 활동은 유아에게는 자연스러운 놀이이며, 이는 곧 학습으로 연결될 수 있기에, 개별적인 학습 욕구를 충족시키기 위한 다양한 학습 환경이 구성되어야 한다고 하였다.

유아들이 음악을 듣고, 들은 것을 몸으로 표현해 보는 것을 지도하는 방법에 대한 여러 학자들의 주장을 요약하여 정리해 보면 다음과 같다(김명순, 조경자, 2004; 서소정, 2019; 이영자, 이기숙, 이정욱, 2005; Andress, 1995).

- 여러 가지 다양한 소리를 들을 수 있는 기회를 제공하는 것이 필요하다. 또한 음악의 여러 요소, 즉 음 높이, 세기, 음색, 박자 등에 대해 이해하고 인식할 수 있도록 도와주어야 한다.
- 악기를 연주할 수 있는 전문가를 초대하여 음악회 경험을 가질 수 있도록 계획한다. 공식적인 음악회에서 음악을 듣는 태도를 배울 수 있는 기회를 가지는 것이 필요하다.
- 적어도 일주일에 한 번 새로운 곡을 하나씩은 소개하도록 한다. 다양한 종류

의 음악(서양 고전 음악부터 현대 음악 및 우리나라 전통 음악)을 여러 번 반복해서 들려준다. 이러한 활동은 유아를 음악에 반복적으로 노출시킴으로써 유아에게 음악에 대한 이해를 높여 줄 수 있다.

- 음악 요소에 관한 질문을 구체적으로 한다. 즉, 음의 높낮이, 박자, 음색 등을 이해할 수 있도록 다양한 교재와 악기 재료를 사용하는 것이 효과적이다.
- 신체표현 활동에 필요한 소품들(예: 고무줄, 깃발, 스카프, 종이 테이프, 다양한 크기의 공 등)을 십분 활용하여 유아들의 창의적 반응에 도움을 주도록 한다. 특히, 유아에게 의미 있는 자료, 예를 들면 자신이 만든 인형과 함께 춤추거나 또는 신문지로 만든 공을 가지고 던지는 등의 활동은 신체 움직임의 기쁨과 학습의 의미를 더욱 촉진할 수 있다.
- 유아의 느낌이나 생각을 자유롭게 표현하는 허용적인 분위기가 조성되어야 한다. 또한 교사 스스로가 음악을 얼마나 좋아하고 음악을 들으면서 자연스럽게 표현하는 모습을 보여 줌으로써 유아도 음악을 듣고 그것을 움직임으로 표현하는 것에 기쁨을 느끼고 의미를 찾을 수 있도록 지원하는 것이 중요하다.

2019 개정 누리과정과 연계하여 김연주 등(2020)은 유아 음률교육을 진행할 시 바람직한 교사의 역할을 다음과 같이 제시하였다.

① 시범자로서의 교사

교사는 새로운 노래 지도, 새로운 음률 활동을 소개할 때, 활동의 시범을 보여주는 것이 필요하다. 교사는 새 노래를 완전히 익혀야 하고, 알고는 있지만 인쇄물로 본 적이 없는 노래는 악보를 만들어 보고, 노랫말은 제공되지 않아 선율만 알고 있는 노래는 새로운 노랫말로 개작하여 불러 보는 등 교사 스스로가 정확하게 익히는 것이 중요하다.

② 공동 참여자로서의 교사

유아는 음악 자료와 악기의 사용을 잘 모를 때, 칭찬받고 싶은 욕구가 있을 때, 그들의 활동에 교사가 함께 참여하는 것을 선호한다. 유아는 음악 활동을 통해 성취감과 자신감을 얻게 되며 이러한 과정에서 즐거움을 경험하게 된다. 따라서 교사의 참여 또는 적절한 개입은 유아의 음률 활동을 보다 세련되고 수준 높게 향상시켜 예술적 안목을 향상시키는데 도움을 줄 수 있다.

③ 창조자로서의 교사

유아를 위한 음률교육을 실시할 때 창조적인 교사는 유아의 독특한 개성을 인정하고, 이들의 창의적 사고와 대안적 접근을 시도하도록 적극적으로 격려한다. 또한 창조적인 교사는 교사 주도보다는 유아 주도 놀이 활동에 초점을 두고 유아의 결정을 존중하며 활동을 융통성 있게 운영함으로써 유아 일과 전반에서 음악적 창의성을 다룬다.

④ 전문가로서의 교사

교사 스스로가 음악, 음악가, 음악적 요소, 유아 발달에 적합한 음악 활동에 대한 식견이 있어야 하며, 음률 활동에 대한 지속적인 관심을 가지는 것이 무엇보다도 중요하다. 유아교사 자신이 음악 전문가적인 모델이 되도록 다양한 장르의 자극을 받아 유아의 발달 수준에 적합한 음률 활동을 타영역과 통합적으로 실시하는 것이 바람직하다.

(3) 환경 구성

유아를 위해 자연스러운 일상에서 음악을 들으면서 움직일 수 있는 음률 활동이 매일의 일과에서 계획되어야 하며 다양한 음률 활동에 참여할 수 있는 기회가 제공되어야 한다. 실내 자유선택 활동이 끝난 후 집단 율동의 분리된 시간이나 유아의 동작 및 다른 흥미 영역의 활동 주제나 개념이 분리되는 것은 바람직하지 않다. 음악 개념 간의 통합은 물론 다른 교과 영역 간의 통합 및 흥미 영역 간의 통합 속에서 음악 활동이 실시되어야 한다.

유아의 음악적 성장을 지원하기 위하여 여러 연구자들이 제시한 구체적인 음률 활동 영역의 물리적, 사회적 환경 특성을 제시하면 다음과 같다(김명순, 조경자, 2004; 김영연, 2002; 이영자 외 2005).

- 배경 음악은 실내 자유선택 활동 시간 중 유아의 놀이가 활발하게 진행되지 않는 등원하는 시간, 간식 시간 등에 틀어 놓는다. 이때, 기후나 문화적 맥락에 어울리는 아름답고 경쾌한 종류의 음악이나 조용한 음악, 전통 음악, 새로 배울 노래 등을 선정하여 들려주도록 한다.
- 유아들이 개별적으로 자신이 선택한 활동을 하고 다양한 소리 탐색 및 악기 탐색과 연주, 음악 감상 및 노래 부르기 등을 시도하기 위해서는 적절한 자료와 교구가 마련된 실내·외 물리적 환경이 구성되어야 한다. 음률 영역은 적목이나 극놀이 영역의 근처에 배치하여 창의적인 움직임과 상상놀이에 상호 자극받도록 하는 것이 바람직하다. 하지만 듣기 활동을 시도할 때는 좀 더 조용하고 집중할 수 있는 장소를 선택하는 것이 필요하다.
- 음악을 위한 흥미 영역을 따로 배치할 경우 확실하게 음악 영역의 경계를 구분한다.

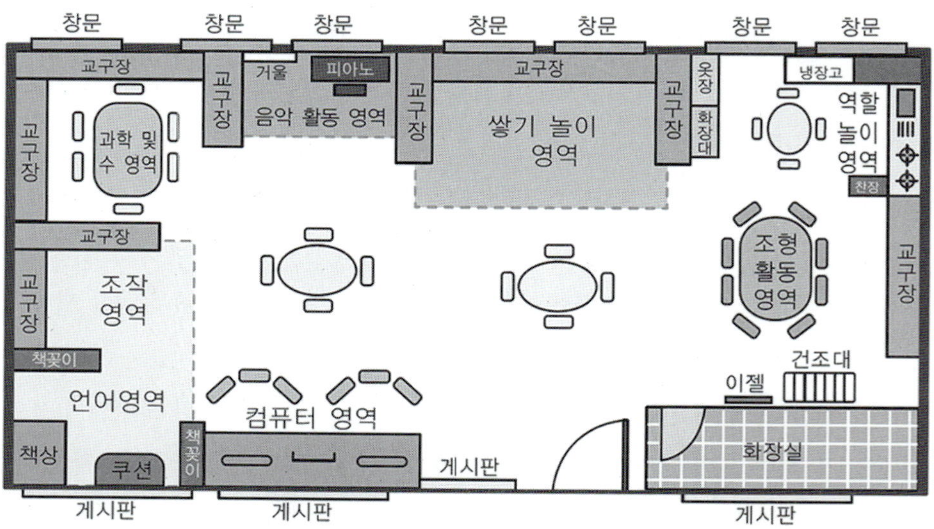

| 그림 11-1 | 영유아교육기관의 음률 영역 배치의 예

출처: 강보라(2017); 서소정 (2019).

아울러 음률 영역에 비치하여야 할 구체적인 음악 자료 및 교구들에 대한 제시는 다음과 같다(김명순, 조경자, 2003; 강보라, 2017; 서소정, 2019).

① 리듬 악기류: 탬버린, 캐스터네츠, 트라이앵글, 방울, 리듬 막대, 톤 블록, 우드 블록, 핸드벨, 마라카스, 기로, 손가락 심벌즈 등을 구비한다.
② 멜로디 악기류: 실로폰, 피아노, 키보드, 스텝벨 등을 구비한다.
③ 현악기류: 기타, 만돌린 등을 구비한다.
④ 전통 악기류: 소고, 장구, 작은 장구, 징, 꽹과리, 북 등을 구비한다.
⑤ 음악 관련 그림 및 사진 자료: 악기들의 사진 및 연주하는 모습, 노래하는 모습, 오케스트라의 사진, 음악을 듣는 모습, 전통 악기의 모습과 연주하는 모습 등의 사진을 벽에 부착하여 풍부한 음악 환경을 구성한다.
⑥ 음악 관련 책: 유아들이 즐겨 부르는 노래를 그림과 곁들인 노래책, 악기나 음악가에 관한 그림책 등을 음악 영역의 한 부분에 책 표지가 보일 수 있도록 전시한다. 또한 노래 그림 악보, 악기 그림 악보 등을 벽에 부착하거나 책으로 만들어 제공하여 유아가 음악적 상징 기호를 접할 수 있는 경험을 가지도록 한다.
⑦ 음악 테이프, CD류, 비디오 자료: 다양한 소리와 곡이 녹음된 테이프, CD, 비디오 자료 등을 구비한다.

3. 미술적 표현놀이

유아들에게 일상생활 속에서 주변의 아름다운 것들을 지각하고, 다양한 매체를 이용하여 직접 창의적으로 표현하며, 미술작품에 대해 이야기를 나누고 감상할 수 있는 탐색, 표현, 감상이라는 세 가지 요소가 통합된 예술표현 경험을 제공하는 것은 균형잡인 미술교육을 제공한다는 점에서 매우 중요하다. 특히, 2019 개정 누리과정 내 '예술경험' 영역의 목표에서 명시된 바와 같이, 유아교육 현장에서 유아 주도적인 미술적 표현놀이 활동을 통해 다양한 미술적 표현 활동을 제공하는 것은 유아의 전인적 발달과도 밀접한 관련이 있다.

우선, 여기에서는 유아의 다양한 미술적 표현 활동이 유아의 제 발달 영역과 어떠한 관련성이 있는가를 살펴보고자 한다(서소정, 2019; 양경희, 2008).

1) 미술적 표현 활동과 유아 발달

(1) 미적 감각의 육성

미적 감각이란 주변 환경, 자연물, 조형 작품과 같은 대상의 미적 요소를 지각하고 이에 대해 반응하는 민감한 능력을 의미한다. 미적 감각이란 단순히 대상의 표면적인 특성에 대해 인식하는 것만이 아니라 심미적인 과정을 통해 주변의 사물과 미술 작품, 현상 등의 의미를 인식하고 느낄 수 있는 것이다.

유아기의 모든 경험은 미적 요소를 지니고 있다. 아름다운 것을 접하고 싶고, 꾸미고, 만들고 싶은 욕구는 인간의 본능이다. 유아가 생활 속에서 자신을 둘러싸고 있는 환경들에 대해 아름다움을 느끼고 이러한 아름다움에 반응하며 나아가 자신의 아름다움에 대한 느낌을 삶에 적용하고 실천 가능하게 하는 미적 감각 능력은 성장, 발달함에 따라 점차 섬세하고 정교해진다. 유아기 미적 감각 능력의 발달은 주위의 미적 요소를 인식할 수 있는 유아 자신의 감각 능력의 계발과 동시에 교사, 부모, 또래와의 미적 경험과 인식을 공유하면서 발달한다.

유아가 어떤 재료를 사용하여 무엇을 그리고 만들 것인가에 대해 민감해질수록 유아 자신의 감각은 예민해지고 섬세해진다. 유아들이 색, 선, 형, 질감을 시각적으로 또는 운동, 감각적으로 인식함에 따라 지각 능력이 발달한다. 미술 활동을 통해 유아는 자신을 둘러싸고 있는 환경에 대해서도 섬세한 안목을 기를 수 있다. 시각적으로 뇌에 접수된 대상이나 느낌을 표현하는 것만이 진정한 의미의 미술 활동이 아니라, 받아들인 정보에 대해 가치 판단력을 기르는 데에 미술 활동의 중요성이 있다. 미적 요소를 이해하고 미술을 감상하고 미술을 비평하고, 나아가 옷이나 가구, 건축, 도시 계획 등 모든 세계, 환경을 바라보고 이해하고 개선하는 데에 필요한 미적 감각과 안목은 다양한 미술 활동 경험을 통해 기를 수 있다. 이에 유아기의 미술 활동은 유아 자신의 생각과 느낌을 표현하는 것과 동시에 다양한 미술 작품을 접하는 기회를 제공함으로써 미적 감각의 능력을 향상시켜 주는 것에 초점을 두어야 한다.

(2) 정서 발달

유아는 성인과 달리 자신의 생각과 느낌을 언어로 표현하는 데 한계가 있다. 따라서 어떤 대상을 볼 때 그 대상과 관련한 다양한 느낌들, 예를 들면 '아름답다, 기분 좋다, 무섭다' 등의 체험한 대상에 가치가 부여된 감정 또는 정서를 미술 활동을 통해서 효과적으로 표현할 수 있다. 특히 슬픔, 분노, 좌절 등의 부정적인 감정은 파괴적이고 공격적인 방법 대신에 미술 활동을 통해 건설적으로 표출될 수 있다.

유아기에 애정, 분노, 기쁨, 공포 등과 같은 다양한 감정적 특성과 관련된 정서 내용을 정확하게 인식하는 능력이 길러져야 한다. 정서교육은 미술 활동을 통해 효과적으로 이루어질 수 있다. 미술 활동을 함으로써 유아 자신의 감정을 자유롭게 표현하고, 미술에 대한 이해와 감상을 통해 다른 사람의 정서를 읽게 됨으로써 정서 발달을 도모할 수 있다.

(3) 신체 발달

미술 활동은 대·소근육을 발달시킬 수 있는 기회와 경험을 제공한다. 이젤에서 손과 팔을 사용하여 그림 그리기, 점토를 반죽하고 주무르기, 상자곽을 밀어넣고 붙여서 집을 만드는 활동을 하면서 대근육을 사용하게 된다. 미술 활동에 포함되는 모든 신체의 조작적인 움직임은 필기도구를 적절하게 사용하기 위해 필요한 소근육 발달을 촉진시킨다. 또한 색칠하기, 풀칠하기, 종이 찢어 붙이기 등의 활동은 눈과 손의 협응력을 발달시킨다.

(4) 자기표현과 창의성

유아는 성인과는 달리 자신의 생각과 느낌을 언어로 표현하는데 어려움을 느끼는데, 미술표현 활동에 참여하는 과정에서 유아는 자신 및 주변 세계와의 관계를 이해, 표현하는 수단으로 적극 활용한다. 또한 미술표현 활동을 통해 유아 자신의 내면에 있는 것들을 창의적으로 표현할 수 있도록 도와주기 때문에 타고난 창조력을 표출함으로써 스스로 창의력을 증진시킬 수 있다.

2019 개정 누리과정의 '예술경험' 영역에서는 자연 및 예술의 모든 영역을 아우르며 미술의 요소를 자유롭게 탐색하며, 이를 다양한 미술표현 방법을 통해 유아 자신의 생각과 느낌을 자유롭게 표현하도록 하는 내용을 골자로 하고 있다(2019 개정 누리과정 해설서). 나아가 새롭게 편성된 내용 범주인 '예술감상하기'에서는 유아 자신과 다른 사람의 작품, 그리고 우리나라 전통예술을 포함하여 다양한 종류의 예술작품을 통해 상상하기를 즐기고, 이를 통해 서로 다른 예술적 표현을 존중하며, 다양한 예술작품에 친숙해지는 내용으로 구성되어 있다. 즉, 2019 개정 누리과정 '예술경험'에서는 유아들에게 생활 속에서 주변의 아름다운 것들을 지각하고, 다양한 매체를 이용하여 직접 창의적으로 표현하며, 미술작품에 대해 이야기를 나누고 감상할 수 있는 통합적인 예술표현 경험을 제공한다는 점에서 탐색, 표현, 감상으로 구성된 균형 잡힌 미술교육이 타 영역과도 통합되게 진행되는 것이 중요함을 부각시키고 있다.

2) 활동의 내용과 요소 및 지도 원리

(1) 미술 활동의 내용

유아기에 적합한 미술 활동의 내용에 관해서는 여러 학자들에 의해 제안되어 왔다. Rosers(1991)는 유아기 미술 활동 프로그램에 시각적인 방법으로 자신을 표현하는 미술과, 학습된 기술을 사용하여 어떤 계획에 따라 사물을 만들어 내는 창작, 계획된 목적에 부합될 수 있도록 시각적인 작품을 창조하는 디자인, 미술 감상, 미술사의 다섯 가지 영역을 모두 포함해야 한다고 주장하였다(서소정, 2019).

2019 개정 누리과정에서는 유아의 미술 활동(예술경험 영역)을 실시하는 데 있어 미술 활동의 내용 요소인 탐색, 표현, 감상이 유아 경험의 실제와 연계선상에서 균형 있게 반영되는 것이 바람직하다고 명시하고 있다. 나아가, 유아의 예술적 경험이 대부분 일상에서 놀이를 통해 이루어지기 때문에 타 영역과도 통합적으로

미술적 표현 활동(놀이)이 실천되는 것이 중요하다고 보았다.

여기에서는 유아의 미술적 표현 활동과 관련된 내용을 편의상 탐색, 표현, 감상이라는 세 가지 차원으로 구분하여 각 요소별 핵심적인 내용을 중심으로 소개하고자 한다. 더불어, 본 장의 마지막 부분에서는 2019 개정 누리과정에서 강조하고 있는 유아 경험의 실제와 연계한 미술적 표현 활동의 예시를 소개하고자 한다.

① 탐색

탐색 활동은 감각적, 직접적 경험을 통해 주변의 예술적 요소를 찾고 느끼며, 다양한 미술 재료, 매체와 도구 탐색을 포함한다(이영자 외 2005; 현은자 외, 2007). 유아는 보고, 듣고, 만지고, 냄새 맡고, 맛보는 등의 감각적 경험을 통해 주변 세계를 지각하며, 특히 미술 활동과 관련해서 시각적, 촉각적 특성의 이해 및 미적 요소의 탐색이 이루어진다. 이에 유아의 일상에서 자연스러운 놀이를 통한 미술적 표현 경험으로 연계되도록 지도하기 위해서는 가장 기본적으로 다루어져야 할 내용은 바로 미술적 요소 탐색하기이다. '자연과 사물의 색, 모양, 질감 등에 관심을 갖기' 와 '자연과 사물에서 색, 모양, 질감, 공간 등을 탐색하기' 로 구분하여 살펴볼 수 있다.

먼저, '자연과 사물의 색, 모양, 질감 등에 관심을 갖기' 에서는 유아가 자연과 사물의 다양하고 고유한 색에 관심을 가지고 자연과 사물의 다양한 윤곽, 모양에 주의를 기울이며, 자연과 사물의 독특한 재질에서 질감을 느끼도록 하는 데 초점을 둘 수 있다. 만 3~5세 유아는 꽃과 열매와 같은 자연에서 다양하고 고유한 색, 모양을 발견하고 또한 다양한 재질에서 질감을 느낄 수 있다. 또한 '자연과 사물에서 색, 모양, 질감, 공간 등을 탐색하기' 는 유아가 자연과 사물에서 경험했던 미술적 요소인 색, 모양, 질감 등을 자유롭게 실험하고 조합하며, 상하, 좌우, 앞뒤, 여백 등의 공간이 주는 느낌을 탐색할 수 있도록 다양한 실내외 놀이 경험을 통해 이러한 기회를 제공하는 것이 중요하다. 또한, 유아는 주변의 자연과 사물에서 색, 모양, 질감, 공간의 다양함을 발견할 수 있으며 이에 대한 차이점을 구별할 수 있는 기회를 제공하는 것이 필요하다.

허버홀츠와 핸슨(Herberholz & Hanson, 1990)은 유아가 빵 가게, 그릇 가게, 소방서 등을 직접 견학하여 보고 맛보고, 듣고, 만져 보는 경험을 하는 것이 미술교육에서 우선적으로 요구된다고 하였다. 이에 교사는 유아가 자신의 감각을 충분히 사용하여 시각적, 촉각적 탐색의 기회를 가질 수 있도록 지도하여야 한다. 교사는 단순히 탐색할 충분한 자료를 제시하는 것 이외에 유아와 함께 미술 활동에 참여하여 자료 및 도구에 대한 탐색과 관련된 언어적 상호작용이 활발하게 이루어질 수 있도록 지원하여야 한다.

② 표현

유아가 보고 느끼고 생각하는 것을 자유롭게 표현하는 활동은 미술 활동에 있어 가장 중요한 요소이다. 유아가 선, 점, 색, 형, 공간 등의 미적 요소를 통해 자신의 생각, 경험 및 느낌을 시각적으로 표현하는 것은 중요하다. 자신의 생각과 느낌을 어떠한 재료와 매체를 가지고, 어떠한 형태와 색을 사용하여 표현할 것인가를 결정하는 과정에서 유사점, 차이점, 크기, 질감, 색 등을 지각하게 되고 이는 주변 세계에 대한 지각적 민감성을 발달시키는 데 도움을 준다(서소정, 2019; 현은자 외, 2007).

유아들이 자신의 생각, 느낌, 경험 등을 적절하게 효과적으로 표현하기 위하여 여러 가지 다양한 방법이 사용될 수 있다. 교사는 유아가 자신만의 독특한 방법으로 표현하는 데 필요한 방법과 기술을 지도해야 한다. 일반적으로 교육 현장에서 실시하고 있는 미술표현 활동은 그리기, 찢기, 자르기, 붙이기, 찍기(판화), 입체물 구성하기 등으로 분류할 수 있다. 유아의 창의적인 표현 활동은 평면 활동과 입체 활동 모두를 포함해야 한다. 〈표 11-3〉에는 2019 개정 누리과정과 연계하여 실시할 수 있는 다양한 미술적 표현 활동과 그 특성 및 관련 재료를 함께 제시해 두었다.

| 표 11-3 | 미술적 표현 활동 유형별 특성 및 관련 재료

미술표현 활동	특성	재료
긁적거리기 (3단계) 및 표상적 그리기	• 긁적거리기는 유아 미술표현의 첫 번째 단계이며 미술의 기초가 된다. • 대개 1세 이후부터 2세 반 때까지 지속되는 1단계인 무분별한 긁적거리기는 어설프고 불규칙한 선들로 구성되며 이는 영아의 운동신경 조절이 자유롭지 않음을 보여 준다. • 조절된 긁적거리기 2단계에서는 특정한 선이나 모양을 그리는 것에 대한 인식이 가능하고 움직임을 다양하게 하려고 시도하게 된다. 특정한 만족감을 주는 선이나 모양을 반복해서 그리려 하고, 그리기에 더 오랜 시간을 보내게 된다. 이 단계에서의 유아의 관심은 주로 운동적 쾌감과 움직임이 숙달되어 있다. • 이름 붙이는 긁적거리기 3단계에는 주로 3세에서 3세 반 정도가 되면 나타난다. 유아 자신이 긁적거리는 것에 이름을 붙이는 것(예: "이건 엄마야", "붕붕카야")은 자신의 움직임에 대한 흔적들을 주변 세계에 대한 이미지와 연결시키려는 것으로 그림을 통한 의사소통이 가능해진다. 하지만 유아가 긁적거린 것에 붙이는 이름 또는 의미는 장소, 상황에 따라 변한다. • 표상적 그리기 단계에서는 유아가 의도적으로 주변 환경에서 볼 수 있는 대상, 사물 등을 상징적으로 표현하고 구체적인 형태가 나타나는 그림을 그리기 시작하는 시기이다. 기본 도형 형태들을 서로 연합 또는 결합하거나 선들과 연역하여 구체적인 형태를 그리게 된다. 이 단계에서는 더욱 상세하여 사실적인 그림을 그리는 것에 관심을 둔다.	• 크레파스 • 매직 • 분필과 목탄 • 연필 • 파스텔 • 물감 • 붓 • 부속 재료(예: 물감 담는 용기, 이젤, 스펀지, 종이 수건, 헝겊, 붓 헹굼용 물통 등)
찢기, 자르기, 붙이기	• 눈과 손의 협응력과 손가락 조절 능력을 기를 수 있다. • 찢고, 자르고, 붙이는 과정을 통하여 모양, 크기, 비율에 대한 개념을 발달시킬 수 있다. • 유아들이 자유롭게 이러한 활동을 할 수 있도록 낡은 잡지나 신문지, 전단지, 전화번호부 책 등을 준비해 둔다. • 유아에게 안전하고 사용하기 편리한 가위를 준비해 두고 처음 시작하는 자르기 경험이 실패하거나 좌절하지 않도록 하는 것이 필요하다.	• 가위 • 풀 • 셀로판 테이프 • 스테이플러
판화	• 나무, 금속, 돌 등과 같은 물체에 형상을 그려 판을 만든 후, 잉크, 물감 등을 칠하여 종이나 천(다양한 재료) 등에 찍어 내는 과정이다. • 유아는 물감이 묻은 손을 핑거 페인팅과 같이 찍어 내거나 청소를 하는 동안 스펀지나 걸레의 상이 책상 위에 찍히는 것 등을 통해서도 판화의 간단한 형태를 스스로 발견할 수 있다.	• 템페라 물감 • 핑거 페인트 • 작은 고무 롤러 • 붓

미술표현 활동	특 성	재 료
입체물 구성하기	• 입체적인 자료를 사용하여 사물의 형태를 만들어 봄으로써 표현과 개념적 지식을 효과적으로 발달시킬 수 있다. • 신문, 상자, 테이프, 접착제, 나무 조각과 같은 사물을 이용하여 구성해 봄으로써 사물이 내포하고 있는 여러 개념들을 발견할 수 있고 사물의 성질을 이용하여 창의적으로 결합하여 표현할 수 있다. • 평면적인 자료 및 입체적인 자료를 사용하여 설계하고 만들고 구성해 봄으로써 두 자료의 성질을 이해할 수 있을 뿐만 아니라 두 개념을 연관시켜 생각해 볼 수 있다.	• 흙 점토 • 종이 찰흙 • 고무 찰흙 • 밀가루 점토 • 과일과 채소 • 다양한 폐품(예: 신문지, 작은 상자, 휴지말이, 깡통, 병뚜껑, 나무젓가락 막대 등) • 나무 토막

③ 감상

미술 활동에서 감상은 자연과 예술품, 자신 또는 또래의 작품 속에서 아름다움을 인식하고 이해하는 내용 영역이다. 미술 감상은 유아의 일상생활 속에서 시작할 수 있다. 쉽게 접할 수 있는 자연환경 속에서 미적 특성을 찾아보고 어떤 것을 아름답게 느꼈는지 왜 아름답게 느꼈는가를 생각해 보는 것에서 출발할 수 있다. 유아기에 미술 작품을 자주 접해 보면서 친숙하게 하고 미술 작품 속에서 감수성을 키우는 것이 필요하다. 미술 감상은 교실 내 그림이나 만들기 작품을 전시하거나 가까운 미술관이나 박물관을 방문함으로써 이루어질 수 있다. 또한 좋은 그림책을 선정하여 유아와 함께 예술 작품으로서의 그림을 감상해 봄으로써 심미감 및 미적 판단력을 증진시킬 수 있다.

(2) 미적 요소 및 원리

미적 요소란 그림을 그리거나 조형물을 만드는 등 모든 예술 작품을 창조할 때 사용되는 기본 요소로 점, 선, 형, 명암, 색, 질감, 공간을 의미한다. 이러한 미적 요소를 조직하여 시각적으로 아름다운 세계를 창조하는 방법에는 균형, 강조, 비례, 움직임, 리듬, 반복, 패턴, 조화, 통일과 같은 미적 형식의 원리가 있다.

미적 요소와 원리는 유아들에게 직접적으로 가르치기에는 어려움이 있다. 유아가 일상생활 속에서 미적 감각을 기르고 미적 요소를 이해할 수 있는 자연스러운 경험과 기회를 교사는 제공해 주어야 한다.

미적 요소에 관해 구체적으로 살펴보면 다음과 같다(오유경, 2013; 서소정, 2019).

① 점(dot)

점은 시각 요소 가운데 가장 단순하고 가장 작은 단위이다. 둥근 형태가 일반적이며 자연 상태에서 반듯한 모양이며 특정한 목적을 위해 만든 점은 사람의 주위를 끌 수 있는 시각적 힘을 가지고 있다.

② 선(line)

선은 예술 작품 속에서 두 점 사이의 거리를 나타내는 것으로 움직이는 점으로도 정의할 수 있는데 이는 연속적인 표시를 하거나 선을 그을 때 표면에 표시점을 두고 따라 움직여 기록된 자취를 남긴다. 선의 형태는 곧거나, 휘어지거나, 지그재그 등이 있다. 또한 선은 방향을 가지고 있는데 이는 수직선, 수평선, 대각선으로 구분되며 각각 다른 느낌과 반응을 갖게 한다. 일반적으로 수직선은 힘, 안정성, 위계 개념을 전달하는 반면 수평선은 조용함, 편안함, 온화하고 평화로움을 느끼게 한다. 긴장, 행동, 움직임을 표현하기 위해서는 대각선을 사용하기도 한다.

③ 형(shape)

형은 선의 연장이라고 볼 수 있는데 이는 선이 모여서 사각형, 원, 삼각형을 이루기 때문이다. 각각의 기본적인 형은 고유의 성질과 특징이 있는데 이는 우리 자신의 심리적 지각을 통해 의미를 부여하기 때문이다. 일반적으로 부피가 큰 물체들이 한데 모여 있게 되면 안정감, 둘러싸임, 거북함을 느끼게 된다. 동그란 형은 부드러움, 따스함, 보호, 유연함 등의 의미를, 사각형은 둔함, 정직함, 반듯함 등의 의미를, 삼각형은 행동, 투쟁, 긴장과 같은 의미를 갖게 한다.

④ 명암(shade)

예술 작품에서 밝고, 어두운 것의 양을 나타낸다. 검정은 가장 어두운 명도이고 흰색은 가장 밝은 명도이며 두 색 중간에 회색이 자리한다. 명도는 대비와 균형을 제공하는데, 색 또한 명도이다. 밝은 명도의 그림은 밝은 색이 많으며, 어두운 명도의 그림은 어두운 색이 많다.

⑤ 색(color)

색은 그림의 분위기를 조성하는 데 중요하다. 밝고 따뜻한 색은 사랑 혹은 열정의 느낌을 주며 일반적으로 빨간색, 노란색, 오렌지 색 등이 이에 포함될 수 있다. 시원한 색인 파란색, 초록색, 보라색은 공기, 물, 식물과 연결되어 시원함, 차가움, 조용함의 의미를 가지며 반면에 어두운 색은 슬픔이나 절망의 느낌을 줄 수 있다. 하나의 색이 어떻게 보이는가는 그 색 주변에 있는 색, 혼합된 색, 색에 비추어지는 빛의 양에 의해 좌우된다.

⑥ 질감(texture)

질감은 촉각에 의한 것과 시각에 의한 것이 있다. 같은 아크릴 물감이라도 종이에 그렸는지, 나무 위에 그렸는지, 천 위에 그렸는지에 따라 질감이 다르다. 또한 골판지, 은박지, 성냥개비, 시리얼, 비닐 등의 다양한 재료를 사용하여 콜라주 기법으로 표현하는 경우 각 재료에 따라 다양한 질감을 표현할 수 있다.

⑦ 공간(space)

공간은 미술 작품 내에서 형(shape)들 간의 거리를 의미한다. 미술 작품 내에서의 공간은 형이 차지하는 공간과 비어 있는 공간으로 구분할 수 있다. 공간은 가득 차 있거나 드문드문 비워져 있거나 폐쇄되어 있는 느낌 또는 자유로운 느낌을 제공하기도 한다. 공간 내에서의 형의 배치 또는 그 안에서의 관계는 미술 작품의 전체적인 구성과 표현에 영향을 미친다. 예를 들면, 형이 단순하게 나열되어 있으면 공간은 평면적으로, 형이 앞과 뒤로 서로 겹쳐서 배치를 이루면 공간의 깊이를 지각할 수 있다. 또한 공간을 배치할 때 다양한 크기는 원근감이 느껴지게 한다.

(3) 환경 구성

미술적 표현 활동 영역에서는 유아들이 다양한 자료를 탐색하고 만지고, 주무르고, 실험해 본 후 그 자료를 사용하여 자신의 내적 세계 및 주변 세계를 표현한다. 흥미롭고 조직적으로 잘 구성된 미술 활동 영역에서 유아들은 자신의 생각, 느낌, 경험을 자유롭게 표현할 수 있다. 다음은 미술 활동 영역을 구성할 때 고려할 점을 요약하여 정리하였다(이영자 외, 2005; 서소정, 2019).

미술적 표현 활동을 위한 물리적 환경(시설, 설비, 재료, 도구)을 구성할 때 일반적으로 고려해야 할 요소는 다음과 같다(양경희, 2008).

- 적합성: 미술 활동 영역의 시설, 설비, 재료, 도구 등은 유아의 발달에 적합한가?
- 안정성: 사용될 모든 재료와 도구들은 유아들이 사용하기에 위험성이 없이 안전한가?
- 경제성: 가격이 저렴하여 경제적 부담감 없이 충분하게 제공될 수 있는가?
- 다양성: 미술 활동에 사용할 수 있는 재료는 평면의 2차원적 재료와 입체의 3차원적 재료를 다양하게 제시하고 있는가?

미술 활동을 위한 기본 시설 설비로는 작업을 위한 유아용 책상, 의자, 작업 재료와 도구를 보관하는 정리장, 화판 이젤, 건조대, 완성된 작품을 보관하는 보관장, 완성돈 작품을 전시할 수 있는 전시 공간, 가운, 가운걸이대, 수도, 싱크대, 작업 후 정리 정돈할 때 필요한 청소 도구 등이 갖추어져야 한다(양경희, 2008). 물리적 환경 구성의 원칙은 다음과 같이 요약할 수 있다.

- 미술 활동 영역은 가능한 밝은 곳으로 위치를 정하여 유아들이 색깔을 분명하게 분별할 수 있도록 해야 한다. 또한 많은 미술 활동들이 활동 과정 및 정리할 때에 물이 필요하므로 교실 내에 수도 시설이 있는 지역에 배치하는 것이 바람직하다.
- 미술 활동 영역의 바닥 표면은 물이나 물감을 흘렸을 때 유아가 쉽게 닦을 수 있도록 타일이나 모노륨과 같은 재료로 설비하는 것이 좋으며 이젤이 놓인 바닥이 마루로 되어 있는 경우에는 부분적으로 비닐 장판을 깔아 주어서 실수로 유아들이 물감을 흘렸을 때 쉽게 닦을 수 있도록 한다.
- 미술 활동 영역은 다양한 미술 재료를 가지고 유아들이 적극적으로 탐색할 수 있는 공간이며, 유아들의 창의적인 자기표현이 격려되는 곳이다. 따라서 이러한 유아들의 탐색 과정에서 발생되는 적절한 정도의 건설적인 소음이나 혼란스러움은 허용되어야 한다. 책 읽기 영역이나 조용한 활동이 이루어지는 영역과는 분리되게 배치하는 것이 좋다.
- 미술 활동을 하기 위해서는 개인 또는 공동 작업을 위한 충분한 공간이 마련되어야 한다. 이젤을 사용한 그림 그리기 활동을 할 때 어린 연령의 유아들은 팔 전체를 움직이며 그림을 그리는 경향이 있으므로 책상의 크기 및 활동 공간을 상대적으로 넓게 제공하는 것이 바람직하다.
- 유아들의 호기심과 창의성이 발달되기 위해서는 미술 활동 영역에서 제공되는 자료들을 준비할 때도 세심한 배려가 필요하다. 같은 재료를 준비하더라도 모양이나 색, 형태가 다를 경우 유아들은 다양한 경험을 할 수 있으며, 이러한 경험은 독창적 사고, 다양한 사고를 하는 데 기초가 된다.
- 자료를 충분하게 준비하여 자료가 부족하여 활동이 중단되는 경우가 없도록 배려한다. 자료나 비품은 쟁반, 투명한 통 등에 각각 담고 비슷한 유형의 자료끼리는 인접한 위치의 교구장에 비치한다. 또한 교사는 자료를 두는 위치에 그림과 글씨로 표시하여 유아가 혼자서 자료를 꺼내고 다시 제자리에 정리할 수 있게 함으로써 활동하는 과정에서 자연스럽게 정리 정돈 하는 습관을 형성할 수 있게 하고 또한 정리 과정에서 분류 능력이 증진될 수 있도록 배려한다.

- 유아들이 미술 활동을 마친 후 자신의 작품을 건조시킬 수 있는 선반 또는 빨랫줄이나 건조대를 사용하여 빨래 집게로 작품을 고정하도록 도와준다. 또한 유아들이 자신의 작품을 전시할 수 있는 교실 내 작품 진열대와 게시판을 마련하여 유아들끼리 서로의 작품에 대한 의견을 나눌 수 있는 기회를 제공하는 것이 좋다.

(4) 인적 환경 구성(지도법)

미술 활동에서의 교사의 역할에 관하여 여러 학자들의 의견을 종합하여 정리해 보면 다음과 같다(양경희, 2008; 오유경, 2013; 서소정, 2019).

① 환경의 조성자

교사는 다양한 재료, 도구, 활동을 준비하며, 개방적이고 허용적이며 유아들이 자유롭고 미적 분위기를 느낄 수 있도록 환경을 조성해 주어야 한다.

② 관찰자

교사는 유아의 이전 학습의 경험과 현재 미술 발달 수준을 지속적인 관찰을 통해 파악해야 한다.

③ 동기 유발자

교사는 유아의 인적(또래, 성인), 물적(재료), 창의적인 발달을 위해 이들의 수준에 맞게 적절한 동기를 갖도록 지원해야 한다.

④ 문제 해결자

교사는 미술 활동 시 일어나는 다양한 문제를 다각적은 방식으로 적절하여 적용하여 유아 스스로가 해결할 수 있도록 도와주는 역할을 해야 한다.

⑤ 창조적 표현의 장려자

교사는 유아의 독특성 또는 개성을 인정하여 이들의 창의적 표현에 긍정적으로 반응하고 강화를 제공하여 창의성을 발달시킬 수 있도록 장려해야 한다.

⑥ 미학적 모델

교사 스스로가 미학적인 모델이 되어 다양한 장르의 예술적 경험과 자극(예: 음악, 동작, 드라마, 예술 작품)을 제공해야 한다.

⑦ 평가자

유아들은 미술 활동을 통해 자신감, 성취감, 만족감 등을 느끼며, 결과 산출물뿐만 아니라 과정이 중요함을 인식하게 된다. 이에 교사는 유아의 미술 작품을 존중해 주며, 성인의 관점에서 작품의 우열을 평가하는 것이 아닌 유아 스스로가 미술 활동의 과정에서 수준의 향상을 평가할 수 있도록 지원하는 것이 중요하다. 유아 자신의 작품을 존중하여 즐기고 감상할 수 있는 안목을 높여 주는 평가자가 되어야 한다.

유아들의 심미감을 증진시키고 효과적인 미술 지도를 통한 유아의 제 발달을 지원하기 위하여 다음과 같은 여러 가지 지도법을 사용할 수 있다.

① 좋은 미술 작품과의 만남을 통해 유아가 자연스럽게 생활 속에서 주변의 아름다움을 지각하고 느끼고 미적인 것을 이해하게 하는 것이 중요하다. 미술 작품의 복사본, 명화 엽서, 슬라이드 필름, 비디오, 미술 책 등 유아가 교실 내에서 훌륭한 미술 작품을 자주 접할 수 있는 기회를 제공하도록 한다. 또한 미술관, 박물관의 견학을 통해 실제로 미술 작품을 접할 수 있는 미술 감상의 기회를 제공하는 것이 필요하다.

② 다양한 매체와 방법을 사용하여 새로운 미적 가능성을 탐색하고 실험할 수 있는 기회를 제공하는 것이 필요하다. 예를 들면, 크레용과 물감을 혼합하여 사용하게 함으로써 서로 다른 매체 간의 사용을 통한 미적 가능성을 재발견할 수 있게 한다든지, 또는 물감을 그릴 때에도 다양한 종류의 붓을 사용하는 것 이외에도 칫솔이나 깃털 등과 같은 다양한 도구를 함께 제공해 줌으로써 다양한 방법을 탐색하고 실험해 볼 수 있는 기회를 마련해 주는 것이 좋다.

③ 유아의 작품 속에 표현된 유아의 경험과 아이디어를 유아 스스로 인식할 수 있도록 교사의 세심한 언어적 반응이 중요하다. 교사는 유아의 작품에 대하여 대화를 나눌 때 특히 다음과 같은 점에 유의하여야 한다.

- 유아의 작품에 대한 단순한 칭찬과 가치 판단적인 표현은 바람직하지 않다. "멋지구나.", "예쁘다."와 같은 단순한 칭찬은 더욱 풍부하게 진행될 수 있는 언어적 대화의 기회를 제한시키게 되며 "참 잘했구나.", "잘 그렸네."와 같은 가치 판단적인 표현은 유아들의 그림에 대한 사실적인 평가이기보다는 상투적인 표현이 될 수 있으므로 지양하는 것이 좋다.
- 유아들의 작품에 대해서는 유아 자신의 노력과 투자를 인정해 준다. 유아가 그 작품을 만드는 과정에 대한 격려와 관심이 주어지는 것이 더욱 바람직한데, 예를 들면, "ㅇㅇ의 집을 아주 열심히 그렸네.", "나무젓가락에 풀을 부칠 때 아주 힘들어하던데 끝까지 다 했구나." 등과 같이 유아의 노력이나 투자한 시간에 대하여 관심을 보여 주도록 한다.
- 유아들이 그림을 그릴 때 사실적인 표현이나 묘사를 제안하는 것은 바람직하지 않다. 유아의 창의적인 표현을 교사는 그대로 인정해 주는 것이 필요하다.
- 교사는 유아의 현재 미술표현 발달 수준을 고려하여 언어적으로 반응하도록 한다. 비표상적인 그림 단계에 있는 어린 연령의 유아가 긁적거린 것을 보고, "무엇을 그렸니?"와 같은 반응을 하는 것은 좋지 않다. 이 단계 유아의 미술표현의 주된 목적은 감각 운동적인 움직임 자체의 탐색과 즐거움을 추구하는

것이다. 따라서 "손을 아래, 위로 움직이네."와 같이 유아의 움직임을 중심으로 반응하는 것이 적절한 표현이다. 반면에 초기 표상적 그림 단계에서 교사는 유아의 작품 속에 들어 있는 미적 요소들에 초점을 두고 대화하는 것이 바람직하다. 예를 들면 "ㅇㅇ는 굵은 선과 가는 선을 함께 그렸네. 동그라미와 세모도 있네."와 같이 유아가 사용한 선과 형태라는 미적 요소를 언급하면서 언어적 반응을 할 수 있다. 나아가 교사는 사용된 미적 요소가 불러일으키는 감정과 관련된 반응, 예를 들면, "노란색 둥근 해를 보니까 선생님은 마음이 따뜻해지네."와 같은 대화를 유아와 함께 나눌 수 있다.

- 유아들의 작품에 대해 반드시 대화를 해야만 하는 것은 아니다. 때로는 교사가 유아의 미술 활동을 관찰만 하는 것도 필요하다. 유아가 먼저 대화를 시작하도록 기다려 볼 수도 있다.

④ 유아 스스로가 자신의 작품에 대해 다른 유아들에게 이야기할 수 있는 기회를 제공하는 것이 필요하다. 이야기 나누기 활동 시간이나 자유놀이 시간 중에 원하는 유아들에 한해 대집단 또는 소집단 활동으로 자신이 만든 미술 작품을 보여 주며 함께 이야기 나누는 기회를 가질 수 있도록 한다. 이때, 교사는 참여한 유아가 가능한 한 골고루 자신의 작품에 대해 이야기 나눌 수 있도록 도와주고 배려해 주도록 한다.

⑤ 교사는 미술 활동 영역에 일정한 공간을 유아들의 작품 전시 공간으로 확보하여 유아들이 만든 작품을 전시해 줌으로써 자신의 작품에 대해 자부심을 느끼게 한다. 이러한 자부심은 유아들 자신의 표현력에 대한 자신감을 향상시키고, 또한 전시된 다른 유아들의 작품을 보면서 미적 감수성과 표현력을 발달시킬 수 있는 기회를 제공해 준다.

4. 신체·동작표현, 음률, 미술적 표현 활동 주제 제시

본 장에서는 유아의 표현놀이를 편의상 신체·동작표현, 음률, 미술적 표현 활동으로 구분하여 살펴보았다. 2019 개정 누리과정과 연계하여 일상에서 유아의 놀이를 통해 실시할 수 있는 다양한 표현놀이 관련 주제를 제시하면 다음의 〈표 11-4〉와 같다.

| 표 11-4 | 유아의 신체·동작표현, 음률, 미술적 표현 활동 주제

주제	신체·동작표현 활동	음률 활동	미술적 표현 활동
나와 유치원·어린이집	• 몸도 튼튼! 마음도 튼튼 • 물건 찾기/그림자 놀이 • 친구의 손과 발의 움직임을 따라서 • 물건 찾기/숨바꼭질	• 반갑습니다 • 모두 제자리! • 내 몸에서 여러 가지 소리가 나요! • 소리를 작게, 작게, 크게, 크게(소리 조절하기)	• 우리 반 표지판 만들기 • 내 물건이에요! • 손바닥·발바닥 찍기 • 손가락으로 음악을 감상하며 물감으로 선 그리기 • 서당 그림 감상하기
봄	• 개구리가 깨어나요! • 어떻게 걸을까요? • 대청소를 해요 • 벚꽃 여행을 떠나요~ • 민들레 꽃씨 되어~	• 봄비/씨앗(노래) • 꽃씨 마라카스 연주 • 풍선처럼 가볍게- • 싹 싹 싹! 쓱 쓱 쓱!	• 봄 꽃 모빌 • 봄에 입는 옷차림(천을 활용한 꾸미기) • 꽃 모루 도장 찍기 • 꽃씨 마라카스 만들기
식물·동물	• 나비처럼 날아 보아요 • 싹이 돋아나요! (나무의 움직임 표현) • 동물 모습 표현하기 • 토끼와 거북이	• 애벌레의 느림, 번데기의 쉼, 나비의 빠름 • 동물의 걸음과 손뼉 박자 • '동물의 사육제' 음악 감상(자유화 그리기)	• 나비 데칼코마니 • 폐품을 활용한 동물 만들기 • 꽃씨 마라카스 만들기 • 동물 가면 만들기
우리 가족	• 아빠처럼, 엄마처럼 • 아기의 울음 소리 • 동글이 가족과 네모 가족 • 우리 집에 왜 왔니?	• 우리 엄마 • 거인과 난쟁이 • 자장가 감상하고 아기 재우기 • 결혼 행진곡 감상하기	• 집이 있는 그림 감상하기 • 집 꾸미기(콜라주) • 우리 가족이에요!(액자) • 앞치마/넥타이 구성하기 • 손가락 가족 만들기
여름	• 연꽃이 피어나요! • 뱃놀이를 해요 • 내가 만든 우산으로 우산춤 만들기 • 천둥이 쳐요!	• 비와 무지개 • 비 오는 날의 음악 고르기 • 수박씨와 복숭아씨(박자) • 여름·수박(노래)	• 부채 만들기 • 사인펜, 물감 번지기 그림 • 포도 만들기 • 다양한 우산 꾸미기 • 해바라기 감상하고 만들기

주제	신체·동작표현 활동	음률 활동	미술적 표현 활동
물고기 · 물	• 비눗방울이 되어~ • 얼음 위에서~ • '바윗돌 깨뜨려' 노래와 함께 몸으로 표현해 보기 • 무지개 물고기가 되어서~	• 비눗방울(노래) • 작은 물고기, 큰 물고기(크기) • 물이 흘러요! • 물 쉐이크 소리 만들기	• 무지개 물고기 만들기 • 물방울 모빌 · 물 비닐 • 물들이기(염색하기) • 비눗방울 그림
가을	• 가을바람이 되어~ • 코스모스가 되어요 • '곰돌이의 가을 여행' 동화를 듣고, 몸으로 표현해 보기	• 가을(노래) • 다람쥐와 도토리 • 사계 중 '가을' 감상하기 • 소리에 색깔이 있어요! • 쌀알처럼 덩실덩실 춤추기	• 단풍 나뭇잎 물들이기 • 커다란 무 만들기 • 은행잎 편지 • 가을 나무 · 과실 나무 만들기
책 · 도서관	• 보름달 되어 보기 • 도서관의 책장 • 마법의 책 여행 • 두루마리 책이 되어~	• 동화를 노래로~ • 책 읽기 좋은 음악 고르기 • 빨간 끈(동화와 함께~) • 음악이 있는 책 구성하기	• 여러 가지 모양의 책 • 움직이는 책 • 박사님 모자 만들기 • 내가 만든 팝업 북 • 도서관 표지판 꾸미기
기계와 도구 · 교통기관	• 기계가 되어 같이 돌아요(볼트와 너트 되어 보기) • 비행기가 날아요! • 치치와 기차놀이	• 내가 만든 교통기관 소리 • 종이 · 못 · 고무줄 악기 만들기 • 간다 간다(노래) • 톱니와 돌림 노래	• 구슬 그림 • 깡통 로봇 만들기 • 자동차 · 기차 · 비행기 만들기 • 재활용품을 이용한 우주선 꾸미기
겨울	• 김장 담그기 • 12띠 이야기 표현해 보기 • 눈이 오면 • '꼬마야 꼬마야' 놀이하기	• 종소리(핸드벨 연주) • 겨울바람 악기 연주 • 김장(노래) • 캐롤 감상하기 및 부르기	• 눈사람 만들기 • 장갑과 목도리 • 트리 만들기 • 종/눈송이 모빌

5. 실제 활동

1) 2019 개정 누리과정과 연계한 표현놀이(활동) 예시

다음은 2019 개정 누리과정에서 소개하고 있는 예술경험 영역의 통합적 이해를 위한 활동 예시이다(2019 개정 누리과정 해설서, pp. 98-100).

비 오는 날

활동 영역 예술경험 영역의 통합적 이해

활동 내용

비가 내리는 날, 창문 밖을 바라보던 유아들은 선생님에게 바깥으로 나가자고 제안한다. 우비와 장화 차림으로 친구들과 함께 바깥 놀이터로 나온 신유와 지효는 친구들과는 조금 떨어진 곳으로 걸어간다. 그리고 비가 와서 생긴 흙탕물 도랑을 밟으며 말없이 천천히 걷는다.

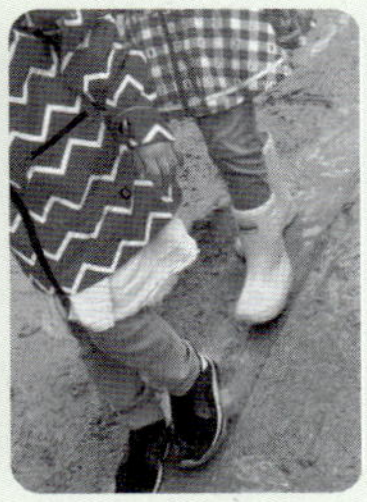

신유: (작은 목소리로) 소리가 난다.
지효: (미소 지으며 작은 목소리로) 응, 우비에서 소리가 난다.
신유: 응. 신발에서도 소리가 난다… 이것 봐, 발자국이 생긴다.
지효: 너 발자국 위에 내 발자국 올라간다.

지효가 화단에 동백꽃잎들이 떨어진 것을 발견하고 동백꽃잎을 줍는다. 지효가 "야, 정말 부드럽다."라고 말하자, 신유가 "살살 만져야겠어. 우리 동백꽃잎 케이크 만들자. 정말 맛있을 거야."라고 제안한다. 지효는 동백꽃잎을 주워 오고, 신유는 동백꽃잎으로 케이크를 만들기로 한다.

신유는 큰 냄비에 모래를 가득 담아 바닥에 엎고, 작은 그릇에도 모래를 가득 담아 그 위에 엎는다. 그리고 손으로 모래를 다듬으며 동백꽃잎을 하나씩 꽂는다.
교사가 "분홍색 꽃잎이 비에 젖으니까 더 선명하고 예쁜 것 같다."라고 말하자, 신유는 "동백꽃잎 케이크예요. 친구에게 선물하고 싶어요."라고 말하며 계속 모래를 다듬으며 동백꽃잎을 꽂고, 지효는 계속 동백꽃잎을 주워 신유에게 전달한다.
동백꽃잎 케이크를 만든 뒤, 지효는 화단에서 짧고 가느다란 나뭇가지를 주워 온다. 그리고 작은 목소리로 신유에게 "나무가 연필이라고 생각하고 서로 그려 주자."라고 말한다. 지효와 신유는 모래 위에 서로의 모습을 나뭇가지로 그려 준다.

앞서 소개한 유아의 실제 경험이 2019 개정 누리과정에서 제시하고 있는 5개 영역의 내용과 다음과 같이 자연스럽게 통합되어 있다.

(1) 신체 운동 · 건강

• 신체 활동 즐기기

신체를 인식하고 움직인다. 유아들은 발로 천천히 걷기, 발자국 만들기, 엄지와 검지손가락으로 조심스럽게 꽃잎 줍기, 손바닥으로 모래 다듬기 등의 신체를 인식하고 움직이는 경험을 하며 신체 움직임을 조절한다. 유아들은 동백꽃잎, 젖은 모래, 나뭇가지 등 사물의 특성에 따라 손가락 힘의 강도를 조절한다.

(2) 의사소통

• 듣기와 말하기

말이나 이야기를 관심 있게 듣는다. 유아들은 빗소리와 물 웅덩이 등에 대해서 다양한 표현을 하며 서로의 이야기를 관심 있게 듣고 말한다. 자신의 경험, 느낌, 생각을 말한다. 유아들은 동백꽃잎이 떨어진 모습을 보며 서로의 생각을 말하고 상대방의 말이나 이야기를 듣고 적절하게 반응한다 .

(3) 사회관계

• 더불어 생활하기

친구와 서로 도우며 사이좋게 지낸다. 유아들은 동백꽃잎 케이크를 만들기 위해 서로 역할을 분담하며 협력한다. 서로의 모습을 예쁘게 그려 주기도 한다.

(4) 예술경험

• 아름다움 찾아보기

자연과 생활에서 아름다움을 느끼고 즐긴다. 유아들은 비가 내리는 날 만나는 자연과 공간, 사물에서 아름다움을 발견하고 풍부하게 느낀다. 말없이 조용히 걸으며 주의를 기울여 빗소리를 듣고, 화단에서 발견한 동백꽃잎으로 동백꽃잎 케이크를 만들고, 서로의 모습을 그려 주는 모든 과정에서 아름다움을 느끼고 즐긴다.

또한 예술적 요소에 관심을 갖고 찾아본다. 빗소리, 우비에 떨어지는 빗소리, 장화와 흙탕물 도랑이 만나는 소리 등의 음악적 요소, 동백꽃잎의 분홍빛, 곡선, 부드러운 질감과 모래의 까끌까끌한 질감 등의 미술적 요소에 주의를 기울이고, 케이크를 동백꽃잎과 불그스름한 나뭇잎으로 장식하며 케이크의 꼭대기에 동백꽃 한 송이를 장식하는 과정을 통해 색, 모양, 질감, 공간을 탐색한다.

• 창의적으로 표현하기

다양한 미술 재료와 도구로 자신의 생각과 느낌을 표현한다. 동백꽃잎과 불그스름한 나뭇잎, 젖은 모래, 큰 냄비와 작은 그릇을 활용하여 2층으로 올린 동백꽃잎 케이크를 창의적으로 만든다. 동백꽃잎을 하나씩 둥글게 꽂고, 불그스름한 나뭇잎을 이중으로 꽂아 꾸민다. 화단에서 주운 짧고 가느다란 나뭇가지로 젖은 모래 위를 도화지 삼아 서로의 모습을 그려 주며 창의적 표현을 즐긴다.

(5) 자연탐구

• 생활 속에서 탐구하기

물체의 특성과 변화를 여러 가지 방법으로 탐색한다. 유아들은 젖은 모래는 마른 모래보다 잘 뭉쳐지기도 하지만 모래이기 때문에 잘 부스러진다는 특성을 자연스럽게 탐색한다.

2) 2019 개정 누리과정과 연계한 신체 · 동작표현놀이 활동 계획안 예시

<table>
<tr><th colspan="4">다양한 마음으로 폴짝폴짝</th></tr>
<tr><td>활동 유형</td><td colspan="3">신체·등작표현 활동</td></tr>
<tr><td>활동 대상</td><td>만 3~5세</td><td>소요 시간</td><td>60분</td></tr>
<tr><td>생활 주제</td><td>건강하고 안전한 운동</td><td>소주제</td><td>즐거운 운동</td></tr>
<tr><td>누리과정 관련 영역</td><td colspan="3">• 신체 운동·건강 – 신체 인식하기 – 감각 능력 기르고 활용하기
– 신체 조절과 기본 운동하기 – 신체 조절하기
– 기본 신체 동작 표현하기
• 의사소통 – 말하기 – 느낌, 생각, 경험 말하기
– 상황에 맞게 바른 태도로 말하기
– 타인의 말(활동 규칙)을 듣고 이해하기
• 사회관계 – 나와 다른 사람의 감정을 알고 조절하기
– 다른 사람과 더불어 생활하기</td></tr>
<tr><td rowspan="2">활동 목표</td><td>신체</td><td colspan="2">• 다양한 뛰기 동작에 관심을 가지고 안전하게 신체 활동에 참여한다.
• 변화하는 마음과 기분을 탐색하며 뛰는 동작에 관심을 갖고 표현한다.</td></tr>
<tr><td>정서</td><td colspan="2">• 자신의 느낌, 생각, 감정에 대하여 이야기 나누며 감정에 대하여 이해해 본다.
• 다른 사람의 감정을 탐색하고 관심을 가진다.
• 약속과 규칙을 지키며 충동을 억제하고 주의를 집중한다.</td></tr>
<tr><td>활동 자료</td><td colspan="3">• 풍선, 훌라후프, 음원 CD
• 사진 자료(기쁨, 걱정, 슬픔)
• 그림 카드(기쁨, 걱정, 슬픔, 힘듦)</td></tr>
<tr><th colspan="4">활동 방법</th></tr>
<tr><td>도입</td><td>움직임 준비 및 정서 다가가기</td><td colspan="2">1. 사진 속 기사와 다양한 표정을 보고 이야기를 나누어 본다.
(정서: 다양한 감정 탐색, 타인 이해와 존중)
1) 자메이카의 톰슨 선수는 열심히 연습해서 드디어 올림픽에서 금메달을 목에 걸었습니다.
2) 러시아의 클린시아 선수는 먹으면 안 되는 약을 먹고 대회에 참가했다가, 결국 규칙을 어긴 사실이 발견되어 앞으로 다가올 대회에 참가할 수 없게 되었습니다.
3) 한국의 김선애 선수는 대회에 참가했지만 메달을 따지 못했습니다.

– 사진 속 육상 선수들의 기분은 어땠을 거라고 생각하니?
– 왜? 그런 기분이 들었다고 생각했니?
– 너희들도 비슷한 기분을 느껴 본 적이 있었니?
– 그런 기분이 들 때 어떻게 했니?
– 지금 운동을 하러 온 너희들의 기분은 어떠니?</td></tr>
</table>

<table>
<tr>
<td>도입</td>
<td>움직임
준비
및
정서
다가
가기</td>
<td>2. 원 대형을 유지하며 비이동, 이동을 하며 준비 운동에 참여한다.
(신체: 이동 기술, 비이동 기술 / 자기 조절: 충동 억제)
- 준비 운동에 참여해 본다.
- 이동 동작을 해 보려고 하는데 몸을 이동하다가 호루라기 소리에 맞추어 움직임을 멈춰 볼 수 있니?
- 호루라기 소리에 집중하면서 움직여 본다.
(비이동 : 발목 돌리기, 무릎 앉았다가 일어서기, 허리 돌리기, 어깨 돌리기, 목 돌리기)
(이동 : 걷기, 슬라이딩, 달리기, 말 뛰기, 두 발 뛰기, 기기)
- 어느 어린이가 가장 움직임을 잘 멈췄던 것 같니?
- 준비 운동을 해 보았는데 준비 운동을 하고 난 기분이 어떠니?
- 왜? 그런 기분이 들었니?</td>
</tr>
<tr>
<td rowspan="2">전개</td>
<td>움직임
경험
하기</td>
<td>3. 움직임 요소를 알아본다.
(신체 운동 원리: 점진성, 전면성, 의식성 / 신체: 점프)
- 오늘은 사진 기사에서 보았던 멀리뛰기, 높이뛰기와 같은 점프 운동을 해 볼 거야!
- 천장에 달린 풍선을 점프해서 만져 볼 수 있겠니? (높이가 다른 풍선 2개)
- 다 함께 돌아가며 점프해 풍선을 만져 볼 수 있겠니?
- 어느 어린이가 점프를 높이 잘하는 것 같니?
- OO이는 왜 점프를 높이 잘할 수 있었다고 생각하니?
- 바닥에 있는 훌라후프는 어떤 동작을 이용해 건너면 좋을까?
(거리가 다른 훌라후프 3개)
- 다 함께 돌아가며 점프해 훌라후프를 건너 볼 수 있겠니?
- 어느 어린이가 멀리 점프를 잘하는 것 같니?
- OO이는 왜 점프를 멀리 잘할 수 있었다고 생각하니?
- 혹시 우리 반에 점프를 하는데 어려워하는 어린이가 있었니?
- 어려움이 있는 어린이는 우리가 어떤 방법으로 도와줄 수 있을까?
- 원 대형을 유지하며 높이, 멀리 점프하는 활동에 참여해 본다.</td>
</tr>
<tr>
<td>본
신체·
동작
활동
하기
/
감정
탐색
및
표현
하기</td>
<td>4. 본 신체·동작 활동에 참여한다.
(신체 운동 원리: 점진성, 전면성, 의식성 / 신체: 점프)
- 풍선의 개수가 몇 개 더 생겼는지 다 함께 셀 수 있니?
- 훌라후프의 개수가 몇 개 더 생겼는지 다 함께 셀 수 있니?
- 이번에는 호루라기 소리에 맞춰서 점프를 해 보려고 하는데 모두 움직임을 잘 조절하며 점프할 수 있겠니?
- 점프하다가 호루라기 소리가 들리면 어떻게 하고 싶니?
(호루라기 소리에 맞춰 출발을 하며 활동에 참여한다.)

5. 정서 탐색 및 표현을 해 본다.
(정서: 자기 감정 수용하기, 다양한 감정 탐색, 타인 이해와 존중)
- 풍선과 훌라후프를 이용하여 다양한 점프 활동을 해 보았는데 점프 활동을 하고 난 지금 기분은 어떠니?</td>
</tr>
</table>

전개	본 신체·동작 활동하기/ 감정 탐색 및 표현하기	– 점프를 할 때 기분을 말로 표현해 줄 수 있는 어린이가 있니? – 혹시 우리 반 어린이 중 너희가 생각하기에 즐겁고, 행복하고, 만족스러운 표정을 짓고 있는 어린이가 있니? – 혹시 우리 반 어린이 중 힘들고, 슬프고, 지친 표정을 짓고 있는 어린이가 있니? – 왜(즐겁고, 행복하고, 힘들고, 슬픈) 표정을 짓고 있다고 생각하니? – 힘든 어린이는 다음에 어떻게 도와주면 좋을까? – 마지막으로 게임을 하려고 하는데 게임을 하기 위해 어떤 준비를 하면 좋을까? – 자세(몸), 눈빛, 마음은 어떻게 준비됐는지 보여 줄 수 있니?
	움직임 즐기기 / 계획·점검·평가	**6. 풍선과 훌라후프를 돌아오는 게임을 계획해 본다.** **(신체 운동 원리: 점진성, 전면성, 의식성 / 신체: 점프)** **(자기 조절: 계획)** – 풍선과 훌라후프를 돌아오는 게임은 어떤 게임이라고 생각하니? – 우리가 안전하게 게임에 참여하려면 어떤 규칙과 약속이 있으면 좋을까? – 규칙과 약속이 잘 지켜지지 않으면 마음이 어떨 것 같니? – 약속을 지키기 어려운 어린이는 어떻게 도와주면 좋을까? **7. 풍선과 훌라후프를 돌아오는 게임을 즐기고, 점검해 본다.** **(자기 조절: 점검–평가)** – 게임을 마친 기분이 어떠니? – 안전하게 게임 활동이 이루어진 것 같니? – 약속과 규칙을 지키기 힘들어하는 어린이는 없었니? – 다음에는 어떤 약속이 있으면 좋을까?
마무리	이야기 나누기	**8. 평가 및 회상** **(정서: 자기 감정 수용, 다양한 감정 탐색, 타인 이해와 존중)** – 오늘은 어떤 운동을 해 본 것 같니? – 운동을 하고 난 기분이 어떠니? – 여기 그림 카드가 있는데 어떤 표정의 그림 카드가 있는 것 같니? – 지금 내 기분(기쁨, 걱정, 슬픔, 힘듦)과 비슷한 그림이 있니? – 언제? 기분(기쁨, 걱정, 슬픔, 힘듦)이 그랬니? – 왜? 내 기분(기쁨, 걱정, 슬픔, 힘듦)이 그랬니? – 다음에는 어떤 기분으로 활동에 참여하고 싶니?
주의 사항		• 도입 – 전개 – 마무리의 활동이 자연스럽게 이어지도록 한다. • 유아들이 자연스럽게 뛰기 동작에 관심을 갖도록 개방적인 환경을 조성한다. • 유아들이 자신의 감정을 표현할 수 있는 허용적인 환경을 조성한다.
평가		• 유아들은 신체·동작표현 활동에 참여하면서 자신들이 느꼈던 다양한 감정들을 수용하고, 이를 적절하게 표현할 수 있게 되었다. • 또래와 함께 활동을 하면서 다른 사람이 느낄 수 있는 감정들에 대해서도 이해, 수용할 수 있는 기회를 가졌다. • 다양한 감정들이 있음을 이해하고, 이를 신체, 동작을 통해서도 표현할 수 있음을 알게 되었다..

출처: 김상겸(2018).

❖ 참고 문헌

강나리(2013). 실외모래놀이 활동이 유아의 자연친화적 태도와 정서지능에 미치는 영향. 순천향대학교 교육대학원 석사학위논문.

강민정(1997). 교사가 지각한 유아의 기질과 유치원 부적응행동과의 관계. 한국교원대학교 대학원 석사학위논문.

강보라(2017). 영유아 음악교육. 서울: 창지사

고소영(2003). 유아의 창의성과 놀이성의 관계. 연세대학교 교육대학원 석사학위논문.

고윤지, 김명순(2013). 유아의 놀이성, 놀이 주도성 및 의사소통 능력 수준에 따른 놀이행동. 아동학회지, 34(1), 175-189.

곽금주, 성현란, 장유경, 심희옥, 이지연, 김수정, 배기조(2005). 한국영아발달연구. 서울: 학지사.

곽향림(2004). 구성주의 교실에서 물과 모래의 물리적 현상을 이용한 과학하기-과학의 과정과 개념 변화를 중심으로. 유아교육학 논집, 8(3), 267-293.

교육과학기술부(2013). 교통기관 : 4세 누리과정 지도서. 7. 서울: 교육과학기술부.

교육과학기술부, 보건복지부(2012). 3-5세 누리과정.

교육과학기술부, 보건복지부(2012). 3-5세 연령별 누리과정 교사용 지침서. 서울: 한국시각장애인협회.

교육부(2000). 유치원 교육활동 지도 자료 1-총론. 서울: 교육부.

교육부(2015) NCS 학습모듈 04 영유아놀이지도. 서울: 교육부.

교육부, 보건복지부(2019). 2019 개정 누리과정 해설서.

국립국어원(2018). 표준국어대사전.

국립특수교육원(2009). 특수교육학 용어사전. 서울: 하우.

권미나, 엄정애(2011). 실내 · 외 자유놀이시간에 나타나는 유아의 또래 놀이집단 가입행동과사회적 행동과의 관계. 교육과학연구, 42(2), 137-156.

김경란(1994). 쌓기놀이 영역에서 교사의 개입이 유아의 공간조망능력에 미치는 영향. 중앙대학교 대학원 석사학위논문.

김경연(1999). 실외 모래 놀이 영역의 복합성 수준에 따른 아동의 놀이 행동. 연세대학교 대학원 석사학위논문.

김귀복(2008). 음악치료가 ADJD 유아의 문제행동과 사회적 수용에 미치는 효과. 지적장애연구, 10(4), 145-162.

김근희(2005). 유아의 놀이성과 또래 유능감과의 관계. 숙명여자대학교 대학원 석사학위논문.

김명순, 이미정, 이윤선, 정혜원, 윤상인, 오경숙, 서원경, 김성은, 이민주(2013). 어린이집 표준보육과정에 기초한 영아보육프로그램 1세. 서울: 보건복지부.

김명순, 조경자(2004). 유아를 위한 음악교육의 이론과 실제. 서울: 다음세대.

김명순, 김창복, 이미화(2000). 저소득층 아동의 발달과 놀이에 대한 연구. 아동학회지, 23(1), 87-104.

김명순, 유정은, 이민주, 조항린(2010). 동일연령반에서 유아의 자유선택놀이에 관한 연구: 놀이행동, 흥미 영역, 놀이 상대 및 놀이성을 중심으로. 열린유아교육연구, 15(3), 75-98.

김미소, 서영숙(2018). 유아의 "진짜" 놀이 경험에 대한 의미 탐구. 유아교육연구, 38(3), 349-368.

김보애(2003). 모래 놀이의 이론과 실제. 서울: 창지사.

김상겸(2018). 단 5세 유아를 위한 신체 · 정서 통합프로그램 개발 및 효과. 경희대학교 대학원 탁사학위논문.

김소영(2008). 단5세 유아들 모래놀이의 집단 구성, 놀잇감 주제 선정에 대한 문화기술적 연구, 이화여자대학교 대학원 석사학위논문.

김순혜(2001). 아동상담. 서울: 학지사.

김연주 외(2017). 영유아 음악교육. 서울: 창지사.

김영숙, 김성수(2001). 유아 놀이에 대한 교사의 신념 분석: Q-방법론적 접근. 아동학회지, 22(4), 257-269.

김영숙, 윤여홍(2001). 교사와 부모를 위한 특수아 상담의 이해. 서울: 교육과학사.

김영연(2002). 유아음악교육론. 서울: 학지사.

김영옥, 김수영(1999). 유아교육기관의 질에 따른 교사의 상호작용, 유아의 놀이활동 및 인지활동. 교육학연구, 37(1), 407-425.

김영희(1995). 아동의 놀이성 군 확인과 관련 변인 탐색 연구. 숙명여자대학교 대학원 박사학위논문.

김옥련(1981). 어린이의 이해와 지도. 서울: 학문사.

김용희(1991). 유아의 기질에 따른 놀이영역 선택 및 놀이 형태: 4세아를 중심으로, 이화여자대학교 대학원 석사학위논문.

김은희(1999). 레지오 에밀리아 접근법의 이해와 현장 적용. 서울: 창지사.

김점연(2004). 유아교육 프로그램 질평가에 따른 유아의 놀이 예측 변인 연구. 숙명여자대학교 원격대학원 석사학위논문.

김정숙(2005). 어머니의 양육행동과 유아의 또래지위 및 놀이성. 충북대학교 교육대학원 석사학위논문.

김종훈(1972). 어린이의 言語發達에 관한硏究(II) : 造型活動과 言語發達에 대하여, 어문론집, 7, 51-70.

김주혜(2008). 유아의 놀이성과 놀이행동 및 교사-유아 관계성. 연세대학교 대학원 석사학위논문.

김지은, 문혁준, 김경회, 김현주, 김혜금, 김정희, 신혜원, 안선희, 안효진, 임연진, 조혜정, 황옥경(2013). 보육과정. 서울: 창지사.

김태연(1984). 놀잇감의 종류와 수가 유아 행동에 미치는 영향. 이화여자대학교 교육대학원 석사학위논문.

김형미(1998). 유아의 기질에 따른 실외놀이 형태. 이화여자대학교 대학원 석사학위논문.

김혜경(2001). 유아 음악 교육. 서울: 창지사.

김희연(2001). 유아기 놀이 행동에 있어서의 정서표현에 관한 연구. 유아교육연구, 21(2), 319-340.

김희정(2014). 유아교육기관 귀가 후 한국과 일본 유아의 일상생활에 관한 연구. 한국영유아보육학, 86(4), 209-238.

나종혜, 김송이, 신나리, 권연희, 배선영, 손승희(2018). 영유아중심 보육교사를 위한 보육학개론. 고양: 파워북.

덕성여자대학 유아교육연구소(1985). 상호작용 이론에 기초한 활동 중심의 유아교육 과정 연구. 서울: 창지사.

류진순(2007). 유치원 교실에서의 교사 개입에 관한 연구: 자유선택활동시간을 중심으로. 덕성여자대학교 대학원 박사학위논문.

문영경(2016). 유아의 성, 놀이성과 교사-유아의 상호작용이 만 3세 유아의 유아교육기관 저긍에 미치는 영향. 유아교육연구, 36(2), 369-390.

문채련, 정영숙(2007). 발도르프 프로그램과 생활주제중심 프로그램 유형에 따른 5세 유아의 활동 분석. 한국생활과학회지, 16(2), 237-250.

박성연, Bornstein, M. H., 서소정(2006). 어머니－영아 간의 상호작용 방식이 영아의 발달에 미치는 영향. 아동학회지, 26(5), 15-30.

박소연(2006). 사회적 가상놀이에 나타난 유아의 마음이론 및 놀이대본에 관한 연구. 유아교육연구, 26(5), 145-171.

박영애, 유가효, 최영희, 박인전, 문현주, 이미경 역(2001). 인지행동놀이치료. 서울: 나눔의 집.

박정옥, 김준희(2000). 유아의 놀이성과 창의성의 관계. *Journal of Child Education. 9*, 1-28.

박진옥(1986). 모래놀이, 물놀이가 유아의 인지발달에 미치는 영향. 이화여자대학교 교육대학원 석사학위논문.

박찬옥, 정남미, 임경애(2004). 유아놀이지도. 서울: 학문사.

박찬옥, 정남미, 임경애(2010). 유아놀이지도(개정증보). 서울: 학문사.

박화윤(1992). 유아교육기관의 질적 환경과 유아의 놀이형태와의 관계. 이화여자대학교 대학원 박사학위논문.

박화윤, 천은영(2004). 유아의 성격 유형에 따른 놀이성에 관한 연구. 한국영유아보육학, 37, 109-126.

박해미, 이아름(2015). 놀이와 놀잇감에 담긴 사회문화적 의미에 대한 고찰. 포괄 영유아아동교육지원연구, 3(1), 61-76.

배소연, 서현아, 백혜리, 강민정(2005). 유아를 위한 수학교육론. 서울: 양서원

백승희, 정혜원(2017). 다층성장모형을 적용한 유아의 또래놀이 상호작용의 종단적 변

화와 영향요인 분석. 열린유아교육연구, 22(4), 1-19.
보건복지부(2012). 5세 누리과정에 기초한 어린이집 프로그램. 서울: 경성문화사.
보건복지부(2013). 어린이집 표준보육과정에 기초한 영아보육프로그램 0세-2권. 서을: 경성문화사.
보건복지부(2013). 어린이집 표준보육과정에 기초한 영아보육프로그램 1세-2권. 서을: 경성문화사.
보건복지부(2013). 어린이집 표준보육과정에 기초한 영아보육프로그램 2세-1권. 서을: 경성문화사.
보건복지부(2013). 제3차 어린이집 표준보육과정 교사용 지침서. 서울: 경성문화사.
보건복지부·교육과학기술부(2013). 3-5세 연령별 누리과정 해설서.
서소정(2019). 표현놀이(11장). 신유림 외(놀이지도 제3판). 서울: 창지사.
서소정, 문혁준, 김정희, 부성숙, 신희이, 강인숙(2016). 아동수학지도. 서울: 창지사.
서현아, 권말순(2007). 유치원 자유선택활동시간에 나타난 교사의 놀이개입 유형 분석. 열린유아교육연구, 12(2), 227-248.
성영혜, 김현자(2005). 교사를 위한 영아보육과 치료놀이 프로그램. 서울: 형설출판사.
성영혜, 이창미, 김연진, 김유진, 신현정(2004). 치료놀이를 통한 영아보육. 서울: 시그마프레스.
송민영(1998). 유아의 창의성과 놀이성과의 관계. 이화여자대학교 대학원 석사학위논문.
송영주(2012). 가작화 놀이와 이야기 만들기에서 나타나는 유아의 마음 다루기. 아동학회지, 33(3), 99-117.
송영혜(1998). 놀이치료적용. 경북: 대구대학교 출판부.
송혜린(2004). 어린이집의 질적 수준 및 교사의 놀이참여와 아동의 놀이행동 간의 관계. 연세대학교 대학원 박사학위논문.
신건호(1992). 아동의 성항상성, 성 고정관념과 성유형화된 활동의 선호와의 관계. 강남대 논문집, 23, 283-297.
신나리(1994). 놀잇감의 구조성이 아동의 상상 놀이에 미치는 영향. 연세대학교 대학원 석사학위논문.
신동주(1999). 영유아를 위한 실외놀이 환경 구성 지침. 서울: 교육과학사.
신선희, 차윤희, 김영희(2008). 어머니의 놀이성 및 양육행동과 유아의 놀이성 간의 관계. 미래유아교육학회지, 5(1), 281-299.
신윤승(2012). 블록놀이를 위한 환경구성. 연세대학교 연구 · 훈련센터 교사교육 워크샵 자료집: 영아를 위한 창의적 블록놀이, 9-18.
신은수(1991). 유아의 놀이 형태와 수준에 따른 효과적인 교사의 놀이 개입 유형의 방향 모색. 유아교육연구, 11, 7-22.
신은수(1997). 상호작용에 의한 유아교육 프로그램이 5세 유아의 놀이 발달에 미치는 효과에 관한 평가 연구. 유아교육연구, 17(1), 145-161.

신은수(2000). 놀이에 대한 교사 효능감이 교사와 유아의 상호작용과 유아 놀이 발달에 미치는 영향. 유아교육연구, 20(1), 27-42.

신은수, 김명순, 신동주, 이종희, 최석란(2002). 놀이와 유아. 서울: 이화여자대학교 출판부.

안승순(1982). 흥미 영역별 유아의 놀이 지속 시간에 관한 연구. 중앙대학교 대학원 석사학위논문.

양경희(2008). 새로운 개념에 기초한 아동미술교육(통합적 접근). 서울: 학지사.

양옥승, 나은숙(2005). 물리적 환경구성과 유아의 자유선택활동의 의미에 관한 질적 연구. 열린유아교육연구, 10(1), 21-40.

양옥승, 이정란, 나은숙(2002). 유아의 관점에서 본 자유놀이. 열린유아교육연구, 7(1), 143-165.

엄정애(2001). 놀이와 유아교육: 구조화의 방향에 대한 탐색. 열린유아교육연구, 5(3), 1-25.

여성가족부(2007). 표준보육과정에 기초한 보육프로그램 개발 제5권 3세 보육프로그램. 서울: 한학문화.

염명순, 조복희, 권희경, 한유미(1999). 비전형적 성역할 교육프로그램이 유치원아의 성역할 고정관념에 미치는 영향. 아동학회지, 20(4), 91-104.

연세대학교 어린이생활지도연구원(2012). 유아의 창의적 블록놀이(DVD). 서울: 연세대학교 어린이생활지도연구원.

오문자(2011). 집단 즉흥공연으로서의 가상놀이: 만 4세 남아들의 놀이틀 협상 과정 분석. 유아교육연구, 31(6), 255-283.

오유경(2013). 만 4-5세 유아의 정서지능과 친사회적 행동 증진을 위한 유아 통합미술활동 프로그램의 개발 및 효과. 경희대학교 대학원 석사학위논문.

오은순(1993). 블록의 유형과 수에 따른 유아의 사회적 행동에 관한 연구. 이화여자대학교 대학원 박사학위논문.

우수경(2013). 어머니의 놀이성과 유아의 성 및 놀이성에 따른 유아의 사회적 능력. 열린유아교육연구, 18(4), 263-283.

유애열(1994). 유아의 상상놀이와 교사개입에 관한 관찰 연구. 연세대학교 대학원 박사학위논문.

유영의, 신은수(2005). 교사의 놀이교수 효능감과 유아의 연령에 따른 구성놀이 질의 차이. 아동학회지, 26(6), 111-126.

유옥현, 장창수(2006). 미술치료가 부-자가정 자녀의 문제행동과 가족관계에 미치는 효과에 관한 단일사례연구. 특수아동교육연구, 8(1), 77-107.

윤덕순(2009). 슈타이너 교육이론에 기초한 유아예술교육 프로그램의 개발 및 적용 효과. 원광대학교 대학원 박사학위논문.

윤덕순(2009). 슈타이너 교육이론에 기초한 유아예술교육 프로그램의 개발 및 적용 효과. 원광대학교 대학원 박사학위논문.

윤순아(2010). 물놀이를 통한 유아의 과학적 탐구능력과 태도에 미치는 영향. 전남대학교 대학원 석사학위 논문.

윤애희, 김온기, 이혜경(2002). 사고 과정을 중심으로 한 유아 수과학교육. 서울: 창지사.

윤은미(1999). 교사의 상호작용 유형이 유아의 블록 구성에 미치는 영향에 관한 연구. 덕성여자대학교 대학원 석사학위논문.

이경숙(1982). 놀이 영역별 놀이감 실태에 관한 연구: 서울 시내 유치원을 중심으로. 중앙대학교 교육대학원 석사학위논문.

이경순(2007). 쌓기놀이에 대한 여아들의 인식과 여아들의 선호도 증가를 위한 교사의 전략. 아동학회지, 28(1), 95-113.

이경주(2002). 유아의 놀이성에 따른 놀이 영역 선택. 배재대학교 대학원 석사학위논문.

이기숙(1982). 유아교육과정. 서울: 교문사.

이기숙(2000). 유아교육과정. 서울: 교문사.

이기숙, 이은화, 이영자, 이숙재(1995). 연령별 조작 놀이 환경구성, 유아발달에 적합한 유치원 실내환경. 교육부

이봉선(1998). 어린이집 실외놀이터 질적 수준에 따른 유아의 놀이 행동 비교. 성신여자대학교 대학원 석사학위논문.

이상은(2010). 실외놀이에서 유아의 물리적 환경 활용 실태와 실외놀이 내용에 대한 질적 연구. 생태유아교육연구, 9(3), 153-170.

이소은, 양선희(2004). 유아보육프로그램의 유형에 따른 유아의 활동분석. 아동학회지, 25(3), 101-113.

이수경, 정현영(2010). 통합적 예술교육프로그램이 유아의 자기개념과 창의적 미술표현에 미치는 영향. 조형교육, 38, 189-214.

이숙, 최정미, 김수미(2002). 현장중심 놀이치료. 서울: 학지사.

이숙재(2001). 개정 유아를 위한 놀이의 이론과 실제. 서울: 창지사.

이숙재(2003). 유아 놀이 활동. 서울: 창지사

이숙재(2004). 유아를 위한 놀이의 이론과 실제. 서울: 창지사.

이숙재(2009). 유아를 위한 놀이와 실제. 서울: 창지사.

이숙재(2009). 유아를 위한 놀이의 이론과 실제. 서울: 창지사

이숙재(2019). 영유아 놀이 이론과 실제. 서울: 창지사.

이숙희, 고인숙(2003). 놀이치료: 아동세계의 이해. 서울: 교육아카데미.

이순형, 김은정(1996). 유아의 성 도식과 놀이친구 및 놀이방식 선택. 한국영유아보육학, 6, 133-162.

이연섭(1995). 유아교육과정. 서울: 창지사.

이영자, 이기숙, 이정욱(2005). 유아교수 학습방법. 서울: 창지사.

이영자, 이종숙, 신은수, 곽향림, 이정욱(2001). 탐색 및 놀이활동 중심의 1, 2세 영아 프로그램의 개발 및 그 효과에 대한 연구. 유아교육연구, 21(2), 133-154.

이옥섭, 유경애, 이춘수, 강순미(2010). 영유아를 위한 교수매체. 서울: 동문사.

이원영 편(1980). 취학전 어린이의 놀이지도. 서울: 교문사.

이윤경, 김여경(2000). 사회극화놀이에서 교사개입이 유아의 사회극화놀이 수준, 사회적 기술 및 언어능력에 미치는 효과. 아동학회지, 21(4), 259-274.

이윤경, 최석란, 신은수(1997). 유아교육개론. 서울: 창지사.

이윤선(2012). 블록놀이를 위한 환경구성. 연세대학교 연구·훈련센터 교사교육 워크샵 자료집: 교사가 꼭 알아야 할 영·유아의 창의적 블록놀이, 1-8.

이윤선(2018). 보육교사 전문성 및 역량 강화 시리즈④ 보육전문성·인권감수성II(심화과정) 놀이상호작용-구성놀이. 서울: 서울시여성가족재단.

이은경(2002). 교사가 지각한 유아의 기질과 놀이성에 관한 연구. 동덕여자대학교 교육대학원 석사학위논문.

이은해, 이기숙(1991). 유아교육 프로그램의 효과. 서울: 청삼아동문제연구소.

이은해, 지혜련, 이숙재 역(1990). 놀이이론. 서울: 창지사.

이은화, 정진, 박현주, 김현정(2000). 문화와 놀이의 관계. 유아교육연구, 20(1), 43-59.

이재은(2006). 또래관계에서 사용하는 유아의 사회적 문제해결 행동. 한국교원대학교 교육대학원 석사학위논문.

이정미(1996). 유치원 교실의 공간이 구성이 유아의 행동에 미치는 영향에 관한 연구. 이화여자대학교 교육대학원 석사학위논문.

이정자(2007). 모래상자놀이를 통한 부모-자녀간 의사소통 과정 분석. 대구대학교 대학원 석사학위논문.

이중강(2004). 어머니 및 유아의 놀이성과 유아의 생활능력 간의 관계. 경희대학교 대학원 석사학위논문.

이현순(1990). 극놀이 영역에서의 교사개입이 유아의 놀이 지속시간에 미치는 효과. 이화여자대학교 대학원 박사학위논문.

이효진(2010). 만5세 유아의 모랜로이 행동 및 과학 개념에 대한 질적 연구. 이화여자대학교 대학원 석사학위 논문.

임부연, 오정희, 최남경(2008). 유아교실에사 빌생하는 웃음에 대한 현상학적 연구: 자유놀이 시간을 중심으로. 유아교육, 보육행정연구, 12(4), 221-243.

임현숙(1998). 창작 공예. 서울: 창지사.

장상옥, 로레인 맥스웰(2009). 보육시설의 흥미영역 계획을 위한 한국과 미국 유아놀이의 유형과 집중시간 비교. 대한건축학회 논문집: 계획계, 25(2), 51-58.

장영숙, 조혜정(2006). 부모의 양육태도와 유아의 놀이성과의 관계. 유아교육학논집, 10(1), 251-268.

장영희(1991). 물놀이, 모래놀이에 있어서 교사의 개입. 유아교육프로그램과 놀이(pp. 53-60). 서울: 한국어린이교육협회.

장영희(2000). 영아교육과정. 서울: 양서원.

전영아, 전홍주(2013). 흥미영역의 통합이 남·여 유아의 또래 간 상호작용과 놀잇감 사용에 미치는 영향 : 쌓기놀이 영역과 역할놀이 영역을 중심으로. 어린이문학교육연구, 14(1), 231-248.

정갑순(1986). 물놀이, 창의력과 문제 해결력을 향상시키기 위한 유아 학습지도: 놀이 활동을 중심으로. 서울: 문음사.

정낙숙(1987). 상상놀이가 유아의 보존 및 조망수용에 미치는 영향: 물놀이, 모래놀이 영역에서. 이화여자대학교 대학원 석사학위논문.

정문자, 지혜련, 이숙재(1985). 창작공예지도. 서울: 한국방송통신대학.

정연옥(2002). 게임 놀이를 통한 유아 Fitness 운동 프로그램 적용 원리. 한국유아체육학회지, 3, 169-179.

정재권(1986). 병, 허약유아의 가정지도. 한국지체부자유아학회.

정지은(2003). 어머니의 양육태도와 정신지체아동 놀이성 간의 관계. 단국대학교 특수교육대학원 석사학위논문.

조순옥(2001). 유아의 사회극놀이 수준과 의사소통에 관한 연구. 이화여자대학교 대학원 박사학위논문.

조윤경(2001). 통합 환경의 장애 및 일반 유아들의 행동 형태 및 이에 영향을 미치는 생태학적 변인에 대한 분석: 환경-행동적 평가를 중심으로. 유아교육연구, 21(2), 155-185.

조형숙, 이명옥(2012). 탐구중심 수조작영역 활동이 유아의 수학적 문제해결력 및 태도에 미치는 효과. 한국교육문제연구, 30, 25-44.

조화연(2007). 만 4세 파랑새반 유아들의 상상놀이에 대한 문화기술적 연구. 이화여자대학교 대학원 박사학위논문.

중앙육아종합지원센터(2018). 표준보육과정의 이해.

지성애(1985). 유치원 교육 환경으로서의 '모래놀이'에 관한 연구. 교육개발, 7(4), 89-95.

지성애(1986). 창의력과 문제 해결력을 향상시키기 위한 유아 학습지도: 놀이 활동을 중심으로. 서울: 문음사.

지성애(1998). 유아의 사회·인지적 놀이와 인적, 물적 변인들과의 관계에 관한 연구. 한국영유아보육학, 12, 1-23.

지성애(2011). 유아 놀이에 대한 교육적 이해와 지원. 한국발도로프영유아교육학회 학술대회(pp. 1-10). 한국발도로프영유아교육학회.

진명희, 서현순(2004). 3, 4, 5세 유아의 놀이선호도와 놀이참여 유형에서의 성유형성 비교 및 성역할 고정관념과의 관련성. 유아교육연구, 24(3), 141-162.

채종옥, 이경화, 김소양(2004). 유아와 놀이: 이론과 실제. 경기: 양서원.

천은영(2004). 모래놀이 활동에서 교사개입과 보조 자료 활용이 유아의 발달에 미치는 영향. 원광대학교 대학원 석사학위논문.

천은영, 박화윤, 김오순(2005). 생활주제에 따른 실내 모래놀이 활동이 유아의 친사회적 기술 및 정서지능에 미치는 영향. 열린유아교육연구, 10(1), 69-85.

최목화, 최경숙, 변혜령, 김영애, 주서령, 나종혜, 손승희, 조정신(2009). 보육시설 환경디자인. 경기도: 교문사.

최석란(2005). *놀이와 유아발달*. 서울: 양서원.

최소영, 신혜영(2015). 유아의 놀이성과 교사-유아 상호작용이 또래상호작용에 미치는 영향. *한국보육지원학회, 11*(2), 311-329.

최영애(1984). 물리적 환경 변화에 따른 유아의 놀이 행동 연구. 숙명여자대학교 교육대학원 석사학위논문.

최혜영, 신혜영(2011). 확인적 요인분석을 통한 또래 놀이행동 척도의 타당화. *아동학회지, 32*(2), 35-52

한국교육심리학회(2000). *교육심리학 용어사전*. 서울: 학지사.

한유미(2014). *유아수학교육*. 서울: 창지사.

한지애, 김대경, 조희숙(2016). '아프리카 말라위' 지역 어린이집의 바깥놀이에 관한 현상학적 연구: 어울림의 교육 공동체. *생태유아교육연구, 15*(3), 1-31.

현은자, 강은진, 변윤희, 심향분, 최경, 나선희, 윤아해, 오정옥, 강은애, 육길나(2007). *그림책과 예술교육*. 서울: 학지사.

홍용희 역(2000). *어린이의 학습에 비계설정*. 서울: 창지사.

홍혜경(2010). *영유아를 위한 수학교육*. 고양 : 공동체

황의도(2003). 목공놀이활동이 유아의 창의성 및 인지양식에 미치는 효과. 전북대학교 대학원 박사학위논문.

황의명, 조형숙, 서동미(2014). *유아수학교육*. 서울: 정민사

Alexander, G. M., & Hines, M. (1994). Gender labels and play styles: Their relative contribution to children' s selection of playmates. *Child Development, 65*, 869-879.

Anderson, C. A. (2004). An update on the effects of playing violent video games. *Journal of Adolescence, 27*, 113-122.

Andress, B. (1995). Transforming curriculum in music. In S. Bredekamp & T. Rosegrant(Eds.), *Reaching potentials: Transforming early childhood curriculum and assessment Vol. 2*(pp. 99-108). Washington, D.C.: National Assoication for the Education of Young Children.

Bagley, D., & Chaille, C. (1996). Transforming play: An analysis of first, third, and fifth-graders play. *Journal of Research in Childhood Education, 10*, 134-142.

Baker, K. R. (1966). *Let's play outdoors*. Washington, D.C.: NAEYC.

Barnett, L. A. (1991). The playful child: Measurement of a disposition to play. *Play & Culture, 4*, 51-74.

Bauer, P. J. (1993). Memory for gender-constant and gender-inconstant event sequences by twenty-five-month old children. *Child Development, 64*, 285-297.

Baumer, S., Ferholt, B., & Lecusay, R. (2005). Promoting narrative competence through adult-child joint pretense: Lessons from Scandinavian educational practice of playworld. *Cognitive Development, 20*, 576-590.

Beechick, R. (1979). *Teaching preschoolers: It's not exactly easy but here is how to do it*. Accent Teacher Training Series.

Bem, S. L. (1981). Gender schema theory: A cognitive account of sex typing. *Psychological Review, 88*, 354-364.

Bender, J. (1978). Large hollow: Relationship of quantity to block building behavior. *Young Children, September*, 17-23.

Bergen, D. (1988). *Play as a medium for learning and development: A handbook of theory and practice*. Portsmouth, NH: Heinemann.

Bergen, D. & Coscia, J. (2001). *Brain research and childhood education: Implications for educators.* Olney, MD: Association for Childhood Education International.

Berk, L. E. (1994). *Child development*(9th ed.). Boston: Allyn & Bacon.

Berk L. E. & Winsler A. (1995). *Scaffolding children's learning: Vygotsky and early childhood education.* Washington DC: National Association for the Education of Young Children.

Betz, C. (1992). The happy meidum. *Young Children, 47*(3), 34-35.

Boxhill, E. H. (1985). *Music therapy for the developmentally disabled*. Rockville, MD: Aspen systems Corp.

Branscombe, N. A., Castle, K., Dorsey, A. G., Surbeck, E., & Taylor, J. B. (2003). *Early childhood curriculum: A constructivist perspective*. Boston, MA: Houghton Mifflin.

Bredekamp, S. (1987). *Developmentally appropriate practices in early childhood programs serving children from birth through age 8*. Washington, D.C.: NAEYC.

Bredekamp, S., & T. Rosegrant, eds. (1992). Reaching potentials: Appropriate curriculum and assessment for young children, volume 1. Washington, DC: NAEYC.

Brody, V. (1978). Developmental play: A relationship focused program for children. *Journal of Child Welfare, 57*(9), 591-599.

Brown, C., & Vaughan, C. (2009). 플레이: 즐거움의 발견. 윤미나(역). 서울: 흐름출판.

Bruner, J. S. (1972). The nature and uses of immaturity. *American Psychologist, 27*, 686-708.

Bruner, J. S., & Sherwood, V. (1976). Peekaboo and the learning of rule structures. In J. S. Bruner, A. Jolly, & K. Sylva(Eds.), *Play: Its role in development and evolution*(pp. 277-285). New York: Basic Books.

Burriss, K. G., & Harrison, J. (2004). Childhood obesity. ACEI Speaks. Olney, MD: Association for Childhood Education International

Caldera, Y., Huston, A., & O' Brien, M. (1989). Social interactions and play patterns of parents and toddlers with feminine, masculine, and neutral toys. *Child Development, 60*(1), 70-76.

Carter, D. B., & Levy, G. D. (1988). Cognitive aspects of early sex-role development: The influence of gender schemas on preschoolers' memories and preferences for sex-typed toys and activities. *Child Development, 59*, 782-792.

Cartwright, S. (1988). Play can be the building blocks of learning. *Young Children, 43*(5), 44-47.

Chaillé, C., & Britain, L. (2000). 유아과학교육의 구성주의적 접근. 이종희 · 김선영(역). 서울: 교육과학사.

Church, E.B., & K. Miller. (1990). *Learning Through Play: Blocks.* New York: Scholastic.

Clark, P., Griffing, P., & Johnson, L. (1989). Symbolic play and ideational fluency as aspects of the evolving divergent cognitive style in young children. *Early Child Development and Care, 51*, 77-88.

Cohen, D., & Stern, V. (1983). *Observing and recording the behavior of young children*(2nd ed.). New York: Teachers College Press.

Connolly, J., & Doyle, A. (1984). Relation of social fantasy play to social competence in preschoolers. *Developmental Psychology, 20*, 797-806.

Creasey, G. L., Jarvis, P. A., & Berk, L. E. (1998). Play and social competence. In O. N. Saracho & B. Spodek(Eds.), *Multiple perspectives on play in early childhood education*(pp. 116-143). Albany: State University of New York Press.

Crosser, S. (1994). Making the most of water play. *Young Children. 49*(5), 29-31.

Csikszentmihalyi, M.(1990). Flow : the psychology of optimal experience. New York : Harper & Row.

Dansky, J. L.(1980). Make-believe: A mediation of relationship play and association fluency. *Child Development, 51*, 576-579.

Dansky, J., & Silverman, I. (1973). Effects of play on associative fluency. *Developmental Psychology, 9*, 38-43.

Davies, M. (1997). The teacher' s role in outdoor play: Preschool teachers' beliefs and practices. *Journal of Australian Research in Early Childhood Education, 1*, 10-20.

Day, B. (1983). *Early childhood education: Creative learning Activities*(2nd. ed.). New York: Macmillan Publishing.

Decker, C. A., & Decker, J. R. (1976). *Planing and administering early childhood programs.* Columbus, Ohio: Bell and Howell.

DeDomenico, G. (1994). Jungian play therapy technique. In K. J. O' Connor & C. E. Schaefer(Eds.), *The handbook of play therapy*(Vol. 2). New York: Wiley.

DeStephano, C. T., & Mueller, E. (1982). Environmental determinants of peer social activity in 18-month-old males. *Infant Behavior and Development, 5*, 175-183.

DeVries, R., Zan, B., Hildebrandt, C., Edmiaston, R., & Sales, C. (2007). 구성주의 유아교육교수법. 곽향림 · 허미화 · 김선영(역). 서울: 창지사.

Duckworth, E. (1987). Some Depths and Perplexities of Elementary Arithmetic. *Journal of mathematical behavior, 6*(1), 43-94.

EBS News. 미국 STEM 교육 전략 발표(http://news.ebs.co.kr/ebsnews/allView/10998598/H)

Eisenberg, N. (1983). Sex-typed toy choices: What do they signify? In M.B. Liss(Ed.), *Social and cognitive skills: Sex roles and children's play*(pp.45-70). New York: Academic Press.

Eisenberg, N., & Fabes, R. A. (1992). Emotion, regulation, and the development of social competence. In M. S. Clark (Ed.), Review of personality and social psychology, Vol. 14. Emotion and social behavior (pp. 119-150). Thousand Oaks, CA, US: Sage Publications, Inc.

Elder, J. L., & Pederson, D. R. (1978). Preschool children' s use of objects in symbolic play. *Child Development, 49*, 500-504.

Ellis, J. J. (1973). *Why people play*. Upper Saddle River, NJ: Prentice Hall.

Erikson, E. (1950). *Childhood and society*. New York: Norton.

Erikson, E. (1968). Identity: Youth and crisis. New York: W. W. Norton & Company.

Etaugh, C. (1983). Introduction: The influences of environmental factors on sex differences in children' s play. In M.B. Liss(Ed.), *Social and cognitive skills: Sex roles and children's play*. New York: Academic Press.

Fantuzzo, J., Sutton-Smith, B., Coolahan, J. C., Manz, P. H., Canning, S., & Debnam, D. (1995). Assessment of preschool play interaction behaviors in young low-income children: Peer interactive peer play scale. *Early Childhood Research Quarterly, 10*, 105-120.

Farver, J., & Howes, C. (1993). Cultural differences in American and Mexican mother-child pretend play. *Merrill-Palmer Quarterly, 39*, 344-358.

Farver, J., & Shin, Y. L. (1997). Social pretend play in Korean- and Anglo-American preschoolers. *Child Development, 66*, 1493-1503.

Fein, G. G., & Robertson, A. R. (1975). *Cognitive and social dimensions of pretending in two-year-olds*. Detroit: Merill-Palmer Institute.

Fein, G. G. (1985). Learning in play: Surface of thinking and feeling. In J. L. Frost & S. Suderlin(Eds.), *When children play*(pp. 45-53). Wheaton, MD: Association for Childhood Education International.

Feitelson, D. (1977). Cross-cultural studies of representational play. In B. Tizard & D. Harvey(Eds.), *Biology of play*. Philadelphia: Lippincott.

Fenson, L. (1986). The developmental progression of play. In A. W. Gottfried & C. C. Brown(Eds.), *Play interactions: The contribution on play materials and parental involvement to children's development*(pp. 53-66). Lexington, MA: Health.

Field, T. (1980). Preschool play: Effects of teacher/child ratios and organization of classroom space. *Child Study Journal, 10*, 191-205.

File, N., & Kontos, S. (1993). The relationship of program quality to children' s play in integrated early intervention settings. *Topics in Early Childhood Special Education, 13*(1), 1-18.

Freyberg, J. T. (1973). Increasing the imaginative play of urban disadvantaged kindergarten children through systematic training. In J. L. Singer(Ed.), *The child's world of make-believe*(pp.129-154). New York: Academic Press.

Fritz, J. J., Miller-Heyl, J., Kreutzer, J. C., & Macphee, D. (1995). Fostering personal teaching efficacy thought staff development and classroom activities. *The Journal of Educational Research, 88*(4), 200-208.

Frost, J. L. (1992). *Play and playscapes*. Albany, NY: Delmar.

Frost, J. L., Brown, P., Sutterby, J., & Thornton, C. (2004). *The developmental benefits of playgrounds*. Washington D. C.: Association for Childhood Education International.

Frost, J. L., & Woods, I. C. (2006). Perspectives on play and playgrounds. In D. P. Fromberg & D. Bergen(Eds.), *Play from birth to twelve: Contexts, perspectives, and meanings*. NY: Routledge.

Frost, J. L., Wortham S. C., & Reifel, S. (2005). *Play and child development*. Merrill Prentice Hall, NJ: Upper Saddle River.

Frost, J., & Campbell, S. (1978). Equipment choice of primary-age children on conventional and creative playground. *Lutheran Education, 10*.

Frost, J., & Campbell, S. (1985). The effects of playground type on the cognitive and social play behavior of grade two children. *When children play*, 81-88.

Frost, J. L., & Sweeny, T. B. (1996). *Cause and prevention of playground injuries and litigation: Case studies*. Wheaton, MD: Association for Childhood International.

Frost, J. L., Wortham, S., & Reifel, S. (2001). *Play and child development*. Upper Saddle River, N.J.: Prentice-Hall.

Gallahue, D. (1995). *Experiences in movement in music*. Englewood Cliffs: Prentice-Hall.

Gardner, H. (1998). A multiplicity of intelligences. *Scientific American Presents: Exploring Intelligence, 9*(4), 19-23.

Garvey, C. (1974). Some properties of social play. *Merrill-Palmer Quarterly, 20*, 163-180.

Garvey, C. (1993). *Play*. Cambridge. MA: Harvard University Press.

Garza, M., Brieley, S., & Reifel, S. (1985). Children' s view of play. In J. L. Frost & S. Sunderlin(Eds.), *When children play*. Wheaton MD: Association for Childhood Education International.

Ginsburg, H. P., Posner, J. K., & Russell, R. L. (1981). The development of knowledge concerning written arithmetic: A cross-cultural study. *Journal of Cross-cultural Psychology, 16*, 13-34.

Gmitrova, V., & Gmitrova, J. (2003). The impact of teacher-directed and child-directed pretend play on cognitive competence in kindergarten children. *Early childhood Education Journal, 30*(4), 241-246.

Guncu, A. (1993). Development of intersubjectivity in the dynamic play of preschoolers. *Early Childhood Research Quarterly, 8*, 99-116.

Gura, P. (1992). *Exploring learning : young children and blockplay.* London : P. Chapman Pub.

Haight, W. (1998). Adult direct and indirect influences on play. In D. P. Fromberg & D. Bergen(Eds.), *Play from birth to twelve and beyond: Contexts, perspectives, and meaning.* New York: Garland.

Hart, R. (1979). *Children's experience of place: A developmental study*. New York: Irvington Press.

Hendricks, B. E. (2001). *Designing for play*. Aldershot, Hampshire and Burlington, Vermont: Ashgate.

Herberholz, B., & Hanson, L. (1990). *Early childhood art*. Dubuque, IL: Wm. C. Brown.

Hewitt, K. & Roomet, L. (1979). *Educational toys in America: 1800 to the present*. Burlington, VT: Robert Hull Fleming Museum.

Hill, M. D. (1977). *Mud, sand and water*. Washington, D.C.: NAEYC.

Hirsh, E, S. (1974). *Block building-practical consideration for the classroom teacher. The Block Book*. Washington, D.C.: NAEYC.

Hirsch, E. S. (1996). Block building: Practical considerations for the classroom teacher. In E. S. Hirsch(Ed.), *The block book*(3rd ed.). Washington, D.C.: NAEYC.

Hirsch, E. S. (2003). 블록북, 오은순(역). 서울: 다음세대. (1996년 원저 발간)

Hoffman, J., & Russ, S. (2012). Pretend play, creativity, and emotional regulation in children. *Psychology of Aesthetics, Creativity and the Arts, 6*(2), 175-184.

Holloway, S. D., & Reichhart-Erickson, M. (1988). The relationship of day care quality to children's free play behavior an social of problem-solving skills. *Early Childhood Research Quarterly, 3*, 39-53.

Hoorn, J. V., Nourot, P. M., Scales, B., & Alward, K. R. (2007). *Play at the center of the curriculum*. Upper Saddle River. New Jersey: Pearson Prentice Hall.

Howes, C. (1990). Can age of entry into child care and the quality of child care predict adjustment in kindergarten? *Developmental Psychology, 26*(2), 292-303.

Howes, C., & Matheson, C. (1992). Sequences in the development of competent play with peers: Social and social pretend play. *Developmental Psychology, 28*, 961-974.

Howes, C., Unger, O., & Matheson, C. C. (1992). *The collaborative construction of pretend: Social pretend play functions*. Albany: State University of New York Press.

Howes, C. & Smith, E. W. (1995). Relations among child care quality, teacher behavior, children's play activities, emotional security, and cognitive activity in child care. *Early Childhood Research Quarterly, 10*(4), 381-404.

Hudson, S., Thompson, D., & Olsen, H. (2004). *How SAFE are your playgrounds? An update*. Cedar Falls, IA: National Program for Playground Safety.

Hughes, F. P. (2010). 놀이와 아동발달. 유미숙, 박영애, 유가효, 방은령, 장현숙, 천혜숙 옮김. 서울: 시그마프레스.

Hurlock, E. B. (1978). *Child Development*. New York: McGraw Hill.

Ihmeideh, F. (2015). The impact of dramatic play centre on promoting the development of children' s early writing skills. *European Early Childhood Education Research Journal, 23*(2), 250-263.

Jernberg, A. M. (1979). *Theraplay*. San Francisco: Jossey-Bass.

Jernberg, A. M., & Booth, B. (1999). *Theraplay: Helping parents and children build better relationship through attachment-based play*(2nd ed.). San Francisco: Jossey-Bass.

Jenvey, V., & Jenvey, H. (2002). Criteria used to categorize children' s play: Preliminary findings. *Social Behavior and Personality, 30*(8), 733-740.

Johnson, H. M. (1974). The art of block building. In E. S. Hirsh(Ed.), *The block book*. Washington, D.C.: NAEYC

Johnson, J. E. (1976). Relations of divergent thinking and intelligence test scores with social and nonsocial make-believe play of preschool children. *Child Development, 47*, 1200-1203.

Johnson, J. E., Christie, J. F., & Wardle, F. (2005). *Play, development, and early education*. MA: Allyn and Bacon.

Johnson, J. E., Christie, J. F., & Yawkey, T. D. (1999). *Play and early childhood development* (2nd ed.). New York: Addison Wesley Longman, Inc.

Johnson, H. (1933/1984). The art of block building. In E. S. Hirsch (Ed.), *The block book* (1984, pp. 9 - 25). Washington, DC: National Association for the Education of Young Children.

Jones, E., & Reynolds, G. (1992). *The play is the thing: Teacher's roles in children's play*. New York: Teachers College Press.

Kalff, D. M. (1980). *Sand play: A psychotherapeutic approach to the psyche*. Boston: Sigo Press.

Kamii, C. (1982). *Number in Preschool and Kindergarten: Educational Implications of Piaget's Theory*. National Association for the Education of Young Children, 1834 Connecticut Avenue, NW, Washington, DC 20009.

Kaplan, J., Liverman, C., Kraak, V. I. (2004). *Preventing childhood obesity: Health in the balance*. Washington: National Academies Press.

Karyn, W., & Kieff, J. (2001). *A constructivist approach to block play in early childhood*. Albany, NY: Delmar.

Katz, L. G., & Chard, S. C. (1989). *Engaging children's minds: The project approach*. Norwood, NJ: Ablex.

Kinsman, C. A., & Berk, L. E. (1979). Joining the block and housekeeping areas: Changes in play and social behavior. *Young Children, November*, 66-75.

Kitson, N. (1994). Please Miss Alexander: Will you the robber? Fantasy play: A case for intervention. Im J. Moyles(Ed.), *The excellence of play*. Buckingham, United Kingdom: Open University Press.

Knell, S. M. (1993). *Cognitive-behavioral play therapy*. New Jersey: Janson Aronson Inc.

Knell, S. M. (1996). Cognitive-behavioral play therapy. In K. J. O' Connor & C. E. Schaefer(Eds.), *The handbook of play therapy(Vol. 2): Advances and innovation*. New York: Wiley.

Kohlberg, L., & Mayer, R. (1972). Development as the aim of education. *Harvard Educational Review, 42*, 449-496.

Kolumbus, E. S. (1979). *Is it tomorrow yet?: Handbook for educators of the very young*. Haifa: Nount Carmel International Training Centre.

Kontos, S., Hsu, H., & Dunn, L. (1993). Children' s cognitive and social competence in child-care centers and family day-care homes. *Journal of Applied Developmental Psychology, 15*(3), 87-111.

Kontos, S., & Wilcox-Herzog, A. (1997). Influences on children's competence in early childhood classrooms. *Early Childhood Research Quarterly, 12*(3), 247-262.

Kopp, C. B. (1989). Regulation of distress and negative emotions: A developmental view. *Developmental Psychology, 25*(3), 343-354.

Kritchevsky, S., Prescott, E., & Walling, L. (1977). *Planning environments for young children: Physical space*. Washington, D.C.: National Association for the Education of Young Children.

Laban, R. V. (1975). *Modern educational dance*. London: MacDonald & Evans.

Lancy, D. F. (1996). *Playing on the mother-ground: Cultural routines for children's development*. New York: Guilford.

Landreth, G., & Hohmeyer, L. (1998). Play as the language of children' s feelings. In D. P. Fromberg & D. Bergen(Eds.), *Play from birth to twelve and beyond*(pp. 193-198). New York: Garland.

Langlioios, J. H., & Downs, A. S. (1980). Mothers, fathers, and peers as socialization agents of sex-typed play behaviors in young children. *Child Development, 51*, 1217-1247.

Leeb-Lundberg, K. (1996). The block builder mathematician. In E. S. Hirsh(ed.), *The block book*(pp. 34-60). Washington, DC: National Association for the Education of Young Children.

Leslie, A. (1987). Pretense and representation: The origins of "theory of mind." *Psychological Review, 94*, 412-426.

Lieberman, J. N. (1977). *Playfulness: Its relationship to imagination and creativity*. New York: Academic Press.

Lin, S, H., & Reifel, S. (1999). Context and meanings in Taiwanese kindergarten play. In S. Reifel(Ed.), *Play and culture studies: Play context revised*(Vol. 2). Stamford, CT: Ablex.

Lindeman, K. W., & Anderson, E. M. (2016). "Blocks: Great Learning Tools From Infancy Through the Primary Grades." *Teaching Young Children, 9*(3): 36-43.

Martini, M. (1994). Peer interaction in Polynesia: A view from the Marquesas. In J. L. Roopnarine, J. E. Johnson, & F. H. Hooper(Eds.), *Children's playing diverse cultures*. Albany, NY: State University of New York Press.

McGrew, W. C. (1972). *An ethological study of children's behaviour*. London: Metheun.

Miller, L. B., & Dyer, J. L. (1975). Four preschool programs: Their dimensions and effects. *Monograph of the Society for Research in Child Development, 40*(5-6, Serial No.162).

Miller, S., Fernie, D., & Kantor, R. (1992). Distinctive literacies in different preschool play contexts. *Play and Culture, 5*, 107-119.

Moore, R. (1990). *Childhood's domain: Play and place in child development*. Berkeley: MIG Communications.

Nabhan, G. P., & St. Antoine, S. (1993). The loss of floral and faunal story: The extinction of experience. In S. R. Kellert & E. O. Wilson(eds.), *The biophilia hypothesis*. Washington, DC: Island Press/Shearwater.

NAEYC (1998). NAEYC position statement on stadardized testing of young children 3 thorough 8 years of age. *Young Children, 43*(3), 42-47.

Nash, A., & Fraleigh, K. (1993). *The influence of older siblings on the sex-typed toy play of young children*. Paper presented at the biennial conference of the Society of Research in Child Development, New Orleans.

Neill, S. (1982). Experimental alterations in playroom layout and their effect on staff and child behaviour. *Educational Psychology, 2*, 103-119.

Nickerson, E. T. (1973). Psychology of play and therapy activities on classroom activities. *Educating children: Early and middle years, Spring*, 1-6.

O' Connor, K. J. (1991). *The play therapy primer: An integration of theories and technique*. New York: Wiley.

O' Connor, K. J., & Ammen, S. (1997). *Play therapy treatment planning and interventions: The ecosystemic model*. San Diego: Academic Press.

Osmon, F. (1971). *Patterns for designing children's centers*. New York: Educational Facilities Laboratory.

Pellegrini, A. D. (1998). play assessment. In O. Saracho & B. Spodeck(Eds.), *Multiple perspective on play in early childhood education*. Albany, NY: State University of New

York Press.

Pellegrini, A. D. (1984). Identifying casual elements in the thematic-fantasy play paradigm. *American Educational Research Journal, 21*, 691-701.

Pellegrini, A. D., & Boyd, B. (1993). The role of play in early childhood development and education: Issues in definition and function. *Handbook of research on the education of young children*. New York: Macmillan Publishing Company.

Pellegrini, A. D. & Galda, L. (1993). Ten years after: A reexamination of symbolic play and literacy research. *Reading Research Quarterly, 28*, 163-175.

Pellegrini, A. D., & Perlmutter, J. C. (1988). Rough-and-tumble play on the elementary school playground. *Young Children, 43*(2), 14-47.

Pepler, D. J. (1986). Play and creativity. In G. Fein & M. Rivkin(Eds.), *Young child at play*(pp. 143-153). Washington, D.C.: NAEYC.

Pepler, D. J., & Ross, H. S. (1981). The effects of play on convergent and divergent problem-solving. *Child Development, 52*, 1202-1210.

Piaget, J. (1952). *The origins of intelligence in children*. New York: International Universities Press.

Piaget, J. (1962). *Play, dreams, and imagination in childhood*. New York: Norton.

Pica, R. (1997). Beyond physical development: Why young children need to move? *Young Children, September*, 4-11.

Provenzo, E. F., & Brett, A. (2002). *블록, 그 놀잇감의 모든 것*, 오은순 · 이경자(공역). 서울: 다음세대 (1983년 원저 발간)

Pulaski, M. (1970). Play as a function of toy structure and fantasy predisposition. *Child Development, 41*, 531-537.

Rambusch, N. M. (1998). *Learning how to learn: An American approach to Montessori*(Rev. ed.). New York: AMS.

Reid, S. E. (1993). Game play. In C. E. Schaefer(Ed.), *The therapeutic power of play*(pp. 323-345). London: Jason Aronson Inc.

Reifel, S., & Yeatman, J. (1993). From category to context: Reconsidering classroom play. *Early Childhood Research Quarterly, 8*, 347-367.

Rheingold, H., & Cook, K. (1975). The contents of boy's and girl's rooms as an index of parents' behavior. *Child Development, 46*, 920-927.

Rivkin, M. S. (2006). Children's outdoor play: An endangered activity. In D. P. Fromberg & D. Bergen(Eds.), *Play from birth to twelve: Contexts, perspectives, and meanings*. NY: Routledge.

Robertiello, R. (1975). *Hold them very close, then let them go*. New York: Dial Press.

Rogers, C. S., Impara, J. C., Frary, R. B., Harris, T., Meeks, A., Semanic-Lauth, S., & Reynolds, M. R. (1998). Measurement playfulness: Development of the child behavior inventory of playfulness. In M. Duncan, G. Chick, & A. Aycock(Eds.), S. Reifel(Series Ed.), *Play and culture studies: Diversions and divergences in fields of play*. Greenwich, CT: Ablex.

Rogoff, B., Mistry, J., & Mosier, C. (1993). Guided participation in cultural activity by toddlers and caregivers. *Monographs of the Society for Research in Child Development, 58*, 8.

Rokos, K. & Neuman, S. (1993). Descriptive observations of adults' facilitation of literacy in play. *Early Childhood Research Quarterly, 8*, 77-97.

Roopnarine, J., Hossain, Z., Gill, P., & Brophy, H. (1994). Play in the east Indian context. In J. L. Roopnarine, J. E. Johnson, & F. H. Hooper(Eds.), *Children's playing diverse cultures*. Albany, NY: State University of New York Press.

Roskos, K., & Christie, J. (2007). *Play and literacy in early childhood: Research from multiple perspectives*. Lawrence Erlbaum.

Roskos, K., & Neuman, S. B. (1998). Play as an opportunity for literacy. In O. N. Saracho & B. Spodek(Eds.), *Multiple perspective on play in early childhood*(pp. 100-116). Albany: State University of New York Press.

Rothbart, M. K., Ziaie, H., & O' Boyle, C. G. (1992). Self-regulation and emotion in infancy. In N. Eisenberg & R. A. Fabes (Eds.), Emotion and its regulation in early development: New directions for child development, No. 55: The Jossey-Bass education series, (pp. 7-23). San Francisco: Jossey-Bass Publishers.

Rubin, K., Fein, G., & Vandenberg, B. (1983). Play. In E. Hetherington(Ed.), *Handbook of child psychology: Vol. 4. Socialization, personality, and social development* (pp. 693-774). New York: Wiley.

Rubin, K. H. (1997). Play behavior of young children. *Young Children, 33*, 16-24.

Rubin, K. H., Maioni, T. L., & Hornung, M. (1976). Free play behaviors in middle-and lower-class preschoolers: Parten and Piaget revisited. *Child Development, 47*, 414-419.

Russ, S. (2003). Play and creativity: Developmental issues. *Scandinavian Journal Educational Research, 47*(3), 291-303.

Russ, S. W., Robins, D., & Christiano, B. (1999). Pretend play: Longitudinal prediction of creativity and affect and fantasy in children. *Creativity Research Journal, 12*, 129-139.

Saltz, E., Dixon, D., & Johnson, J. (1977). Training disadvantaged preschoolers on variations fantasy activities: Effects on cognitive functioning and impulse control. *Child Development, 48*, 367-380.

Saltz, E., & Johnson, J. (1974). Training for thematic-fantasy play in culturally disadvantaged children: Preliminary results. *Journal of Educational Psychology, 66*, 623-630.

Scales, B., & Cook-Gumperz, J. (1993). Gender in narrative and play. In S. Reifel(Ed.),

Advances in early education and day care: Vol. 5(pp. 167-195). Greenwich, CT: JAI.

Schaefer, C. E., & Reid, S. E. (1986). Introduction: The psychology of play and game. In C. E. Schaefer & S. E. Reid(Eds.), *Game play: Therapeutic use of childhood game*(pp. 1-18). New York: John Wiley & Sons.

Schoggen, P., & Schoggen, M. (1985). Play, exploration, and density. In J. F. Wohlwill, W. V. Vliet(eds.), *Habits for children: The impacts of density*(pp. 75-95). Hillsdale, NJ: Erlbaum.

Schwartzman, H. B. (1984). Imaginative play: Deficit or difference? In T. D. Yawkey & A. D. Pellegrini(Eds.), *Child's play: Developmental and applied*. Hillsdale, NJ: Earlbaum.

Singer, D., & Singer, J. (1977). *Partners in play: A step-by-step guide to imaginative play in children*. New York: Harper & Row.

Singer, J. L., & Singer, D. G. (1980). A factor analytic study of preschoolers' play behavior. *Academic Psychology Bulletin, 2*, 143-155.

Smilansky, S. (1968). *The effects of sociodramatic play on disadvantaged preschool children*. New York: John Wiley & Sons.

Smith, P. (1978). A longitudinal study of social participation in preschool children: Solitary and parallel play reexamined. *Developmental Psychology, 14*, 512-516.

Smith, P. K., & Connolly, K. J. (1976). Social and aggressive behavior in preschool children as a function of crowding. *Social Science Information, 16*(5), 601-620.

Smith, P. K., & Connolly, K. (1980). *The ecology of preschool behaviour*. London: Cambridge University Press.

Spodek, B., & Rucinski, E. A. (1985). *A study of early childhood teacher's beliefs*. Paper presented at the annual meeting of the American Educational Research Association, Chicago.

Spodek, B., & Saracho, O. N. (1994). *Right from the start*. Massachusetts: Allyn and Bacon.

Spodek, B., Saracho, O. N., & Davis, M. D. (1991). *Foundations of early childhood education: Teaching three-, four-, and five-year-old children*(2nd ed.). Englewood Cliffs, NJ: Prentice Hall.

Sroufe, L. A., Schork, E., Motti, F., Lawroski, N., & LaFreniere, P. (1985). The role of affect in social competence. In C. E. Izard, J. Kagan, & R. B. Zajonc (Eds.), Emotions, cognition, and behavior (pp. 289-319). New York, NY, US: Cambridge University Press.

Stanton, J., Weisberg, A., & The faculty of the Bank Street School for Children. (1962). *Play Equipment for the Nursery School.* NY: Bank Street College of Education.

Stephan, M. Pugalee, D. Cline, J. & Cline, C (2017). *Lesson Imaging in Math and Science: Anticipathing Student Ideas and Questions for Deeper STEM learning.* Alexandria, Virginia.

USA: ASCD

Stroud, J.(1995) Block play: Building a foundation for literacy. *Early Childhood Education Journal, 23*(1), 9-13.

Sullivan, M. (1982). *Movement: Exploration for young children*. National Association for the Education of Young Children.

Sutton-Smith, B. (1980). Piaget, play and cognition revisited. In W. Overton(Ed.), *The relationship between social and cognitive development*. New York: Erlbaum.

Sutton-Smith, B. (1985). Origins and development process of play. In C. Brown & A. Gottfried(Eds.), *Play interactions: The role of toys and parental involvement in children's development*(pp. 61-66). Skillman, HJ: Johnson & Johnson Baby Products.

Sutton-Smith, B. (1998). *The ambiguity of play*. Cambridge, MA: Harvard University Press.

Tamis-LeMonda, C. S., Bornstein, M. H., Cyphers, L., Toda, S., & Ogino, M. (1992). Language and play at one year: A comparison of toddlers and mothers in the United States and Japan. *International Journal of Behavioral Development, 15*, 19-42.

Taylor, M. & Carlson, S. M. (1997). The relation between individual difference in fantasy and theory of mind. *Child Development, 68*, 436-455.

Trawick-Smith, J. W. (1994). *Interactions in the classroom: Facilitating play in the early years*. NY: Macmillan College Publishing Company.

Tudge, J., Lee, S., & Putnam, S. (1998). Young children's play in socio-cultural context: South Korea and the United States. In M. C. Duncan, G. Chick, & A. Aycock(Eds.), S. Reifel(Series Ed.), *Play and culture studies: Diversion and divergences in fields of play*. Greenwich, CT: Ablex.

Uren, N., & Stagnitti, K. (2009). Pretend play, social competence and involvement in children aged 5-7 years: The concurrent validity of the child initiated pretend play assessment. *Australian Occupational Therapy Journal, 56*(1), 33-40.

VanFleet, R. (2000). *Filial therapy: Strengthening parent-child relationships through play*. Sarosota: Professional Resource Press.

Vygotsky, L. S. (1962). *Thought and language*. Cambridge, MA: MIT Press.

Vygotsky, L. S. (1978). *Mind and society*. Cambridge, MA: Harvard University Press.

Wachs, T. D. (1985). Toys as an aspect of the physical environment: Constraints and nature of relationship to development. *Topics in Early Childhood Special Education, 5*(3), 31-46.

Waite-Stupiansky, S. (1997). *Building understanding together: A Constructivist approach to early childhood education*. Albany, New York: Delmar.

Ward, C. D. (1996). Adult Intervention: Appropriate strategies for enriching the quality of children's play. *Young Children, 51*(3), 20-25.

Ward, C. S. (1993). *Developmental versus academic mathematics education: Effects on problem-solving performance and attitudes toward mathematics in kinder-garten children*. Doctoral dissertation from Peabody college.

Weiss, K. (1997). Let' s build! *Scholastic Early Childhood Today, 12*(2), 31-39.

Wellhousen, K., & Kieff, J. E. (2004). 블록놀이 구성주의적 접근, 오은순 · 이상화 · 박영신 · 정진 · 이성희 · 성원경 · 박혜경 · 이경자(공역). 서울: 다음세대 (2001년 원저발간).

Wheat, R. (1995). Help children work through emotional difficulties sand trays are great. *Young Children 50*(11), 82-83.

Whitebread, D., & O' Sullivan, L. (2012). Preschool children' s social pretend play: Supporting the development of metacommunication and metacognition and self-regulation. *International Journal of Play, 1*(2), 1-17.

Wing, L. A. (1995). Play is not the work of the child: Young children' s perceptions of work and play. *Early Childhood Research Quarterly, 10*, 223-247.

Winn, M., & Porcher, M. A. (1967). *The playgroup book*. Glasgow: William Collins & Sons.

Winter, S. (1985). Toddler play behavior and equipment choice in and outdoor playground. *Journal of Research and Development of Education, 6*(3) 71-82.

Wohlwill, J. F. (1984). Relationships between exploration and play. In T. D. Yawkey & A. D. Pellegrini(Eds.), *Children's play: Developmental and applied*. Hillsdale, NJ: Erlbaum.

Wolf, D., & Grollman, S. H. (1982). Ways of playing: Individual differences in imaginative style. In D. J. Pepler & K. H. Rubin(Eds.), *The play of children: Current theory and research*(pp. 46-63). Basel, Switzerland: Karger.

Wood, E., & Attfield, J. (2005). *Play, learning and the early childhood curriculum*. London: Paul Chapman Publishing.

저자 소개

신유림 가톨릭대학교 아동학전공 교수

문혁준 가톨릭대학교 아동학전공 교수

나종혜 한남대학교 아동복지학과 교수

박진옥 동원대학교 아동보육복지과 교수

서소정 경희대학교 아동가족학과 교수

신혜영 한양사이버대학교 아동학과 교수

신혜원 서경대학교 아동학과 교수

이미란 동양대학교 유아교육과 교수

이성복 칼빈대학교 아동보육학과 교수

이윤선 배화여자대학교 아동보육과 교수

한찬희 신구대학교 아동보육과 교수

4판

놀이지도

초 판 1쇄 발행 2007년 8월 31일
제2판 8쇄 발행 2013년 1월 25일
개정판 6쇄 발행 2017년 2월 24일
제3판 1쇄 발행 2019년 3월 5일
제4판 2쇄 발행 2021년 7월 15일

지 은 이 | 신유림 · 문혁준 · 나종혜 · 박진옥 · 서소정 · 신혜영
신혜원 · 이미란 · 이성복 · 이윤선 · 한찬희
펴 낸 이 | 김기섭
편 집 인 | 이윤희
펴 낸 곳 | 창지사 www.changjisa.com
153-802 서울시 금천구 가산디지털 1로 83 파트너스타워1차 9층
전화 (02) 719-2211~3
팩스 (02) 701-9386
등 록 | 1977년 4월 28일 · 제1-421호

ISBN 978-89-426-1363-2 (93370)

값 21,000원

이 도서의 국립중앙도서관 출판예정도서목록(CIP)은 서지정보유통지원시스템 홈페이지(http://seoji.nl.go.kr)와 국가자료공동목록시스템(http://www.nl.go.kr/kolisnet)에서 이용하실 수 있습니다.(CIP제어번호: CIP 2020033985)